全国教育科学规划重点课题 "'一带一路'沿线关键土著语言文化通识课程体系建设研究"（AFA180013）成果

U0745360

"一带一路"
沿线关键土著语言文化
通识课程体系建设研究

Construction of the General Education Curriculum
for Key Indigenous Languages and Cultures
Along the Belt and Road

李岩松　姜智彬　王雪梅　许宏　程彤　王会花　高陆洋　著

上海外语教育出版社
外教社 SHANGHAI FOREIGN LANGUAGE EDUCATION PRESS

图书在版编目（ＣＩＰ）数据

"一带一路"沿线关键土著语言文化通识课程体系建
设研究 ／ 李岩松等著． —— 上海 ： 上海外语教育出版社，
2024． —— ISBN 978-7-5446-8298-5

Ⅰ．H0

中国国家版本馆CIP数据核字第2024Z1G418号

出版发行：**上海外语教育出版社**

（上海外国语大学内） 邮编：200083

电　　话：021-65425300 (总机)

电子邮箱：bookinfo@sflep.com.cn

网　　址：http://www.sflep.com

责任编辑：苗　杨

印　　刷：苏州市古得堡数码印刷有限公司

开　　本：635×965　1/16　印张 24.5　字数 363千字

版　　次：2024 年 10 月第 1 版　　2024 年 10 月第 1 次印刷

书　　号：ISBN 978-7-5446-8298-5

定　　价：78.00 元

本版图书如有印装质量问题，可向本社调换

质量服务热线：4008-213-263

序

自中国国家主席习近平 2013 年提出"一带一路"倡议以来，我国一直秉持共商、共建、共享的原则一步步走深走实，使"一带一路"成为世界各国共同的机遇之路、繁荣之路，沿线国家和地区也成为推动构建人类命运共同体的重要实践平台。"一带一路"建设急需具备多语能力的高素质外语人才，特别是"一带一路"沿线关键土著语言人才。基于这一背景，我们依托 2018 年获批的全国教育科学规划重点课题"'一带一路'沿线关键土著语言文化通识课程体系建设"，综合运用课程设计、需求分析、教育生态等理论，量化与质化研究相结合，对该课题进一步展开研究。

本研究主要回答以下问题：（1）"一带一路"倡议背景下，国家、社会、高校师生对关键土著语言文化通识教育的需求状况如何？（2）当前关键土著语言文化通识课程体系现状如何？应如何建构符合各方需要的关键土著语言文化通识课程体系？（3）如何建构科学有效的关键土著语言文化通识课程质量评估体系？

针对以上研究问题，本书将文本分析、调查问卷、访谈等相结合，收集、分析量化与质化数据，并利用 SPSS 等工具对量化数据进行统计、分析,运用 NVivo 进行质化数据编码分析,提取相关主题等。在文献综述和详实分析相关数据的基础上,我们针对研究问题(1),在界定关键土著语言的前提下,尝试列出相关关键土著语言清单。同时我们通过问卷调查收到了 77 名企业员工的有效反馈,并访谈了其中 2 位管理人员和 6 位一线员工,发现企业使用的招聘短期译员或使用英语作为中介的替代性策略效果有限,且面临一定风险或困难;企业会对员工的关键土著语言能力有相应期待。企业员工有使用关键土著语言的实际需求,其中对“读”“说”“听”的要求高于“译”和“写”;对“一带一路”沿线国家和地区的历史、文化的了解比关键土著语言技能更能促进理解与互信,员工对前者表现出更高的需求。我们通过问卷调查收到了 8 所外语类院校 1 422 位学生和 105 位教师的有效反馈,并访谈了 18 位学生和 9 位教师,发现就课程安排而言,教师和学生希望开设具备层次性、递进性的短周期课程;就课程资源而言,师生普遍希望开发拓展性资源,融入通识类文化知识;就课程教学而言,学生普遍希望构建“线上+线下”混合式课堂,强调教师发挥主导作用;就课程评价而言,师生普遍希望采用综合测试、口语测试、翻译测试等多元化、个性化的评价方式;在师资建设方面,师生普遍希望中外教师共同授课,或实行外教授课、配备中方助教等。

针对研究问题(2),我们通过调研和文本分析等方式,发现当前高校对“一带一路”沿线关键土著语言文化通识课程的目标定位不够清晰,课程体系缺乏整体科学规划;教学模式较为单一,多以授课讲解为主,技能型、研究性、讲座性和实践性的通识课程不多;教材资源相对匮乏,相关资源在很大程度上需要依靠教师自编;考核形式比较单一,难以发挥教学诊断和以评促学的作用。针对以上问题,我们基于课程设计理论,确立了“四融合、四共育”的课程体系目标,构建“数字化、多模态”的课程体系结构,尝试开发“跨通融、模块化”的课程体系内容。

针对研究问题(3),我们从课程目标、课程内容、课程资源、课程教学、课程评估、教学环节、师资队伍等维度构建了关键土著语言文化通识课程质量评估体系,并结合教育生态理论分析了国家战略与社会需求、相关院校、教师等影响课程质量评估的多维因素,从总体规划、课程设置、教学资源、教学模式与方法、教学评估、师资队伍建设以及教师如何发挥自身作用等方面探讨了保障关键土著语言文化通识课程质量评估体系科学有效运行的总体机制。

本研究对于国家制定相关政策规划、学校开展相关教育实践以及研究者开展相关研究具有启示意义。未来可进一步探究"一带一路"沿线除企业外其他组织机构对关键土著语言文化及其通识教育的需求。同时结合相关高校的实践探索，将相关模块的内容进一步具体化或进行整合、调整，并在教学实践中验证相应教育教学效果。

感谢所有参与调查研究的"一带一路"沿线企业员工、高校师生，以及参与调研的上海外国语大学博士生们，特别是邓世平、何艳华、周茂杰等，也感谢我们所有团队成员的不懈努力。感谢上海外语教育出版社孙玉社长、孙静主任对我们研究的大力支持，感谢苗杨编辑对文稿认真细致的审读，希望该研究对于广大外语教育管理者、研究者、一线师生具有借鉴价值，进而为推动关键土著语言教育发展做出积极贡献。

课题组

2024 年 2 月

目 录

目
录

第 1 章

绪　论

1.1　研　究　背　景

2013 年中国国家主席习近平提出"一带一路"倡议。10余年来,"一带一路"建设秉持共商、共建、共享的原则一步步走深走实,"一带一路"成为世界各国共同的繁荣之路,沿线国家和地区也成为推动构建人类命运共同体的重要实践平台。作为我国扩大对外开放的重大举措,"一带一路"倡议在政治、经济、文化等多个领域拓宽了中国与世界其他国家和地区的往来。二十大报告明确指出,要继续推动"一带一路"高质量发展,"共建'一带一路'成为深受欢迎的国际公共产品和国际合作平台。"共商、共建、共享是推动"一带一路"高质量发展的基本原则,要求加强沿线国家和地区的沟通和协作,共同制定发展规划和目标,发挥语言文化交流在"一带一路"目标实现过程中的基本作用。

　　语言文化交流是促进我国与"一带一路"沿线国家和地区互联互通，推动经济共同发展的重要支持和保障，《国家中长期教育改革和发展规划纲要（2010—2020 年）》明确指出，要"培养大批具有国际视野、通晓国际规则、能够参与国际事务与国际竞争的国际化人才"，而随着我国"一带一路"倡议的不断推进，改革开放由"引进来"转变为"走出去"，语言文化交流成为"一带一路"建设的核心议题之一。"引进来"战略强调学习国际前沿技术，语言战略方面体现为凸显英语等通用语种教育。"走出去"战略强调我国国家利益的海外拓展，语言战略方面体现为重视"一带一路"沿线国家和地区关键土著语种。2015 年 9 月，教育部印发了《教育部关于加强外语非通用语种人才培养工作的实施意见》，提出加快培养国家亟须非通用语种人才等重要举措，实现所有已建交国家官方语言全覆盖，加快人才培养和相关智库建设，基本满足我国经济社会发展特别是扩大对外开放的新需要。李宇明（2015）指出，"语言，即思想之舟舆，推进'一带一路'建设，应重视语言规划，要注重培养语言人才，尤其是要培养能在'一带一路'建设中'表情、通心'语言的人才。"可见，在我国"走出去"的过程中，仅培养"通商"和"通事"的人才是不够的，只有"通心"的关键土著语言人才才能更好实现"通商"和"通事"的目的。

　　目前，"一带一路"沿线国家和地区的语言和文化资源在"走出去"过程中有待充分挖掘和利用。为对接国家宏观战略，高校有必要加强关键土著语言文化教育，整合开发现有的"一带一路"沿线关键土著语言文化资源。为达成这一目标，需要在发展关键土著语言专业语言教学的同时，大力推进关键土著语言文化通识教育。通识教育是高等教育的重要组成部分，是所有大学生都应接受的非专业性教育，旨在培养积极参与社会生活、有社会责任感、全面发展的社会人和国家的公民（李曼丽 1999）。2016 年 3 月国家颁布的《国民经济和社会发展第十三个五年规划纲要》明确提出了大学要实行"通识教育和专业教育相结合的培养制度"。有鉴于此，高校有必要将"一带一路"沿线关键土著语言文化纳入大学通识课程体系，一方面拓展通识课程体系的内涵，提升学生的关键土著语言能力，培养其核心素养；另一方面服务于国家对国际化人才的重大需求，助力"一带一路"建设进程。

关键语言教育由来已久,为世界各国推动经济发展、融入国际社会、促进国际合作和文化交流做出了重要贡献。然而,随着经济全球化和信息科学技术的纵深发展,出于国家文化传播、经济往来、政治安全等各方面因素的考量,不同国家的关键语言教育在语种确立、教学目标、课程设置、教育模式、教育资源等方面存在差异。

　　20 世纪中叶,在世界两极格局的背景下,美国政府开始意识到外语教育政策和外语教育对国家安全的战略地位。1958 年 8 月 26 日,美国国会通过了旨在大力发展针对非西方语言及区域研究的《国防教育法》。美国历史上,该法案首次认可现代外语教学与科学技术教学具有同等重要的地位,也首次把外语教学与国家安全联系在一起。《国防教育法》的第 6 条专门明确了外语教育问题,经过多次补充调整,该条文后来成为美国很多外语项目制定的法律基础。"9·11"事件后,美国的"关键语言"教育战略被称为反恐时代的语言战略,重点加强以阿拉伯语等为主要对象的"关键语言"的教学,以对抗在宗教信仰和文化上与美国有很大差异的国家,打击恐怖袭击,从而一方面保证美国本土安全,另一方面继续向全世界灌输美国的思想,确保美国在世界的霸权地位(刘美兰 2016)。2006 年,美国《国家外语能力行动倡议书》正式启动。美国政府逐渐明确了外语政策的国家安全目标,并成功实施了包括"国家旗舰语言启动项目"和"关键语言奖学金项目"在内的"国家安全教育项目",号召美国公民学习国家急需的"关键语言"。该项目包括对阿拉伯语、汉语、韩语、俄语、印地语、日语、波斯语、土耳其语、乌尔都语、塔吉克语、阿塞拜疆语、旁遮普语、印度尼西亚语、孟加拉语、中美洲语言等关键语言的教学和培训(周玉忠 2011)。美国《国防部语言技能、区域知识、文化能力战略规划:2011—2016》对美国军队的外语教育内容与外语能力测试提出要求,旨在让更多的美国人从小掌握关键语言,培养更多高水平的关键外语人才以及相关师资。直至今日,美国在国内一如既往地强化英语的主导地位、加大英语在全世界的影响力,同时也强调加强外语和外国文化的学习对美国 21 世纪的发展尤为重要,并将国民外语学习提高到国家战略的高度。美国教育部、国防部、国务院等采取多种举措鼓励国民学习并掌握外语,将外语教育与国家安全更加紧密地联系在一起。

欧盟自成立起就十分重视外语教育,特别是多语教育。1998 年,欧洲理事会颁布《地区和少数族裔语言章程》,提倡不同文化之间的对话,反对语言歧视,倡导多语教育等。2000 年《里斯本条约》的签署旨在保护欧洲甚至是世界范围内的多元语言和多元文化。从《里斯本条约》开始,欧盟各国之间的教育合作更加活跃,欧盟教育委员会出台了一系列的建议、意见、报告以及行动计划。它们虽然是"软"性的指导文件,但也大大加快和提升了欧盟各国之间在教育领域协调合作的速度、水平和规模(绪可望、王洪亮 2014)。2001 年,欧洲理事会制定并出版《欧洲语言共同参考框架:学习、教学、评估》,从语言能力、社会语言能力和语用能力三个方面,分六个等次描述了公民语言多元化能力的发展标准,旨在评估和比较不同语言和不同国家的语言学习成果。同年年底,欧盟将每年的 9 月 26 日设为"欧洲语言日",以促进欧洲不同语言文化的交流。2003 年,欧洲委员会发布《促进语言学习和语言多样性:2004—2006 年行动计划》,明确了欧盟国家公民通过"内容与语言整合的学习模式"(Content and Language Integrated Learning, CLIL)学习两门外语的方法,促进各成员国基础教育阶段有效开展外语课程;在该计划的推动下,各成员国学龄儿童学习外语的年龄一再降低。2007—2013 年,欧洲理事会推出终生学习项目,将七千万欧元的经费分七年拨付给欧盟各国进行相关语言和文化项目的立项研究,这表明欧盟非常重视欧洲的多语化进程以及相关的政策研究,并采取了具体行动。2010 年,欧盟对《里斯本条约》中涉及语言的多样性以及保护少数族裔语言的条款进行了相关立法,从而使其从"软"性的条约文件上升为"硬"性法案。2014 年,欧盟推出"Erasmus+"项目,鼓励年轻人和教育工作者参与跨文化交流和国际交流,在丰富其跨文化知识、提高其跨文化技能,实现个人发展的同时促进欧洲内部的文化交流和经济发展。2020 年,欧盟更新了《欧洲语言共同参考框架》,并从跨语种、跨文化交际及多样性语言使用的维度对等级量表予以更新,细化了多元语言和多元文化理念及其能力评估标准。

进入 21 世纪后,俄罗斯陆续颁布了三个重要的外语教育指导性文件:《学习外语的函》(2000)、《国家普通教育标准基础普通教育外语课程标准》(2004)和《关于在普通教育系统中学习小语种的函》(2007)。文件主要规定：外语教育的目的是培养学生的外语交际能力；大力发展双语和多语种外语教育；采用灵活的双语和多语种组合教学模式。2009 年，俄政府推出"2011—2020 年俄罗斯联邦国家外语发展计划"，旨在提高俄罗斯公民的外语水平，增强其在国际事务中的竞争力。2012 年，俄罗斯政府为了促进教育领域的可持续发展，制定并出台了《2025 年前俄罗斯联邦教育发展战略》，确定了 2025 年前俄罗斯教育体系需实现的目标，其中包括提升学生的外语水平等。2013 年，俄罗斯政府推出"2013—2020 俄罗斯联邦国家外语教育发展项目"，制定了一系列措施和目标，旨在提高外语教学质量、扩大外语教学受众群体、提升外语教师能力、促进俄罗斯的国际交流，对提高全民外语素养具有重要的指导意义。2019 年，为了提高外语教学水平和推进外语教育改革，俄罗斯政府制定了《外语教学基本标准》，明确了外语教学的目标和要求，规范了外语教学的流程和内容。此外，俄罗斯规定中小学除开设欧洲主要国家的语言课，还要开设相邻国家的语种。目前，莫斯科的中小学设有 20 余个关键语种课程，英语、法语和德语为主流，对小语种如西班牙语、波兰语、芬兰语、意大利语、土耳其语、阿拉伯语、汉语、日语和朝鲜语的需求也日益增加。聂丹（2015）指出俄罗斯国防部负责确定国防领域的关键外语语种，在高校储备的外语资源多达 145 种，涉及九大语系，语种覆盖世界各个国家和地区，基于语言资源的国别与区域等研究也取得很大成果。

澳大利亚联邦政府在制定外语教育政策时，注重考虑国家的国际地理位置、国内复杂的语言人口分布、国家未来发展的需要和区域经济的特点，相继于 20 世纪 80 年代出台《国家语言政策》、90 年代出台《亚洲语言发展策略》《非英语语言教育申明》、21 世纪初出台《学校外语教育计划2005—2008》等系列纲领性文件，从国家政策层面保障了多语种外语教育的持续性和连贯性。以上文件强调了加强汉语、日语、韩语、阿拉伯语、德语、法语、印尼语等 14 种优先语言的学习，并建议每省根据自身发展的特点，从中选出八种作为本省的优先语言（刘汝山、刘金侠 2003）。2005 年，为提高外语教育的质量和数量，澳大利亚政府出台了《澳大利亚语言教学战略（2005—2008）》，制定了四年内澳大利亚学校外语教育的发展计划，并在 2015 年予以更新，为澳大利亚语言教育提供了一个长期的战略框架,包括外语教学的目标、策略和行动计划等内容。2011 年,澳政府颁布《澳大利亚学生外语水平框架》,规定了学生在各年级需要达到的外语学习目标和标准,包括听、说、读、写、文化理解等方面的能力要求,要求所有澳大利亚学校都根据该框架来制定外语教学计划和课程,帮助学生在学习英语以外的主要语言(如汉语、法语、德语、意大利语、日语、印度尼西亚语、阿拉伯语、韩语、西班牙语和土耳其语)方面获得更好的教育。2019 年《澳大利亚语言教学战略 2025 行动计划》再次对当前澳大利亚国内的语言教育课程、教师培训、教学策略等做了明确的规划。

外语教育政策规划制定受到国家政治、经济、外交、国防、教育、文化等方面政策以及国际地位的影响。就我国而言,外语教育自京师同文馆成立至今已走过了一百多年的历史,虽然没有将各类外语称之为"关键语言",但是外语教育政策和关键语种的变化始终深受国家的社会文化、经济发展、时代背景和国际环境的影响,因此在不同历史阶段有着不同的外语教育政策和语种选择。

具体而言,我国的外语教育正式始于 1862 年京师同文馆的成立,最初仅设英文馆,1863 年开设法文馆和俄文馆,1888 年又开设德文馆,1896 年开设东日文馆。1901 年京师同文馆并入京师大学堂,并改名译学馆。第二次鸦片战争后洋务派除了在北京、上海和广州三个大城市创办三所同文馆培养外语翻译人才外,还在天津等重要城市开办了一系列以学习外文和西方科学技术或军事武备为主的洋务学堂,所学外语包括英语、法语、希腊语、拉丁语、德语、日语等重要语种。中华民国时期,1913 年颁发的《普通教育暂行课程之标准》等法令规定有条件的高小可开设标准外国语,以英语为主,但是遇到地方特别情况任选法、德、俄语一种。1942 年,国民政府出于军事和政治需要,在昆明建立了国立东方语文专科学校,设立八个语科,即印地语、缅甸语、暹罗语(泰语)、马来语、越南语、韩语、菲律宾语和阿拉伯语。

1949 年中华人民共和国成立前夕,全国共有 205 所高等学校(包括教会大学及解放区的高校)。其中 41 所学校设有外国文学或英国文学系科,10 所学校设有外语(英语)师范系科,13 所学校设俄文系科(包括俄文师范科),一所学校设东方语文系,一所学校设西方语文系,两所学校设法文系。

中国共产党领导下的红区也开办了一些学校,培养了一批懂外语的革命干部,包括外国语学社、上海大学、延安大学、延安外国语学校、东北民主联军总司令部附设外国语学校等,在我国的外语教育史上都留下了光辉的篇章(冯乐璋 2002)。

中华人民共和国成立初期是我国外语教育新格局逐渐形成的关键时期。俄语教育在政策倾向下得到大力发展,英语教育和其他语种教育也陆续得到国家的重视与支持。1957 年,教育部决定在初中除开设俄语外,必须扩大和改进英语教学。至 1957 年底,高等学校英语专业点已增至 23 个。20 世纪 50 年代末 60 年代初,亚非地区民族独立运动蓬勃兴起,我国对外交往不断扩大,非通用语人才培养得到了壮大发展,根据教育部 1966 年 3 月的统计,全国外语院校当时开设 41 种外语,其中 34 种为非通用语。1966—1976 年"文革"期间,国内的非通用语人才培养、专业建设受到了很大影响(丁超 2016)。

改革开放至今,我国非通用语教学与研究蓬勃发展。1987 年,中国亚非语教学研究会成立,1998 年更名为中国非通用语教学研究会。1997 年,教育部高等学校外语教学指导委员会非通用语组成立。根据教育部规划,至 2017 年,我国高校开设的外语非通用语种专业数量达到 94 种,全面覆盖建交国家的官方语言。各高校亦采取不同举措,加快培养非通用语种专业人才,促进"一带一路"教育合作交流(王雪梅、赵双花 2017)。除了非通用语专业建设外,全国高校大学外语通识教育以大学英语为主,还包括大学俄语、大学日语、大学法语、大学德语等。此外,自 2015 年开始,我国在内蒙古、新疆、西藏等多个民族地区启动"双语教育试点项目",为我国少数民族地区的外语教育和发展改革提供了政策和制度支持。2018 年,教育部召开公共外语教学改革座谈会,22 所高校开启了为期五年的非外语专业复合型人才培养的先试先行,强调学生"专业+外语"综合应用能力,旨在为国家战略培养一批"一专多能、一精多会"的国际化复合型人才。2021 年国务院办公厅出台《关于全面加强新时代语言文字工作的意见》,指出要完善高校多语种外语教育规划和语种结构,培养和储备复合型语言人才,培养更多学贯中西、融通中外的语言文化学者,提高用外语传播中华文化的能力。

2023 年是"一带一路"倡议提出的第十年,是"一带一路"建设的又一全新开始。党的二十大报告充分肯定了"一带一路"建设的已有成果,提出共建"一带一路"成为深受欢迎的国际公共产品和国际合作平台,将"一带一路"建设推入了新的历史阶段。将来,我国还会继续深度融入国际体系格局,加速推动更广范围、更宽领域、更深层次、更高水平的"一带一路"对外开放格局。语言文化作为沿线国家民心相通的桥梁和纽带,在这一进程中发挥着不可替代的作用。相应地,我国关键语言教育及研究也要紧密对接国家战略,以实现"通心"为目标,为更加自信、更加主动、更加有效地共建"一带一路"服务。在此背景下,关键土著语言文化通识教育亟待开展,相应的关键土著语言文化通识课程体系亟待开发,以适应国家深入推进"一带一路"倡议的需求。

1.2 研 究 意 义

"一带一路"沿线关键土著语言文化通识课程体系建设研究具有重要的学术意义、应用价值和社会意义。

在学术意义方面:第一,对关键土著语言、通识教育、通识课程等内涵的挖掘丰富了我国外语教育研究;第二,对课程设计、需求分析、生态教育等理论的梳理整合拓展了课程体系研究;第三,问卷调研、访谈、案例研究等有机融合对同类研究有启示意义。

在应用价值方面:第一,关键土著语言文化通识课程的需求分析有助于深入了解"一带一路"沿线企业、高校师生的需求,进而优化调整课程;第二,相关土著语言文化通识课程体系有助于培养"多语种+"卓越人才;第三,所建构的土著语言文化通识课程和质量评估体系具有推广应用价值。

在社会意义方面,第一,关键土著语言教育纳入语言规划,有助于实现沿线各国的无障碍沟通;第二,关键土著语言人才的培养有利于国家语言能力建设,特别是关键土著语言能力建设;第三,"多语种+"人才助力我国企业"走出去",助推本土语言文化的海外传播。

1.3 研 究 结 构

本书共分八章。第 1 章为绪论,主要介绍研究背景、研究意义与整体结构。具体而言,该章重点回顾国内外关键语言教育及"一带一路"背景下我国关键外语教育的基本发展情况,阐明本研究的意义和基本结构。

第 2 章首先结合既有研究界定相关核心概念,包括"关键语言""土著语言""关键土著语言""通识教育""通识课程""课程质量评估"等,进而重点综述该领域的国内外相关研究,并在此基础上分析现有研究的不足,为整个研究打下基础。

第 3 章结合课程设计理论、需求分析理论、教育生态学理论的相关成果,构建本研究的理论框架。需求分析是本研究的重要进路,而最终的落脚点也在于设计符合各方需求的课程,以真正使关键土著语言文化通识教育落到实处。相应的课程设置、课程体系建构须以课程设计理论为依据。同时,课程体系的建构与实施处于一个由宏观、中观、微观等多方主体构成的教育生态系统中,受到各层面因素的影响,系统内部各主体在分别对课程产生影响的同时,彼此也相互联系、相互作用。本章将在综述课程设计理论、需求分析理论、教育生态理论的基础上,建构科学的研究框架。

第 4 章为研究设计。该章首先明确提出了三个研究问题:第一,国家、社会、高校教师及学生对关键土著语言文化通识教育的需求状况如何? 第二,当前关键土著语言文化通识教育教学课程体系的现状如何? 应当如何建构符合各方需求的关键土著语言文化通识教育教学课程体系? 第三,如何整合内外部的利益相关方,建构科学有效的关键土著语言文化通识课程运行机制? 围绕这三个研究问题,该章进而详细报告了研究思路、研究对象及具体研究进程。

第 5 章基于需求分析理论,聚焦对关键土著语言文化通识教育需求的调查分析。国家的战略需求是开展关键土著语言文化教育的基本点。该章首先将关键土著语言文化通识教育置于新时代国家的宏观发展战略中进行研究,根据国家不同层面的战略需要,尝试提出了"一带一路"沿线关键土著语言清单,主要包括:马来语、罗马尼亚语、印尼语、克罗地亚语、塞尔维亚语、匈牙利语、土耳其语、乌兹别克语、僧伽罗语、泰米尔语、印地语、乌尔都语、孟加拉语、泰语、爪哇语、巽他语、越南语、波斯语、波兰语、捷克语、俾路支语、库尔德语、达里语、普什图语、菲律宾语、阿拉伯语的重要地方变体(美索不达米亚阿拉伯语、海湾阿拉伯语、纳杰迪阿拉伯语)、梵语、拉丁语、使用楔形文字的语言等(详见 5.1 节)。国家战略的调整带来社会行业的发展,而社会行业的发展产生对相关人才的需求,因而该章还将分析社会行业对关键土著语言文化人才的需求。设计并发放需求调研问卷共 3 份,分别面向企业、学生和教师,详细问卷见附录 1、附录 2 及附录 3。具体而言,课题组对我国"一带一路"沿线相关企业的关键土著语言文化人才的需求开展调研,了解企业的实际需求。同时,分析教师和学生对土著语言文化通识教育的认知,关注教师和学生对课程安排、教学资源、教学方法、教学模式、评估方式、学校支持等方面的实际需求,为科学设计相关课程、有的放矢地开展关键土著语言文化通识教育获取第一手数据。

第 6 章首先进一步梳理国家、行业、新教育理念对关键土著语言文化通识人才的需求,进而基于调研结果从课程设置、课程教学、师资队伍等方面概括了目前关键土著语言文化通识课程体系的不足之处。在此基础上,课题组从课程设计理论出发,提出了建构关键土著语言文化通识课程体系的建议,包括确立"四融合、四共育"的课程体系目标,建构"数字化、多模态"的课程体系结构,开发"跨通融、模块化"的课程体系内容。同时,对关键土著语言文化拓展课程、关键土著语言文化同源课程群等两个案例进行分析,以期为关键土著语言文化通识课程体系建设提供参考借鉴。

第 7 章首先分析了关键土著语言文化通识课程质量评估现状,进而提出了建构关键土著语言文化通识课程质量评估体系的原则,并从课程目标、课程内容、课程资源、课程教学、课程评估、教学环节、师资队伍等维度建构了关键土著语言文化通识课程质量评估体系。同时,基于教育生态学理论,综合考虑国家、相关院校、教师等多层次主体,分析了关键土著语言文化通识课程质量评估体系的影响因素,从宏观、中观、微观等维度系统构建了关键土著语言文化通识教育课程体系的运行机制,从总体规划、课程设置、教学资源、教学模式与方法、教学评估、师资队伍建设以及教师如何发挥自身作用等方面提出保障该机制科学有效运行的具体建议。

第8章是结论,扼要概述本研究的发现,阐述研究结果对关键土著语言文化通识教育教学的启示,同时说明研究局限性,并就未来研究做出展望。

第2章

文献综述

本章主要界定本研究所涉及的核心概念,首先探讨什么是"关键语言"与"土著语言",在此基础上提出"关键土著语言"的操作定义;进一步分析"通识教育"与"通识课程"的内涵,并对现阶段"一带一路"背景下的关键土著语言专业发展、人才培养、语言服务等相关研究进行综述。

2.1 核心概念

2.1.1 关键语言

"关键语言"(critical language)这一概念由美国最先提出,旨在维护其国家安全,保障其国家利益。张天伟、陈练文(2023)结合中国国情与语情,认为关键语言是"在某一特定的语言生活或语言实践中起到关键性沟通交流作用的那些语言,这些语言与国家利益、国家发展、国家战略等密切相关,是国家语言能力的重要组成部分",并指出关键语言"可以是官方语言、外语、民族语言,也可以是各种方言或变体"。关键语言对国家安全、经济发展、科技进步以及全球竞争力至关重要(李艳红 2015)。可见,关键语言不等同于一般意义上国家需要的语言,而是以维护国家利益为核心,是国家发展急需的语言。张治国(2011)指出,关键语言中的关键外语具有四个主要特点:每个国家的国情不一,所以关键外语也不尽相同;关键外语与语种大小、强弱没有必然联系;一个国家的关键外语不是一成不变的,它会随着时代的变迁而改变;由于非传统安全的不确定性,从信息安全的角度来说,在国家经济等条件许可的范围内,关键外语的数量可以多一些。为了适应多语种人才培养的急需,在进行国家语言规划时,应优先考虑"关键语言",并逐步设置有关语种(杨丹 2022)。

2.1.2　土著语言

"土著"一词,据张岱《夜航船》解释,音"土着"(tǔ zhuó),是指依附在土地上常年居住的人,不是流落迁徙的人,现在人错误地把第二个字读为"zhù"(张岱 2018:85)。一般而言,土著人系在外来的种族到来之前,那些祖祖辈辈繁衍生息在一个国家或地区的人民(覃炜斐 2008)。Eades(2013)认为,澳大利亚传统土著语言是指在英国侵略和殖民之前就存在、且在此之前与英语没有任何联系、目前正在使用的语言。我们认为,土著语言(Aboriginal Languages)是指为居住在特定的国家或区域的土著人所用,且伴随历史发展变化已形成自身鲜明语言、文化特征、延续并使用至今的语言。土著语言的使用关系到土著居民的自我意识、民族身份认同以及民族传统文化的传承和发展(陈立鹏、张靖慧 2015),是特定文化的载体,也是其他族群了解这些文化类型的重要窗口。

2.1.3　关键土著语言

综合关键语言和土著语言的概念,可将关键土著语言界定为以维护国家利益为核心,与国家战略和发展密切相关的重要土著语言(程彤、邓世平 2019)。"一带一路"倡议背景下,"关键土著语言"应突出"关键"和

"土著"概念,一方面关注"一带一路"沿线某些语言的使用与我国国家战略的关联程度,另一方面考虑此类语言对我国文化"走出去"的实际意义,即是否有助于实现真正意义上的"走进去"、深化与其他国家人民的沟通交流(王雪梅、邓世平 2020)。在 5.1 节,课题组通过对多种因素进行综合分析,提出了"一带一路"关键土著语言清单。

2.1.4　课程

"课程"一词最早出现在我国唐宋时期。以唐代孔颖达的《诗经·小雅·巧言》和宋代朱熹的《朱子全书·论学》为其代表。《诗经·小雅·巧言》的"奕奕寝庙,君子作之"句作疏:"教护课程,必君子监之,乃得依法制也"(丁念金 2007)。这是我国历史上迄今为止所能见到的"课程"的最早使用。这时"课程"主要指要遵守的制度,与现在的意义相差较远。南宋朱熹在《朱子全书·论学》中反复提及课程,如"宽着期限,紧着课程""小立课程,大作功夫"等。朱熹的课程主要指"功课及其进程",与今天日常用语中"课程"的意义极为相近(张华 2000)。

西方学者从词源学对"课程"(course)进行了考察,该词源于拉丁文"currere",原指跑道,隐喻教育进程。斯宾塞(H. Spencer)在其著作《什么知识最有价值》(1859)中提出"课程"(curriculum)一词,很快被西方学者所采用。根据这个词源,最常见的课程定义是"学习进程"(course of study),简称学程(夏纪梅 2003)。这一解释在各种英语词典中很普遍。

课程是一种有组织的、系统性的教学活动安排,旨在帮助学生获取知识、技能和价值观,从而促进他们的全面发展。课程的定义非常广泛,到目前为止,国内外专家对于课程概念还没有达成一致。美国学者鲁尔在其博士论文《课程含义的哲学探索》中收录的课程定义达到 119 种之多(转引自比彻姆 1989:169)。钟启泉(2015)认为,课程是一个完整的、多维的概念,即为实现特定学习目标和培养学生特定能力而有组织地安排的学习内容、教学方法和评估方式的总体设计。夏纪梅(2003)也指出,"所谓课程指在学校的教师指导之下出现的学习者学习活动的总体。"作为教学的基本单位,课程是教师和学生共同进行学习活动的框架和导向。除了学校课程表中所列的正式课程之外,还有作为课外实践特别计划并实施的"课外活动",以及在整个学校活动中潜移默化地影响学生心理形成的学校传统或校风,即支配学校的教师和学生群体的价值观、态度、行为方式等等校园文化中的非制度侧面。简言之,课程就是在学校中教学什么、何时教学、如何教学的问题。课程是人才培养的核心要素,其质量高低直接决定了人才培养的成效(何莲珍 2023)。

2.1.5 通识教育与通识课程

通识教育是高等教育的重要组成部分,是所有大学生都应接受的非专业性教育,旨在培养积极参与社会生活、有社会责任感、全面发展的社会人和国家的公民(李曼丽 1999)。2016 年 3 月国家颁布的《国民经济和社会发展第十三个五年规划纲要》中明确提出了大学要实行"通识教育和专业教育相结合的培养制度"。"通识教育"是英语 general education 一词的汉语对译词,发源于亚里士多德提出的自由教育,或称博雅教育(liberal education)。从教育性质来看,通识教育是"培养学生成为全人教育的一部分,这种全人教育是有责任公民一生中理应接受的最重要的教育"(Michael 1951),在高等教育层次即是对"所有大学生"的全人教育(黄福涛 2018)。从教育目的来看,通识教育指"非职业性和非专业性的教育","以关注公共利益为基础"(Carman,转引自 McGrath 1976),"目的在于养成健全的个人和自由社会中健全的公民"(张昕 2016)。从教育内容来看,"通识教育体现为特定的课程体系或者教学模块,即通识教育课程"(钟秉林 2013),课程内容包括人类现代文明的各个方面,主要是人文与科学教育(陆一 2018)。通识课程是大学或高等教育机构提供的一类广泛而综合的教育课程,旨在培养学生全面发展的能力和素养。这些课程涵盖多个学科领域,而不仅仅局限于学生主修专业的领域(Packard 1829)。通识课程在全球教育变革中扮演关键角色,其调整和优化是为了满足未来社会对人才的需求以及应对新时代的挑战(马佳妮等 2023)。结合上述论述,针对本文需要研究的对象和范围,课题组将通识课程界定为在高等教育本科阶段学生所学习的、相对于专业教育的、培养学生多学科知识、思辨创新等能力和高尚的价值追求的课程。换言之,通识课程旨在为大学的学生提供广泛而全面的教育,提升他们的综合素养,使他们在未来的职业生涯和社会生活中更加适应各种挑战。这些课程有助于培养学生成为拥有广阔视野和灵活思维的终身学习者。而通识课程之间往往相互关联并相互运转,从而构建了通识课程体系。课程体系是将相关的要素相互组合、相互制约而形成的整体,它包含一定功能和结构的知识,并具有开放性。这个体系不仅要将内部的要素和不同课程相连接,还需要确立目标和培养规范,以适应社会经济未来的发展趋势,同时满足科学技术进步的需求,且符合相应的学时限制。

2.1.6 关键土著语言文化通识课程

上文(2.1.3)指出,关键土著语言指以维护国家利益为核心,与国家战略和发展密切相关的重要土著语言。关键土著语言文化通识教育课程旨在培养学生对关键土著语言的兴趣,学习基本的土著语言知识和表达方式。通过学习土著语言,学生在文化认知方面可以更深入地了解关键土著语言文化,增进对不同文化的理解和尊重,并增强与关键土著语言群体的沟通能力,从而为维护"一带一路"倡议背景下的国家利益打下广泛而坚实的基础。

关键土著语言文化通识课程包括以这些语言为第二外语和第三外语的语言类课程(王会花、杨露萍 2022)。这类课程主要面向大学本科生、研究生低年级开设,其目的是培养学生维护我国文化、民族与国家身份的政治定力,具备使用某种关键土著语言进行基本沟通的能力,同时了解关键土著语言对象国或对象地区的历史、宗教、社会、政治、经济、文化等区域国别知识(何艳华、王雪梅 2022)。本节将关键土著语言文化通识教育课程体系界定为旨在提供全面的关键土著语言与文化教育,让学生具备关键土著语言文化领域的知识和技能,使其成为一个包含多门通识课程的有机结构。该课程体系通常为跨学科的,涵盖了语言学、人类学、历史学、社会学等多个学科领域,以促进学生对土著群体的历史、文化、价值观和语言的深入了解。其目标是培养学生的跨文化意识,促进多元文化的认知和尊重,以及增进学生对土著群体的理解和关注。它强调学生积极主动地学习和参与,以培养学生对土著语言和文化的持久兴趣和意识。

关于关键土著语言文化通识教育课程体系的独特性,本文将其分别与关键土著语言专业课程体系和其他语言通识课程体系进行比较。在共同点方面，三者都是为了培养学生的语言能力，都以课程教学为手段，以教师为关键，以学生获得感为旨趣，都是在高校设置的语言文化类教育课程。但关键土著语言文化通识课程与关键土著语言专业课程、其他语言通识课程仍有一定的不同之处。

一方面，就关键土著语言文化通识课程体系与关键土著语言专业课程体系而言，二者在内容、学科、学习对象和目标等方面存在明显差异：

1）内容与学科：前者涵盖广泛的学科领域，更强调跨学科领域的开拓，除了与中文、历史学、哲学、教育学、社会学、法学等学科之间关系更加密切外，该课程与医学、理学、工学、管理学等学科之间的互动也不断加强（李岩松 2022）。而后者的课程体系包括外语学科的核心课程和专业选修课程，以帮助学生成为在学科领域内的专家或从业者。

2）学习对象：前者的学习机会适用于所有学生，不专注于任何特定的专业群体。这些课程是为了让所有学生都能获得基本的外语教育，培养全面发展的素养。而后者是只面向特定关键土著语言专业的学生必须修读的课程。

3）目标：前者的目标是培养学生的综合素养，提高学生对关键土著语言与文化的了解，注重知识的广博性；而后者更强调培养学生在特定领域内的专业知识和技能，尤其是关键土著语言能力的精深掌握。

另一方面，关键土著语言文化通识教育课程体系与其他语言通识课程体系通常都面向广泛的学生群体，目标是学生基本掌握所学语言，提高他们在国际交流和全球化环境中的语言能力，区别在于所涉及的语言类型。前者涉及的是关键土著语言，通常只在特定地区或特定群体中使用。后者涉及的是其他语言，如英语、汉语、西班牙语等，这些语言在全球范围内被广泛使用，是国际交流和商务沟通中常见的语言。

关键土著语言文化通识教育课程体系可以根据不同的分类标准进行划分。从课程形式来看，主要包括课程和课程群。课程一般而言多指某一具体课程。课程群是指在教育机构中将一系列相关课程组织起来，形成一个有机整体的课程集合。这些课程通常在特定学科领域或专业方向上有一定的联系，相互之间具有内在的逻辑关联，共同为学生提供系统的学习内容和培养目标。课程群的构建旨在实现多门课程之间的协同与衔接,使学生能够在一定范围内进行综合学习,并形成全面的学科知识体系。语言课程群是指在语言学习和教学领域中将一系列相关课程组织起来,形成一个有机整体的课程集合。它的体系化是指根据研究型和适用型分流培养的指导思想、特定的人才培养目标以及相关参数进行的理论类课程和实用类课程的划分(王世凯等 2016)。通过课程群的设计,学生可以更好地理解学科之间的关联和综合应用,培养跨学科的思维能力和综合素质。这些课程通常涵盖特定语言的不同层次和方面,旨在帮助学生全面提高该语言的听、说、读、写能力,以及了解该语言的文化和背景(陈敏哲、白解红 2012)。语言类课程群的设计通常包括语言技能课程、语法与词汇课程、文化与文学课程、口语交际课程、阅读与写作课程、学术英语课程等。

从课程内容上划分,大学通识教育课程体系可分为自然科学类、哲学社会科学类、人文素养类和法学类四个类别(于志刚 2016)。关键土著语言文化通识课程属于人文素养中的语言类课程,具体可分为语言知识、语言技能、语言文化、语言研究方法等。其中语言知识课程强调语言的知识建构。语言技能课程着重培养学生的听、说、读、写等技能。语言文化即教授该语言所属的文化和文学作品。语言研究方法是一门针对语言学习和研究领域的专门课程,旨在培养学生运用学科、跨学科方法进行语言研究的能力。

2.1.7　课程质量评估

课程质量评估是对课程建设水平进行综合研判的过程,是梳理建设经验、发掘建设问题的过程,是对课程质量监控的重要措施(阚云超等 2023)。课程开发者一致认为,在教育机构实施课程开发或修订后,应采取适当评估程序,验证课程目标的有效性。准确理解课程质量评估的内涵,关系到如何衡量关键土著语言文化通识课程质量,对确保课程的有效性与可持续性具有重要意义。因此,课题组结合已有相关研究,从以下几个方面详细阐明课程质量评估的内涵。

(1)评估主体

评估主体是课程质量评估首要考虑的要素。在教育机构内部,评估主体主要涵盖教师、学生和管理层。教师作为课程设计和实施的关键执行者,在课程质量评估过程中扮演关键角色,其教学方法、教学策略直接影响课程效果和学生学习成果。教师一方面是评估者,另一方面需要接受来自学生、同行和管理者等多方面的评估和监督。这种双重角色使得教师既主动参与课程评估,也在评估和监督中不断提高自身的教学素养,从而保障关键土著语言文化通识课程的质量和效果。

学生则是课程的最终受益者,他们的感知质量便代表着课程的价值(王聪聪等 2021)。因此,其学习体验、学习成果以及对课程的反馈对评估结果同样产生重要影响。此外,管理层在课程质量评估中扮演着监督和决策的角色,其关注点通常包括课程资源投入、教学环境和教学目标的实现等。此外,教育管理者作为评估主体之一,其参与体现了课程质量评估的管理者导向。评估主体的教育管理者内涵包括课程管理的规划、组织和监督等。通过教育管理者的课程规划、资源分配、教学监督等方式,可以了解课程的整体布局、教学资源的合理配置、教学过程的有效管理等,从而保障课程质量的持续提高。

(2)评估指标

评估指标构建是课程质量评估的核心任务之一。明确课程评估指标可以以评促建,提升课程的质量(张文丽等 2022)。在课程质量评估中,评估指标在关键土著语言文化通识课程中应涵盖课程目标的实现程度,这包括课程目标的明确性、与学生需求的契合度以及目标达成的量化评估。可以通过课程设计的合理性、教学方法的多样性、学习资源的丰富性等方面来评估课程目标是否得以有效实现。评估指标还应涵盖教学内容和教学方法的有效性,具体包括教材的选择与适配、教学内容的深度和广度、教学方法的创新性和灵活性等方面,以上可通过教学材料的内容分析、课堂教学观察、教学案例分析等方式来评估。评估指标还应考虑学生的参与和互动情况,具体包括课堂氛围的营造、学生互动的频率和质量、学生解决问题能力的培养等方面,以上可通过学生参与度的调查、互动讨论的分析、学生反馈的收集等方式来评估。最后,评估指标应关注学生学习成果的达成情况。这包括知识技能的掌握程度、批判性思维和创新能力的培养、实际应用能力的提升等方面。学习成果的达成情况可以通过课程考核方式的分析、学生作业和项目成果的评估、学生综合素养的综合评估等方式来评估。

（3）评估手段

评估手段的选择和运用是课程质量评估的重要环节。知识本位的目标导向，偏重结果的评估手段等一直是提升课程质量的难点所在（王厚红等 2023）。评估手段应当根据评估目的和评估主体的不同而灵活选择。评估手段涵盖了多种数据收集方法，具体包括定量数据的收集，如问卷调查、考试成绩等，以及定性数据的收集，如课程作业、课程讨论记录等。通过定量数据和定性数据的综合分析，可以从不同维度全面了解课程的教学情况和学生的学习体验。其次，评估手段还包括多种评估途径的运用，具体包括自评、同行评估、学生评估等。自评可以帮助教师反思和提升自己的教学；同行评估可以从专业角度对教学进行客观评估；学生评估可以反映学生对课程的满意度和建议意见。综合运用这些评估途径，可以从多个角度获取课程质量的信息。评估手段也包括多种数据分析方法的应用，具体如统计分析、内容分析、案例分析等不同分析方法。通过对收集到的数据进行深入分析，可以揭示课程的优势和不足之处，为课程质量的改进提供有力支持。此外，通识课程的评估手段还应考虑技术手段的应用，如可以运用在线问卷、虚拟实验、数据挖掘等技术手段来收集和分析数据，提高数据的准确性和效率。

（4）评估效果

评估效果不仅包括评估结果的准确性和科学性，更涉及评估结果的应用和改进，且应为教育决策提供科学依据，为课程设计和教学改进提供参考。首先，将课程教学质量认定作为课程质量评估和教师考核的连接点，使课程评估结果与教师自身利益直接相关，对教师形成正向激励作用（郑秀英等 2023）。通过持续监测和反馈机制，可促使教育机构进行持续的自我反思和改进，不断提升课程质量。其次，评估效果体现了课程目标的实现程度。这包括课程目标的量化衡量，以及学生对课程目标的认知和掌握情况。通过课程目标达成度的评估，可以判断课程是否达到预期效果，为进一步优化课程提供指导。此外，评估效果还体现了学生的学习成果和能力发展情况，包括语言知识与技能的掌握程度、批判性思维和创新能力的培养、跨文化交际能力的提升等。通过对学生作业、项目成果、实践表现等的评估，可以客观地了解学生在课程学习过程中所取得的进步和成就。最后，评估效果还反映学生的学习满意度和反馈，具体包括学生对课程内容、教学方法、学习体验等方面的评估和建议。通过问卷调查、访谈等方式，可以了解学生对课程的态度和意见，为课程的改进和优化提供参考。就关键土著语言文化通识课程而言，其评估效果还涉及课程对社会需求的响应程度、在培养学生综合素养方面的贡献等方面。

2.2 相 关 研 究

2.2.1 "一带一路"语言状况与语言规划研究

"一带一路"倡议提出以来，诸多学者对"一带一路"沿线国家和地区的语言状况进行了调查研究，并结合我国的需求开展了相关语种规划与语言教育规划研究，具体总结为如下几方面。

一是"一带一路"沿线语言状况调查。例如王辉和王亚蓝（2016）从官方语言、官方语言谱系分类、主体民族语言、外语以及少数民族语言五个纬度分析"一带一路"沿线国家的语言状况并指出，沿线 65 个国家中有 53 种官方语言，分属九大语系，语言使用呈现出鲜明的区域特色。周庆生（2018）结合"一带一路"倡议，认为除了以英语或俄语为母语的少数国家及少数人口外，就大多数沿线国家人口而言，英语或俄语是他们的第二语言。张治国（2016a、2022a）分别调研了南亚、中亚等"一带一路"相关地区的语言生态和语言政策。此类研究为了解"一带一路"沿线的语言国情提供了基础数据。

二是"一带一路"背景下语言规划问题的宏观探讨。张日培（2015）分析了"一带一路"人文交流对语言文字的需求，包括丝路外语教学政策与规划研究、沿线国家和地区的汉语传播研究、华语教育研究、"一带一路"话语体系研究等。聂丹（2015）认为，应从语言资源的开发、共享与应用三

第 2 章 文献综述

21

个层面出发,组织实施"一带一路"的语言资源库工程、语言文化博物馆工程和"语言通"工程,更好地服务互联互通、国家安全、文化传承和经济发展。同时构建"一带一路"语言资源建设的系统工程,一要进行战略规划,二要整合现有资源,三要开展跨国合作,四要运用前沿技术。张治国(2016b)提出,语言是"一带一路"软件建设的重要内容之一,也是"一带一路"软件建设的一个切入点和关键点,它可以为"一带一路"软件建设"铺路""搭桥"。仲伟合和张清达(2017)认为,我国尚存在教育理念方面战略意识缺位、权威性组织管理机构与协作机制尚未建立、外语高端人才供给匮乏和资源配置战略投入不足的弊端,应积极构建符合中国实际的大国外语教育战略。陈美华(2020)认为,应当从领域语言规划的视角入手,关注与"一带一路"相关语言在政府、企业、家庭、社会、高校等不同层面的教育状况,在需求分析的基础上认真做好相关规划,提升我国面向"一带一路"的领域语言能力。此外,语种规划是学者关注的一个重要议题。张治国(2011)、高健和洪婧雯(2014)认为,我国应确定新的关键外语语种,并制定基于关键语言的国家外语能力行动方案和适应区域经济发展需要的中长期外语教育规划。张治国(2022b)进一步分析了语种规划的定义、属性、分类和外语选择标准,并基于多维因素划分了相关语种对我国的重要性等级。这类研究提出了"一带一路"倡议背景下语言规划的基本原则和宏观建议,对于"一带一路"语言规划实践具有指导意义。

三是开展面向"一带一路"特定区域的语言规划研究。例如,邢欣和梁云(2016)在调查中亚国家语言需求的基础上,探讨"一带一路"倡议与中亚国家的重要性、中亚国家的语言政策及对中国的认知、中亚国家中资企业的发展态势、中亚国家的语言需求,建议培养以俄语为主的复合型专业人才和良好的跨文化人际沟通型语言人才。毛延生、田野(2023)分析了构建面向东盟的语言发展体系所面临的现实挑战,并从语言资源配置、语言教育规划、语言服务能力提升等角度就如何构建面向东盟的语言发展体系提出了具体建议。申霄(2023)聚焦丝路核心区外语多语种服务的必要性,通过分析该地区外语服务的对象和类型,提出应加强国家顶层设计、加大俄语和跨境语言人才培养、转变高校外语课程设置模式、提高外语师资水平、建立外语人才资源库、构建西部边疆少数民族地区外语多语种语言服务中心的规划策略。这类研究面向"一带一路"特定国家和区域,提出的规划紧密结合相关国家和区域的语言状况以及"一带一路"倡议在当地的具体实践,具有较强的针对性。

四是"一带一路"语言服务研究。邢欣和张全生(2016)基于对"一带一路"的语言需求调查,归纳出语言服务延伸为四个方面:"一带一路"紧缺专业的语言培训服务,"一带一路"建设急需的汉语教学服务,促进民心相通的语言服务,"一带一路"沿线国家安全战略所需的语言服务。赵世举(2015)提出,面对丰富多样的语言需求,有关方面应尽快制定专门的语言服务规划,加快培养语言人才,创新语言资源开发,构建相应的语言服务体系,不断提升国家和社会的语言服务能力。王晨佳(2016)从"一带一路"视角梳理了中国文化元素进入国际语言的词汇,探讨如何促进中华民族传统文化走出去。赵世举和黄南津(2016)探讨了面向"一带一路"的语言学术服务,服务"一带一路"的区域语言建设,"一带一路"背景下语言文化的国际传播等问题。杨暘(2022)分析了语言在"一带一路"建设中的产业经济价值,提出了开发多模态语言产品、提供多元语言服务、强化语言人才培养等提升语言在"一带一路"建设中经济价值的途径。这类研究聚焦语言服务,更为关注"一带一路"倡议背景下的语言应用与语言实践,旨在提升语言服务质量,更好地为"一带一路"倡议在相关国家或地区的深入推进做好服务。

2.2.2 "一带一路"沿线关键土著语言研究

目前相关研究多从非通用语视角入手,聚焦"关键土著语言"的研究相对较少。在"一带一路"背景下,国内各高校积极主动设置各种语言人才培养项目,学界也对现阶段"一带一路"背景下的非通用语学科或专业发展、人才培养、语言服务等做了系统研究。综观"一带一路"沿线相关非通用语言研究文献,相关研究成果主要集中在以下几个方面。

一是非通用语专业或学科建设研究。这一领域研究可以分为两个研究路径。其一,从宏观视角出发,对"一带一路"背景下非通用语专业或学科建设提出思考与展望。刘曙雄(2016)指出,"一带一路"倡议从多方面对我国非通用语人才培养和科学研究提出了新要求:一是增设新语种;二是在更多的高校设置更多的专业点;三是学科内涵更加丰富;四是在高校推进智库建设,为"一带一路"建设等国家发展战略服务。顾秀梅和陈彩珍(2017)指出,"一带一路"背景下的高职院校应以语言教育为突破点,开设相关非通用语种课程或专业,以满足"一带一路"建设提出的语言要求。杨丹(2022)总体论述了当前非通用语规划的战略目标及实施路径,强调应打造一流非通用语教师队伍、建设一流教育资源平台、构建一流治理平台;并建立师资队伍协作培养、人才培养跨校联动、教学资源联合开发、服务平台协同打造、全球资源开放共享的非通用语教育合作机制。其二,从分析非通用语专业或学科面临的具体问题出发,提出解决相关问题的策略。例如,王雪梅和赵双花(2017)以传统外语类院校为例,运用丰富翔实的数据,对我国非通用语种的学科设置、招生培养以及师资队伍等现状进行分析;并在剖析存在问题的基础上,从学科规划、专业拓展、人才培养、师资发展等不同层面提出可行性对策。张天伟(2017)基于国家语言能力理论框架,剖析了我国非通用语教育面临的问题和挑战,主要包括语种开设缺乏规划、人才资源难以掌控、高端人才严重不足等。他建议制定语言战略规划,建立语言人才资源库,改革招生体制、人才培养模式和师资培育模式。文秋芳(2021)分析了当前非通用语专业教师和学生面临的多项挑战,指出当前的关键步骤是制定符合非通用语专业实际的教师评价标准,并引导学生做好学业规划,以促进非通用语专业健康、有序与高质量发展。上述研究提出了非通用语规划的原则与路径,为非通用语学科专业建设提供了可资借鉴的方案。

二是结合地理区域优势或特点开展非通用语言教育研究。一方面,不少学者考察了云南、新疆、西藏等边疆地区或民族地区在开展非通用语教育方面的条件与优势,并据此提出相关建议。李德鹏(2016)结合云南省在"一带一路"倡议中的主要任务,提出增加小语种数量、提高小语种质量,绘制境外中国语言地图、加大境外舆情监测等对策。张彪(2017)通过对云南少数民族聚居的景洪、河口和瑞丽三个边境口岸地区的466名受访者进行外语使用状况问卷调查,初步掌握了云南边境口岸地区的外语使用特点,并就教学语种、学习者选择、人才培养模式和教学内容等方面提出教育规划建议。余江英(2016)通过探讨关键语言的内涵与特征,在梳理南亚、东南亚国家语言状况的基础上,经过初步统计分析,列出云南关键语言列表,并对云南关键语言政策的制定提出了相应对策与建议。郝兴跃和尹枝萍(2021)将国家语言能力建设和"一带一路"倡议等宏观视角与少数民族语言和邻国语言之间所存在的特殊地缘、族缘和语缘等微观视角相结合,提出符合关键外语要求的云南省边疆地区外语规划的原则与模式。邢欣和梁云(2016)认为,新疆作为"一带一路"倡议实施中的重要环节,在语言发展上要做好三个方面的对接:即对内双语政策与对外语言传播政策的对接;少数民族语言发展和跨境语言人才培养政策的对接;国家语言安全战略与"一带一路"语言服务的对接,并提出了五大语言发展战略。高全孝(2016)建议,充分考虑西藏的地缘结构和西藏社会的特殊矛盾,从国家战略的高度及时调整外语政策,培养通晓南亚语言的复合型人才;开展南亚国家研究,培养能在国际舞台同达赖分裂集团作斗争、挫败反华势力阴谋的外语人才;以外语为工具和武器,构建重要的国家安全屏障,服务国家发展战略。另一方面,也有研究者结合经济因素探讨经济发达地区的非通用语教育问题。例如王辉和曾晨刚(2022)基于长三角地区12种非通用外语的学习人数与该地区国际贸易额相关性的实证研究,指出长三角地区相关高校需要加快调整外贸领域外语人才培养结构,制定相应的"非通用外语+"复合型人才培养规划,采取差异化发展策略加强非通用外语人才培养。上述研究紧密结合具体区域的地理、经济等区域特点,有针对性地提出了不同地区非通用语规划的具体路径,为非通用语言教育的差异化、多元化发展指明了方向。

三是"一带一路"沿线非通用语人才培养研究。一方面,研究者分析了"一带一路"背景下非通用语人才培养面临的挑战。文君和蒋先玲(2015)指出,"一带一路"对国际化人才培养带来以下挑战:急需国际化资本操作人才;急需具有创造性的新型国际贸易人才;急需新型复合型、文化素质高的外向型人才;急需各类境外基础设施投资和建设管理人才。姜锋和赵婀娜(2016)认为,我国高等外语教育对参与"一带一路"倡议国家和地区如亚非拉、中东欧的非通用语或小语种关注不够,语言赤字直接导致知识赤字。彭龙(2016)指出,加强"一带一路"语言资源开发,为国家储备非通用语紧缺人才,既是外语类院校需主动担当的国家使命,也是外语类院校拓展发展空间的机遇。另一方面,研究者将需求或现状与人才培养规划相结合,在分析现实需求的基础上提出"一带一路"非通用语人才培养建议。刘小芬(2017)分析了当今社会经济发展对外语人才的需求情况,提出"外语+"多元化特色人才培养模式的新策略,为我国尽快培养出外语语言能力强、综合素质高,能适应新环境下的国际化人才提出了切实可行的新举措。孙琪和刘宝存(2018)在分析非通用语人才培养现状的基础上,提出加强语言战略规划、增加政策投入、构建多元人才培养模式、强化非通用语师资队伍建设等人才培养建议。乔晶等(2023)基于 BP 神经网络模型分析国内生产总值和贸易变量与语言人才需求的关系,对"一带一路"沿线国家几个重要语系的关键语言人才的未来需求进行预测,并提出了交叉学科培养、大小语种交叉培养、不同小语种交叉培养等三种人才培养模式。此外,研究者结合学生体验、技术应用等从课程建设、教材开发、资源拓展等角度深入探索非通用语人才培养质量提升的具体路径。吴杰伟和霍然(2013)通过对北京大学外语非通用语专业学生的国际体验效果进行调查,结合学生提交的留学总结报告,分析了国际体验活动对非通用语学生培养的促进作用。陈扬和石金花(2013)以印尼语视听说网络课程为例,深入探讨了外语非通用语网络课程建设实践,提出在确定网络课程的教学内容后,要建构支持多语种编码,具备实时教学、在线录音等功能的非通用语网络教学平台。佟加蒙(2017)讨论了非通用语数字化教育资源在精品开放课程和网络公开课建设方面的进展,并就如何建设和利用好数字化非通用语教育资源,搭建非通用语数字化资源平台提出了相关建议。董希骁(2023)分析了非通用语课程思政的难点,并从教学目标分解、师资队伍培育、实践平台拓展等方面提出了推进非通用语课程思政的方案。苏莹莹和董希骁(2021)认为,应根据不同语种的人才培养规模、师资队伍状况、对象国资源等分类推进非通用语种的教材建设。相关研究明确了"一带一路"倡议对非通用语人才的需求,并基于对现状和需求的分析规划了今后非通用语人才培养的路径。研究者开始关注非通用语课程、教材等微观方面,但相关研究尚处于起步阶段,且多从非通用语专业角度进行探讨,缺乏通识教育意识。

四是提出"关键土著语言"概念并在"关键土著语言"视域下开展宏观与微观研究。宏观方面,李岩松(2022)从新文科背景着手,指出设计分层分类课程、体现课程通识性等原则,结合关键土著语言文化通识课程体系的探索,探讨了关键土著语言人才培养的具体路径。邓世平和王雪梅(2022)则从企业需求角度入手,对沿线国家或地区的中方企业进行调查,基于需求分析提出关键土著语言的教育规划框架,指出开展通识教育的重要性。微观方面研究主要聚焦关键土著语言课程与教师的研究。譬如王会花和杨露萍(2022)基于关键土著语言文化通识课程当前的开设现状与问题,从课程设计、内容、过程、评价四个维度论述了所构建的课程设计框架。王雪梅(2021)结合调研数据指出,教师课程力在关键土著语言通识课程建设和关键土著语言人才培养中的重要性,并从课程开发、实施、评估、研究等角度探讨了教师课程力的具体发展路径。何艳华和王雪梅(2022)调查了高校教师与学生对关键土著语言文化通识课程的需求,并在此基础上提出明确通识教育目标,创新课程教学形式等建议。以上研究提供了从通识教育视角开展关键土著语言研究的新思路,但研究的系统性不足,且主要对课程开发和教师发展进行了初步探讨,对课程体系、课程质量评估体系等方面的研究相对较少。

2.2.3 对既有研究的分析评价

如上所述,"一带一路"倡议的实施标志着我国开始从"本土型国家"向"国际型国家"转变。而国家的发展策略转型给我国非通用语教育教学带来了新的机遇和挑战。总体而言,目前我国面向"一带一路"的语言教育研究存在以下五个问题:

其一,语言教育规划国家意识不足。美、俄等国家在确定自己的关键语言时,都有强烈的国家意识,以国家利益为导向确定自己的关键语言语种。而我国的外语教育宏观规划不足,无论是学校外语教育还是家庭、社会外语教育,存在以个人发展为目标功利性选择外语语种的情况,未能充分考虑国家利益选择关键语种,且未进行相关语言本体、应用、传播等方面的研究。

其二,关键土著语言文化通识课程建设研究不足。通过综述"一带一路"沿线相关非通用语言研究文献可见,目前学界相关研究主要集中在宏观层面,如沿线语言状况与教育规划研究、非通用语专业或者学科建设研究、地理区域下的优势语种选择、非通用语人才培养思路、语言服务等,较少涉及关键土著语言文化通识课程研究。

其三,关键土著语言的通识教育现状研究不足。目前,我国学者对关键语言的研究多聚焦非通用语专业建设,缺少基于数据分析的实证研究,以及对存在问题和挑战的分析。

其四,基于一定理论和数据的关键土著语言文化通识课程体系构建研究不足,缺乏具体案例分析。

其五,关键土著语言文化通识课程质量保障研究不足。业内学者在开展关键语言教育和教学的研究时,多关注专业和学科建设,较少研讨关键土著语言人才培养过程中的课程质量评估保障机制。

综合前人研究可见,本领域研究还有较大的发展空间。具体表现为:

第一,应进一步科学确定"一带一路"沿线关键土著语言。目前非通用语研究缺乏"关键土著语言"意识,概念差异会影响研究者的研究视角、研究目标、研究路线等。因此,研究者一方面应树立"关键语言"意识,重点关注对我国"一带一路"倡议具有战略意义的语种,从而使研究目标更为明确,研究重点更为聚焦,研究路线更为清晰;另一方面应全面调查"一带一路"沿线国家官方语言、主体民族语言及其主要少数民族语言,结合我国国家战略需求,确立符合我国国家利益的"关键土著语言"语种清单。

第二,应深入调研来自"一带一路"沿线企业的员工、相关院校的师生等,分析相关土著语言通识教育课程需求与教学实践情况。

第三,亟待开展关键土著语言文化通识教育课程体系与课程质量评估保障机制建构研究。研究者应在整合"一带一路"沿线关键土著语言资源的基础上,全面系统探讨如何将关键土著语言文化教育纳入大学通识教育课程体系中,多维并举,全面提升学生的关键土著语言能力。

2.3 小　　结

　　本章首先基于前人研究清晰界定了关键语言、土著语言、关键土著语言、课程、通识教育与通识课程、关键土著语言文化通识课程、课程质量评估等核心概念，阐述了本课题研究中相关概念的具体内涵。继而围绕本课题核心议题进行文献综述并做出相应评述，明确了当前的研究进展以及存在的研究空间。下一章将具体介绍本研究所采用的各个理论视角，以及形成本研究的技术路线。

第 3 章

理论框架

本章将结合需求分析理论、课程设计理论、教育生态学理论的相关成果,构建本研究的理论框架与技术路线。上述理论将分别用于指导回答本研究的三个研究问题,即需求分析理论主要用于探索对当前国家、社会、企业、学生、教师对关键土著语言文化通识课程的需求;课程设计理论主要用于探讨当前关键土著语言文化通识课程的现状,并指导对相关案例的分析;教育生态学理论则将宏观、中观、微观各层面主体纳入一个系统框架,用来指导构建关键土著语言文化通识课程体系的运行机制。

3.1 课程设计理论

3.1.1 课程设计

对课程设计的定义就目前而言没有统一论述,其中具有广泛影响的是《简明国际教育百科全书·课程》中的界定,即"课程设计是指拟定一门课程的组织形式和组织结构。它决定于两种不同层次的课程编制决策。广义的层面包括基本的价值选择,狭义的层面包括技术上的安排和课程要素的实施"(江山野 1991)。还有一种比较有代表性的观点认为,课程设计是"课程要素的选择、组织与安排的方法过程",是一种"拟定教学目标、选择组织教学活动、执行评鉴工作的'科学技术'"(黄政杰 1991)。Nunan(1988)认为:"课程设计要以问题的沟通为起点,要以解决问题的实施计划为终点,因此,设计的历程是独立于实施的历程,两者并不能混为一谈。"夏纪梅(2003)在综合既往研究的基础上认为,课程是多层面、多方面、多渠道的教和学的产物,而课程设计就是根据不同的教学对象,对教与学的活动进行不同层次、不同范围、不同环节、不同形式的设计,是运用不同的学科理论或原则系统解决外语教和学等问题的过程,是定标和达标的科学性与艺术性相结合的表现。黄甫全(2014)指出,课程设计主要由课程理念确立、目标设置、内容开发、方法组织、评估等环节组成。课程设计是师生课堂活动展开的蓝图,是一项系统的、动态的、具有创新意义的工作,是教学模式与教学具体实践的统一(郝春雷、王鹏 2020)。具体言之,课程设计是一个系统运作的过程,一种从目标到行动,从行动到评价,再从评价回到目标的教学活动流程,是一种动态循环的过程。

课程设计内容主要包括教育方针、课程方案、课程标准、教材体系等,其中核心内容是课程方案与课程标准,教育方针是依据,教材体系是表现形式……政府官员、教育管理者、课程专家、学科专家、教学人员、研究人员等不同的主体参与课程方案的设计与课程标准的研制之中,甚至学生家长、社区成员和学生都可以直接参与其中(王鉴 2022)。对于语言教育而言,语言课程设计指的是制定或更新课程的设计和实施过程,反映了人们对语言教学认识的不断深化(Richards 2008)。在教育高质量发展背景下,外语课程设计是指服务高质量外语人才培养的系统性教学活动,包括目标、内容、方式、评价等多元维度(王雪梅 2023)。

由此可见,概括起来,关于课程设计的讨论可分为宏观和微观两个层面,宏观层面的课程设计包括制订课程目标、准备课程大纲与设计教材等;微观层面的课程设计包括技术上的安排和具体课程内容、资源的设计,活动的设计、评价的设计等。宏观层面的课程设计适用于国家课程、地方课程和学校课程的开发,而微观层面的课程设计则更适用于学校课程、教师所上的某一门具体课程。

3.1.2　课程设计理论

（1）课程设计的理论基础

课程设计的理论基础主要包括哲学基础、社会学基础和心理学基础。其中哲学基础主要包括本体论,认识论和价值论三个维度。本体论指课程研究的本体,课程研究的最主要内容包含哪些;认识论即课程能在哪几个层次上循序渐进地帮助学习者学习课程;价值论是指通过课程渗透国家、社会或课程制定者所认同的价值观。社会学基础则强调政治、经济、文化、科技等要素的作用。社会系统的诸要素制约着学校课程的设置(杨明全 2016)。心理学基础涉及行为主义、认知主义和人本主义等,强调根据学生的需求和心理发展规律设计课程。

White(1988)把课程设计方法归纳为三种基本模式: 1)目标模式(课程设计关注的重点是课程的目标和内容);2)过程模式(课程设计关注课程的目标和内容,更重视课程实施的过程和方法);3)情景模式(课程设计关注课程的目标和内容、课程实施的方法,重视课程实施的具体环境)。

（2）课程设计模式

A. 目标模式

目标模式是最经典的课程设计模式,源于 20 世纪 40 年代的美国。这是一种以实用主义哲学和行为主义心理学为指导思想的课程设计模式,其代表人物是 R. W. Tyler。Tyler(1981)指出,编制任何一种课程都必须回答四个基本问题:第一,学校应该追求哪些教育目标? 第二,提供哪些教育经验才能实现这些目标? 第三,怎样才能有效地组织这些教育经验? 第四,怎样才能确定这些目标正在得到实现? 对这四个问题的回答构成了课程设计活动的四个基本环节:确定教育目标、选择教育经验、组织教育经验和评价教育计划,这就构成我们所说的"泰勒原理"。Tyler 认为,这个基本原理是用来协助学校发展其特定课程方案的指导性观念,可以用来检视、分析及解释学校的课程方案。他提出目标具有引导课程选择和组织等设计活动和评价工作的主要功能，因此该课程设计模式又被称为"目标模式"。Tyler课程模式图共有五步：第一步，确定教育目标；第二步，学习经验的选择；第三步，选定的学习经验的组织；第四步，学习经验的指导与管理；第五步，评价学习经验之达成目标的程度。

美国著名课程理论专家H. Taba将Tyler的课程设计扩展为多个步骤的目标模式：教学诊断、使教学目标程式化、选择教学内容、组织教学内容、选择学习体验、组织学习体验、决定评价对象和选择评价方法等（Taba 1962）。

目标模式提出了一个较为完整的课程设计模式，提供了一个课程研究范式。该模式强调确定教育目标要考虑三个来源：学习者本身、当前社会生活和学科专家建议，其中学习者本身即考虑学生学习现状与教育者所要达到学习目标之间的差距。

B. 过程模式

"过程模式"课程理论家L. Stenhouse在反思"目标模式"时曾指出："教育是为了使人获得理性自主能力，使人从作为权威的固定知识的束缚中解放出来"（转引自施良方1996）。鉴于目标模式中教育目标的预期性是具体和行为化的，易忽视其他因素对学生的影响，且用学生的行为变化分解教育目标，是实用主义、工具主义的思想，发展心理学表明在知识学习过程中，个体不仅是知识被动接受者还是主动探究者，教与学的过程就是教师和学生共同参与所进行的研究与探索过程，这本身就是教育最有价值的目标。在实践教育活动中，教师发现自己在课程实践中的问题，思考如何解决问题而实现目标，即强调教师在课程实践中进行积极反思、批判与实践，在具体问题情境中寻求解决问题途径（杨明全2016）。过程模式把学校视作课程开发的基地或中心，提倡教师由被动的课程实施者成为课程的理解者、研究者和开发者（吴晓玲2023）。为了使教师成为课程的积极参与者和实践者，Stenhouse（1975）要求教师遵循以下原则：

a. 教师与学生应该在课堂上共同对有争议性的问题进行讨论。

b. 教师在处理与学生有争议性的问题时，要保持中立的原则，不能要求学生认同自己的观点。

c. 对于有争议性的问题通过讨论进行探究,不是教师进行讲授。

d. 在讨论的过程中应尊重每位参考者的不同论点,不是对争议的问题达成一致主张。

e. 讨论的组织者和主持者应该是教师,教师对课程学习达到的标准和质量要负责。

从以上原则可以看出,教师需要经过不断学习这一过程,才能达成"过程模式"课程开发的价值观念。

Stenhouse 指出,课程设计是建立在"过程原则"基础之上的,他强调通过对知识形式和活动价值的分析来确定内容,主张通过行动研究来生成课程,通过反思澄清隐含在课程生成过程中的价值要素,提升课程变革的价值理解力和判断力(转引自杨四耕 2023)。Stenhouse 认为,在知识和理解领域中,过程模式是一种更理想的课程开发方式(转引自范敏、刘永凤 2017)。"我正在提倡一种依照原则、标准和研究,而不是依照提前规定学生学习结果来进行课程研究和开发的一种政策,这种政策比提高我们在学校的期望水平,并让现实离这些期望更近的目标模式提供了更好的前景"(Stenhouse 2017)。在他看来,投入模式或者过程模式具有如下优点:1)经得起假设演绎法(hypothetico-deductive method)的检验,因此预示了课程的一种累积性科学(a cumulative science of curriculum);2)避免了所有的知识都能够被表达为学到的行为这种在哲学上半信半疑的立场;3)允许学生在同样的课程中拥有相异的目标;4)努力去面对课堂的复杂性(Stenhouse 1968)。

过程模式否定了目标模式确立和表述课程目标时的行为主义和机械主义倾向;主张设立总目标,且总目标应笼统表述且有很强的原则性;强调教育是一个过程,在过程中获得求知能力,提高批判能力,达成社会所需要的现代有教养的人,教育的目的是促进学生智慧的发展;强调师生之间的合作,发展和探究学习方式,学生要积极主动参与到教学过程中去;强调结合学生实际,以灵活的方式来组织课程内容,加强学生对系统知识的学习,培养学生的思辨能力和创造力。

但过程模式也存在一些问题:一是很难确定在现实知识领域里存在着一种普遍接受的"形式"或"结构";二是并非任何知识形式与学科结构

都能转换为学生所能了解和接受的课程形式；三是过程模式在否定目标模式的同时，又走向了另一个极端，即把课程设计局限于学科结构的分析，忽视了社会需要和学生需要等。

C. 情景模式

情景模式是由 Skilbeck(1984)提出来的。Skilbeck 认为，"课程"就是所有学习经验的总和，它包括课程大纲规定的课堂中获得的学习经验，但绝不仅仅限于此，它还包括了那些看不见的、学生通过参与学校活动而生成的课程要素。他主张借助社会学家的文化分析方法对社会文化结构进行分析，从而把课程设计与发展置于某一社会文化结构之中，针对单个学校及其教师，以学校为单位通过对情景的全面分析和评估来进行课程设计。因此，情景模式设计是以具体的实际情况为基点的，在一定意义上是对课程设计的重要发展。

Skilbeck(1984)首先将"情景分析"作为课程开发依据，强调全面分析评估不同学校的情况后进行课程设计，其假设是"课程设计应该针对单个的学校和教师。换言之，以学校为单位的课程设计是促进学校活动真正行之有效的方式"。外部情景和内部情景构成了课程的情景，针对的是某一个学校的特定情景，不追求课程开发的"普适性"。一般情况下，课程要遵循"确立目标—选择内容—组织内容—形成方案—实施—评价"的环节，根据情景的不同突出某一个过程环节。课程开发的各个环节密切关联，形成一个循环往复的动态过程，课程步骤不能单独分开进行，课程目标到课程评价之后并没有结束，而是要根据评价和反馈再进行改进，与情景分析再次相联系，形成"闭路循环"，进而设计出一个不断完善的课程。具体课程设计活动分为五部分：

a. 分析情景(Analyze the situation)。对构成情景变化的各种内外因素进行分析，以求对课程目标来源的全面认识。

b. 拟订目标(Define objectives)。Skilbeck(1984)认为课程设计从分析目标入手是正常的，但目标模式没有分析课程目标的来源及学校的具体情况，其课程设计常以孤立的、可观察的和可测量的行为来预先设立所有目标。他提出目标来自对情景的分析，是对师生各项活动的目标进行表述，但不一定按照行为来表述，还包括教育活动方向的喜好、价值和判断等。

c. 设计教与学的课程方案（Design the teaching-learning program）。教与学的课程方案设计包括教学活动、教学工具与材料、教学环境以及功课表等要素。

d. 阐明和实施课程方案（Interpret and implement the program）。课程方案在实施过程中可能会遇到一些问题，因此要通过经验、反思和研究分析，对这些问题加以估计和确认，并加以阐述。

e. 检查与评价（Assess and evaluate）。这里的"检查与评价"的含义比"确定在多大程度上实现了目标"这一内涵要丰富和广泛得多，它包括对课堂活动进展情况做出的经常性评定、对所产生的各种评定和所有参与者的表现做详细记录等。

情景模式是将课程设计放在文化背景和学校的具体环境中确定学生未来的发展目标，既满足当前学生需要，又考虑了未来学生发展；情景模式把前面所提到的目标模式和过程模式的优势都包含进去，被称为具有操作性和适应性的课程设计模式。

虽然每种模式都有其独特之处，但它们都提出了相当类似的课程设计步骤。在一定程度上，它们都侧重于学习背景或环境（课程所在的机构），并在确定教材的目标、内容和顺序之前，了解利益相关者（如学生、教师、管理人员）的态度、信念和需求（Crites & Rye 2020）。

（3）课程编制的逻辑、内涵与原则

A. 课程编制的逻辑和内涵

所谓泰勒原理，即课程编制与课程开发进程中必须考虑的四个"问题"：1）要求学生达到何种教育目标；2）准备何种教育经验去达到这些目标；3）这种教育性的经验如何加以有效地组织；4）我们如何判定这些目标达成与否。简言之，就是：1）确定教育目标；2）选择学习经验；3）组织学习经验；4）实施教育评价。

此后课程理论，基本都无法脱离这个将课程编制的基本逻辑加以公式化的泰勒原理。

Taba（1962）的"课程设计的图示模型"提出：1）选择目标；2）选择与组织内容（教材）；3）选择与组织学习经验（教学）；4）教育评价四个过

程,形成了教育目标→教育内容→教学→教育评价的系列。Wheeler(1967)提出了构成"课程过程"的五个侧面:1) 目的、学年、学科目标(goal)、教学目标(objective)的选择;2) 有助于达到这些目的和目标的计划化的学习经验;3) 选择提供了某种类型经验的内容(教材);4) 关于学校与课堂内教学过程的学习经验与内容的组织与综合;5) 在实现了分阶段提出的目的、目标时,关于 2)、3)、4) 的全面效果的评价。

综上所述,现代课程内涵包括:1) 课程教育目标;2) 教材;3) 课程教学或学习经验;4) 教材与课程教学或学习经验的组织与综合;5) 全程随时动态跟踪并反思 2)、3)、4),并做全面效果评价。

B. 课程编制的五大准则

从历史上看,课程编制(教材选择)有五大准则(转引自钟启泉 2015):

第一,系统知识准则。该准则对于逻辑系统非常严密的学科最为适用。它强调教材必须具有重要性、基础性,由浅入深,由简而繁,由古而今。前一学习应是后一学习之基础。它注重学科本身的系统性,注重文化的累积和传递,注重逻辑系统的安排,注重学术之研究。不过,对于学生的兴趣、需要、本性与发展,以及社会需要与方向,关注不足。

第二,历久尚存准则。人类心理多尚保守,认为多少年一直沿用下来的教材,自然也就是可用的,甚至是应该采用的教材。这里面,既有理智的因素——经过多年应用、多年考验而未遭弃置的教材自有其存在的理由与价值,也有情感的因素——人类在一定意义上有怀旧倾向,无论道德、学术,常引昔证今,追踪古人。这个原则极重视人类文化的保存与传递,但忽视了学习者的本性、兴趣与需要,也忽视了社会的需要与方向。

第三,生活效用准则。生活效用准则又称社会效率准则。该准则以个人的社会生活为着眼点,认为对人生有用的教材即为好教材。这个原则在 20 世纪极受重视。其最大优点在于重视个人的社会生活需要,但最大缺陷是忽视学习者的本性、兴趣与当前需要,而且也忽视了社会发展需要及社会应有的方向。

第四,兴趣需要准则。该准则以学习者当前的兴趣与需要为着眼点,认为凡符合学习者兴趣与需要的教材均为好教材。广而言之,即凡能帮助学习者个人实现其目的及解决其问题的教材,均为可选的教材。该准则特别重视学习者在各年龄段所表现的兴趣与需要,即重视学习者的本性。其缺点是不易获得系统知识,更易遗漏成人视角下重要的教材。

第五,社会发展准则。该准则强调,教材应能帮助学习者了解民主社会的真义,个人的权利和责任,民主的阻力,获得民主的方法,并能养成在民主社会中履行个人责任的能力。同时注重民主社会的促进以及社会发展的方向。其缺点在于忽视了文化的积累与传递,以及学习者个人的需要与兴趣。

Heydon & Wang(2006)阐述了常规课程开发的三种范式:规范式、适应性和新兴式。规范式方法力求最大限度地利用资源以达到目标,决策权在管理者手中,教师和学生在这一过程之外。适应性课程的限制较少,虽然课程由外部编写并由行政部门执行,但师生在课堂上有选择活动的自由。新兴式课程是由教师、学生和家长共同构建的,以满足班级作为社区不断变化的需求和兴趣。这三种方法的区别不仅在于课程的限制性,还在于每个利益相关者在学校中的各自地位以及他们之间的互惠程度和等级关系(Miller et al. 2021)。

在语言课程方面,Richards(2013)描述并比较了三种用于开发语言教学课程的方法:正向设计(forward design)、中心设计(central design)和逆向设计(backward design)。逆向设计的第一步是确定计划的预期结果或目标。然后,决定如何评估这些结果。

3.1.3　外语课程理论

外语课程是外语教育高质量发展的关键抓手,外语课程设计和建设研究具有重要意义(王雪梅 2023)。课程设计是师生课堂活动展开的蓝图,是一项系统的、动态的、具有创新意义的工作,是教学模式与教学具体实践的统一(郝春雷、王鹏 2020)。根据夏纪梅(2003)研究,外语课程的制定和实施可包括需求分析、目标设定、内容选择、内容组织、课程设计以及评价设计。

(1)需求分析

需求的来源包括对学生、教师、管理人员、职业雇主的需求调查和分析,需求分析的过程就是把与语言课程有关的人(学生、教师、管理人员、雇主)和环境(社会、职业、专业)的情况弄清楚的过程,最终把这些需求体现在教学目标和内容的设计与实施的全过程。

另外,根据不同环境、不同目的,需求分析可以采用的调查方法有:观察、访谈、问卷、测试、需求登记表、意见、建议栏等。

(2)目标设定

根据需求分析得到的数据,课程设计者要明确学生需要的、必须学的内容并且设定可以达到的教学目标。从教育学的观点来看,教育大目标有三类(Kemp 1998):

1)知识类目标:包括记忆和掌握知识的水平、理解知识的水平、运用知识的水平、分析知识的水平、综合知识的水平、评价知识的水平等。

2)技能类目标:包括总体技能、相互配合的技能、学习技能(查辞典、推论、归纳、演绎、总结等)、交际技能、动手能力(动口、动笔、动脑)。

3)素质类目标:包括对人对事的态度和反应、对价值的评判标准、对情感的控制力。

外语教学的小目标包括语言行为教学目标(清楚地描述将要进行的语言行为,交代促使产生这些语言行为的条件和环境,设定得体的语言行为的标准)、语言技能教学目标(对听、说、读、写四项主技能进行细致的定标,也称"微技能"目标)、语言内容教学目标(content-based objectives)、语言水平教学目标(proficiency-based objectives)、语言任务教学目标(task-based/problem-based/project-based objectives)和社会文化教学目标(culture learning objectives)等(Richards 1994)。

(3)内容选择

选择和决定课程内容仍以目标和需求为依据。从宏观教育的观点来看,要注意五个兼顾:个人和社会的需求;现在与将来的准备;一次与多次的学习;普通与专门的学科方向;学科中经典与流行、理论与实践的比例。

选择语言教学内容首先要考虑三个与语言无直接关系的外部因素(van Els et al. 1984):目标、水平和学时。

(4)内容组织

将按需选择的内容根据具体的教学目标和条件加以科学有效地组

织,需要依托合理的组织方法或排列方法。

按照教育学界对教育性质的三种认识,对课程内容的组织有三种方法(Posner 1992),即从上到下的灌输法(Top-down approach)、从下而上的诱导法(Bottom-up approach)、验证方法(Project approach,如实验性课程鼓励学生带着自己的兴趣、心理需要和原有经验去积极学习社会环境和物质环境,强调学生为导向,经历真实的世界)。从课程内容的形态来看,以主题为抓手组织课程内容是核心素养时代课程变革的需要(崔允漷、郭洪瑞 2023)。

在外语教学界,有研究者将语言材料的排列方法归纳为五种(Dubin & Olshtain 1986/1998):1)线性排列,如传统的语法排列法,由简入繁,循序渐进;2)主题单元排列,以主题和情境为排列对象,内容丰富,像个档案柜;3)循环排列,将出现过的内容在后续课程中有计划有组织地循环重现,使学过的东西不会被遗忘;4)模块排列,以不同的情境、场合、语境、话题为排列对象;5)故事线索排列,用叙述一个完整的故事来组织教学有利于主题的连续连贯。

(5)课程设计

课程设计实际上在很大程度上是教材设计、教案设计、语言活动任务设计和创作的过程。教师在了解学生、教师、管理人员、雇主和社会、职业、专业的需求后,选择适当的、因材施教的教学内容和方法,创作符合学习和交际规律的教学活动或任务,观察、监控并检测学生的进步(夏纪梅 2003)。胡杰辉(2023)强调应将毕业要求有机地导入课程规划之中,明确外语课程目标、教学内容与毕业要求指标点的对应关系,在此基础上逆向设计课程教学方案。

(6)评价设计

评价是课程设计流程系统中的最后一个环节。它是检验需求、目标、教学实施和教学管理的手段,应当与设定目标、选择内容与方法同时设计。从以学生为中心的本科教学改革和大学教学学术研究的视角出发,高质量的课程设计应从课程目标、了解学生、教学设计、学习效果检测、教师教学评价与教学改进五个方面进行考察,从而为课程设计与教师教学评价提供参考框架(赵炬明 2020)。

评价包括教学/课程目标,有效教学的标准,再到教学效果评判等。其中,对目标的评价即每个目标的设定是否合理? 对内容的评价即所采用的教材的广度、难度、趣味性是否适合学生需求? 对计划实施过程的评价主要指教师的备课和课堂教学能力、大纲和教材的实用性、课程进度安排的有效性、考试方式等。

课程评价有"形成性评价"或"中期评价"和"总结性评价"或"后期评价"。课程评价还有一些常用方法,例如对照组评价法和观察评价法,以及学生参与评价的"一句话"评价法、"小纸片"评价法和"模糊点"评价法(夏纪梅 2003)。

3.2　需求分析理论

需求分析(needs analysis)本质上是一种高度基于本土情境、讲究实用的活动(Schutz & Derwing 1981)。外语教学过程包括需求分析、课程设计、教材开发、课堂教学、评估(束定芳 2023)。学生的学习需求分析在外语教学中是至关重要的,它是设计外语课程的前提(陈瑞华、龚亚夫 2023)。

就像只有对病人进行全面的诊断才能开处方治疗一样,语言教学项目的设计也需要彻底的需求分析,其中学习者需求是有效课程设计的前提(Long 2005b)。因此,需求分析在外语教学中十分重要。语言需求分析使语言课程与不同国家、不同水平以及不同目标群体学生的需求相适应成为可能(Munby 1978)。需求分析使教师能够更好地理解学习环境、学习者的需求以及其他利益相关者的需求。对学习者需求的研究具有直接的教学意义,允许语言教师根据真实的任务创建课程,从而提高学习者的动机,提高学习收益(Schug 2021)。

国外关于需求分析的外语教学研究已有 50 多年的历史。该术语最早出现于 1926 年麦克·韦斯特(Michael West)发表的调查报告中,但是之后 50 年内需求分析理念并未受到关注。直到 20 世纪 70 年代,欧洲委员会的一个研究课题组再次提出需求分析这一术语（徐飞、马之成2017），该术语才重新被关注讨论。

在外语教学领域，需求分析最初运用于专门用途英语（English for Specific Purposes, ESP）。随着对学习者语言需求的关注转向对学习者学习需求的关注，需求分析开始被应用到通用英语教学领域，成为英语课程设计不可或缺的步骤（陈冰冰2009），之后也逐步运用到其他语言教学研究领域中（徐飞、马之成2017）。如今，把需求分析用作"确定外语课程教学内容和教学方法改革的起点和基点的观点在国际外语教学领域和专门用途英语（ESP）教学领域中都已经得到普遍认同"（余卫华2002）。Nunan（2012）从学习需求出发，呼吁语言教学设计要关注学习本体和学习本质，实施以学习者为中心的教学模式。针对学习者目标需求，也有学者提出，外语教学设计应注重任务驱动下的媒体技术与语言学习整合（González-Lloret 2017）。

Richards（2017）认为，逆向课程设计中的需求分析对于识别语言学习目标很重要，因为学习结果依赖于学习者的交际需求。语言教学逆向设计中需求分析的五个步骤是：识别学习者的交际需求；发展学习目标陈述；识别实现目标所需的语言内容和技能；制定课程计划；以及教材和教学方法的选择。

需求分析理论主要基于20世纪60年代的课程开发理论，共有三个原则，即课程开发需要遵循的改进教学方法、针对教学群体调整教学和训练学生学习（Rodgers 1980）。交际能力、学习中心法等二语习得相关理论也为需求分析提供一定支撑。例如，在Coffey（1984）的课程设计模型中，需求分析以"交际功能"为原则来辨识符合职业需求的语言功能项和技能项。国外需求分析的理论研究主要聚焦于外语需求的定义和分类、数据信息源和数据的采集程序以及需求分析的干预时间、外语需求分析的模型（陈冰冰、王欢2009）。就我国外语需求分析而言，1979—2008年30年间相关实证研究较少，近20年来，该领域中的实证研究不断涌现（颜奕2022）。

国外外语需求分析历经近百年的发展，其理论框架、分析体系、分析手段完善，目的语种较多，不只局限于英语，且普通外语教学与专门用途外语教学的需求分析发展均衡,研究角度全面。国内的外语需求分析研究虽经历了 40 多年的发展,取得一定成就,但与国外相比,仍有一定差距。基于国外需求分析研究,国内学者主要对相关理论开展译介和实证研究,从宏观教学和微观课程等多层面构建需求分析模式,对理论本体研究的力度还不够(马之成、马武林 2019;彭湃 2018)。

3.2.1 需求分析的含义与分类

学界对需求的内涵尚无清晰界定,相关含义阐释和分类标准也有所不同。

Nunan(1999)认为,需求分析是一种"为某一特定学习者群体使用的、适合他们语言内容和学习过程的材料、方法和技术的选择"。Fatihi(2003)认为,需求分析是了解学习者应有什么、需要什么和缺乏什么的一种方法。束定芳(2004a)将需求分析界定为通过内省、访谈、观察和问卷等手段对需求进行研究的技术和方法。

需求主要为以下五种含义(Robinson 1991:7-8;余卫华 2002):第一种需求"可以指学生目前的学习要求及未来的工作要求,也就是说他们在学完外语课程后能够用这门语言去做些什么";第二种需求可以被看作"外语使用者所处的整个社会环境和社会机制所认为的外语学习中有必要或者说是最好应该掌握的内容";第三种需求可以被定义为"外语学习者要真正习得一门语言所必须要做的事情";第四种需求可以被理解为外语学习者本人希望从外语课堂中获得什么;第五种需求可以被看作"欠缺和不足",即"学生在学习和使用英语过程中所不知道或者说不会做的事情"。

Berwick(1989)把需求分为觉察需求和意识需求。前者即教育者以别人的学习经历为依据而设立的需求,后者是指学习者本人的需求或愿望。Brindley(1989)则认为,需求包括客观需求和主观需求,学习者的"个人信息"如年龄、性别、国籍、婚姻、教育背景、已修的语言课程、目前的外语水平、外语学习中的困难以及目前或打算从事的职业等都属于客观需求,而学习者语言学习的认知和情感需求,如自信、态度和期望等都归纳为主观需求。同时他也指出,需求还可以分为目标情景导向和学习需求或者产品导向需求和过程导向需求。目标需求(target needs)和学习需求(learning needs)分别指"学习者需要在目标环境中使用外语做事"和"学习者如何在受训期间最好地掌握目标语言"(West 1994：1)。Hutchinson & Waters(1987)将目标需求和学习需求进行细分,指出目标需求包括必学知识、欠缺知识和想学知识,而学习需求则包括学习条件,学习者知识、技能和策略,及学习者动机等。具体分类如表3-1所示:

表 3-1　需求分类表(陈冰冰 2009)

	Berwick (1989：55)	Brindley (1989：65)	Brindley (1989：63)		Hutchinson & Water (1987：55)	
需求	觉察需求	客观需求	目标情景导向需求	产品导向需求	目标需求	必学知识
						欠缺知识
						想学知识
	意识需求	主观需求	学习需求	过程导向需求	学习需求	学习条件
						学习者知识、技能和策略
						学习者动机

3.2.2　需求分析的基本程序

(1) 数据信息源

业内学者对需求分析的主要信息源进行研究。如 Richterich & Chancerel(1977)基于目前情景分析模型指出三种基本信息源:学生本人、外语教学机构和语言使用环境(如学生的工作单位)。以 ESP 课程为研究对象,Dudley-Evans & St. John(1998)认为,需求分析的主要信息源有八个方面,分别为学习者、从事该领域工作或研究的人员、职前学生、该领域相关的文献、顾客、顾主、同事以及 ESP 的相关研究。Long(2005a)对现有文献进行了全面回顾,归纳了五个使用较多的信息源,分别为已出版或未出版的文献、学习者、教师和应用语言学家、行业专家以及三角测量信息源。具体如表3-2所示:

表 3 - 2　需求分析的信息来源（Long 2005a）

信 息 来 源	来源/评价	示　　例
已出版或未出版的文献	Crookers（1986）	大量专门用途语言项目
学习者	Brindley（1984） Brindley & Hood（1990） Nunan（1988）	Ramani et al.（1988） Savage & Storer（1992）
教师和应用语言学家	Selinker（1979） Zuck & Zuck（1984）	大量专门用途语言项目
行业专家	Huckin & Olsen（1984） Selinker（1979） Zuck & Zuck（1984）	Bosher & Smalkoski（2002） Coleman（1988） Ramani et al.（1988）
三角测量信息源	Lincoln & Guba（1985） Lynch（1995）	Jasso-Aguilar（1999） Sullivan & Girginer（2002） Svendsen & Krebs（1984） Zughoul & Hussein（1985）

在已有文献中,大多数需求分析是基于局外人的观点（outsiders'
view）,而非局内人的观点（insiders' view）。局外人主要是指学习者和应
用语言学家,而局内人主要是领域专家。已有研究中,大多研究以学生、
教师为研究对象,而这两个群体是实际工作场合的"局外人"（outsiders）
（Roger 2005）,相对而言,以此作为信息源进行需求分析的结论不一定符
合实际需求。Long（2005a）指出,在过去进行学习者需求调查时,一般由
教师或者应用语言学家设计相关工具,相对缺乏局内人知识,有必要考虑
局内人,即目标语言环境中专业人士的语言文化需求。

同时,很少有研究关注方法的信效度问题。为了尽可能地全面收集
数据,在语言需求分析中,使用三角验证方法时必须包括学习者、应用语
言学家和领域专家,以便提高方法的信效度（Roger 2005）。Long（2005a）
还指出,如果在需求分析时仅有一方信息来源,那应该是领域专家。

（2）数据采集程序和方法

需求分析所收集的数据涉及"教学活动开始前和教学过程中的客观
信息（如外语学习者的个人学习情况,学习目的和目前的外语水平）和主

观信息(如学习者的学习态度、学习偏好、需求与期望)等"(Brindley 1989)。

需求分析主要包括归纳和演绎等方法。前者包括专家直觉(expert intuitions)、参与观察与非参与观察(participant and nonparticipant observation)、无结构式访谈(unstructured interviews)等,后者使用设备和工具,比如结构式访谈(structured interviews)、问卷(questionnaires)、标准参照测试(criterion-referenced performance tests)(Long 2005a)(具体如表3-3所示)。根据 Onder-Ozdemir(2019)的观点,应该从不同来源收集数据,特别是在需求分析中,各种变量都会影响分析。此外,由于观察到现有需求分析文献中,通过方法和来源进行三角验证研究结果的程序并未得到足够重视,Long(2005a)指出,需求分析中的三角验证在提高研究结果的效度和信度方面起着根本性的作用。

表 3-3 需求分析数据采集(Long 2005a)

数据采集方法	来源/评价	示 例
非专家直觉	Auerbach & Burgess(1985)	大部分专门用途语言教材
专业从业者直觉	Huckin & Olsen(1984)	Tarone et al.(1981)
无结构式访谈	Bailey(1982) Spradley(1979) Hoadley-Maidment(1977)	Ramani et al.(1988) Fixman(1990)
结构式访谈	Bailey(1982) Bernard(1994)	Mackay(1978) Brindley(1984)
访谈表	Bernard(1994)	Mackay(1978) Tarantino(1988)
调查与问卷	Bailey(1982) Bernard(1994) Johnson(1992) Oppenheim(1966)	Horowitz(1986) Iwai et al.(1999) Mackay(1978)
语言检测	Coleman(1988) Watts(1994)	Watts(1994)

数据采集方法	来源/评价	示　例
民族志研究法	Bernard(1994) Watson-Gegeo(1988)	Boswood & Marriot(1994) Mohan & Smith(1992)
参与观察法	Bailey(1982) Bernard(1994) Guba & Lincoln(1994)	Jasso-Aguilar(1999)
非参与观察法	Bernard(1994) Lincoln & Guba(1985)	Bosher & Smalkoski(2002) Jacobson(1986) Jupp & Hodlin(1975) Svendsen & Krebs(1984)
课堂观察法	Chaudron(1988) van Lier(1988)	Schmidt(1981) Allen et al.(1984)
日记、日志	Bailey & Ochsner(1983)	McDonough(1994)
角色扮演	Berwick(1989)	Berwick(1989) Roberts(1982)
内容分析法	Braine(1988) Flowerdew(1994)	Benson(1991)
话语分析法	Sinclair & Coulthard(1975) Hatch(1992)	Ventola(1983)
话语分析	Jacoby & McNamara(1999)	Marriot(1991) Medway & Andrews(1992) Sullivan & Girginer (2002)
语域/修辞分析法	Selinker(1988)	DeCarrico & Nattinger(1988) Trimble(1985)
计算机辅助语料库分析	Flowerdew(1994) Sinclair(1991)	Willis(1990)
体裁分析法	Swales(1990)	Swales(1986)
任务型标准参照测试	Brown & Hudson(2002) Norris et al.(1998)	Brown & Hudson(2002) McNamara(1996) Norris et al.(1998) Robinson & Ross(1996)

第3章　理论框架

数据采集方法	来源/评价	示　　例
三角验证法	Long(2005a)	Bosher & Smalkoski(2002) Jasso-Aguilar(1999) Long(2005a)

（3）需求分析的干预时间及考虑的问题

需求和干预措施的重点与先后秩序是在开展需求分析时需要考虑的关键问题。Witkin(1984)提出了几种确定需求分析的重点和先后秩序的定量方法,Lund & McGechan(1981)指出了七个在确定需求分析的重点和先后秩序的过程中需要重点考虑的问题:"1）需求未得到满足会引发何种结果;2）受影响的人数范围;3）确定满足需求所要涉及的目标方;4）需求的迫切性及严重程度;5）需求的排列组合问题;6）满足需求所要涉及的一些人力、财力和物力等问题;7）干预措施的实用性以及干预措施结果的影响范围"（转引自余卫华 2002）。此外,有必要在需求分析方案中针对教学中的各种不确定因素从不同角度进行考虑。

3.2.3　需求分析的模型

Richterich(1972)最早提出外语教学中的需求分析模型,该模型"指出了如何满足外语学习者在未来的语言使用环境中的交际需求的系列范畴"（余卫华 2002:20）。

目前,需求分析模型中具有代表性的主要有四种,也代表着国外需求分析模型发展的四个阶段,分别为:1）Munby(1978)的目标情景分析(Target Situation Analysis,下文简称 TSA)模型;2）Allwright(1982)的目前情景分析(Present Situation Analysis,下文简称 PSA)模型;3）Hutchinson & Waters(1987)的分析模型;4）Dudley-Evans & St. John(1998)的分析模型。

TSA 主要是针对学生在将来目标职业或学业情景下语言要求的目标需求分析,以 Munby(1978)提出用于发现需求目标的"交际需求处理器"

（Communication Needs Processor，CNP）最为著名，这是一套可以发现目标需求的详细步骤。他提出了一系列复杂而具体的要素和要求处理交际需求分析的工具，"准备讲授某门外语课程的老师可以利用这些工具对学生开展需求分析，针对外语学习者的交际需求逐步建立起一套轮廓式的需求分析档案"（余卫华 2002：21）。Munby（1978）的需求分析模型以语言人类学家 Dell Hymes 的"交际能力"（1972）理论为依据，分析特定目标情景交际活动和交际事件中可能出现的交际变量。但目标情景分析只能识别目标需求的具体任务和活动（陈冰冰 2009）。其缺陷主要有：1）数据内容复杂、分析耗时；2）过于以学生为中心，难以运用到不同类群的学习者组成的大范围需求分析；3）过于局限，未包含和课程相关的社会政治、后勤、管理及教育心理学和教学法等因素的识别机制；4）未能提供使学习者信息转化成语言教学大纲的程序（Richards 1984）；5）忽略语言学习者的学习需求，有意识地排除学习者的认知和情感变量（余卫华 2002）。

PSA 是指对学习者目前已知的和在目标语言运用环境中学习者须知的之间，欠缺识别及如何进行针对性施教的分析过程（陈冰冰、王欢 2009）。简而言之，PSA 主要是"了解在外语课程开始讲授前学生的语言现状，调查学生的语言强项和弱项"（余卫华 2002：21），也称欠缺分析（deficiency analysis）（Jordan 1977）或语言检测（language audit）。PSA 是一种混合型的模式体系，是对 TSA 的补充和完善。Allwright 的情景分析包括两个中心步骤：第一步始于目标情景分析，将其结果与学习者目前的能力进行比较从而诊断学习者的语言缺陷，最后把这些目标需求转换成活动需求的形式；第二步是建立相应的测量尺度，对这些活动在教学实施中的优先级别进行界定和分级（转引自 West 1994：10）。陈冰冰（2009）指出，情景分析虽然关注学生目前语言能力、水平与目标需求的距离，却忽视了学生作为学习主体的个性文化作用。之后 Bheiss（1988）对 Allwright 的 PSA 模式进行了改良，分为三个步骤：第一步由专家拟定一份潜在目标情景技能目录；第二步基于技能目录设计一份四个等级的需求问卷，由学习者对每一小/副技能的需求等次做出选择；第三步基于被识别的需求设计四个等级的欠缺问卷来识别学习者目前的欠缺。

McDonough(1984)认为,使用 PSA 模式开展需求分析所涉及的一些基本变量是在使用 TSA 模式开展需求分析之前必须清楚和明确地考虑到的。因此,余卫华(2002)指出,需求分析最好应该是 PSA 和 TSA 两种模式相结合。

Hutchinson & Waters(1987)的分析模式采用以学习为中心的路径,由目标情景分析框架和学习需求分析框架两部分组成,一共由六个问题组成。前者主要关注语言运用,后者关注语言的学习。该分析模式的不足之处在于一定程度上弱化了对学生欠缺的识别(陈冰冰 2009)。具体如表 3-4 所示:

表 3-4 Hutchinson 和 Waters 的分析模型(转引自陈冰冰 2009)

Hutchinson & Water's 的需求分析模型	
目标情景分析架构	为什么需要这种语言?这种语言如何被使用?
	语言使用内容涉及哪些领域?学习者将与谁使用这种语言?
	何处使用这种语言?何时使用这种语言?
学习需求分析架构	为什么学习者要学习这门课程?学习者是如何学习的?
	可用的资源有哪些?谁是学习者?
	在何处开设 ESP 课程?在什么时候开设 ESP 课程?

Dudley-Evans & St. John(1998)的分析模型采用方法分析(means analysis)/生态路径(ecological approach)(Holliday 1984;Holliday & Cooke 1982),是一个"通过对课程生态情景这个核心的相关特点的辨析,分析如何使这些特点有利于适应课程生态环境中的局限性因素,从而有可能使课程在本土化的土壤中生根、成长和结果的过程"(陈冰冰 2009:128)。该分析模型从"作为自然人、语言的使用者及语言学习者等角度出发",从七个方面对"特定学生群体进行最大量的语言、技能学习的分析",具体为学生专业信息、学习者个人信息、语言信息、学生欠缺、学习者课程需求、学习需求、如何在目标情景中交际,并最终得出目标情景和学习环

境的相关信息,如图 3 - 1 所示。余卫华(2002)指出 Dudley-Evans & St. John(1998)的分析模型对 Munby(1978)提出的 TSA 模型进行了一些纠正和改进,不仅"拓宽了收集数据的重点范围",还包含"有关外语学习者当前的学习不足、学习者偏爱的学习方式和方法、学习者对于所学课程的需求与期望以及课堂教学所处的环境等方面的内容"。陈冰冰(2009)认为 Dudley-Evans & St. John(1998)的需求分析模型是迄今为止需求分析最新、最完善的理念,因为该分析模型"在很大程度上减少了课程设计与实施的随意性"。

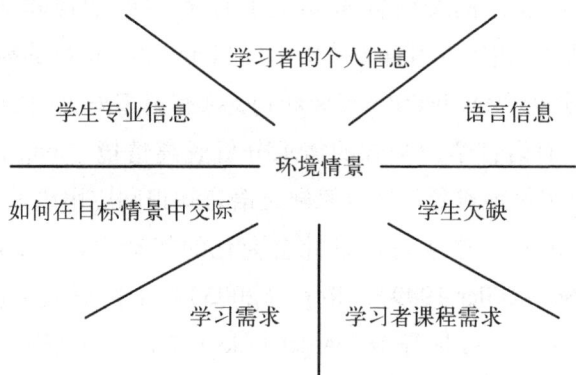

图 3 - 1 Dudley-Evans 和 St. John 的分析模型
(转引自陈冰冰 2009)

除上述四种经典模型外,Huhta et al.(2013)指出,专业语言和交流能力(Professional Language and Communication Competencies)可以作为进行需求分析的方法,他称之为"第二代需求分析"(second generation needs analysis),因为它可以为职业社区如机构提供所需求的学习者语言和交流能力的描述(Nha 2015)。该团队设计的 CEF 职业简历(The Common European Framework Professional Profiles)是指基于《欧洲共同语言参考框架》(The Common European Framework of Reference for Languages, CEFR)的一套专业人物档案或职业简历,由六个部分组成:背景信息(background information)、职业信息(occupational information)、环境信息(context information)、最频繁的日常状况(the most frequent routine situations)、要求最高的情况(the most demanding situation)以及简介(snapshot)。在设

计有趣的相关语言活动时,CEF 职业简历的实际策略与 Munby(1978)提出的"交际需求处理器"相矛盾,反而形成了自身的优势(Nha 2015)。

诸多研究表明,鉴于语言的使用是有具体情景和领域的,因此通常不是因为学习者的语言能力差,而是因为他们其他方面的需求无法满足,所以才在大学课程和工作中表现不佳(Arden-Close 1993; Bosher & Smalkoski 2002; Jacobson 1986; Jacoby & McNamara 1999; Marriot 1991; Medway & Andrews 1992; Miller-Retwaiut 1994; Mohan & Smith 1992; Selinker 1979)。由此,许多现代的需求分析以任务为分析单元,分析员将与特定学习群体的交流需求相关的任务中的话语作为样本分析(Long 2005b)。相比以语言为分析单元(linguistic unit)的需求分析,选择任务需求分析(task-based needs analysis)有诸多好处,比如职业描述中涉及任务,而语言学为基础的需求分析脱离情境(Long 2005a)。此外,它还可以很好地避免领域专家缺乏语言知识和应用语言学家缺乏内容知识的问题,并且学生可以是社会变化的能动主体(agents of social change)(Jasso-Aguilar 1999)。Roger(2005)在他的研究中设计了两个暂定的分析单元:目标任务(target tasks)和目标子任务(target sub-tasks)。目标任务是由领域专家实行的区分化过程(a differentiated process),分为几个步骤,每个步骤都有结果,相互之间不关联;目标子任务同样是分为几个步骤的区分过程,只有一个结果,依附于主要目标任务或部分主要目标任务(Roger 2005)。Long(2005b)指出,考虑不同限制因素,归纳如何对某群体进行最佳的需求分析是语言学家们需要为之努力的方向。

国内也有一些学者设计了需求分析模型。例如,夏纪梅和孔宪煇(1999)从情况分析、学习目的分析、雇主或职业需要分析三方面构建了外语教学需求分析模式,具体如表 3 - 5 所示。该模型功能较完备,容易操作,方便转化成语言教学大纲,对外语教学具有重要指导意义,但是它在一定程度上弱化了学生学习过程需求,如学生对课堂内外环境的需求等。束定芳(2004a)构建了我国外语教学的二元需求分析模式,具体如表 3 - 6 所示;王海啸(2004)则从社会、学生、教师和教学管理者角度提出了基于个性化的大学英语需求分析理论框架,具体如表 3 - 7 所示。

表 3-5　外语教学需求分析模式（夏纪梅、孔宪辉 1999）

类　型	项　目	内　　　　容
情况分析	学生情况	年龄、教育背景、动机、水平、目的、期望、语言技能的弱项、学习方法偏好等
	教师情况	专业基础、语言水平、教学经验、语言技能的强项、教学方法偏好等
	相关情况	教学班规模、课堂学时、教学条件和设备、外语专业或非专业要求等
学习目的分析	目的	升学、海外求学还是为工作？
	方言	英国英语还是美国、澳大利亚、加拿大或新西兰英语，或都有所接触？
	语域	科技外语还是商务、医学或学术外语？
	文体	正式还是非正式或两种都需要？
	语言技能	听、说还是读、写、译或全面的技能培养？
	语言功能	承诺类还是宣告类、指示类、描述类或其他？
	语言水平	初级还是中级、中高级或高级？
雇主或职业需要分析		哪些职业需要哪些外语技能、功能、语域以及什么水平？
		这些职业需要外语人才干什么，是贸易还是技术合作、教学、外事？

表 3-6　外语教学二元需求分析模式（束定芳 2004a）

类　型	内　　　　容	方　法
社会需求	社会需要什么样的外语人才？社会对不同人员外语水平的要求如何？目前外语人才和外语使用的现状如何？	政策研究、座谈、问卷调查、预测
个人需求	学习者客观情况、学习者主观需求	访谈、问卷调查、个人档案阅读

表 3-7　大学英语需求分析模式（王海啸 2004）

类　型	项　　　目
大学英语教学需求	社会需求
	学习者需求

续上表

类　型	项　目
大学英语教学需求	教师需求及教师认识到的需求
	学校要求
	教育行政部门
大学英语教学条件分析	社会环境
	校园环境
	学习者状况
	教师状况
	教学管理状况

在本研究中,课题组将对"一带一路"沿线企业员工、高校学生与教师进行调研,主要了解企业对员工土著语言能力的要求,以及高校师生对课程、课堂教学、课程评价、师资建设等方面的需求。

3.3　教育生态理论

生态学从联系、共生的角度探究一定时段内生态系统中生物与环境以及生物各种群间的适应与统一,关注有机个体与环境的关系。早在20世纪30年代,Waller(1932)就提出了"课堂生态学"的概念。之后,Ashby(1966)将高等教育与生态理念相结合,首次提出"高等教育生态学",开启了用生态学原理研究高等教育的先河,而"教育生态学"一词是由Cremin(1976)正式提出,并于20世纪90年代初引入我国,以吴鼎福、诸文蔚的专著《教育生态学》(1990)的出版为标志。数十年来,教育生态学在原有的成熟理论基础上不断发展、借鉴吸收其他学科先进理念,内容也在不断丰富。

3.3.1　教育生态理论的基本观点

教育生态学是将生态学的原理和方法运用于教育领域,探究教育系统与社会生态环境之间相互关系的学科(师丹慧 2020)。教育生态学主张将各种教育机构和组织置于维持其运作并受其影响的社会联系中进行审视和探究,教育生态理论则是基于生态系统理论和教育发展需要,从教育生态学的视角出发,运用系统观、联系观、动态观来考察教育问题的一种理论体系,强调教育系统和自然与社会生态系统的相似性,旨在分析和解决教育问题(刘爱楼、周秋莲 2017)。教育生态理论的核心是教育生态系统,其中包括社会、学校、教师、学生、教学设施以及教育内容等诸多因子,只有这些因子相互依存、相互联系、相互制约,生态系统才能处于动态平衡,得到良性发展。教育生态以生态系统为基础,考察社会生态系统中的教育生态环境及生态因子对教育的作用以及教育对生态环境的反作用(张宁 2018),表明教育系统与其他外部系统是交互的,例如社会、政治、经济等系统,这些系统的变化都会对教育系统产生影响。因此,教育系统的发展需要外部系统的互动和支持。就外语教育教学而言,束定芳(2021)认为这是一个复杂的生态系统,包括政府层面、社会层面、学校、家庭、学习者等维度,最关键的是学习者层面,即学生,他们的学习目标、学习动机、学习资源和学习方法等对其最终的学习成效起到决定性的作用。

教育生态理论的观点可以归纳为三个方面。首先,教育系统是一个有机的生态系统,强调教育系统的动态交互和生态平衡。在教育系统内部,每个人和组织都是在相互联系与不断互动中保持平衡的有机体,教育系统的各种要素和活动构成了教育生态系统(凌毅华 2022)。其次,无论是处于教育系统核心内的教师和学生,还是处于其他外部系统的相关人员,彼此是交互的。因此,教育系统的发展离不开教育系统内部与外部全方位的努力与支持,尤其是与之紧密连接的要素。最后,教育生态思维是一种解决教育问题的方法,具有方法论意义。利用教育生态学理论可以在教育系统建设过程中进行指导,构建系统生态模型,研究系统内部各种教育的成因和发展,进而理解和掌握教育发展变化的规律(崔超 2006)。从以上三点不难看出,运用教育生态理论研究关键语言通识教育体系具有适切性。

3.3.2　教育生态理论下的课程生态

近年来,越来越多的学者开始将研究关注点转向微观的教育生态领域,聚焦具体的课程生态问题(宁本涛 2020;臧玲玲、梅伟惠 2019;荆洁兰 2014;王馨 2013)。关键语言课程生态是一个范围相对较小的生态系统,它具有课程体系中的所有要素。在关键语言课程生态系统中,课程实施自然位于这一生态系统中的中心,学生、教师、学校、社会等一系列因素均为课程的顺利实施服务,例如,学生在课程学习过程中不能只是单纯的参与者,他们必须具备一定的知识储备、学习热情、良好的学习策略等等。尤其是在课程生态系统中,学生的学习需求、对待课程的态度以及情感与价值观都是课程实施前要考虑的因素,对整个课程生态系统也发挥着关键作用。本研究将从影响关键语言课程教育生态的三个层次来分析影响课程体系建设的要素:

(1)宏观

课程生态的形成和发展不仅仅是学校内部因素作用的结果,也深受宏观外部环境因素的制约和影响。社会文化环境、教育规划政策和法律法规、经济因素以及信息技术发展等因素是构成课程生态的宏观层面的主要因素。这些因素共同塑造了教育课程生态的特征和趋势。首先,社会文化环境对课程的形成、发展和变化有重要的影响。不同的社会文化环境会塑造不同的价值观、认知模式和知识需求,进而影响教育者对于课程内容的选择、设计和教学方法的应用等。其次,教育政策和法律法规的制定和实施对于课程的开发、改革和实施有着重要的指导和规范作用。政策和法规的变化会引发课程的变革和调整,促进课程发展的适应性和发展性。再次,市场需求、就业形势、教育拨款等经济因素对课程的开发和实施产生着直接和间接的影响。经济因素的变化会引发课程内容、形式和目标的变化,使课程更加符合市场需求和就业形势,促进教育质量的提升。最后,信息技术的快速发展推动了教育教学模式和手段的创新和变革,对于课程生态的变化和发展产生了深刻影响。信息技术的应用使得课程的教学方式和教学资源更加丰富和多样化,促进了课程的个性化和差异化。

(2)中观

中观课程生态环境以学校为中心。学校是一个组织性较强的社会单位,它具有明确的教育目标和职能,并且拥有一定的资源和管理机制,可以对课程实施进行规划、组织、监督和评价。各个学校有自己的办学特色和治学理念，相关学术传统和制度管理也同样形成了独特的课程生态环境，课程设置关系到学生学术知识的获取，第二课程的多样性也能帮助学生拓宽视野，给学生更多的学术自由，这些都是学校生态环境中的重要影响因素。在课程生态中，学校的角色首先可以从课程规划和组织的角度来理解。学校根据教育部门的课程标准和本校的教育目标，制定本校的课程规划，包括课程结构、课程内容、教学方法、教材选用等，学校还要对课程实施进行组织和安排，确保教学计划的顺利实施。其次，学校雄厚的师资力量和教学管理体系，能够保证课程教学质量和效果，严格的教学管理规章制度能确保课程实施符合教育部门的要求和学校的教学管理要求。最后，学校要具备完善的教学评估机制和对课程实施进行全面的评价条件，包括学生的学习成绩、教师的教学能力和课程效果等方面，评价结果可以为课程改进和优化提供依据。因此，学校在课程生态中扮演着重要的角色，是课程生态中的中介组织和管理机构，具有制定课程规划、组织教学实施、教学管理和教学评估等职能。学校应该注重课程生态的建设，优化课程结构、教学方法和教学资源，提高教学质量和效果，以实现课程教育目标的最大化。

（3）微观

微观课程生态环境中，教师是关键要素，是学生学习过程中最直接的指导者和影响者。教师在课上带动学生学习，形成一定的课程生态环境，通过多种方式对学生产生深远的影响。教师的教学方法和策略会直接影响学生的学习效果和学习体验（罗丽君、王皇星 2022），对课程有良好把控的教师应根据学生的学习特点和需要选择合适的教学方法和策略，并在教学过程中根据学生的反馈及时调整，评价课程实施效果。除了知识和能力上的指导，在情感、态度和价值观的引领方面，教师的鼓励以及在与学生日常交流中形成的和谐师生关系，都有助于学生成长。教师可以增强学生的自信心和自尊心，培养学生的道德情操，塑造学生积极向上的人生态度和价值观，形成良性的微观学习生态圈。教师生态影响的发挥还体现在创造客观良好的学习环境方面，一个好的教师能为学生提供舒适的学习环境，并鼓励学生发表自己的观点和想法，这样可以激发学生的学习兴趣和动力,培养学生的积极参与意识和探究精神。因此,教师在微观课程生态中的重要性不言而喻,他们不仅是课程实施过程中的引路人,更是课程计划的践行者、课程质量的评价者以及学生思想品质和行为方式的榜样和引领者,直接决定着课程生态平衡。

总之,教育生态思维有助于通过分析教育系统内部和外部的各种因素,找出相互作用和影响的规律,从而制定出更加科学有效的教育发展战略和教育政策。教育生态理论在关键语言课程体系建设中具有潜在的应用和指导价值,可以帮助高校更好地理解关键语言教育生态的本质和运作机制,以适应不断变化的教育环境和需求。基于此,本文构建了关键语言教育课程生态系统保障机制模型(图 3 - 2),具体为多层次相关联的同心圆,每个圆环代表一个子系统,各子系统内部要素互为调节,相互影响,共同促进关键语言教育课程生态的发展。关键语言教育是中国高等教育的一个关键组成部分,承担着培养具备家国情怀、国际视野和跨文化交流能力多语人才的重要任务(王会花、杨露萍 2022),不仅需要为学生提供语言知识和技能,更需要让学生具有本民族文化素养和特质,并能积极参

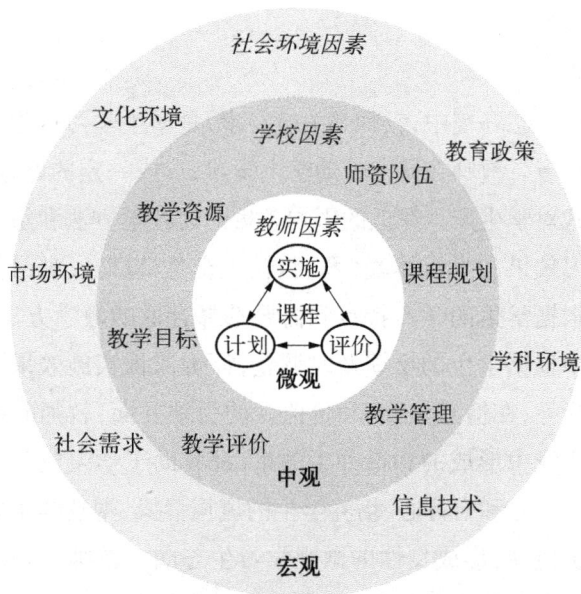

图 3 - 2　关键语言教育课程生态系统影响因素模型

与国际文化交流。高校应利用好教育生态学的观点和方法来优化关键语种教学环境、提升教学效果,充分发挥教育生态理论在课程生态系统的构建、课程实施过程的改进以及课程外部支持与合作的交互中的作用。

3.4 本研究的技术路线

结合课程设计理论、需求分析理论以及教育生态理论,本研究形成如图 3-3 所示的操作框架,作为指导整个研究过程的技术路线图:

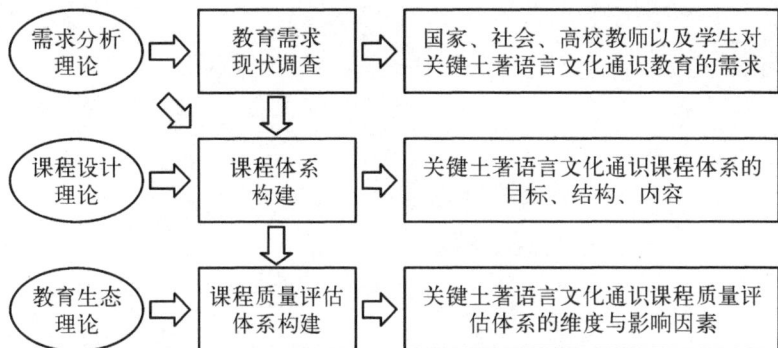

图 3-3 本研究的技术路线

具体而言,研究者首先基于需求分析理论,通过文本分析、访谈和问卷相结合的方法调研国家、企业、学生、教师在关键土著语种、关键土著语言文化通识教育方面的具体需求;进而基于课程设计理论,结合对各方需求的现状调研,考察当前高校关键土著语言文化通识课程教学现状,构建关键土著语言文化通识课程的课程体系,分析关键土著语言文化通识教育典型案例;最后,构建关键土著语言文化通识课程质量评估体系,并基于教育生态学理论,综合考虑宏观、中观、微观等各层面主体及影响因素,建构涵盖国家政策规划,学校教学管理、课程设置、教学资源、教学模式、教学评估、师资队伍等维度的关键土著语言文化通识课程体系运行机制,为相关院校开展关键土著语言文化教育规划和实践提供参考。

3.5　小　　结

　　本章在梳理课程设计理论、需求分析理论、教育生态理论的基础上，结合三个研究问题，形成了本研究的技术路线。在这一技术路线的指引下，相关理论与研究问题形成了明确的对应关系，为研究的顺利开展指明了方向。下一章将具体介绍研究设计。

研究设计

本章将明确所要解决的三个研究问题,进而围绕研究问题呈现相应的研究思路,并具体分析研究对象以及研究进程。

4.1 研究问题

本研究聚焦我国高等院校的关键土著语言文化通识课程体系建设,旨在解决以下三个问题:

第一,"一带一路"倡议背景下,国家、社会、高校教师及学生对关键土著语言文化通识教育的需求状况如何?

第二,当前关键土著语言文化通识课程体系的现状如何?"一带一路"倡议背景下,应如何建构符合各方需要的关键土著语言文化通识课程体系?

第三,如何建构科学有效的关键土著语言文化通识课程质量评估体系？这一体系应重点考虑哪些因素的影响？

4.2 研究思路与方法

　　针对以上研究问题,本研究首先结合"一带一路"倡议和"文化走出去"等重大战略,从国家层面分析"一带一路"沿线关键土著语言文化通识教育需求;其次,分别研制面向"一带一路"沿线企业以及高校任课教师与在校学生的调查问卷,并对部分"一带一路"沿线企业管理人员及员工、关键土著语言文化通识课程教师、选课学生进行深度访谈,深入调查企业对关键土著语言文化通识教育的需求,探究教师、学生对关键土著语言文化通识课程体系现状的了解及其对课程体系与课程质量评估体系的意见和建议;此外,对收集到的数据进行分析,基于各方的实际需求建构"一带一路"关键土著语言文化通识课程体系;最后,在研究关键土著语言文化通识教育质量保障机制时,结合访谈与课堂观察,充分考虑相关内部、外部因素,保障教育质量。

　　在研究方法方面,本研究将文本分析、调查问卷、访谈等相结合,收集、分析量化与质化数据,并利用 SPSS 等工具对量化数据进行统计、分析,运用 NVivo 进行质化数据编码分析,提取相关主题。具体而言,通过分析我国"一带一路"直接投资等文本数据,了解国家层面对关键土著语言的需求;通过面向"一带一路"沿线企业、高校任课教师及在校学生的问卷调查,并结合对员工、教师、学生的半结构化访谈,了解企业、高校师生对关键土著语言文化通识课程教育教学的实际需求。通过分析针对师生的半结构化访谈数据,结合关键土著语言文化相关培养方案、课程大纲、公众号发布的相关课程回顾文章等文本资料,讨论关键土著语言文化通识课程的现状,并基于上述结果构建"一带一路"沿线关键土著语言文化通识课程体系。通过梳理针对师生的半结构化访谈数据,分析关键土著语言文化通识课程的评价体系现状,并结合上述结果构建"一带一路"沿线关键土著语言文化通识课程质量评估体系。

4.3 研 究 对 象

本研究面向"一带一路"沿线企业管理人员、关键土著语言文化通识课程教师、选课学生发放问卷,并从中选择访谈对象进行半结构化访谈。

4.3.1 企业员工情况

企业问卷主要调查"一带一路"中方企业以及承担"一带一路"沿线企业业务的中方员工 77 人。调查对象所在企业的基本情况详见表 4-1。

表 4-1 受访员工所在企业的基本情况

所在企业的性质情况				
名 称	选 项	频数	百分比(%)	累积百分比(%)
您所在企业的性质是	国有企业	56	72.73	72.73
	民营企业	11	14.29	87.02
	合资企业	4	5.19	92.21
	其他	6	7.79	100.00
合 计		77	100.00	100.00
所在企业所涉"一带一路"沿线业务情况				
名 称	选 项	频数	百分比(%)	累积百分比(%)
您的企业属于下列哪种情况	较少涉及"一带一路"沿线业务	11	14.29	14.29
	涉及一些"一带一路"沿线业务	20	25.97	40.26
	以"一带一路"沿线业务为主	34	44.16	84.42
	全部为"一带一路"沿线业务	12	15.58	100.00
合 计		77	100.00	100.00

「一带一路」沿线关键土著语言文化通识课程体系建设研究

续上表

所在企业业务范围状况				
名　称	选　项	频　数	百分比（%）	累积百分比（%）
中东欧	未选中①	45	58.44	58.44
	选中	32	41.56	100.00
中　亚	未选中	32	41.56	41.56
	选中	45	58.44	100.00
西亚和埃及	未选中	42	54.55	54.55
	选中	35	45.45	100.00
南　亚	未选中	52	67.53	67.53
	选中	25	32.47	100.00
东南亚	未选中	35	45.45	45.45
	选中	42	54.55	100.00
俄罗斯	未选中	42	54.55	54.55
	选中	35	45.45	100.00
合　计		77	100.00	100.00

如表4-1可见，从企业性质来看，调查对象中比例最高为国有企业，占72.73%；民营企业占比为14.29%；合资企业占比最少，为5.19%，这一情况基本代表当前我国"一带一路"沿线企业的基本情况。从企业所涉"一带一路"沿线业务情况看，以"一带一路"沿线业务为主的企业最多，占比44.16%，涉及一些"一带一路"沿线业务的企业占比25.97%，全部为"一带一路"沿线业务的企业占比为15.58%，而较少涉及"一带一路"沿线业务的企业只占14.29%，这一现象最大限度地反映出企业对关键土著语言的真实需求，保证调查结果的参考价值。从企业业务范围状况看，参与调查的员工所在企业在"一带一路"各具体区域均有分布，且被选中的比例大致在40%到60%之间（南亚略低，但基本符合要求），不会出现被调查

① 注：此处对"未选中"与"选中"的含义进行简要说明。以本表中"中东欧"为例，"未选中"的频数是45，表示77位受访者中，45位所在企业不涉及中东欧地区业务。"选中"的频数为32，表示77位受访者中，32位所在企业涉及中东欧地区业务。下同。

企业很少甚至没有涉及某一具体区域的情形。

为进一步了解企业以及企业员工对关键土著语言的需求,课题组选取 8 名问卷调查的参与人员进行了半结构化访谈,包括 2 名管理人员及 6 名员工(具体情况见表 4 - 2)。8 名受访对象所在企业的性质包括民营企业、国有企业、中外合作机构等不同类型。课题组针对管理人员的访谈主要涉及企业的语言规划以及企业对员工关键土著语言的要求,针对普通员工的访谈除关注上述问题外,还涉及员工实际工作中使用关键土著语言的情况,并请他们结合自身经历,描述在"一带一路"沿线国家或地区工作和生活所需的关键土著语言能力和关键土著语言文化知识等。

表 4 - 2 访谈对象基本情况(企业员工)

受 访 对 象	企 业 性 质	身　　份
Q1	民营企业	高层管理人员
Q2	国有企业	中层管理人员
Q3	国有企业	普通员工
Q4	国有企业	普通员工
Q5	国有企业	普通员工
Q6	国有企业	普通员工
Q7	国有企业	普通员工
Q8	中外合作机构	普通员工

4.3.2　学生情况

学生层面的调查对象为选修关键土著语言文化通识课程的各专业大学在校学生,他们主要来自外语类院校,分别为:北京第二外国语大学(北二外)、四川外国语大学(川外)、大连外国语大学(大外)、广东外语外贸大学(广外)、上海外国语大学(上外)、信息工程大学(信大)、天津外国语大学(天外)、西安外国语大学(西外)。共计发放调查问卷 1 607 份,回收有效问卷 1 422 份,回收有效率为 88.5%。其中,各高校具体的有效回收率为:北二外 84.8%,川外 92.5%,大外 85.8%,广外 87.0%,上外 100.0%,

信大 85.2%，天外 88.9%，西外 91.0%。调查对象的具体抽样结果见表 4-3。

表 4-3 主要展示了问卷调查学生的基本概况，包括性别、年级、专业、学习关键土著语言时间等维度。下面进行具体分析：

第一，从性别指标上看，女生居绝对多数，占比 76.9%，男生仅占23.1%。这可能是由于调查对象来自外语类院校，并且男少女多为外语专业特点。这种情况在本研究中也有体现：北二外女生占 75.0%，男生占25.0%；川外女生占 73.2%，男生占 26.8%；大外女生占 75.8%，男生占24.2%；广外女生占 77.6%，男生占 22.4%；上外女生占 72.0%，男生占28.0%；天外女生占 92.2%，男生占 7.8%；西外女生占 80.6%，男生占19.4%。只有信大男生偏多，比例为 87.0%，女生比例为 13.0%。

第二，从年级指标上看，调查对象中比例最高的是大一年级学生，占36.6%；大二年级和大四年级所占比例较为相似，分别是 24.2%和22.2%；大三年级学生所占比例为 16.5%；研究生一、二、三年级学生所占比例较低，分别为 0.2%、0.2%和 0.1%。这可能是因为大一年级刚入学，语言学习热情饱满，对修读关键土著语言文化通识课程较为积极。而大二、大三年级学生主要忙于专业课程的学习，大四年级学生将时间花在毕业、升学、求职等事情上，对这些语言的学习关注较少。研究生相对更加注重学术研究，对这些语言的学习兴趣不大。

各高校具体年级分布也有所差别。北二外大四年级比例最高，为41.1%，其次是大一年级，比例为 39.3%，然后是大二年级，比例为 19.6%，其他年级占比为 0；川外比例最高的是大一年级，比例为 56.1%，其次是大二年级，比例为 39.8%，然后是大三年级，比例为 4.1%，其他年级占比为 0；大外选修关键土著语言文化通识课的各年级学生中比例最高的是占比 36.3%的大一年级，最低的是研一年级，比例为 0.2%；广外选修关键土著语言文化通识课的各年级学生中比例最高的是占比 37.3%的大一年级，大三和大四年级最低，比例为 13.4%；上外选修关键土著语言文化通识课的各年级学生中大四年级比例最高，比例为 60.0%，但研究生对该课程兴趣较大，研究生一、二、三年级比例分别为 8.0%、12.0%和 4.0%；信大选修关键土著语言文化通识课的各年级学生中比例最高的是大一年级，比例为 65.2%，大三年级最低，比例

表4-3 学生抽样基本情况

项目	调查细目	北二外	川外	大外	广外	上外	信大	天外	西外	合计
调查对象（人数）	问卷总量	66	133	664	77	25	27	72	543	1 607
	有效问卷	56	123	570	67	25	23	64	494	1 422
	回收率	84.8%	92.5%	85.8%	87.0%	100.0%	85.2%	88.9%	91.0%	88.5%
性别（人数/比例）	男生	14/25.0%	33/26.8%	138/24.2%	15/22.4%	7/28.0%	20/87.0%	5/7.8%	96/19.4%	328/23.1%
	女生	42/75.0%	90/73.2%	432/75.8%	52/77.6%	18/72.0%	3/13.0%	59/92.2%	398/80.6%	1 094/76.9%
年级（人数/比例）	大一	22/39.3%	69/56.1%	207/36.3%	25/37.4%	4/16.0%	15/65.2%	29/45.3%	149/30.0%	520/36.6%
	大二	11/19.6%	49/39.8%	108/18.9%	24/35.8%	0/0.0%	0/0.0%	16/25.0%	137/27.8%	345/24.2%
	大三	0/0.0%	5/4.1%	83/14.6%	9/13.4%	0/0.0%	8/34.8%	14/21.9%	115/23.4%	234/16.5%
	大四	23/41.1%	0/0.0%	171/30.0%	9/13.4%	15/60.0%	0/0.0%	5/7.8%	93/18.8%	316/22.2%
	研一	0/0.0%	0/0.0%	1/0.2%	0/0.0%	2/8.0%	0/0.0%	0/0.0%	0/0.0%	3/0.2%
	研二	0/0.0%	0/0.0%	0/0.0%	0/0.0%	3/12.0%	0/0.0%	0/0.0%	0/0.0%	3/0.2%
	研三	0/0.0%	0/0.0%	0/0.0%	0/0.0%	1/4.0%	0/0.0%	0/0.0%	0/0.0%	1/0.1%

续上表

项　目	调查细目		北二外	川　外	大　外	广　外	上　外	信　大	天　外	西　外	合　计
专业（人数/比例）	语言类	关键土著语	56/100.0%	96/78.0%	35/6.1%	31/46.2%	15/60.0%	23/100.0%	12/18.8%	334/67.6%	602/42.3%
		非关键土著语	0/0.0%	27/22.0%	535/93.9%	16/23.9%	8/32.0%	0/0.0%	52/81.2%	160/32.4%	798/56.2%
		合计	56/100.0%	123/100.0%	570/100.0%	47/70.1%	23/92.0%	23/100.0%	64/100.0%	494/100.0%	1 400/98.5%
	非语言类		0/0.0%	0/0.0%	0/0.0%	20/29.9%	2/8.0%	0/0.0%	0/0.0%	0/0.0%	22/1.5%
学习关键土著语言的时间（人数/比例）	1年以下		21/37.5%	69/56.1%	264/46.3%	20/29.9%	7/28.0%	11/47.8%	32/50.0%	154/31.1%	578/40.6%
	1—2年		12/21.4%	47/38.2%	122/21.4%	24/35.8%	1/4.0%	2/8.7%	16/25.0%	145/29.4%	369/26.0%
	2年以上		23/41.1%	7/5.7%	184/32.3%	23/34.3%	17/68.0%	10/43.5%	16/25.0%	195/39.5%	475/33.4%

为34.8%；天外选修关键土著语言文化通识课的各年级学生中大一年级比例最高，为45.3%，其次是大二年级，比例为25.0%，最低是大四年级，比例为7.8%；西外选修关键土著语言文化通识课的各年级学生中大一年级比例最高，为30.0%，其次是大二年级，比例为27.8%，最低是大四年级，比例为18.8%。

第三，从专业维度上看，选修关键土著语言文化通识课的学生基本上为语言类专业学生（占比98.5%）。其中关键土著语言专业学生占比42.3%，非关键土著语言专业学生占比为56.2%。由此可见，相关调查数据能够比较全面地展示学生概况。

第四，从学习关键土著语言时间这一维度上看，比例最高的是1年以下，占40.6%，其次是2年以上，占33.4%，最后是1—2年，占26.0%。由此可见，整体上学生学习关键土著语言的时间较短。各高校学生具体学习时间不同。北二外1年以下占37.5%，1—2年占21.4%，2年以上占41.1%；川外1年以下占56.1%，1—2年占38.2%，2年以上占5.7%；大外1年以下占46.3%，1—2年占21.4%，2年以上占32.3%；广外1年以下占29.9%，1—2年占35.8%，2年以上占34.3%；上外1年以下占28.0%，1—2年占4.0%，2年以上占68.0%；信大1年以下占47.8%，1—2年占8.7%，2年以上占43.5%；天外1年以下占50.0%，1—2年占25.0%，2年以上占25.0%；西外1年以下占31.1%，1—2年占29.4%，2年以上占39.5%。

为进一步了解学生对关键土著语言文化通识课程的需求，把握学生对关键土著语言文化通识课程体系现状及课程质量评估的看法，课题组对18名学生进行了半结构化访谈。受访学生来自不同专业，其中有些学生所在专业的培养方案中包括关键土著语言文化通识课程，其他学生则是自主选修了关键土著语言文化通识课程。受访学生的具体情况详见表4-4（该表中，S代表学生，紧跟在字母S之后的数字为受访学生序号）：

表4-4　访谈对象基本情况（学生）

代　　码	专　　业	年　　级
S1	俄语	大三
S2	国贸	大一

代　　码	专　　业	年　　级
S3	金融	大三
S4	英语	研三
S5	英语	研三
S6	俄语	研三
S7	笔译	研一
S8	哈萨克语	大二
S9	捷克语	大一
S10	波斯语	大四
S11	罗马尼亚语	大一
S12	阿拉伯语	大三
S13	希伯来语	大三
S14	波兰语	大二
S15	德语	大一
S16	法语	大二
S17	西班牙语	大二
S18	日语	大三

4.3.3　教师情况

　　教师层面的问卷调查对象为在校教授各专业关键土著语文化通识选修课程的教师,主要来自外语类院校,分别为:北京第二外国语大学(北二外)、北京外国语大学(北外)、四川外国语大学(川外)、大连外国语大学(大外)、广东外语外贸大学(广外)、上海外国语大学(上外)、信息工程大学(信大)、天津外国语大学(天外)和西安外国语大学(西外)。共计发放问卷108份,回收有效问卷105份,有效回收率为97.2%。其中,各高校具体的有效回收率为:北二外100.0%,北外100.0%,川外93.3%,大外100.0%,广外77.8%,上外100.0%,信大100.0%,天外100.0%,西外100.0%。调查对象的具体抽样结果见表4-5。

表4-5 教师抽样基本情况

项目	调查细目	北二外	北外	川外	大外	广外	上外	信大	天外	西外	合计
调查对象（人数）	问卷总量	6	15	15	9	9	20	13	11	10	108
	有效问卷	6	15	14	9	7	20	13	11	10	105
	回收率	100.0%	100.0%	93.3%	100.0%	77.8%	100.0%	100.0%	100.0%	100.0%	97.2%
性别（人数/比例）	男教师	1/16.7%	4/26.7%	3/21.4%	1/11.1%	2/28.6%	6/30.0%	8/61.5%	3/27.3%	3/30.0%	31/29.5%
	女教师	5/83.3%	11/73.3%	11/78.6%	8/88.9%	5/71.4%	14/70.0%	5/38.5%	8/72.7%	7/70.0%	74/70.5%
年龄（人数/比例）	20—29岁	2/33.3%	1/6.7%	9/64.3%	5/55.6%	0/0.0%	7/35.0%	3/23.1%	4/36.4%	7/70.0%	38/36.2%
	30—39岁	3/50.0%	10/66.6%	2/14.3%	2/22.2%	3/42.9%	7/35.0%	9/69.2%	7/63.6%	2/20.0%	45/42.9%
	40—49岁	1/16.7%	4/26.7%	1/7.1%	2/22.2%	4/57.1%	4/20.0%	1/7.7%	0/0.0%	1/10.0%	18/17.1%
	50—59岁	0/0.0%	0/0.0%	2/14.3%	0/0.0%	0/0.0%	2/10.0%	0/0.0%	0/0.0%	0/0.0%	4/3.8%
职称（人数/比例）	助教	0/0.0%	0/0.0%	10/71.4%	5/55.6%	0/0.0%	7/35.0%	3/23.1%	6/54.5%	7/70.0%	38/36.2%
	讲师	5/83.3%	11/73.4%	0/0.0%	2/22.2%	4/57.1%	8/40.0%	8/61.5%	4/36.4%	2/20.0%	44/41.9%
	副教授	1/16.7%	2/13.3%	2/14.3%	2/22.2%	3/42.9%	5/25.0%	2/15.4%	1/9.1%	1/10.0%	19/18.1%
	教授	0/0.0%	2/13.3%	2/14.3%	0/0.0%	0/0.0%	0/0.0%	0/0.0%	0/0.0%	0/0.0%	4/3.8%
教龄（人数/比例）	5年以下	6/100.0%	4/26.7%	10/71.5%	5/55.6%	0/0.0%	11/55.0%	3/23.1%	7/63.6%	8/80.0%	54/51.4%
	6—10年	0/0.0%	1/6.7%	1/7.1%	0/0.0%	2/28.6%	3/15.0%	3/23.1%	3/27.3%	1/10.0%	14/13.3%
	11—20年	0/0.0%	8/53.3%	1/7.1%	4/44.4%	4/57.1%	2/10.0%	7/53.8%	1/9.1%	1/10.0%	28/26.7%
	21年以上	0/0.0%	2/13.3%	2/14.3%	0/0.0%	1/14.3%	4/20.0%	0/0.0%	0/0.0%	0/0.0%	9/8.6%

表4-5主要呈现了参加问卷调查教师的性别、年龄、职称、教龄等情况。下面进行具体分析。

第一，从性别指标上看，女性居绝对多数，占比70.5%，男性仅占29.5%。这可能是由于调查对象来自外语类院校，并且男多女少为外语专业特点。这种情况在本研究中也有体现：北二外女教师占83.3%，男教师占16.7%；北外女教师占73.3%，男教师占26.7%；川外女教师占78.6%，男教师占21.4%；大外女教师占88.9%，男教师占11.1%；广外女教师占71.4%，男教师占28.6%；上外女教师占70.0%，男教师占30.0%；天外女教师占72.7%，男教师占27.3%；西外女教师占70.0%，男教师占30.0%。而信大男教师偏多，比例为61.5%，女教师比例为38.5%。

第二，从年龄指标上看，调查对象中比例最高的是30—39岁教师，占42.9%；随后是20—29岁教师，占36.2%，这说明教师主要为中青年教师群体。40—49岁和50—59岁教师占比较低，分别为17.1%和3.8%。对于具体年龄段教师的分布，各高校有一定差别：20—29岁教师较多任职于西外（占比70.0%）、川外（占比64.3%）和大外（占比55.6%）；30—39岁教师较多任职于信大（占比69.2%）、北外（占比66.6%）、天外（占比63.6%）和北二外（占比50.0%）；40—49岁教师较多任职于广外（占比57.1%）；50—59岁教师较多任职于川外（占比14.3%）和上外（10.0%）。

第三，从职称指标上看，调查对象中比例最高的是讲师，占41.9%；随后是助教，占36.2%，副教授和教授占比较低，分别为18.1%和3.8%。对于具体各职称教师的分布，各高校有一定差别：讲师较多任职于北二外（占比83.3%）、北外（73.4%）、信大（占比61.5%）和广外（占比57.1%）；助教教师较多任职于川外（占比71.4%）、西外（占比70.0%）、大外（占比55.6%）和天外（占比54.5%）；副教授较多任职于广外（占比42.9%）和上外（占比25.0%）；教授较多任职于川外（14.3%）和北外（占比13.3%）。

第四，从教龄指标上看，调查对象中比例最高的是5年以下教龄教师，占51.4%；随后分别是11—20年（占比26.7%）、6—10年（占比13.3%）和21年以上（占比8.6%）教龄的教师。对于不同职称教师的分布，各高校有一定差别：5 年以下教龄教师较多任职于北二外（100.0%）、西外（占比80.0%）、川外（占比71.5%）、天外（占比63.6%）和大外（占比55.6%）；6—10 年教龄的教师较多任职于广外（占比28.6%）、天外（占比27.3%）、信大（占比23.1%）和西外（占比10.0%）；11—20 年教龄的教师较多任职于广外（占比57.1%）、信大（占比53.8%）、北外（53.3%）和大外（44.4%）；21 年以上教龄的教师较多任职于上外（占比20.0%）、川外/广外（占比14.3%）和北外（13.3%）。

为进一步了解教师对关键土著语言文化通识课程体系现状及课程质量评估的看法，课题组对 9 位教师进行了半结构化访谈。受访教师中，T1-4和T9-4均为学院负责人，其所在学院设有多个关键土著语言专业。他们不仅了解关键土著语言具体教学情况，还了解学院层面对关键土著语言文化通识课程的规划及实施情况。其他 7 位受访教师均教授本课题所界定的关键土著语言文化通识课程。职称方面，受访对象中有 2 位教授，1 位副教授，5 位讲师，1 位助教。其他相关具体情况详见表 4-6（该表中，T 代表教师，紧跟在字母 T 之后的数字为受访教师序号；最后一位数字则表示教师的职称，1 代表助教，2 代表讲师，3 代表副教授，4 代表教授）。

表 4-6　访谈对象基本情况（教师）

代　码	年　龄	学　历	职　称	所教语种
T1-4	55 岁	博士研究生	教授	俄语
T2-2	33 岁	博士研究生	讲师	哈萨克语
T3-2	37 岁	硕士研究生	讲师	波兰语
T4-2	33 岁	硕士研究生	讲师	捷克语
T5-3	46 岁	博士研究生	副教授	越南语
T6-1	28 岁	硕士研究生	助教	印地语
T7-2	29 岁	硕士研究生	讲师	斯瓦希里语
T8-2	32 岁	硕士研究生	讲师	匈牙利语
T9-4	55 岁	博士研究生	教授	波斯语

4.4 研 究 过 程

4.4.1 企业调查

　　针对企业员工的问卷与访谈主要是为了了解"一带一路"沿线企业及其员工的关键土著语言需求。基于需求分析理论,结合现有关于"一带一路"语言规划的相关文献,课题组于 2020 年 9—10 月设计了"'一带一路'沿线关键土著语企业需求调查(试测版)"问卷。

　　在文献调研过程中,课题组基于鲁子问和张荣干(2012)的"中国外语能力需求调查问卷",结合访谈中关键土著语言的教学实际,经过集体研讨,编制了包含填空题、五级李克特量表题(1＝完全不同意,5＝完全同意)及选择题的初始问卷。课题组又进一步采用专家评定法来确保问卷的内容效度,即邀请多位专家对问卷质量进行把关,对内容效度进行考察。问卷经过三轮专家评价,对一些题项的内容及表达进行了修改,每轮专家评价后均邀请调查对象进行试测,从调查对象的视角来了解问卷的题项和表达是否适当,最终形成"'一带一路'关键土著语言文化通识教育教学需求企业调查问卷"(见附录 1)。修订后的调查问卷分为两部分,共 25 题。其中,第一部分为基本信息,共 9 题;第二部分为正文,共 16 题。基本信息包括沿线企业员工学过哪种关键土著语言及学习时间、关键土著语言对于企业员工顺利开展工作的重要性、所在企业性质、企业是否以"一带一路"业务为主、企业业务涉及"一带一路"沿线哪些地区、企业对员工关键土著语言能力的要求、企业是否对员工进行关键土著语言培训以及企业是否会因业务需要聘用关键土著语言专门译员等。正文内容聚焦企业对员工关键土著语言能力的需求,主要涵盖开展业务或日常生活中使用的关键土著语种及使用频率,包括使用关键土著语言进行口头交流、阅读、写作、翻译的情况,以及在听、说、读、写技能需要达到什么水平才能满足需求;也涉及员工对关键土著语言技能及对象国相关知识在促进中外双方理解与互信方面作用的看法。问题形式采用量表(共 13 题)、选择(共

10 题,其中单选 8 题、多选 2 题)、填空(共 2 题)相结合的方式,问卷要求填写者根据实际情况回答。

课题组为调查对象统一呈现了调查须知(主要包括问卷背景、具体问题阐释、问卷结果使用等),利用问卷星发布问卷,于 2020 年 12 月 1 日—2021 年 1 月 1 日间陆续回收调查问卷共 77 份,其中有效问卷 77 份。因为信效度分析主要是针对量表类题目,所以课题组对问卷中量表类题目进行因子分析,得出信度 $\alpha = 0.895 > 0.8$(见表 4 - 7),说明信度高。效度 $KMO = 0.873 > 0.8$(见表 4 - 8),说明效度高,且显著性 $Sig = 0.000 < 0.05$,表明适合做因子分析。所有题项可抽取 4 个因子,累积方差为78.525(见表 4 - 9),基本符合信效度常规标准(秦晓晴 2009)。各题项在提取出的 4 个因子上的因子载荷系数均大于 0.5,表明提取的因子能够较好反映量表的维度。其中,"您在工作中用到关键土著语言相关文件时,需要查找该文件对应的英语版本,或请人将其翻译为英语的频率"这一题项在因子 3 和因子 4 上的载荷均高于 0.5,但课题组根据专业知识,认为该题项主要体现英语在"一带一路"沿线企业涉外业务或交流中的重要性,这与因子 3 关注关键土著语言或对象国知识在促进中外双方理解与互信方面的重要性并不属于同一维度,同时考虑到其在因子 4 上的载荷 0.624 高于其在因子 3 上的载荷 0.529(见表 4 - 10),且其与题项"公司业务需要关键土著语言翻译时,聘用专门译员的频率"均属于可以替代对公司内部员工关键土著语言能力要求的策略(即企业可以通过使用英语作为中介或者直接从公司外部聘请短期译员来避免开展相关业务时对内部员工关键土著语言能力的依赖)。综合以上因素,将该题项归入因子 4。课题组结合专业知识,对因子分析提取的 4 个因子进行整理分析后,确定了表 4 - 11 所示的 4 个维度,并根据专业知识将四个维度分别命名为:员工实际使用关键土著语言的情况(翻译、阅读、写作、交际、总体情况)、企业对关键土著语言的需求情况(企业要求、企业提供的培训)、关键土著语言技能和对象国知识在促进中外双方企业理解与互信中的作用(关键土著语言技能、对象国知识)、企业为避免依赖内部员工的关键土著语言能力而使用的(或可能使用的)替代性策略(如从公司外部短期招聘译员、以英语为中介进行交流等)。

表 4 - 7　企业员工量表信度结果

可靠性统计量	
克朗巴赫系数 α（Cronbach's alpha）	项　数
.895	42

表 4 - 8　企业员工量表效度结果

取样适切性量数（KMO）和巴特球形值（Bartlett）检验		
取样适切性量数（KMO）		.873
巴特球形值	近似卡方分布	710.059
	自由度	78
	显著性	.000

表 4 - 9　企业员工量表方差解释率情况

因子编号	特　征　根			旋转前方差解释率			旋转后方差解释率		
	特征根	方差解释率%	累积%	特征根	方差解释率%	累积%	特征根	方差解释率%	累积%
1	6.399	49.224	49.224	6.399	49.224	49.224	5.086	39.126	39.126
2	1.491	11.473	60.697	1.491	11.473	60.697	2.103	16.177	55.302
3	1.208	9.291	69.988	1.208	9.291	69.988	1.790	13.769	69.071
4	1.110	8.537	78.525	1.110	8.537	78.525	1.229	9.454	78.525
5	0.720	5.539	84.064	—	—	—	—	—	—
6	0.586	4.508	88.572	—	—	—	—	—	—
7	0.359	2.764	91.337	—	—	—	—	—	—
8	0.329	2.532	93.869	—	—	—	—	—	—
9	0.258	1.985	95.854	—	—	—	—	—	—
10	0.196	1.508	97.362	—	—	—	—	—	—
11	0.149	1.147	98.509	—	—	—	—	—	—
12	0.111	0.854	99.363	—	—	—	—	—	—
13	0.083	0.637	100.000	—	—	—	—	—	—
萃取方法：主成分分析									

表 4-10 企业员工量表旋转后因子载荷系数表格

名 称	因子载荷系数				共同度（公因子方差）
	因子 1	因子 2	因子 3	因子 4	
您在工作中进行汉语与关键土著语言转换的频率（如把关键土著语言资料翻译成汉语，或把汉语翻译成关键土著语言）	**0.827**	0.168	0.108	0.278	0.801
您运用关键土著语言进行阅读，如浏览对象国网站、报纸、获取动态信息等的频率	**0.910**	0.121	0.125	0.011	0.859
您运用关键土著语言进行写作，如工作相关的商务函件或其他文件（工作计划、会议记录、日程安排等）的频率	**0.871**	0.319	0.023	0.089	0.868
您使用关键土著语言进行（与工作内容无太大关联的）日常交际的频率	**0.862**	0.059	0.220	-0.038	0.796
总体而言，您在当前工作中使用关键土著语言的频率	**0.885**	0.273	0.161	0.032	0.884
您使用关键土著语言进行工作交际的频率	**0.898**	0.273	0.107	0.019	0.893
关键土著语言对于您顺利开展工作的重要性	0.495	**0.644**	0.278	0.037	0.739
您所在企业在招聘员工时对关键土著语言能力提出了要求	0.258	**0.820**	0.150	-0.021	0.761
您所在企业对员工开展关键土著语言培训的频率	0.137	**0.785**	0.047	0.151	0.660
您觉得关键土著语言技能（听、说、读、写、译）在促进中外双方理解与互信方面的重要性	0.364	0.134	**0.775**	0.094	0.760
您认为了解对象国知识（如对象国的国情、民情、社会情况等）在促进双方理解与互信方面的重要性	0.084	0.207	**0.824**	-0.084	0.737

续上表

名　称	因子载荷系数				共同度（公因子方差）
	因子1	因子2	因子3	因子4	
公司业务需要关键土著语言翻译时,聘用专门译员的频率	0.121	0.181	-0.119	**0.843**	0.772
您在工作中用到关键土著语言相关文件时,需要查找该文件对应的英语版本,或请人将其翻译为英语的频率	0.001	-0.097	**0.529**	**0.624**	0.679

表 4-11　企业员工量表题项维度分析

维　度	内　容	题　项
员工实际使用关键土著语言的情况	翻译	16. 您在工作中进行汉语与关键土著语言转换的频率(如把关键土著语言资料翻译成汉语,或把汉语翻译成关键土著语言)
	阅读	14. 您运用关键土著语言进行阅读,如浏览对象国网站、报纸、获取动态信息等的频率
	写作	15. 您运用关键土著语言进行写作,如工作相关的商务函件或其他文件(工作计划、会议记录、日程安排等)的频率
	交际	12. 您使用关键土著语言进行(与工作内容无太大关联的)日常交际的频率 13. 您使用关键土著语言进行工作交际的频率
	总体情况	11. 总体而言,您在当前工作中使用关键土著语言的频率
企业对关键土著语言的需求	企业的要求	3. 关键土著语言对于您顺利开展工作的重要性 7. 您所在的企业在招聘员工时对关键土著语言能力提出了要求
	企业提供的培训	8. 您所在企业对员工开展关键土著语言培训的频率

维　度	内　容	题　项
关键土著语言技能和对象国知识在促进中外双方企业理解与互信中的作用	关键土著语言技能	18. 您觉得关键土著语言技能(听、说、读、写、译)在促进中外双方理解与互信方面的重要性
	对象国知识	19. 您认为为了解对象国知识(如对象国的国情、民情、社会情况等)在促进双方理解与互信方面的重要性
企业为避免依赖内部员工的关键土著语言能力而使用的(或可能使用的)的替代性策略	从公司外部短期招聘译员	9. 公司业务需要关键土著语言翻译时,聘用专门译员的频率
	以英语为中介开展交流	17. 您在工作中用到关键土著语言相关文件时,需要查找该文件对应的英语版本,或请人将其翻译为英语的频率

如前所述,除了通过问卷进行调查,课题组还对 8 位企业员工进行了半结构化深度访谈,获得企业和员工对"一带一路"关键土著语言文化需求的更多数据。相关访谈均转写为文本(转写总字数为 39 613 字,节录见附录 11)。课题组按照质性研究的编码方式提取相关主题,对访谈文本进行分析。所得到的结果作为问卷调查数据的验证与补充。

4.4.2　学生调查

学生问卷与针对学生的访谈一方面旨在了解学生对"一带一路"关键土著语言文化的需求,另一方面也为了获得学生关于关键土著语言文化通识课程的意见,以及他们对关键土著语言文化通识课程质量评估体系的评价和建议。学生问卷主要采用五级李克特量表(1 = 完全不同意,5 = 完全同意),亦设置了部分选择题(见附录 2)。课题组将设计好的问卷发给某外语类院校学生进行先导研究,共回收 66 份试卷,有效试卷 65 份(回收率98.48%)。因为信效度分析主要是针对量表类题目,所以课题组对问卷中量表类题目进行因子分析。第一次因子分析得出信度 $\alpha = 0.902$,效度 KMO = 0.423。去除负荷值<0.5 的选项后共抽取 15 个因子,累积方差为 76.906。经问卷选项调整(原问卷第 10 题由量表题改为单选题,不做因子分析),第二次因子分析得出信度 $\alpha = 0.906$(见表 4 - 12),效度

KMO = 0.475(见表 4 - 13)。去除负荷值<0.5 的选项后共抽取 14 个因子，累积方差为 76.108(见表 4 - 14)，基本符合信效度常规标准(秦晓晴 2009)。经调整后的问卷虽然在信效度方面有了提高，但在效度值方面仍然较低，这可能因为试测问卷数量较少。考虑到信度值较高，仍将该问卷用于研究调查。课题组对 14 个因子进行整理分析后，确定了表 4 - 15 所示的 5 个维度，分别为学生分析(学习目的、学习内容、学习策略、学习风格)、学习资源、教师分析(课程教师、教学方法、授课语言、教学方式、教学模式)、课程设置、课程评价(考核方式、考核内容、结果呈现)。课题组对所选定调查院校制定了统一的调查要求(主要包括对问卷分发原因解释、具体问题的理解、问卷结果研究使用等)，委托各位调查员在所在院校进行问卷调查，并于 2020 年 12 月 1 日—2021 年 1 月 1 日之间陆续回收调查问卷。最后共计回收问卷1 607份，有效问卷份 1 422 份(回收率88.49%)。

表 4 - 12　学生量表信度结果

可靠性统计量	
克朗巴赫系数 α(Cronbach's alpha)	项　数
.906	47

表 4 - 13　学生量表效度结果

取样适切性量数(KMO)和巴特球形值(Bartlett)检验		
取样适切性量数(KMO)		.475
巴特球形值	近似卡方分布	2.066E3
	自由度	1 081
	显著性	.000

表 4 - 14　学生量表方差解释率情况

因子编号	特　征　根			旋转后方差解释率		
	特征根	方差解释率%	累计%	特征根	方差解释率%	累计%
1	10.558	22.465	22.465	10.558	22.465	22.465
2	3.951	8.406	30.871	3.951	8.406	30.871

因子编号	特征根			旋转后方差解释率		
	特征根	方差解释率%	累计%	特征根	方差解释率%	累计%
3	3.058	6.507	37.378	3.058	6.507	37.378
4	2.534	5.392	42.770	2.534	5.392	42.770
5	2.320	4.936	47.706	2.320	4.936	47.706
6	2.212	4.706	52.412	2.212	4.706	52.412
7	1.944	4.135	56.548	1.944	4.135	56.548
8	1.773	3.772	60.320	1.773	3.772	60.320
9	1.568	3.336	63.656	1.568	3.336	63.656
10	1.391	2.960	66.616	1.391	2.960	66.616
11	1.203	2.559	69.175	1.203	2.559	69.175
12	1.129	2.403	71.577	1.129	2.403	71.577
13	1.087	2.312	73.889	1.087	2.312	73.889
14	1.043	2.219	76.108	1.043	2.219	76.108
15	.993	2.112	78.220	—	—	—
16	.945	2.011	80.231	—	—	—
17	.855	1.819	82.050	—	—	—
18	.772	1.643	83.693	—	—	—
19	.729	1.550	85.243	—	—	—
20	.652	1.386	86.630	—	—	—
21	.594	1.265	87.894	—	—	—
22	.539	1.147	89.042	—	—	—
23	.521	1.109	90.151	—	—	—
24	.485	1.032	91.183	—	—	—
25	.450	.957	92.140	—	—	—
26	.402	.855	92.995	—	—	—
27	.382	.812	93.807	—	—	—
28	.363	.771	94.579	—	—	—
29	.345	.734	95.313	—	—	—

续上表

因子编号	特征根			旋转后方差解释率		
	特征根	方差解释率%	累计%	特征根	方差解释率%	累计%
30	.306	.650	95.963	—	—	—
31	.265	.564	96.526	—	—	—
32	.251	.534	97.060	—	—	—
33	.237	.504	97.564	—	—	—
34	.204	.435	97.999	—	—	—
35	.187	.398	98.397	—	—	—
36	.138	.294	98.691	—	—	—
37	.123	.262	98.953	—	—	—
38	.094	.199	99.152	—	—	—
39	.090	.192	99.345	—	—	—
40	.080	.171	99.516	—	—	—
41	.056	.118	99.634	—	—	—
42	.053	.113	99.747	—	—	—
43	.040	.084	99.831	—	—	—
44	.026	.056	99.887	—	—	—
45	.024	.050	99.937	—	—	—
46	.018	.037	99.975	—	—	—
47	.012	.025	100.000	—	—	—

萃取方法：主成分分析。

表 4-15 学生量表题项维度分析

维度	内容	题项
学生分析	学习目的	6.我修读这门课程主要是因为
	学习内容	7.通过学习该课程,我希望可以
	学习策略	10.当记忆关键土著语词汇有困难时,我通常
	学习风格	11.在教师讲解关键土著语言时,我喜欢教师

维 度	内 容	题 项
学习资源	学习资源	9. 我喜欢的关键土著语言学习资源是
教师分析	课程教师	8. 我希望该课程是
	教学方法	12. 在教授关键土著语言时,我希望教师
	授课语言	16. 我希望教师使用的授课语言是
	教学方式	19. 我觉得该课程适合采用的授课方式是
	教学模式	20. 我觉得该课程适合采用的教学模式是
课程设置	课程设置	17. 我希望该课程的课程安排是
		18. 我希望该课程的课程设置的时长是
课程评价	考核方式	13. 我希望该课程采用的考核方式是
	考核内容	14. 我觉得该课程适合采取的测试方式是
	结果呈现	15. 我希望该课程考试结果的呈现方式是

如前所述,除了通过问卷进行调查,课题组成员还对选修课程的 18 名同学(S1 - S18)进行了半结构化访谈,获得学生对"一带一路"关键土著语言文化通识课程需求的更多数据,作为对问卷调查数据的验证与补充。同时,课题组成员在访谈中还进一步收集了学生对关键土著语言文化通识课程体系的相关建议,以及他们对关键土著语言文化通识课程质量评估体系的期待。相关访谈均转写为文本(转写总字数为 105 743 字,节录见附录 13)。课题组按照质性研究的编码方式提取相关主题,对访谈文本进行分析。访谈分析结果与问卷调查结果共同为构建关键土著语言文化通识课程体系及课程质量评估体系提供依据和参考。

4.4.3 教师调查

教师问卷与针对教师的访谈旨在了解"一带一路"关键土著语言文化通识课程的现状,并从教师视角获得关键土著语言文化通识课程体系构建的相关看法、对课程质量评估方法,以及如何构建科学合理的关键土著语言文化通识课程质量评估体系的建议。

课题组于 2020 年 10 月在阅读相关文献、征求同行专家意见的基础上设计调查问卷,并在试测基础上进行问卷修订。修订后的"'一带一路'关键土著语言文化通识教育教学需求教师调查问卷"(见附录3)分为两部分,共21题。其中,第一部分为基本信息,共6题;第二部分为正文,共15题。背景内容包括性别、年龄、职称、教龄、学校和专业;正文内容主要涵盖教学意愿、教学目标、教学方式、教学模式、使用教材、资源需求、课时安排、课程安排、规章制度、学校支持、考核方式、考核内容、评估形式和教学效果。问题形式采用量表与选择相结合的方式,问卷要求填写者根据实际情况回答。

  课题组依据多篇论文的调查问卷整理出本研究使用的五级李克特量表(1=完全不同意,5=完全同意)及选择题的问卷。该问卷第一部分是个人背景,第二部分涉及教师对课程的需求。课题组将设计好的问卷发给某外语类院校教师进行先导研究,共回收30份试卷,有效试卷30份(回收率100%)。因为信效度分析主要是针对量表类题目,所以课题组对问卷中量表类题目进行因子分析。因子分析得出信度 $\alpha = 0.773$(见表4-16),效度 KMO=0.666(见表4-17)。去除负荷值<0.5的选项后共抽取2个因子,累积方差为74.462(见表4-18)。课题组对2个因子进行整理分析后,确定了表4-19所示的4个维度,分别为教师分析(教学意愿、教学目标、教学方式、教学模式)、教学资源(使用教材、资源需求)、教学安排(学分安排、课时安排、课程安排、规章制度、学校支持)和教学评估(考核方式、考核内容、评估形式和教学效果)。

表 4-16 教师量表信度结果

可靠性统计量	
克朗巴赫系数 α(Cronbach's alpha)	项 数
.773	7

表 4-17 教师量表效度结果

取样适切性量数(KMO)和巴特球形值(Bartlett)检验		
取样适切性量数(KMO)		.666
巴特球形值	近似卡方分布	117.303
	自由度	21
	显著性	.000

表 4-18　教师量表解释的总方差

因子编号	特　征　根			旋转前方差解释率			旋转后方差解释率		
	特征根	方差解释率%	累积%	特征根	方差解释率%	累积%	特征根	方差解释率%	累积%
1	3.186	45.515	45.515	3.186	45.515	45.515	3.003	42.905	42.905
2	2.026	28.947	74.462	2.026	28.947	74.462	2.209	31.557	74.462
3	.827	11.818	86.280	—	—	—	—	—	—
4	.429	6.124	92.404	—	—	—	—	—	—
5	.238	3.407	95.811	—	—	—	—	—	—
6	.191	2.727	98.538	—	—	—	—	—	—
7	.102	1.462	100.000	—	—	—	—	—	—
萃取方法：主成分分析									

表 4-19　教师量表题项维度分析

维　度	内　容	题　项
教师分析	教学意愿	7. 我认为开设这门课程很有意义
	教学目标	8. 我认为这门课程更有助于
	教学方式	14. 我觉得该课程适合采用的授课方式是
	教学模式	15. 我觉得该课程适合采用的教学模式是
教学资源	使用教材	12. 我希望这门课程使用的教材是
	资源需求	13. 我认为这门课程配置的教学资源可以满足我的教学需求
教学安排	学分安排	9. 我觉得这门课程的适宜学分为
	课时安排	10. 我觉得这门课程当前的课时安排可以满足我的教学需求
	课程安排	11. 我希望这门课程的课程安排是
	规章制度	19. 我觉得学校应该制定相关的关键土著语言文化通识课程管理规定
	学校支持	21. 我希望学校提供的支持有

续上表

维　度	内　容	题　　　项
教学评估	考核方式	16. 我觉得这门课程适合采用的考核方式是
	考核内容	17. 如果是考试，我觉得合适的考试内容是
	评估形式	18. 我觉得对学生学习评估的合适比例分配是
	教学效果	20. 我认为影响这门课教学效果的主要因素有

　　最后，课题组对所选定院校的调查对象制定了统一的调查要求（主要包括问卷背景、具体问题阐释、问卷结果使用等），委托各调查员在所在院校开展问卷调查，并于2020年12月1日—2021年1月1日之间陆续回收调查问卷。总计共回收问卷108份，有效问卷份105份，有效回收率为97.22%，符合要求。

　　如前所述，除了通过问卷进行调查，课题组还对9位承担关键土著语言文化通识课程的教师进行了半结构化深度访谈，获得教师对"一带一路"关键土著语言文化通识课程现状的具体数据。同时，课题组成员在访谈中还收集了教师对关键土著语言文化通识课程体系和质量评估体系的建议，相关访谈均转写为文本（转写总字数为134 665字，节录详见附录12）。课题组进一步按照质性研究的编码方式提取相关主题，对访谈文本进行深度分析。课题组将教师访谈文本分析结果与教师问卷调查结果以及学生问卷、学生访谈所得出的相关结论进行核对、比较，使相关数据互相印证补充，构成关键土著语言文化通识课程体系及课程质量评估体系构建的重要依据。

4.5　小　　　结

　　本章阐述了研究设计，介绍了三个研究问题，即"一带一路"倡议背景下国家、社会、高校教师及学生对关键土著语言文化通识教育的需求状况、关键土著语言文化通识课程体系现状及优化建议、关键土著语言文化通识课程质量评估体系构建策略等,进一步汇报了调研对象,具体介绍了调查问卷的研制过程以及访谈等质性资料的收集与分析过程。下一章将基于调研结果,回答第一个研究问题。

"一带一路"沿线关键土著语言文化通识教育需求分析

　　本章从语言规划的视角出发,主要从国家战略、行业企业、学生、教师等维度,通过调研获得第一手材料,并在此基础上分析调研结果,探讨各层次的语言规划参与者对"一带一路"沿线关键土著语言文化教育的需求状况,为进一步开展课程设置研究提供依据。其中,国家战略需求主要结合"一带一路"沿线国家的相关统计数据,分类确定关键土著语言;企业需求、学生需求、教师需求均以访谈形式了解基本情况,进而结合访谈结果设计相关问卷并调研具体需求。

5.1 国家战略需求

本节主要从国家战略需求出发,基于沿线土著语言与我国经济利益、安全利益的关系以及语言的文化价值等方面,考察哪些语言属于"关键土著语言",为需求分析打下基础。

从语言规划的角度看,语言选择主要受制于历史因素、经济因素和地缘因素(如区域强势语言)的影响(Spolsky 2009)。与一般意义上的"关键语言"不同,"一带一路"视域下"关键土著语言"的作用在于沟通民心,推动"一带一路"合作在沿线地区的顺利推行,所以现有研究中提出的"关键语言"评估指标与分类方法(张治国 2011;Gong & Guo 2019)对于"关键土著语言"的选择并不一定适用。比如,外国来华投资数据可以作为确定"关键语言"的标准之一,但由于这一领域通用语言更为重要,在确定"关键土著语言"时该项指标仅起参考作用。考虑到关键土著语言的特殊性,为制定科学合理的规划方案,我们认为可以依据土著语言在特定区域的地位(是否属于区域强势语言)、该语言与我国经济利益和安全利益的关系以及语言的文化价值等因素,将其划分为区域强势土著语言、与我国国家经济利益紧密相关的土著语言、与我国国家安全利益紧密相关的土著语言以及具有重要文化价值的土著语言等类型。

5.1.1 区域强势土著语言

综合历史、分布范围、地区影响力、使用者数量等因素,"一带一路"沿线的区域强势土著语言主要有马来语、印尼语、罗马尼亚语、塞尔维亚语、克罗地亚语、匈牙利语、土耳其语、乌兹别克语等,其主要分布情况见表5-1。

表 5-1 "一带一路"沿线主要区域强势语言的基本状况[*]

语　言	主要分布国家	主要使用区域
马来语	马来西亚、新加坡、文莱、印度尼西亚(仍有一部分印尼人认为自己说的语言为马来语,而非印尼语)、泰国、柬埔寨等	东南亚

续上表

语 言	主要分布国家	主要使用区域
印尼语	印度尼西亚	东南亚
罗马尼亚语	罗马尼亚、摩尔多瓦、乌克兰、波兰、匈牙利、塞尔维亚等	中东欧
塞尔维亚语	塞尔维亚、克罗地亚、波黑、黑山、阿尔巴尼亚、保加利亚、北马其顿	中东欧(巴尔干)
克罗地亚语	克罗地亚、塞尔维亚、匈牙利、斯洛文尼亚、波黑、黑山、阿尔巴尼亚、罗马尼亚	中东欧(巴尔干)
匈牙利语	匈牙利、塞尔维亚、斯洛文尼亚、乌克兰、斯洛伐克、罗马尼亚、克罗地亚、摩尔多瓦、波兰	中东欧
土耳其语	土耳其、保加利亚、阿尔巴尼亚、罗马尼亚、北马其顿、摩尔多瓦、格鲁吉亚、哈萨克斯坦、乌兹别克斯坦	中东欧、西亚、中亚
乌兹别克语	乌兹别克斯坦、哈萨克斯坦、塔吉克斯坦、吉尔吉斯斯坦、土库曼斯坦、阿富汗、中国	中亚、中国

*说明：表中"一带一路"沿线土著语言基本状况的数据来自《"一带一路"沿线国家语言国情手册》(杨亦鸣、赵晓群 2016)和 *Concise Encyclopedia of Languages of the World*(Brown & Ogilvie 2009)。

马来语是马来西亚、新加坡、文莱的官方语言,是泰国的两种主要少数民族语言之一,在柬埔寨和印度尼西亚也有使用者。印尼语可以看作马来语在印度尼西亚的一种变体。这两种语言使用人口接近 3 亿,且马来人的经商与航海历史扩大了其地理分布和影响,使其成为东南亚的区域强势语言。

罗马尼亚语是罗马尼亚和摩尔多瓦的官方语言,欧盟的官方语言之一,使用人口约 2 600 万。罗马尼亚语在东欧分布很广,乌克兰、波兰、匈牙利、塞尔维亚、保加利亚、阿尔巴尼亚、土耳其等国都有一定数量的使用者。兼之罗马尼亚在东欧的大国地位,使罗马尼亚语成为该地区的强势语言。

由于政治和民族原因,作为南斯拉夫社会主义联邦共和国(1945—1992)官方语言之一的塞尔维亚-克罗地亚语如今在东欧和南欧地区出现了塞尔维亚语、克罗地亚语、波斯尼亚语、黑山语等多种变体,其中尤以塞尔维亚语(使用人口约 800 万)和克罗地亚语(使用人口约 560 万)影响较大,这两种语言的使用者遍及巴尔干地区甚至东欧的其他国家,在该地区具有较大影响力。

作为匈牙利的官方语言与通用语言,匈牙利语同时还是塞尔维亚与斯洛文尼亚部分地区的区域性官方语言(杨亦鸣、赵晓群 2016),其使用者遍布东欧多国,约有 1 400 万人。此外,匈牙利曾是强大的奥匈帝国的一部分,至今就国土面积和人口数量而言也是地区大国,因此匈牙利语作为区域强势语言的地位也不能忽视。

土耳其语在世界范围内使用者总计达 6 100 万,分布在土耳其、保加利亚、哈萨克斯坦、乌兹别克斯坦、摩尔多瓦、格鲁吉亚、阿尔巴尼亚、罗马尼亚、北马其顿等国。土耳其处于战乱频繁的中东地区,历史上奥斯曼土耳其帝国在该地区称雄一时,土耳其语也在这一地区形成了较大影响力。

乌兹别克语在中亚、阿富汗以及我国的新疆等地区被广泛使用,总使用人口约 3 000 万,是中亚地区使用人口最多的语言。乌兹别克语不仅是中亚地区重要的区域语言,也是中国的跨境语言,对"一带一路"而言也具有重要战略意义。

总之,以上这些区域性强势土著语言具有重要战略意义和广泛使用价值,一般具有分布范围广、使用人数多等特点,以这类语言为官方语言的国家往往具有较强的地区影响力或者居于战略要地。对于关键土著语言规划而言,无论现阶段这些语言是否已对"一带一路"倡议产生实际影响,都应根据前瞻性原则将其纳入关键土著语言清单,以应对"一带一路"今后的发展需要。

5.1.2　与我国国家经济利益紧密相关的土著语言

经济利益的需要是影响"一带一路"关键土著语言选择的重要因素。中国企业在海外投资时发生的与当地雇员、合作伙伴、客户的沟通困难以及与对象国的管理文化不相适应等问题(张治国 2011),说明关键土著语言规划亟待进行。中国对"一带一路"沿线国家的直接投资流量是"一带一路"建设发展的重要指标,在很大程度上反映出中方企业与人员使用关键土著语言与对象国进行交往的实际需求,投资流量的变化情况也可以作为关键土著语言规划调整的依据。中国商务部于 2022 年 9 月发布了《2021 年度中国对外直接投资统计公报》,其中包含了 2013 年"一带一路"倡议提出至今的中国对外直接投资数据。我们选取中国对"一带一路"沿线国家的直接投资数据,列出各区域接受中国对外直接投资最多的国家,并考察这些国家的基本语言状况,作为"一带一路"关键土著语言规划的重要参考。

从表 5-2 可以看出,东南亚国家中,2014—2021 年间接受中国直接投资最多的国家分别是新加坡、印度尼西亚、马来西亚、越南、泰国和老挝。对于新加坡而言,值得我们关注的土著语言有马来语和泰米尔语,其中泰米尔语已有 2 000 多年的历史,它不仅是新加坡的官方语言之一,还通行于印度南部、斯里兰卡等地,是印度、斯里兰卡、马来西亚等国的重要少数民族语言(是斯里兰卡两种官方语言之一)。印度尼西亚除印尼语外,使用人数最多的土著语言是爪哇语与巽他语。爪哇语是印度尼西亚人数最多的民族爪哇族的语言,使用此种语言的人口约 6 000 万,地域包括印度尼西亚最大的岛屿爪哇岛的中部、东部,以及印度尼西亚西部部分沿海地区。爪哇语的历史可上溯到 12—13 世纪。而同样位于爪哇岛的另一种语言巽他语,使用人数大约为 2 700 万人,占印度尼西亚人口的 15%。有关马来语的情况详见前文介绍。越南语是越南的官方语言、通用语言、主要民族语言。越南人口 9 847 万,其中京族占总人口的 86%,主要使用越南语。就泰国而言,中泰建设铁路正在有序推进,中泰双方也已签署开展泰国东部经济走廊建设的谅解备忘录,双方在多个领域有广阔的合作前景(吕健 2018)。泰语是泰国的官方语言,使用人口约 6 000 万,约占泰国总人口的 90%,将在中泰"一带一路"建设中发挥越来越重要的作用。老挝虽然在表 5-2 中排名比较靠前,但考虑到老挝人口和经济体量,现阶段可暂不将老挝语纳入"一带一路"关键土著语言清单。

从经济利益角度来看,综合以上数据,除马来语外,东南亚地区还需要纳入规划的"一带一路"关键土著语言有:泰米尔语、爪哇语、巽他语、越南语以及泰语。

根据表 5-3,在南亚国家中,2014—2021 年间中国直接投资最多的国

表 5-2 2014—2021 年中国对东南亚国家直接投资流量情况及相关国家基本语言状况

排名	国家	2014（万美元）	2015（万美元）	2016（万美元）	2017（万美元）	2018（万美元）	2019（万美元）	2020（万美元）	2021（万美元）	8年总和（万美元）	人口（万人）	官方语言	主要少数民族语言
1	新加坡	281 363	1 045 248	317 186	631 990	641 126	482 567	592 335	840 504	4 832 319	540	英语、马来语、华语、泰米尔语	
2	印度尼西亚	127 198	145 057	146 088	168 225	186 482	222 308	219 835	437 251	1 652 444	25 361	印尼语	爪哇语、巽他语、马都拉语、米南加保语等
3	马来西亚	52 134	48 891	182 996	172 214	166 270	110 954	137 441	133 625	1 004 525	3 000	马来语	伊班语、泰米尔语、汉语、杜顺语、卡达山语
4	越南	33 289	56 017	127 904	76 440	115 083	164 852	187 575	220 762	981 922	9 847	越南语	泰语、瑶语等
5	泰国	83 946	40 724	112 169	105 759	73 729	137 191	188 288	148 601	890 407	6 740	泰语	汉语和马来语为主要少数民族语言，另外还有束埔寨语、越南语、劳邋普语、克木语等
6	老挝	102 690	51 721	32 758	121 995	124 179	114 908	145 430	128 232	821 913	651	老挝语	克木语、北赖语、台登语、普泰语等

* 说明：

1. 本表有关投资流量的数据由商务部对外投资和经济合作司《2021 年度中国对外直接投资统计公报》（正文及附表）整理而来（http://images.mofcom.gov.cn/fec/202211/20221118091910924.pdf），下同。

2. 印度尼西亚的官方语言为印尼语，但爪哇语的使用者约占全国人口的 45%。

3. 如无特殊说明，则官方语言与主体民族语言相同，或至少官方语言中有一种是主体民族语言。

第 5 章 "一带一路"沿线土著语言文化通识教育需求分析

家有：巴基斯坦、印度和孟加拉国。乌尔都语虽然在巴基斯坦使用人数较少，也并非巴基斯坦的本土语言，却是其官方语言，得到政府的大力推广。乌尔都语也是印度、孟加拉国的重要少数民族语言，其在世界范围内的使用人口在1亿以上。巴基斯坦使用人数最多的语言是旁遮普语（约占全国人口的63%），该语言在印度、泰国也有一定数量的使用者。中巴是"全天候战略合作伙伴"，中巴经济走廊是意义重大的发展战略项目，将会带来巨大的经济社会效益（贾韦德2019），在此背景下，乌尔都语和旁遮普语值得重点关注。印地语是印度的官方语言之一，其使用人数约占印度总人口的42.9%；孟加拉语是孟加拉国的国语、官方语言和通用语，使用人数约占全国人口的98%以上，全球共约有2.3亿人使用该语言。印地语和孟加拉语这两种使用人口众多的语言同样需要纳入"一带一路"关键土著语言规划。

根据表5-4，西亚地区接受中国直接投资最多的三个国家是阿联酋、以色列和土耳其。阿联酋外来移民占总人口的80%以上，该国英语的通行度在某种程度上已超过阿拉伯语；以色列的官方语言是希伯来语和阿拉伯语，该国英语的通行度也比较高（杨亦鸣、赵晓群2016）。值得注意的是，伊朗虽然并未入围中国对西亚国家投资前三名，依然不容忽视。在美国退出伊核协议并加大对伊朗的制裁之后，伊朗官方开始调整对外政策，明确表示准备在"一带一路"框架下同中国加强在交通、基础设施、能源等多个领域的合作（驻伊朗经商参处2019）。伊朗是地区大国，也是"一带一路"的"支点"，处于"丝绸之路经济带"与"海上丝绸之路"的交汇点，战略地位十分重要（华黎明2015）。波斯语是伊朗的官方语言，使用人数约占伊朗境内总人口的66%。"一带一路"视域下，应当秉承前瞻性原则，调整针对波斯语的战略规划。

根据表5-5，在中东欧地区，中国直接投资流量最多的六个国家是奥地利、白俄罗斯、塞尔维亚、匈牙利、波兰和捷克。奥地利主要使用德语，在白俄罗斯俄语的通行程度较高，约70%以上的人口使用俄语。有关塞尔维亚语和匈牙利语的情况前面已经做过介绍。该地区值得关注的另外两种土著语言是波兰语和捷克语。在波兰，使用波兰语的人口在总人口中的比例达98%，世界范围内该语言的使用人数共有约为4 850万，除波

表 5-3 2014—2021 年中国对南亚国家直接投资流量情况及相关国家基本语言状况

排名	国家	2014（万美元）	2015（万美元）	2016（万美元）	2017（万美元）	2018（万美元）	2019（万美元）	2020（万美元）	2021（万美元）	8年总和（万美元）	人口（万人）	官方语言	主体民族语言	主要少数民族语言
1	巴基斯坦	101 426	32 074	63 294	67 819	-19 873	56 216	94 766	72 739	468 461	19 700	乌尔都语、英语	旁遮普语（使用人数占全国人口的63%）	信德语、普什图语（1 000万）、俾路支语
2	印度	31 718	70 525	9 293	28 998	20 620	53 460	20 519	27 946	263 079	121 010	印地语、英语	印地语（使用人数占全国人口的42.9%）	孟加拉语、泰卢固语、马拉地语、泰米尔语、乌尔都语、古吉拉特语、卡纳达语、马拉雅拉姆语、奥里亚语、旁遮普语、信德语、阿萨姆语
3	孟加拉国	2 502	3 119	4 080	9 903	54 365	37 549	45 060	24 071	180 649	16 628	孟加拉语（国语）	孟加拉语	乌尔都语、桑塔尔语

* 说明：由于历史原因，巴基斯坦的官方语言乌尔都语并非巴基斯坦的本土语言，在巴基斯坦实际担当使用乌尔都语的人数较少。

表 5 - 4 2014—2021 年中国对西亚国家直接投资流量情况及相关国家基本语言状况

排名	国家	2014 (万美元)	2015 (万美元)	2016 (万美元)	2017 (万美元)	2018 (万美元)	2019 (万美元)	2020 (万美元)	2021 (万美元)	8年总和 (万美元)	人口 (万人)	官方语言	通用语言	主体民族语言	主要少数民族语言
1	阿联酋	10 534	126 868	-39 138	66 123	108 101	120 741	155 195	89 414	637 838	826	现代标准阿拉伯语	英语（通行度超过阿拉伯语）	海湾阿拉伯语（阿联酋阿语）	移民人口众多
2	以色列	5 258	22 974	184 130	14 737	41 057	19 168	26 710	-47 014	267 020	813	希伯来语，阿拉伯语	英语	希伯来语	阿拉伯语，俄语，依地语等
3	土耳其	10 497	62 831	-9 612	19 091	35 282	2 883	39 126	22 544	182 642	7770	土耳其语	土耳其语	土耳其语	库尔德语等

＊说明：阿联酋的移民人口远多于本土人口，移民语言中，印地语、乌拉雅拉姆语、乌尔都语、孟加拉语、波斯语、菲律宾语等使用者较多。

表 5-5 2014—2021 年中国对中东欧国家直接投资流量情况及相关国家基本语言状况

排名	国家	2014 (万美元)	2015 (万美元)	2016 (万美元)	2017 (万美元)	2018 (万美元)	2019 (万美元)	2020 (万美元)	2021 (万美元)	8年总和 (万美元)	人口 (万人)	官方语言	主体民族语言	主要少数民族语言
1	奥地利	4 341	10 432	19 172	41 219	13 814	3 239	7 481	19 539	119 237	910	德语	德语	
2	白俄罗斯	6 372	5 421	16 094	14 272	6 773	18 175	-815	4 241	70 533	946	白俄罗斯语、俄语	70.2% 的人口使用俄语；23.4% 使用白俄罗斯语	波兰语、乌克兰语
3	塞尔维亚	1 169	763	3 079	7 921	15 341	3 360	13 931	20 576	66 140	930	塞尔维亚语	塞尔维亚语	匈牙利语、斯洛伐克语、阿尔巴尼亚语、罗马尼亚语、卢森尼亚语、克罗地亚语、保加利亚语、乌克兰语、捷克语、罗姆语

续上表

排名	国家	2014（万美元）	2015（万美元）	2016（万美元）	2017（万美元）	2018（万美元）	2019（万美元）	2020（万美元）	2021（万美元）	8年总和（万美元）	人口（万人）	官方语言	主体民族语言	主要少数民族语言
4	匈牙利	3 402	2 820	5 746	6 559	9 495	12 315	−415	5 353	44 775	988	匈牙利语	以匈牙利语为第一语言的人口总人口占98.9%	德语、斯洛伐克语、罗马尼亚语、克罗地亚语、塞尔维亚语、斯洛文尼亚语、罗姆语、鲁辛语
5	波兰	4 417	2 510	−2 411	−433	11 783	11 160	14 526	2 941	44 493	3 850	波兰语	使用波兰语的人口占总人口的98%	卡舒比语、德语、白俄罗斯语、立陶宛语、乌克兰语、罗姆语、斯洛伐克语、捷克语、罗马尼亚语、亚美尼亚语、匈牙利语
6	捷克	246	−1 741	185	7 295	11 302	6 053	5 279	−2 539	26 080	1 051	捷克语	捷克语使用者占总人口的98%	斯洛伐克语、波兰语、罗姆语

兰外分布于白俄罗斯、摩尔多瓦、格鲁吉亚、立陶宛、拉脱维亚、捷克等地。捷克语是捷克的官方语言和主体民族语言,在捷克境内的使用人数超过1 000万,其余使用者分布于波兰、斯洛伐克、克罗地亚、塞尔维亚等地。根据商务部发布的《2018年度中国对外直接投资统计公报》,2018年中国对中东欧国家的投资同比增长64.9%,增长势头强劲。因此,虽然与东南亚等地区相比,当前中国在中东欧地区的投资流量并不太高,但增长潜力巨大。根据超前谋划原则,波兰语和捷克语应当纳入"一带一路"关键土著语言的范围。

5.1.3　与我国国家安全利益紧密相关的土著语言

"一带一路"沿线有许多国家位于政治、社会、宗教、民族矛盾错综复杂的地区,在这些地区推进"一带一路"合作,需要关注国家安全利益。这里所指的安全不仅仅是传统意义上的军事安全,也强调经济安全等非传统安全。无论是2020年5月在孟加拉国发生的数起针对中方企业的有组织暴力抢劫事件(中国新闻网2020),还是2023年3月在中非共和国发生的针对中资民营企业的武装袭击事件(澎湃网2023),都体现了维护国家安全利益的重要性。关键土著语言是强化沟通交流,防范和处置危害我国在"一带一路"安全利益相关事件的重要媒介。"一带一路"沿线对维护我国国家安全利益有重要作用的语言主要有达里语、普什图语、俾路支语、库尔德语、美索不达尼亚阿拉伯语、海湾阿拉伯语、纳杰迪阿拉伯语以及菲律宾语等。

达里语、普什图语是阿富汗使用最多的两种语言(在巴基斯坦也有大量普什图语使用者)。阿富汗是"一带一路"的重要通道和东西文明的交汇点(贾春阳、杨柳2009),但其境内部族群、部落、宗教矛盾交织,同时又是大国博弈的"战场"。综合以上因素,有必要将达里语、普什图语纳入"一带一路"关键土著语言规划。

俾路支语的使用者主要分布于伊朗锡斯坦俾路支省、巴基斯坦俾路支省和阿富汗南部等战略要地,伊朗恰巴哈尔港、巴基斯坦瓜达尔港都在这一地区。该地区安全形势复杂,活跃于此的"俾路支解放军"及其下属组织,对该地区的安全构成了严重威胁,也影响着我国在该地区的建设。

库尔德语使用者聚居在伊朗、伊拉克、叙利亚和土耳其。库尔德问题是中东地区长期悬而未决的难题，牵动叙利亚局势，关乎伊拉克的统一，影响土耳其的战略，撬动大国在中东的博弈（董漫远 2017）。如果对库尔德历史语言和社会文化，以及库尔德人未来在中东的发展走向缺乏基本的准确认识，将增加我国政府涉入中东事务的难度。

美索不达米亚阿拉伯语是伊拉克主体民族使用的语言；海湾阿拉伯语是卡塔尔、阿曼、巴林等国主体民族的语言；纳杰迪阿拉伯语使用人数较多，相当数量的沙特阿拉伯人、伊拉克人使用该语言。在政治动荡、教派冲突和恐怖主义威胁不断的形势下，将上述语言纳入关键土著语言规划，是应对该地区复杂的地缘政治局面以及"一带一路"倡议在该地区可能面临的多重风险和挑战的实际需要。

菲律宾是中国近邻，双方在基础设施建设、农业、渔业等领域有广阔的合作前景，但菲律宾国内的政治体制、美国的影响、南沙争端与台湾问题都有可能影响中菲关系（代帆、金是用 2009）。安全与发展这两大主题在中菲"一带一路"合作中相互交织，菲律宾语在维护我国国家安全利益方面的作用值得关注。

5.1.4 具有重要文化价值的土著语言

"一带一路"沿线还有一类在历史上曾被广泛使用，现在已不再用于日常交际，而是作为人文历史研究对象的语言，如梵语、拉丁语、使用楔形文字的各种语言，这类语言对考古研究、文化文明研究、历史研究具有重要意义。作为文明的密码，这类语言的历史文化价值特殊，在一定意义上也应纳入关键土著语言规划。

需要指出的是，上述对"一带一路"沿线关键土著语言的分类便于国家根据不同的战略需要进行语言选择，但这种划分并不是绝对的，因为有些语言（如波斯语）可能同时涉及多方面的国家利益（邓世平、王雪梅 2020）。

综上，本研究提出以下"一带一路"关键土著语言清单，作为关键土著语言教育规划和人才培养的基本依据：

马来语、罗马尼亚语、印尼语、克罗地亚语、塞尔维亚语、匈牙利语、土耳其语、乌兹别克语、僧伽罗语、泰米尔语、印地语、乌尔都语、孟加拉语、泰语、爪哇语、巽他语、越南语、波斯语、波兰语、捷克语、俾路支语、库尔德语、达里语、普什图语、菲律宾语、阿拉伯语的重要地方变体(美索不达米亚阿拉伯语、海湾阿拉伯语、纳杰迪阿拉伯语)、梵语、拉丁语、使用楔形文字的语言等。

基于以上研究,课题组同时编辑了《"一带一路"沿线关键土著语言手册亚非分册》《"一带一路"沿线关键土著语言手册欧亚分册》两个分册,梳理了近80种关键土著语言的相关文献,聚焦其语言本体、语言运用和语言传播等维度,旨在丰富相关土著语言知识体系。

5.2 企 业 需 求

为了解企业对关键土著语言使用的需求,课题组对"一带一路"沿线我国企业的员工进行了先导访谈,继而根据访谈结果设计了调查问卷(详见附录1,本节所讨论问题均源自附录1问卷),利用问卷开展调查研究,以便了解"一带一路"沿线我国企业对员工关键土著语言知识、技能以及对象国社会文化知识等方面的需求,并针对调查结果以及所发现的问题提出相关建议,以期为关键土著语言教学与课程设置改革提供参考。

如上所述,我们结合因子分析的结果,尝试将调查内容进行归纳,分为员工实际使用关键土著语言的情况、企业对关键土著语言的需求情况、关键土著语言技能和对象国知识在促进中外双方企业理解与互信中的作用、企业为避免依赖内部员工的关键土著语言能力而采用的替代性策略等维度。下面分别结合每一个维度对调查研究结果进行呈现和分析,然后结合问卷的非量表题对其他相关问题进一步深入分析。

5.2.1 员工实际使用关键土著语言的情况

本部分调研基于附录1的6道题展开,涉及翻译、阅读、写作、交际、总体情况等。第16题,"您在工作中进行汉语与关键土著语言转换的频率(如把关键土著语言资料翻译成汉语,或把汉语翻译成关键土著语言)",属于翻译范畴;第14题,"您运用关键土著语言进行阅读,如浏览对象国网站、报纸、获取动态信息等的频率",属于阅读范畴;第15题,"您运用关键土著语言进行写作,如工作相关的商务函件或其他文件(工作计划、会议记录、日程安排等)的频率",属于写作范畴;第12题"您使用关键土著语言进行(与工作内容无太大关联的)日常交际的频率"及第13题"您使用关键土著语言进行工作交际的频率"属于交际范畴;第11题,"总体而言,您在当前工作中使用关键土著语言的频率",属于总体情况范畴。

(1)翻译

对员工使用关键土著语言进行翻译活动的调查主要聚焦在第16题,具体涉及"一带一路"沿线中方企业员工在工作中是否需要把关键土著语言资料翻译成汉语,或把汉语翻译成关键土著语言。表5-6从企业性质、业务、所涉国家和地区维度对员工使用关键土著语言进行翻译活动的情况进行统计。

表5-6 员工使用关键土著语言进行翻译活动的情况

题目	名称	您在工作中进行汉语与关键土著语言转换的频率(如把关键土著语言资料翻译成汉语,或把汉语翻译成关键土著语言)					人数/占比
		从不	较少	有时	经常	总是	
您所在企业的性质是	国有企业	21(37.50%)	11(19.64%)	8(14.29%)	10(17.86%)	6(10.71%)	56(100.00%)
	民营企业	5(45.45%)	4(36.36%)	0(0.00%)	0(0.00%)	2(18.19%)	11(100.00%)
	合资企业	1(25.00%)	0(0.00%)	1(25.00%)	2(50.00%)	0(0.00%)	4(100.00%)
	其他	4(66.66%)	1(16.67%)	0(0.00%)	1(16.67%)	0(0.00%)	6(100.00%)
人数/占比		31(40.26%)	16(20.78%)	9(11.69%)	13(16.88%)	8(10.39%)	77(100.00%)

题目	名称	您在工作中进行汉语与关键土著语言转换的频率（如把关键土著语言资料翻译成汉语，或把汉语翻译成关键土著语言）					人数/占比
		从不	较少	有时	经常	总是	
您的企业属于下列哪种情况	较少涉及"一带一路"沿线业务	8 (72.73%)	0 (0.00%)	0 (0.00%)	3 (27.27%)	0 (0.00%)	11 (100.00%)
	涉及一些"一带一路"沿线业务	7 (35.00%)	7 (35.00%)	2 (10.00%)	2 (10.00%)	2 (10.00%)	20 (100.00%)
	以"一带一路"沿线业务为主	13 (38.24%)	4 (11.76%)	4 (11.76%)	7 (20.59%)	6 (17.65%)	34 (100.00%)
	全部为"一带一路"沿线业务	3 (25.00%)	5 (41.67%)	3 (25.00%)	1 (8.33%)	0 (0.00%)	12 (100.00%)
人数/占比		31 (40.26%)	16 (20.78%)	9 (11.69%)	13 (16.88%)	8 (10.39%)	77 (100.00%)
中东欧	未选中	20 (44.45%)	10 (22.22%)	6 (13.33%)	6 (13.33%)	3 (6.67%)	45 (100.00%)
	选中	11 (34.38%)	6 (18.75%)	3 (9.37%)	7 (21.87%)	5 (15.63%)	32 (100.00%)
人数/占比		31 (40.26%)	16 (20.78%)	9 (11.69%)	13 (16.88%)	8 (10.39%)	77 (100.00%)
中亚	未选中	12 (37.49%)	7 (21.88%)	5 (15.63%)	5 (15.63%)	3 (9.37%)	32 (100.00%)
	选中	19 (42.22%)	9 (20.00%)	4 (8.89%)	8 (17.78%)	5 (11.11%)	45 (100.00%)
人数/占比		31 (40.26%)	16 (20.78%)	9 (11.69%)	13 (16.88%)	8 (10.39%)	77 (100.00%)
西亚和埃及	未选中	22 (52.38%)	9 (21.44%)	3 (7.14%)	4 (9.52%)	4 (9.52%)	42 (100.00%)
	选中	9 (25.72%)	7 (20.00%)	6 (17.14%)	9 (25.71%)	4 (11.43%)	35 (100.00%)

续上表

题目	名 称	您在工作中进行汉语与关键土著语言转换的频率（如把关键土著语言资料翻译成汉语，或把汉语翻译成关键土著语言）					人数/占比
		从不	较少	有时	经常	总是	
人数/占比		31 (40.26%)	16 (20.78%)	9 (11.69%)	13 (16.88%)	8 (10.39%)	77 (100.00%)
南亚	未选中	24 (46.14%)	9 (17.31%)	5 (9.62%)	9 (17.31%)	5 (9.62%)	52 (100.00%)
	选中	7 (28.00%)	7 (28.00%)	4 (16.00%)	4 (16.00%)	3 (12.00%)	25 (100.00%)
人数/占比		31 (40.26%)	16 (20.78%)	9 (11.69%)	13 (16.88%)	8 (10.39%)	77 (100.00%)
东南亚	未选中	16 (45.71%)	9 (25.72%)	3 (8.57%)	5 (14.29%)	2 (5.71%)	35 (100.00%)
	选中	15 (35.71%)	7 (16.66%)	6 (14.29%)	8 (19.05%)	6 (14.29%)	42 (100.00%)
人数/占比		31 (40.26%)	16 (20.78%)	9 (11.69%)	13 (16.88%)	8 (10.39%)	77 (100.00%)
俄罗斯	未选中	17 (40.48%)	10 (23.81%)	5 (11.90%)	6 (14.29%)	4 (9.52%)	42 (100.00%)
	选中	14 (40.00%)	6 (17.14%)	4 (11.43%)	7 (20.00%)	4 (11.43%)	35 (100.00%)
人数/占比		31 (40.26%)	16 (20.78%)	9 (11.69%)	13 (16.88%)	8 (10.39%)	77 (100.00%)

表5-6表明，总体而言，员工使用关键土著语言进行翻译活动的情况按比例分别为：从不（40.26%）>较少（20.78%）>经常（16.88%）>有时（11.69%）>总是（10.39%）。选择"有时""经常"和"总是"的比例共计38.96%，说明员工在一定程度上使用关键土著语言翻译技能。选择"经常"和"总是"的比例共计27.27%，表明员工实际运用关键土著语言从事翻译活动的需求不大。由表5-7方差分析结果（$p=0.425>0.05$）可知，不同性质企业员工之间在运用关键土著语言从事翻译活动方面没有明显差

异。而根据表 5－8 方差分析结果（$p＝0.310＞0.05$），企业在"一带一路"沿线地区业务情况对员工使用关键土著语言进行翻译活动没有显著影响。表 5－9 和图 5－1 则表明"一带一路"中方企业所在具体区域对员工使用关键土著语言进行翻译活动没有显著影响。访谈结果表明,针对使用关键土著语言进行翻译活动主要是口译,对笔译的需求不高:

海外业务更多的是口语翻译,平时会有少量的文件书面翻译。(Q7)

表 5－7　不同性质企业员工在使用关键土著语言
进行翻译活动的情况

	您所在企业的性质是(平均值±标准差)				F	p
	国有企业 ($n＝56$)	民营企业 ($n＝11$)	合资企业 ($n＝4$)	其他 ($n＝6$)		
您在工作中进行汉语与关键土著语言的转换的频率(如把关键土著语言资料翻译成汉语,或把汉语翻译成关键土著语言)	2.45±1.43	2.09±1.51	3.00±1.41	1.67±1.21	0.943	0.425
＊$p＜0.05$　＊＊$p＜0.01$						

表 5－8　企业在"一带一路"沿线地区业务情况对员工
使用关键土著语言进行翻译活动的影响

	您的企业属于下列哪种情况(平均值±标准差)				F	p
	较少涉及"一带一路"沿线业务($n＝11$)	涉及一些"一带一路"沿线业务($n＝20$)	以"一带一路"沿线业务为主($n＝34$)	全部为"一带一路"沿线业务($n＝12$)		
您在工作中进行汉语与关键土著语言转换的频率(如把关键土著语言资料翻译成汉语,或把汉语翻译成关键土著语言)	1.82±1.40	2.25±1.33	2.68±1.59	2.17±0.94	1.217	0.310
＊$p＜0.05$　＊＊$p＜0.01$						

表5-9 "一带一路"中方企业员工使用关键土著语言进行
翻译活动的情况(分区域)

标　题	项	中东欧	中亚	西亚和埃及	南亚	东南亚	俄罗斯
您在工作中进行汉语与关键土著语言转换的频率(如把关键土著语言资料翻译成汉语,或把汉语翻译成关键土著语言)	从不	34.38%	42.22%	25.72%	28.00%	35.71%	40.00%
	较少	18.75%	20.00%	20.00%	28.00%	16.66%	17.14%
	有时	9.37%	8.89%	17.14%	16.00%	14.29%	11.43%
	经常	21.87%	17.78%	25.71%	16.00%	19.05%	20.00%
	总是	15.63%	11.11%	11.43%	12.00%	14.29%	11.43%

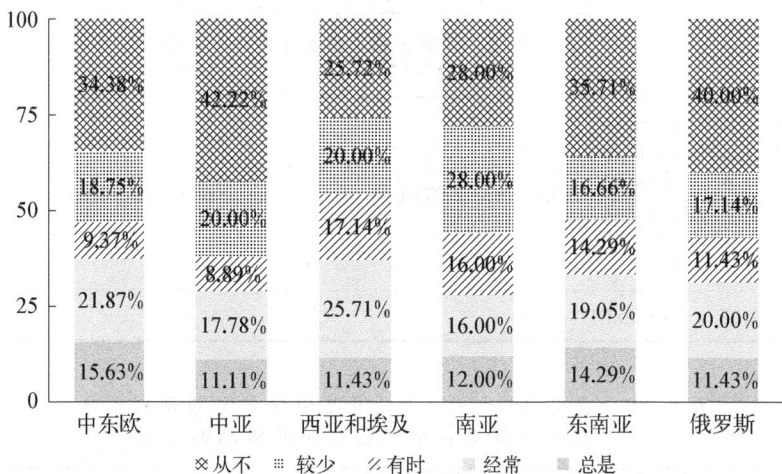

图5-1 "一带一路"中方企业员工使用关键土著语言进行
翻译活动的情况(分区域)

(2) 阅读

对员工使用关键土著语言进行阅读的调查主要通过第14题,旨在了解"一带一路"沿线中方企业员工在工作中使用关键土著语言浏览对象国网站、报纸,获取相关动态与信息等方面的情况。表5-10从企业性质、业务、所涉国家和地区三个维度对员工使用关键土著语言阅读的情况进行了统计。

表 5-10　员工使用关键土著语言进行阅读活动的情况

题目	名　称	您运用关键土著语言进行阅读,如浏览对象国网站、报纸、获取动态信息等的频率					人数/占比
		从不	较少	有时	经常	总是	
您所在企业的性质是	国有企业	18 (32.14%)	19 (33.93%)	5 (8.93%)	9 (16.07%)	5 (8.93%)	56 (100.00%)
	民营企业	6 (54.55%)	3 (27.27%)	0 (0.00%)	1 (9.09%)	1 (9.09%)	11 (100.00%)
	合资企业	1 (25.00%)	1 (25.00%)	1 (25.00%)	1 (25.00%)	0 (0.00%)	4 (100.00%)
	其他	2 (33.33%)	2 (33.33%)	0 (0.00%)	2 (33.33%)	0 (0.00%)	6 (100.00%)
(人数/占比)		27 (35.06%)	25 (32.48%)	6 (7.79%)	13 (16.88%)	6 (7.79%)	77 (100.00%)
您的企业属于下列哪种情况	较少涉及"一带一路"沿线业务	5 (45.45%)	3 (27.27%)	2 (18.18%)	1 (9.10%)	0 (0.00%)	11 (100.00%)
	涉及一些"一带一路"沿线业务	8 (40.00%)	6 (30.00%)	1 (5.00%)	3 (15.00%)	2 (10.00%)	20 (100.00%)
	以"一带一路"沿线业务为主	10 (29.41%)	10 (29.41%)	2 (5.89%)	8 (23.53%)	4 (11.76%)	34 (100.00%)
	全部为"一带一路"沿线业务	4 (33.34%)	6 (50.00%)	1 (8.33%)	1 (8.33%)	0 (0.00%)	12 (100.00%)
(人数/占比)		27 (35.06%)	25 (32.48%)	6 (7.79%)	13 (16.88%)	6 (7.79%)	77 (100.00%)
中东欧	未选中	21 (46.67%)	14 (31.11%)	3 (6.67%)	5 (11.11%)	2 (4.44%)	45 (100.00%)
	选中	6 (18.75%)	11 (34.37%)	3 (9.38%)	8 (25.00%)	4 (12.50%)	32 (100.00%)
人数/占比		27 (35.06%)	25 (32.48%)	6 (7.79%)	13 (16.88%)	6 (7.79%)	77 (100.00%)

续上表

题目	名　称	您运用关键土著语言进行阅读，如浏览对象国网站、报纸、获取动态信息等的频率					人数/占比
		从不	较少	有时	经常	总是	
中亚	未选中	14 (43.75%)	9 (28.12%)	2 (6.25%)	4 (12.50%)	3 (9.38%)	32 (100.00%)
	选中	13 (28.89%)	16 (35.56%)	4 (8.88%)	9 (20.00%)	3 (6.67%)	45 (100.00%)
人数/占比		27 (35.06%)	25 (32.48%)	6 (7.79%)	13 (16.88%)	6 (7.79%)	77 (100.00%)
西亚和埃及	未选中	19 (45.25%)	13 (30.95%)	4 (9.52%)	4 (9.52%)	2 (4.76%)	42 (100.00%)
	选中	8 (22.86%)	12 (34.29%)	2 (5.71%)	9 (25.71%)	4 (11.43%)	35 (100.00%)
人数/占比		27 (35.06%)	25 (32.48%)	6 (7.79%)	13 (16.88%)	6 (7.79%)	77 (100.00%)
南亚	未选中	23 (44.23%)	15 (28.85%)	5 (9.61%)	6 (11.54%)	3 (5.77%)	52 (100.00%)
	选中	4 (16.00%)	10 (40.00%)	1 (4.00%)	7 (28.00%)	3 (12.00%)	25 (100.00%)
人数/占比		27 (35.06%)	25 (32.48%)	6 (7.79%)	13 (16.88%)	6 (7.79%)	77 (100.00%)
东南亚	未选中	16 (45.71%)	12 (34.29%)	2 (5.71%)	5 (14.29%)	0 (0.00%)	35 (100.00%)
	选中	11 (26.19%)	13 (30.95%)	4 (9.52%)	8 (19.05%)	6 (14.29%)	42 (100.00%)
人数/占比		27 (35.06%)	25 (32.48%)	6 (7.79%)	13 (16.88%)	6 (7.79%)	77 (100.00%)
俄罗斯	未选中	17 (40.48%)	13 (30.95%)	4 (9.52%)	6 (14.29%)	2 (4.76%)	42 (100.00%)
	选中	10 (28.57%)	12 (34.29%)	2 (5.71%)	7 (20.00%)	4 (11.43%)	35 (100.00%)
人数/占比		27 (35.06%)	25 (32.48%)	6 (7.79%)	13 (16.88%)	6 (7.79%)	77 (100.00%)

表 5-10 表明,总体而言,员工使用关键土著语言进行阅读活动的情况按比例分别为: 从不(35.06%)>较少(32.48%)>经常(16.88%)>有时(7.79%)=总是(7.79%)。选择"有时""经常"和"总是"的比例共计32.46%,说明员工在一定程度上使用关键土著语言阅读技能。选择"经常"和"总是"的比例共计24.67%,由此可见,员工实际运用关键土著语言从事阅读活动的需求不大。由表 5-11 方差分析结果($p=0.768>0.05$)可知,不同性质企业员工之间在运用关键土著语言从事阅读活动方面没有明显差异。而根据表 5-12 方差分析结果($p=0.308>0.05$),企业在"一

表 5-11　不同性质企业员工在使用关键土著语言
进行阅读活动方面的情况

方 差 分 析 结 果					
	您所在企业的性质是(平均值±标准差)			F	p
	国有企业 ($n=56$)	民营企业 ($n=11$)	合资企业 ($n=4$)	其他 ($n=6$)		
您运用关键土著语言进行阅读,如浏览对象国网站、报纸、获取动态信息等的频率	2.36±1.33	1.91±1.38	2.50±1.29	2.33±1.37	0.380	0.768
*$p<0.05$　**$p<0.01$						

表 5-12　企业在"一带一路"沿线地区业务情况对员工
使用关键土著语言进行阅读活动的影响

您的企业属于下列哪种情况(平均值±标准差)					F	p
	较少涉及"一带一路"沿线业务($n=11$)	涉及一些"一带一路"沿线业务($n=20$)	以"一带一路"沿线业务为主($n=34$)	全部为"一带一路"沿线业务($n=12$)		
您运用关键土著语言进行阅读,如浏览对象国网站、报纸、获取动态信息等的频率	1.91±1.04	2.25±1.41	2.59±1.44	1.92±0.90	1.222	0.308
*$p<0.05$　**$p<0.01$						

带一路"沿线地区业务情况对员工使用关键土著语言进行阅读活动没有显著影响。表5-13和图5-2则表明"一带一路"中方企业所在具体区域对员工使用关键土著语言进行阅读活动没有显著影响。访谈结果也说明,员工在实际工作中用到阅读技能的地方相对较少。

　　<u>阅读在实际中体现得不是很多</u>。有时候看看报,了解当地的一些新闻,知道一些当地形势,有时候浏览一些文件。(Q7)

表5-13　"一带一路"中方企业员工使用关键土著语言
进行阅读活动的情况(分区域)

标　题	项	中东欧	中亚	西亚和埃及	南亚	东南亚	俄罗斯
您运用关键土著语言进行阅读,如浏览对象国网站、报纸、获取动态信息等的频率	从不	18.75%	28.89%	22.86%	16.00%	26.19%	28.57%
	较少	34.37%	35.56%	34.29%	40.00%	30.95%	34.29%
	有时	9.38%	8.88%	5.71%	4.00%	9.52%	5.71%
	经常	25.00%	20.00%	25.71%	28.00%	19.05%	20.00%
	总是	12.50%	6.67%	11.43%	12.00%	14.29%	11.43%

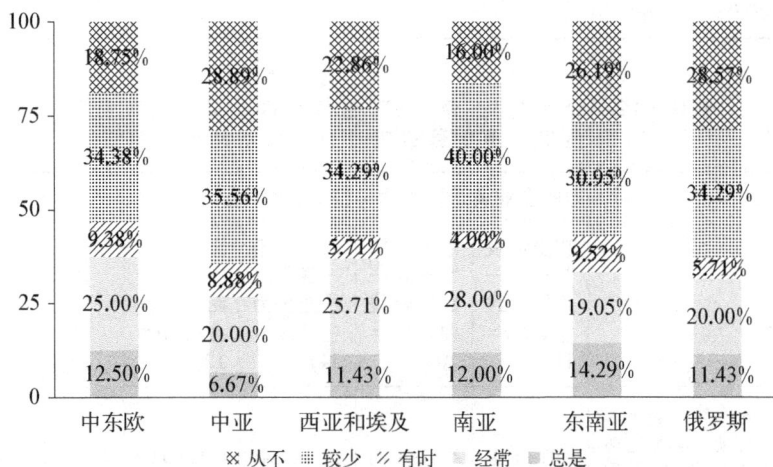

图5-2　"一带一路"中方企业员工使用关键土著语言进行
阅读活动的情况(分区域)

（3）写作

对员工使用关键土著语言进行写作的调查主要通过第15题，旨在了解"一带一路"沿线中方企业员工在工作中使用关键土著语言写作商务函件或其他文件（如工作计划、会议记录、日程安排等）等方面的情况。表5-14从企业性质、业务、所涉国家和地区三个维度对员工使用关键土著语言写作的情况进行了统计。

表 5-14　员工使用关键土著语言进行写作活动的情况

题目	名　称	您运用关键土著语言进行写作,如工作相关的商务函件或其他文件(工作计划、会议记录、日程安排等)的频率					人数/占比
		从不	较少	有时	经常	总是	
您所在企业的性质是	国有企业	28 (50.00%)	11 (19.64%)	7 (12.50%)	6 (10.71%)	4 (7.15%)	56 (100.00%)
	民营企业	6 (54.55%)	3 (27.27%)	0 (0.00%)	1 (9.09%)	1 (9.09%)	11 (100.00%)
	合资企业	2 (50.00%)	1 (25.00%)	0 (0.00%)	1 (25.00%)	0 (0.00%)	4 (100.00%)
	其他	5 (83.33%)	0 (0.00%)	0 (0.00%)	1 (16.67%)	0 (0.00%)	6 (100.00%)
人数/占比		41 (53.25%)	15 (19.48%)	7 (9.09%)	9 (11.69%)	5 (6.49%)	77 (100.00%)
您的企业属于下列哪种情况	较少涉及"一带一路"沿线业务	8 (72.73%)	2 (18.18%)	1 (9.09%)	0 (0.00%)	0 (0.00%)	11 (100.00%)
	涉及一些"一带一路"沿线业务	9 (45.00%)	6 (30.00%)	2 (10.00%)	2 (10.00%)	1 (5.00%)	20 (100.00%)
	以"一带一路"沿线业务为主	18 (52.95%)	3 (8.82%)	3 (8.82%)	7 (20.59%)	3 (8.82%)	34 (100.00%)
	全部为"一带一路"沿线业务	6 (50.00%)	4 (33.33%)	1 (8.33%)	0 (0.00%)	1 (8.33%)	12 (100.00%)

续上表

题目	名 称	您运用关键土著语言进行写作,如工作相关的商务函件或其他文件(工作计划、会议记录、日程安排等)的频率					人数/占比
		从不	较少	有时	经常	总是	
人数/占比		41 (53.25%)	15 (19.48%)	7 (9.09%)	9 (11.69%)	5 (6.49%)	77 (100.00%)
中东欧	未选中	28 (62.22%)	9 (20.00%)	4 (8.89%)	3 (6.67%)	1 (2.22%)	45 (100.00%)
	选中	13 (40.62%)	6 (18.75%)	3 (9.38%)	6 (18.75%)	4 (12.50%)	32 (100.00%)
人数/占比		41 (53.25%)	15 (19.48%)	7 (9.09%)	9 (11.69%)	5 (6.49%)	77 (100.00%)
中亚	未选中	16 (50.00%)	8 (25.00%)	4 (12.50%)	3 (9.37%)	1 (3.13%)	32 (100.00%)
	选中	25 (55.56%)	7 (15.56%)	3 (6.67%)	6 (13.33%)	4 (8.88%)	45 (100.00%)
人数/占比		41 (53.25%)	15 (19.48%)	7 (9.09%)	9 (11.69%)	5 (6.49%)	77 (100.00%)
西亚和埃及	未选中	26 (61.90%)	8 (19.05%)	3 (7.14%)	3 (7.14%)	2 (4.76%)	42 (100.00%)
	选中	15 (42.86%)	7 (20.00%)	4 (11.43%)	6 (17.14%)	3 (8.57%)	35 (100.00%)
人数/占比		41 (53.25%)	15 (19.48%)	7 (9.09%)	9 (11.69%)	5 (6.49%)	77 (100.00%)
南亚	未选中	30 (57.69%)	10 (19.23%)	4 (7.69%)	6 (11.54%)	2 (3.85%)	52 (100.00%)
	选中	11 (44.00%)	5 (20.00%)	3 (12.00%)	3 (12.00%)	3 (12.00%)	25 (100.00%)
人数/占比		41 (53.25%)	15 (19.48%)	7 (9.09%)	9 (11.69%)	5 (6.49%)	77 (100.00%)
东南亚	未选中	20 (57.14%)	9 (25.71%)	2 (5.72%)	3 (8.57%)	1 (2.86%)	35 (100.00%)
	选中	21 (50.00%)	6 (14.29%)	5 (11.90%)	6 (14.29%)	4 (9.52%)	42 (100.00%)

题目	名　称	您运用关键土著语言进行写作,如工作相关的商务函件或其他文件(工作计划、会议记录、日程安排等)的频率					人数/占比
		从不	较少	有时	经常	总是	
人数/占比		41 (53.25%)	15 (19.48%)	7 (9.09%)	9 (11.69%)	5 (6.49%)	77 (100.00%)
俄罗斯	未选中	21 (50.00%)	11 (26.20%)	4 (9.52%)	4 (9.52%)	2 (4.76%)	42 (100.00%)
	选中	20 (57.14%)	4 (11.43%)	3 (8.57%)	5 (14.29%)	3 (8.57%)	35 (100.00%)
人数/占比		41 (53.25%)	15 (19.48%)	7 (9.09%)	9 (11.69%)	5 (6.49%)	77 (100.00%)

表5-14表明,整体上看,员工使用关键土著语言进行写作活动的情况按比例分别为:从不(53.25%)>较少(19.48%)>经常(11.69%)>有时(9.09%)>总是(6.49%)。选择"有时""经常"和"总是"的比例共计27.27%,说明员工在一定程度上使用关键土著语言写作技能。选择"经常"和"总是"的比例共计18.18%,由此可见,员工实际运用关键土著语言从事写作活动的需求不大。由表5-15方差分析结果($p=0.802>0.05$)可知,不同性质企业员工之间在运用关键土著语言从事写作活动方面没有明显差异。而根据表5-16方差分析结果($p=0.273>0.05$),企业在"一带一路"沿线地区业务情况对员工使用关键土著语言进行写作活动没有显著影响。表5-17和图5-3表明"一带一路"各区域中方企业员工在使用关键土著语言进行写作活动方面没有显著差别。访谈结果显示,员工较少使用关键土著语言写作:

写得很少,我个人没有用当地语言写过什么,基本上不会(用当地语言写东西)。(Q7)

表 5-15 不同性质企业员工在使用关键土著语言
进行写作活动方面的情况

	您所在企业的性质是（平均值±标准差）				F	p
	国有企业 （$n=56$）	民营企业 （$n=11$）	合资企业 （$n=4$）	其他 （$n=6$）		
您运用关键土著语言进行写作，如工作相关的商务函件或其他文件（工作计划、会议记录、日程安排等）的频率	2.05±1.31	1.91±1.38	2.00±1.41	1.50±1.22	0.332	0.802

*$p<0.05$ **$p<0.01$

表 5-16 企业在"一带一路"沿线地区业务情况对员工
使用关键土著语言进行写作活动的影响

	您的企业属于下列哪种情况（平均值±标准差）				F	p
	较少涉及"一带一路"沿线业务（$n=11$）	涉及一些"一带一路"沿线业务（$n=20$）	以"一带一路"沿线业务为主（$n=34$）	全部为"一带一路"沿线业务（$n=12$）		
您运用关键土著语言进行写作，如工作相关的商务函件或其他文件（工作计划、会议记录、日程安排等）的频率	1.36±0.67	2.00±1.21	2.24±1.50	1.83±1.19	1.324	0.273

*$p<0.05$ **$p<0.01$

表 5-17 "一带一路"中方企业员工使用关键土著语言进行
写作活动的情况（分区域）

标　题	项	中东欧	中亚	西亚和埃及	南亚	东南亚	俄罗斯
您运用关键土著语言进行写作，如工作相关的商务函件或其他文件（工作计划、会议记录、日程安排等）的频率	从不	40.62%	55.56%	42.86%	44.00%	50.00%	57.14%
	较少	18.75%	15.56%	20.00%	20.00%	14.29%	11.43%
	有时	9.38%	6.67%	11.43%	12.00%	11.90%	8.57%
	经常	18.75%	13.33%	17.14%	12.00%	14.29%	14.29%
	总是	12.50%	8.88%	8.57%	12.00%	9.52%	8.57%

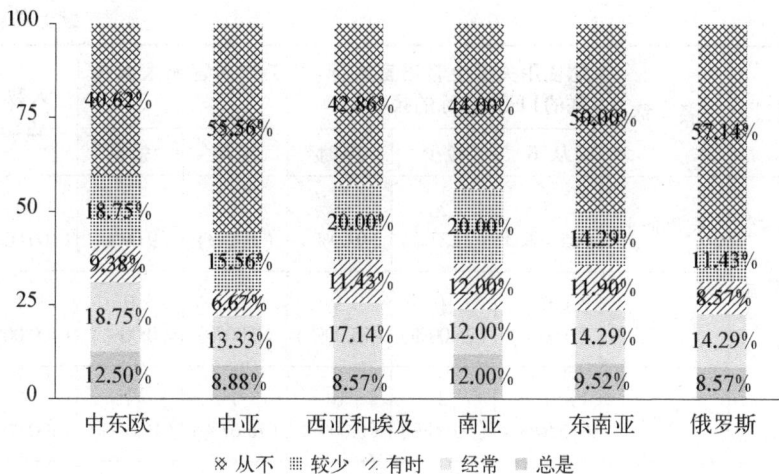

图 5-3　"一带一路"中方企业员工使用关键土著语言进行
写作活动的情况(分区域)

（4）交际

根据前期访谈的结果,部分员工表示在"一带一路"沿线中方企业工作,除了要在工作场所进行交际外,有时需要运用关键土著语言开展日常交际,如去菜市场买菜、在当地租房等。考虑到这一情况,我们从日常交际和工作交际两个方面来考察员工运用关键土著语言开展交谈活动的情况。

首先,日常交际。对员工使用关键土著语言进行日常交际的调查主要通过第12题,旨在了解"一带一路"沿线中方企业员工在当地使用关键土著语言进行与工作内容关联不大的日常会话交际的情况。表5-18从企业性质、业务、所涉国家和地区三个维度对员工使用关键土著语言进行日常会话交际情况进行统计。

表 5-18　员工使用关键土著语言进行日常交际活动的情况

题目	名　称	您使用关键土著语言进行(与工作内容无太大关联的)日常交际的频率					人数/占比
		从不	较少	有时	经常	总是	
您所在企业的性质是	国有企业	15（26.79%）	23（41.07%）	8（14.29%）	6（10.71%）	4（7.14%）	56（100.00%）

「一带一路」沿线关键土著语言文化通识课程体系建设研究

续上表

题目	名 称	您使用关键土著语言进行（与工作内容无太大关联的）日常交际的频率					人数/占比
		从不	较少	有时	经常	总是	
您所在企业的性质是	民营企业	5 (45.46%)	3 (27.27%)	1 (9.09%)	1 (9.09%)	1 (9.09%)	11 (100.00%)
	合资企业	0 (0.00%)	1 (25.00%)	3 (75.00%)	0 (0.00%)	0 (0.00%)	4 (100.00%)
	其他	1 (16.67%)	3 (50.00%)	0 (0.00%)	1 (16.67%)	1 (16.67%)	6 (100.00%)
人数/占比		21 (27.27%)	30 (38.96%)	12 (15.58%)	8 (10.39%)	6 (7.80%)	77 (100.00%)
您的企业属于下列哪种情况	较少涉及"一带一路"沿线业务	2 (18.19%)	4 (36.36%)	4 (36.36%)	1 (9.09%)	0 (0.00%)	11 (100.00%)
	涉及一些"一带一路"沿线业务	5 (25.00%)	10 (50.00%)	2 (10.00%)	1 (5.00%)	2 (10.00%)	20 (100.00%)
	以"一带一路"沿线业务为主	12 (35.30%)	9 (26.47%)	4 (11.76%)	6 (17.65%)	3 (8.82%)	34 (100.00%)
	全部为"一带一路"沿线业务	2 (16.67%)	7 (58.33%)	2 (16.67%)	0 (0.00%)	1 (8.33%)	12 (100.00%)
人数/占比		21 (27.27%)	30 (38.96%)	12 (15.58%)	8 (10.39%)	6 (7.80%)	77 (100.00%)
中东欧	未选中	17 (37.78%)	19 (42.22%)	4 (8.89%)	1 (2.22%)	4 (8.89%)	45 (100.00%)
	选中	4 (12.50%)	11 (34.38%)	8 (25.00%)	7 (21.88%)	2 (6.24%)	32 (100.00%)
人数/占比		21 (27.27%)	30 (38.96%)	12 (15.58%)	8 (10.39%)	6 (7.80%)	77 (100.00%)

| 题目 | 名称 | 您使用关键土著语言进行（与工作内容无太大关联的）日常交际的频率 | | | | | 人数/占比 |
		从不	较少	有时	经常	总是	
中亚	未选中	10 (31.25%)	13 (40.62%)	4 (12.50%)	0 (0.00%)	5 (15.63%)	32 (100.00%)
	选中	11 (24.44%)	17 (37.78%)	8 (17.78%)	8 (17.78%)	1 (2.22%)	45 (100.00%)
人数/占比		21 (27.27%)	30 (38.96%)	12 (15.58%)	8 (10.39%)	6 (7.80%)	77 (100.00%)
西亚和埃及	未选中	17 (40.48%)	13 (30.95%)	7 (16.67%)	3 (7.14%)	2 (4.76%)	42 (100.00%)
	选中	4 (11.43%)	17 (48.56%)	5 (14.29%)	5 (14.29%)	4 (11.43%)	35 (100.00%)
人数/占比		21 (27.27%)	30 (38.96%)	12 (15.58%)	8 (10.39%)	6 (7.80%)	77 (100.00%)
南亚	未选中	20 (38.46%)	17 (32.69%)	7 (13.46%)	3 (5.77%)	5 (9.62%)	52 (100.00%)
	选中	1 (4.00%)	13 (52.00%)	5 (20.00%)	5 (20.00%)	1 (4.00%)	25 (100.00%)
人数/占比		21 (27.27%)	30 (38.96%)	12 (15.58%)	8 (10.39%)	6 (7.80%)	77 (100.00%)
东南亚	未选中	11 (31.43%)	16 (45.71%)	6 (17.14%)	1 (2.86%)	1 (2.86%)	35 (100.00%)
	选中	10 (23.81%)	14 (33.33%)	6 (14.29%)	7 (16.67%)	5 (11.90%)	42 (100.00%)
人数/占比		21 (27.27%)	30 (38.96%)	12 (15.58%)	8 (10.39%)	6 (7.80%)	77 (100.00%)
俄罗斯	未选中	13 (30.95%)	18 (42.86%)	6 (14.29%)	1 (2.38%)	4 (9.52%)	42 (100.00%)
	选中	8 (22.86%)	12 (34.29%)	6 (17.14%)	7 (20.00%)	2 (5.71%)	35 (100.00%)
人数/占比		21 (27.27%)	30 (38.96%)	12 (15.58%)	8 (10.39%)	6 (7.80%)	77 (100.00%)

表5–18表明,整体上看,员工使用关键土著语言进行日常交际活动的情况按比例分别为:较少(38.96%)>从不(27.27%)>有时(15.58%)>经常(10.39%)>总是(7.80%)。选择"有时""经常"和"总是"的比例共计33.77%,说明员工在一定程度上使用关键土著语言开展日常交际。选择"经常"和"总是"的比例共计18.19%,由此可见,员工实际运用关键土著语言从事日常交际活动的需求不大。由表5–19方差分析结果($p = 0.712 > 0.05$)可知,不同性质企业员工之间在运用关键土著语言从事日常交际活动方面没有明显差异。而根据表5–20方差分析结果($p = 0.977 > 0.05$),企业在"一带一路"沿线地区业务情况对员工使用关键土著语言进行日常交际活动没有显著影响。表5–21和图5–4则表明"一带一路"不同区域中方企业员工在使用关键土著语言进行日常交际活动方面没有显著差别。访谈结果显示,关键土著语言在企业员工日常生活中的确发挥着一定作用:

生活中其实也就是大家逛个街,买个菜,<u>当地语言肯定还是要用的</u>。另外就是和公司里的当地人简单聊聊天,扯闲篇嘛,就自己在当地见到的有意思的一些事,和他们聊聊。(Q2)

表 5 – 19　不同性质企业员工使用关键土著语言进行
日常交际活动方面的情况

方 差 分 析 结 果					
	您所在企业的性质是(平均值±标准差)				
	国有企业 ($n=56$)	民营企业 ($n=11$)	合资企业 ($n=4$)	其他 ($n=6$)	F	p
您使用关键土著语言进行(与工作内容无太大关联的)日常交际的频率	2.30±1.19	2.09±1.38	2.75±0.50	2.67±1.51	0.459	0.712
*$p<0.05$　**$p<0.01$						

表 5-20　企业在"一带一路"沿线地区业务情况对员工
　　　　使用关键土著语言进行日常交际的影响

	您的企业属于下列哪种情况(平均值±标准差)				F	p
	较少涉及"一带一路"沿线业务(n=11)	涉及一些"一带一路"沿线业务(n=20)	以"一带一路"沿线业务为主(n=34)	全部为"一带一路"沿线业务(n=12)		
您使用关键土著语言进行(与工作内容无太大关联的)日常交际的频率	2.36±0.92	2.25±1.21	2.38±1.37	2.25±1.06	0.068	0.977

* $p<0.05$　　* * $p<0.01$

表 5-21　"一带一路"中方企业员工使用关键土著语言进行
　　　　日常交际的情况(分区域)

标　题	项	中东欧	中亚	西亚和埃及	南亚	东南亚	俄罗斯
您使用关键土著语言进行(与工作内容无太大关联的)日常交际的频率	从不	12.50%	24.44%	11.43%	4.00%	23.81%	22.86%
	较少	34.38%	37.78%	48.56%	52.00%	33.33%	34.29%
	有时	25.00%	17.78%	14.29%	20.00%	14.29%	17.14%
	经常	21.88%	17.78%	14.29%	20.00%	16.67%	20.00%
	总是	6.24%	2.22%	11.43%	4.00%	11.90%	5.71%

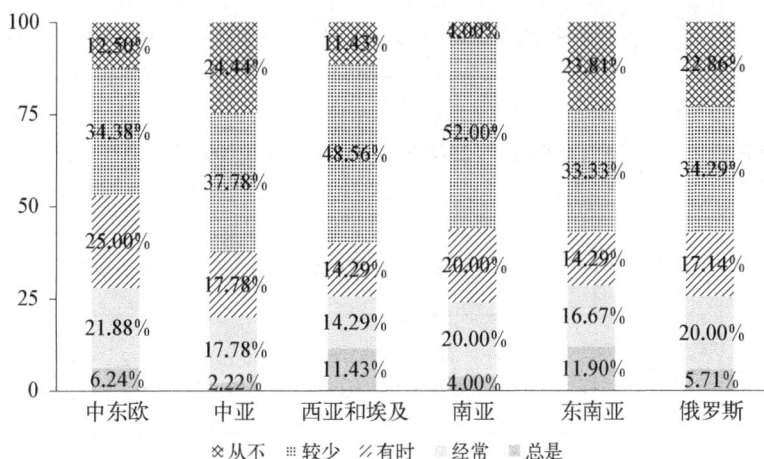

图 5-4　"一带一路"中方企业员工使用关键土著语言进行
　　　　日常交际的情况(分区域)

　　其次,工作交际。对员工使用关键土著语言进行工作交际的调查主要通过第13题,旨在了解沿线中方企业员工使用关键土著语言进行与工作内容相关的交际活动(如商业谈判、会议发言等)的情况。表5-22 从企业性质、业务、所涉国家和地区三个维度对员工使用关键土著语言进行工作交流的情况进行了统计。

表 5 - 22　员工使用关键土著语言进行工作交际活动的情况

题目	名　称	您使用关键土著语言进行工作交际的频率					人数/占比
		从不	较少	有时	经常	总是	
您所在企业的性质是	国有企业	19 (33.93%)	18 (32.15%)	6 (10.71%)	7 (12.50%)	6 (10.71%)	56 (100.00%)
	民营企业	5 (45.46%)	4 (36.36%)	0 (0.00%)	1 (9.09%)	1 (9.09%)	11 (100.00%)
	合资企业	1 (25.00%)	2 (50.00%)	1 (25.00%)	0 (0.00%)	0 (0.00%)	4 (100.00%)
	其他	4 (66.66%)	1 (16.67%)	0 (0.00%)	0 (0.00%)	1 (16.67%)	6 (100.00%)
人数/占比		29 (37.66%)	25 (32.47%)	7 (9.09%)	8 (10.39%)	8 (10.39%)	77 (100.00%)
您的企业属于下列哪种情况	较少涉及"一带一路"沿线业务	6 (54.55%)	4 (36.36%)	1 (9.09%)	0 (0.00%)	0 (0.00%)	11 (100.00%)
	涉及一些"一带一路"沿线业务	9 (45.00%)	5 (25.00%)	3 (15.00%)	2 (10.00%)	1 (5.00%)	20 (100.00%)
	以"一带一路"沿线业务为主	10 (29.41%)	10 (29.41%)	3 (8.82%)	6 (17.65%)	5 (14.71%)	34 (100.00%)
	全部为"一带一路"沿线业务	4 (33.33%)	6 (50.00%)	0 (0.00%)	0 (0.00%)	2 (16.67%)	12 (100.00%)
人数/占比		29 (37.66%)	25 (32.47%)	7 (9.09%)	8 (10.39%)	8 (10.39%)	77 (100.00%)

题目	名 称	您使用关键土著语言进行工作交际的频率					人数/占比
		从不	较少	有时	经常	总是	
中东欧	未选中	19 (42.22%)	16 (35.56%)	5 (11.11%)	1 (2.22%)	4 (8.89%)	45 (100.00%)
	选中	10 (31.25%)	9 (28.12%)	2 (6.25%)	7 (21.88%)	4 (12.50%)	32 (100.00%)
人数/占比		29 (37.66%)	25 (32.47%)	7 (9.09%)	8 (10.39%)	8 (10.39%)	77 (100.00%)
中亚	未选中	13 (40.62%)	11 (34.38%)	2 (6.25%)	2 (6.25%)	4 (12.50%)	32 (100.00%)
	选中	16 (35.56%)	14 (31.11%)	5 (11.11%)	6 (13.33%)	4 (8.89%)	45 (100.00%)
人数/占比		29 (37.66%)	25 (32.47%)	7 (9.09%)	8 (10.39%)	8 (10.39%)	77 (100.00%)
西亚和埃及	未选中	21 (50.00%)	11 (26.20%)	5 (11.90%)	3 (7.14%)	2 (4.76%)	42 (100.00%)
	选中	8 (22.86%)	14 (40.00%)	2 (5.71%)	5 (14.29%)	6 (17.14%)	35 (100.00%)
人数/占比		29 (37.66%)	25 (32.47%)	7 (9.09%)	8 (10.39%)	8 (10.39%)	77 (100.00%)
南亚	未选中	23 (44.23%)	15 (28.85%)	5 (9.62%)	4 (7.68%)	5 (9.62%)	52 (100.00%)
	选中	6 (24.00%)	10 (40.00%)	2 (8.00%)	4 (16.00%)	3 (12.00%)	25 (100.00%)
人数/占比		29 (37.66%)	25 (32.47%)	7 (9.09%)	8 (10.39%)	8 (10.39%)	77 (100.00%)
东南亚	未选中	14 (40.00%)	14 (40.00%)	4 (11.43%)	1 (2.86%)	2 (5.71%)	35 (100.00%)
	选中	15 (35.71%)	11 (26.19%)	3 (7.14%)	7 (16.67%)	6 (14.29%)	42 (100.00%)

续上表

题目	名　称	您使用关键土著语言进行工作交际的频率					人数/占比
		从不	较少	有时	经常	总是	
人数/占比		29 (37.66%)	25 (32.47%)	7 (9.09%)	8 (10.39%)	8 (10.39%)	77 (100.00%)
俄罗斯	未选中	16 (38.10%)	16 (38.10%)	4 (9.52%)	1 (2.38%)	5 (11.90%)	42 (100.00%)
	选中	13 (37.15%)	9 (25.71%)	3 (8.57%)	7 (20.00%)	3 (8.57%)	35 (100.00%)
人数/占比		29 (37.66%)	25 (32.47%)	7 (9.09%)	8 (10.39%)	8 (10.39%)	77 (100.00%)

　　表5-22表明,整体而言,员工使用关键土著语言进行工作交际活动的情况按比例分别为:从不(37.66%)>较少(32.47%)>经常(10.39%)=总是(10.39%)>有时(9.09%)。选择"有时""经常"和"总是"的比例共计29.87%,说明员工在一定程度上使用关键土著语言开展工作交际。选择"经常"和"总是"的比例共计20.78%。由此可见,员工实际运用关键土著语言从事工作交际活动的需求不大。由表5-23方差分析结果($p=0.726>0.05$)可知,不同性质企业员工之间在运用关键土著语言从事工作交际活动方面没有明显差异。而根据表5-24方差分析结果($p=0.125>0.05$),企业在"一带一路"沿线地区业务情况对员工使用关键土著语言进行工作交际活动没有显著影响。表5-25和图5-5则表明"一带一路"不同区域中方企业员工在使用关键土著语言进行工作交际活动方面没有显著差别。访谈结果显示,使用关键土著语言有时对工作而言是必需的:

　　有些当地分包商,尤其是土建方面,受教育程度比较低,跟他们讲英语他们听不懂。我们有些工程师在当地待久了,为了适应工作状态会讲一些土著语。(Q5)

表 5-23　不同性质企业员工使用关键土著语言
进行工作交际活动的情况

方 差 分 析 结 果						
	您所在企业的性质是(平均值±标准差)				F	p
	国有企业 (n=56)	民营企业 (n=11)	合资企业 (n=4)	其他 (n=6)		
您使用关键土著语言 进行工作交际的频率	2.34±1.35	2.00±1.34	2.00±0.82	1.83±1.60	0.439	0.726

* $p<0.05$　** $p<0.01$

表 5-24　企业在"一带一路"沿线地区业务情况对员工
使用关键土著语言进行工作交际的影响

您的企业属于下列哪种情况(平均值±标准差)					F	p
	较少涉及 "一带一 路"沿线 业务(n= 11)	涉及一些 "一带一 路"沿线 业务(n= 20)	以"一带 一路"沿 线业务为 主(n= 34)	全部为 "一带一 路"沿线 业务(n= 12)		
您使用关键土著语言 进行工作交际的频率	1.55±0.69	2.05±1.23	2.59±1.46	2.17±1.40	1.979	0.125

* $p<0.05$　** $p<0.01$

表 5-25　"一带一路"中方企业员工使用关键土著语言
进行工作交际的情况(分区域)

标　题	项	中东欧	中亚	西亚和 埃及	南亚	东南亚	俄罗斯
您使用关键土著语 言进行工作交际的 频率	从不	31.25%	35.56%	22.86%	24.00%	35.71%	37.15%
	较少	28.12%	31.11%	40.00%	40.00%	26.19%	25.71%
	有时	6.25%	11.11%	5.71%	8.00%	7.14%	8.57%
	经常	21.88%	13.33%	14.29%	16.00%	16.67%	20.00%
	总是	12.50%	8.89%	17.14%	12.00%	14.29%	8.57%

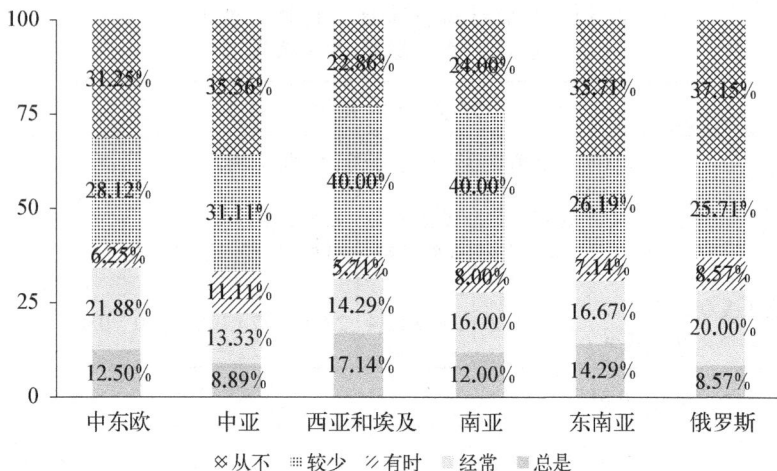

图 5－5 "一带一路"沿线中方企业员工使用关键土著语言
进行工作交际的情况（分区域）

（5）总体情况

课题组通过第 11 题了解"一带一路"中方企业员工使用关键土著语言的总体情况。被试者只要结合实际对自己使用关键土著语言的情况进行综合评估即可。表 5－26 从企业性质、业务、所涉国家和地区三个维度对员工使用土著语言的总体情况进行了统计。

表 5－26　员工使用关键土著语言的总体情况

题目	名　称	总体而言,您在当前工作中使用关键土著语言的频率					人数/占比
		从不	较少	有时	经常	总是	
您所在企业的性质是	国有企业	11 (19.64%)	24 (42.86%)	7 (12.50%)	6 (10.71%)	8 (14.29%)	56 (100.00%)
	民营企业	3 (27.27%)	6 (54.55%)	0 (0.00%)	1 (9.09%)	1 (9.09%)	11 (100.00%)
	合资企业	0 (0.00%)	3 (75.00%)	1 (25.00%)	0 (0.00%)	0 (0.00%)	4 (100.00%)
	其他	3 (50.00%)	2 (33.33%)	0 (0.00%)	0 (0.00%)	1 (16.67%)	6 (100.00%)

题目	名 称	总体而言,您在当前工作中使用关键土著语言的频率					人数/占比
		从不	较少	有时	经常	总是	
人数/占比		17 (22.08%)	35 (45.45%)	8 (10.39%)	7 (9.09%)	10 (12.99%)	77 (100.00%)
您的企业属于下列哪种情况	较少涉及"一带一路"沿线业务	5 (45.45%)	5 (45.45%)	1 (9.10%)	0 (0.00%)	0 (0.00%)	11 (100.00%)
	涉及一些"一带一路"沿线业务	3 (15.00%)	11 (55.00%)	2 (10.00%)	1 (5.00%)	3 (15.00%)	20 (100.00%)
	以"一带一路"沿线业务为主	7 (20.59%)	12 (35.29%)	3 (8.82%)	6 (17.65%)	6 (17.65%)	34 (100.00%)
	全部为"一带一路"沿线业务	2 (16.67%)	7 (58.33%)	2 (16.67%)	0 (0.00%)	1 (8.33%)	12 (100.00%)
人数/占比		17 (22.08%)	35 (45.45%)	8 (10.39%)	7 (9.09%)	10 (12.99%)	77 (100.00%)
中东欧	未选中	11 (24.44%)	22 (48.90%)	6 (13.33%)	1 (2.22%)	5 (11.11%)	45 (100.00%)
	选中	6 (18.75%)	13 (40.63%)	2 (6.25%)	6 (18.75%)	5 (15.62%)	32 (100.00%)
人数/占比		17 (22.08%)	35 (45.45%)	8 (10.39%)	7 (9.09%)	10 (12.99%)	77 (100.00%)
中亚	未选中	7 (21.88%)	16 (50.00%)	2 (6.25%)	1 (3.12%)	6 (18.75%)	32 (100.00%)
	选中	10 (22.22%)	19 (42.22%)	6 (13.33%)	6 (13.33%)	4 (8.90%)	45 (100.00%)
人数/占比		17 (22.08%)	35 (45.45%)	8 (10.39%)	7 (9.09%)	10 (12.99%)	77 (100.00%)
西亚和埃及	未选中	13 (30.95%)	17 (40.48%)	5 (11.90%)	4 (9.52%)	3 (7.15%)	42 (100.00%)

续上表

题目	名　称	总体而言,您在当前工作中使用关键土著语言的频率					人数/占比
		从不	较少	有时	经常	总是	
西亚和埃及	选中	4 (11.43%)	18 (51.43%)	3 (8.57%)	3 (8.57%)	7 (20.00%)	35 (100.00%)
人数/占比		17 (22.08%)	35 (45.45%)	8 (10.39%)	7 (9.09%)	10 (12.99%)	77 (100.00%)
南亚	未选中	14 (26.92%)	22 (42.31%)	6 (11.54%)	4 (7.69%)	6 (11.54%)	52 (100.00%)
	选中	3 (12.00%)	13 (52.00%)	2 (8.00%)	3 (12.00%)	4 (16.00%)	25 (100.00%)
人数/占比		17 (22.08%)	35 (45.45%)	8 (10.39%)	7 (9.09%)	10 (12.99%)	77 (100.00%)
东南亚	未选中	8 (22.86%)	20 (57.14%)	3 (8.57%)	1 (2.86%)	3 (8.57%)	35 (100.00%)
	选中	9 (21.43%)	15 (35.71%)	5 (11.90%)	6 (14.29%)	7 (16.67%)	42 (100.00%)
人数/占比		17 (22.08%)	35 (45.45%)	8 (10.39%)	7 (9.09%)	10 (12.99%)	77 (100.00%)
俄罗斯	未选中	9 (21.43%)	21 (50.00%)	4 (9.52%)	3 (7.15%)	5 (11.90%)	42 (100.00%)
	选中	8 (22.86%)	14 (40.00%)	4 (11.43%)	4 (11.43%)	5 (14.28%)	35 (100.00%)
人数/占比		17 (22.08%)	35 (45.45%)	8 (10.39%)	7 (9.09%)	10 (12.99%)	77 (100.00%)

表 5-26 表明,整体上看,员工使用关键土著语言进行日常交际活动的情况按比例分别为:较少(45.45%)>从不(22.08%)>总是(12.99%)>有时(10.39%)>经常(9.09%)。选择"有时""经常"和"总是"的共计占比为32.47%,说明"一带一路"沿线中方企业员工在一定程度上使用了关键土著语言技能。选择"经常"和"总是"的比例共计22.08%,表明总体而言,员工对关键土著语言技能的需求不大。由表 5-27 方差分析结果($p=$

0.626>0.05）可知，不同性质企业员工之间的关键土著语言总体使用情况无明显差异。根据表5-28方差分析结果（$p=0.080>0.05$），企业在"一带一路"沿线地区的业务情况对员工的关键土著语言总体使用情况没有显著影响。表5-29和图5-6表明，"一带一路"不同区域中方企业员工在关键土著语言总体使用情况上无显著差别。

表5-27　不同性质企业员工使用关键土著语言的总体情况

	您所在企业的性质是（平均值±标准差）				F	p
	国有企业（$n=56$）	民营企业（$n=11$）	合资企业（$n=4$）	其他（$n=6$）		
总体而言，您在当前工作中使用关键土著语言的频率	2.57±1.32	2.18±1.25	2.25±0.50	2.00±1.55	0.586	0.626

$*p<0.05$　　$**p<0.01$

表5-28　企业在"一带一路"沿线地区业务情况对员工使用
关键土著语言总体情况的影响

	您的企业属于下列哪种情况（平均值±标准差）				F	p
	较少涉及"一带一路"沿线业务（$n=11$）	涉及一些"一带一路"沿线业务（$n=20$）	以"一带一路"沿线业务为主（$n=34$）	全部为"一带一路"沿线业务（$n=12$）		
总体而言，您在当前工作中使用关键土著语言的频率	1.64±0.67	2.50±1.28	2.76±1.44	2.25±1.06	2.347	0.080

$*p<0.05$　　$**p<0.01$

表5-29　"一带一路"中方企业员工使用关键
土著语言的总体情况（分区域）

标　题	项	中东欧	中亚	西亚和埃及	南亚	东南亚	俄罗斯
总体而言，您在当前工作中使用关键土著语言的频率	从不	18.75%	22.22%	11.43%	12.00%	21.43%	22.86%
	较少	40.63%	42.22%	51.43%	52.00%	35.71%	40.00%

续上表

标　题	项	中东欧	中亚	西亚和埃及	南亚	东南亚	俄罗斯
总体而言,您在当前工作中使用关键土著语言的频率	有时	6.25%	13.33%	8.57%	8.00%	11.90%	11.43%
	经常	18.75%	13.33%	8.57%	12.00%	14.29%	11.43%
	总是	15.62%	8.90%	20.00%	16.00%	16.67%	14.28%

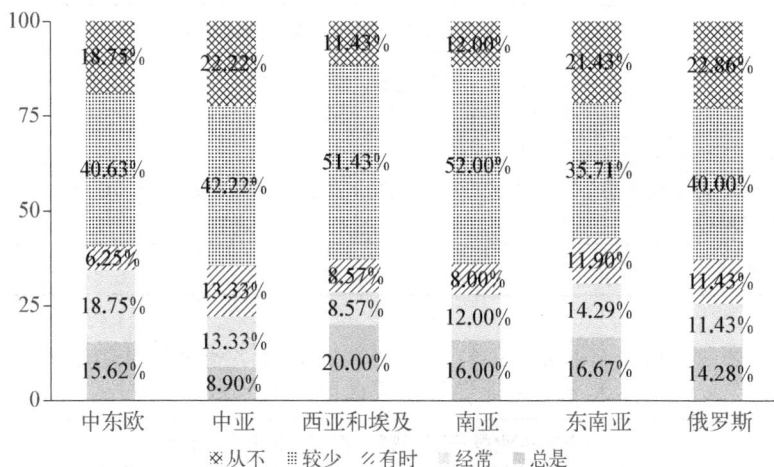

图 5－6　"一带一路"中方企业员工使用关键土著
语言的总体情况（分区域）

5.2.2　企业对关键土著语言的需求

结合因子分析的结果,课题组认为企业对关键土著语言的需求可以从企业的要求以及企业所提供的关键土著语言培训情况反映出来。

课题组通过附录1第3题"土著语言对您顺利开展工作的重要性"和第7题"您所在的企业在招聘员工时对关键土著语言能力提出了要求",调查"一带一路"中方企业在关键土著语言方面对员工提出的要求。其中第3题由员工的评估侧面推知企业的期待,而第7题则更为直接地反映企业的要求。

（1）关键土著语言的重要性评估

第3题通过邀请员工评估关键土著语言对其顺利开展工作的重要性,来展示企业及开展相关业务对员工关键土著语言能力的要求。

表 5-30 员工对关键土著语言重要性的评估情况

题目	名 称	关键土著语言对您顺利开展工作的重要性					人数/占比
		很不重要	不太重要	重要性一般	比较重要	非常重要	
您所在企业的性质是	国有企业	3 (5.36%)	11 (19.64%)	17 (30.36%)	6 (10.71%)	19 (33.93%)	56 (100.00%)
	民营企业	1 (9.09%)	2 (18.18%)	5 (45.46%)	2 (18.18%)	1 (9.09%)	11 (100.00%)
	合资企业	0 (0.00%)	1 (25.00%)	2 (50.00%)	1 (25.00%)	0 (0.00%)	4 (100.00%)
	其他	3 (50.00%)	0 (0.00%)	0 (0.00%)	2 (33.33%)	1 (16.67%)	6 (100.00%)
人数/占比		7 (9.09%)	14 (18.18%)	24 (31.17%)	11 (14.29%)	21 (27.27%)	77 (100.00%)
您的企业属于下列哪种情况	较少涉及"一带一路"沿线业务	3 (27.27%)	2 (18.18%)	3 (27.27%)	2 (18.18%)	1 (9.10%)	11 (100.00%)
	涉及一些"一带一路"沿线业务	3 (15.00%)	5 (25.00%)	4 (20.00%)	4 (20.00%)	4 (20.00%)	20 (100.00%)
	以"一带一路"沿线业务为主	1 (2.94%)	5 (14.71%)	11 (32.35%)	4 (11.76%)	13 (38.24%)	34 (100.00%)
	全部为"一带一路"沿线业务	0 (0.00%)	2 (16.67%)	6 (50.00%)	1 (8.33%)	3 (25.00%)	12 (100.00%)
人数/占比		7 (9.09%)	14 (18.18%)	24 (31.17%)	11 (14.29%)	21 (27.27%)	77 (100.00%)
中东欧	未选中	1 (2.22%)	11 (24.44%)	16 (35.56%)	7 (15.56%)	10 (22.22%)	45 (100.00%)
	选中	6 (18.75%)	3 (9.37%)	8 (25.00%)	4 (12.50%)	11 (34.38%)	32 (100.00%)
人数/占比		7 (9.09%)	14 (18.18%)	24 (31.17%)	11 (14.29%)	21 (27.27%)	77 (100.00%)

题目	名称	关键土著语言对您顺利开展工作的重要性					人数/占比
		很不重要	不太重要	重要性一般	比较重要	非常重要	
中亚	未选中	2 (6.25%)	7 (21.87%)	9 (28.13%)	6 (18.75%)	8 (25.00%)	32 (100.00%)
	选中	5 (11.11%)	7 (15.56%)	15 (33.33%)	5 (11.11%)	13 (28.89%)	45 (100.00%)
人数/占比		7 (9.09%)	14 (18.18%)	24 (31.17%)	11 (14.29%)	21 (27.27%)	77 (100.00%)
西亚和埃及	未选中	4 (9.52%)	7 (16.67%)	17 (40.48%)	4 (9.52%)	10 (23.81%)	42 (100.00%)
	选中	3 (8.57%)	7 (20.00%)	7 (20.00%)	7 (20.00%)	11 (31.43%)	35 (100.00%)
人数/占比		7 (9.09%)	14 (18.18%)	24 (31.17%)	11 (14.29%)	21 (27.27%)	77 (100.00%)
南亚	未选中	4 (7.69%)	10 (19.23%)	18 (34.62%)	8 (15.38%)	12 (23.08%)	52 (100.00%)
	选中	3 (12.00%)	4 (16.00%)	6 (24.00%)	3 (12.00%)	9 (36.00%)	25 (100.00%)
人数/占比		7 (9.09%)	14 (18.18%)	24 (31.17%)	11 (14.29%)	21 (27.27%)	77 (100.00%)
东南亚	未选中	2 (5.71%)	8 (22.86%)	14 (40.00%)	5 (14.29%)	6 (17.14%)	35 (100.00%)
	选中	5 (11.90%)	6 (14.29%)	10 (23.81%)	6 (14.29%)	15 (35.71%)	42 (100.00%)
人数/占比		7 (9.09%)	14 (18.18%)	24 (31.17%)	11 (14.29%)	21 (27.27%)	77 (100.00%)
俄罗斯	未选中	3 (7.14%)	9 (21.43%)	14 (33.33%)	6 (14.29%)	10 (23.81%)	42 (100.00%)
	选中	4 (11.42%)	5 (14.29%)	10 (28.57%)	5 (14.29%)	11 (31.43%)	35 (100.00%)
人数/占比		7 (9.09%)	14 (18.18%)	24 (31.17%)	11 (14.29%)	21 (27.27%)	77 (100.00%)

表 5 - 30 表明,整体而言,员工认为关键土著语言在工作顺利开展中的重要性方面,按比例分别为:一般(31.17%)>非常重要(27.27%)>不太重要(18.18%)>比较重要(14.29%)>很不重要(9.09%)。选择"一般""比较重要"和"非常重要"的共计占比为72.73%,说明"一带一路"沿线中方企业及其员工认识到关键土著语言对于业务开展和企业发展的重要性。由表 5 - 31 方差分析结果($p = 0.355 > 0.05$)可知,不同性质企业员工对关键土著语言重要性的评估情况没有明显差异。而根据表 5 - 32 方差分析结果($p = 0.087 > 0.05$),企业在"一带一路"沿线地区业务情况对于员工对关键土著语言重要性的认识没有显著影响。表 5 - 33 和图 5 - 7 则表明,"一带一路"不同区域中方企业员工对关键土著语言重要性的评估情况没有显著差别。访谈结果则表明,关键土著语言有时对企业相关业务和经营活动的顺利开展具有重要作用:

如果涉及在当地的一些调研,想了解伊朗的某一个行业,比如说了解一下伊朗的太阳能光伏电站目前的发展情况,这时候可能收到的全部是波斯语资料,因为当地很多商务信息都是使用当地的语言呈现的。这就需要使用波斯语对文本进行处理。(Q1)

表 5 - 31　不同性质企业员工对关键土著语言
重要性的评估情况

	您所在企业的性质是(平均值±标准差)				*F*	*p*
	国有企业 ($n = 56$)	民营企业 ($n = 11$)	合资企业 ($n = 4$)	其他 ($n = 6$)		
关键土著语言对于您顺利开展工作的重要性	3.48±1.29	3.00±1.10	3.00±0.82	2.67±1.86	1.099	0.355
*p<0.05　**p<0.01						

「一带一路」沿线关键土著语言文化通识课程体系建设研究

表 5-32　企业在"一带一路"沿线地区业务情况对员工
评估关键土著语言重要性的影响

	您的企业属于下列哪种情况（平均值±标准差）				F	p
	较少涉及"一带一路"沿线业务（n=11）	涉及一些"一带一路"沿线业务（n=20）	以"一带一路"沿线业务为主（n=34）	全部为"一带一路"沿线业务（n=12）		
关键土著语言对于您顺利开展工作的重要性	2.64±1.36	3.05±1.39	3.68±1.22	3.42±1.08	2.277	0.087

$*p<0.05$　$**p<0.01$

表 5-33　"一带一路"中方企业员工对关键土著语言
重要性的评估情况（分区域）

标　题	项	中东欧	中亚	西亚和埃及	南亚	东南亚	俄罗斯
关键土著语言对于您顺利开展工作的重要性	很不重要	18.75%	11.11%	8.57%	12.00%	11.90%	11.42%
	不太重要	9.37%	15.56%	20.00%	16.00%	14.29%	14.29%
	重要性一般	25.00%	33.33%	20.00%	24.00%	23.81%	28.57%
	比较重要	12.50%	11.11%	20.00%	12.00%	14.29%	14.29%
	非常重要	34.38%	28.89%	31.43%	36.00%	35.71%	31.43%

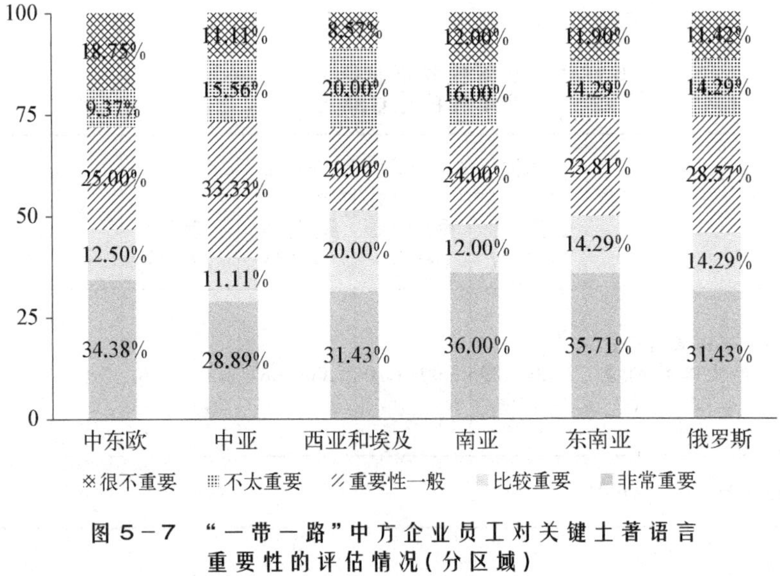

图 5-7　"一带一路"中方企业员工对关键土著语言
重要性的评估情况（分区域）

（2）企业对员工关键土著语言能力的要求

与第3题相比，第7题的调研结果能够更直接地反映出企业对于关键土著语言重要性的认识。

表 5-34　企业在招聘时对员工关键土著语言能力的要求

题目	名　称	您所在的企业在招聘员工时对关键土著语能力提出了要求					人数/占比
		不符合	不太符合	基本符合	比较符合	非常符合	
您所在企业的性质是	国有企业	7 (12.50%)	19 (33.93%)	12 (21.42%)	8 (14.29%)	10 (17.86%)	56 (100.00%)
	民营企业	3 (27.27%)	3 (27.27%)	4 (36.36%)	1 (9.10%)	0 (0.00%)	11 (100.00%)
	合资企业	0 (0.00%)	2 (50.00%)	1 (25.00%)	1 (25.00%)	0 (0.00%)	4 (100.00%)
	其他	4 (66.66%)	0 (0.00%)	1 (16.67%)	1 (16.67%)	0 (0.00%)	6 (100.00%)
人数/占比		14 (18.17%)	24 (31.17%)	18 (23.38%)	11 (14.29%)	10 (12.99%)	77 (100.00%)
您的企业属于下列哪种情况	较少涉及"一带一路"沿线业务	5 (45.45%)	1 (9.09%)	4 (36.37%)	1 (9.09%)	0 (0.00%)	11 (100.00%)
	涉及一些"一带一路"沿线业务	4 (20.00%)	8 (40.00%)	4 (20.00%)	2 (10.00%)	2 (10.00%)	20 (100.00%)
	以"一带一路"沿线业务为主	3 (8.82%)	12 (35.29%)	7 (20.59%)	7 (20.59%)	5 (14.71%)	34 (100.00%)
	全部为"一带一路"沿线业务	2 (16.67%)	3 (25.00%)	3 (25.00%)	1 (8.33%)	3 (25.00%)	12 (100.00%)
人数/占比		14 (18.17%)	24 (31.17%)	18 (23.38%)	11 (14.29%)	10 (12.99%)	77 (100.00%)
中东欧	未选中	9 (20.00%)	17 (37.78%)	10 (22.22%)	5 (11.11%)	4 (8.89%)	45 (100.00%)

题 目	名 称	您所在的企业在招聘员工时对关键土著语能力提出了要求					人数/占比
		不符合	不太符合	基本符合	比较符合	非常符合	
中东欧	选中	5 (15.62%)	7 (21.88%)	8 (25.00%)	6 (18.75%)	6 (18.75%)	32 (100.00%)
人数/占比		14 (18.17%)	24 (31.17%)	18 (23.38%)	11 (14.29%)	10 (12.99%)	77 (100.00%)
中亚	未选中	8 (25.00%)	10 (31.24%)	8 (25.00%)	3 (9.38%)	3 (9.38%)	32 (100.00%)
	选中	6 (13.33%)	14 (31.11%)	10 (22.22%)	8 (17.78%)	7 (15.56%)	45 (100.00%)
人数/占比		14 (18.17%)	24 (31.17%)	18 (23.38%)	11 (14.29%)	10 (12.99%)	77 (100.00%)
西亚和埃及	未选中	7 (16.67%)	13 (30.95%)	10 (23.81%)	7 (16.67%)	5 (11.90%)	42 (100.00%)
	选中	7 (20.00%)	11 (31.42%)	8 (22.86%)	4 (11.43%)	5 (14.29%)	35 (100.00%)
人数/占比		14 (18.17%)	24 (31.17%)	18 (23.38%)	11 (14.29%)	10 (12.99%)	77 (100.00%)
南亚	未选中	9 (17.31%)	17 (32.69%)	13 (25.00%)	9 (17.31%)	4 (7.69%)	52 (100.00%)
	选中	5 (20.00%)	7 (28.00%)	5 (20.00%)	2 (8.00%)	6 (24.00%)	25 (100.00%)
人数/占比		14 (18.17%)	24 (31.17%)	18 (23.38%)	11 (14.29%)	10 (12.99%)	77 (100.00%)
东南亚	未选中	9 (25.71%)	11 (31.43%)	8 (22.86%)	4 (11.43%)	3 (8.57%)	35 (100.00%)
	选中	5 (11.90%)	13 (30.95%)	10 (23.81%)	7 (16.67%)	7 (16.67%)	42 (100.00%)

题目	名　称	您所在的企业在招聘员工时对关键土著语能力提出了要求					人数/占比
		不符合	不太符合	基本符合	比较符合	非常符合	
人数/占比		14 (18.17%)	24 (31.17%)	18 (23.38%)	11 (14.29%)	10 (12.99%)	77 (100.00%)
俄罗斯	未选中	10 (23.81%)	13 (30.95%)	10 (23.81%)	5 (11.90%)	4 (9.53%)	42 (100.00%)
	选中	4 (11.43%)	11 (31.43%)	8 (22.86%)	6 (17.14%)	6 (17.14%)	35 (100.00%)
人数/占比		14 (18.17%)	24 (31.17%)	18 (23.38%)	11 (14.29%)	10 (12.99%)	77 (100.00%)

表 5 - 34 表明,针对"企业在招聘时对员工关键土著语言能力提出要求"这一题项,相应的调研结果按比例分别为:不太符合(31.17%)>基本符合(23.38%)>不符合(18.17%)>比较符合(14.29%)>非常符合(12.99%)。选择"基本符合""比较符合"及"非常符合"的共计占比为50.66%,说明过半数的"一带一路"沿线中方企业在招聘时即对员工的关键土著语言能力提出要求,再次反映出企业对关键土著语言的重视。由表5-35方差分析结果($p=0.142>0.05$)可知,不同性质企业之间在招聘时对员工关键土著语言能力的要求没有明显差异。根据表 5 - 36 方差分析结果($p=0.165>0.05$),企业在"一带一路"沿线地区业务情况对于企业在招聘时对员工关键土著语言能力的要求没有显著影响。表 5 - 37 和图5-8表明"一带一路"不同区域中方企业在招聘时对员工关键土著语言能力提出要求方面没有显著差别。访谈中,受访者提到企业在招聘时会对应聘者的关键土著语言能力提出明确要求:

我们是提过(要求)的,泰语肯定是必需的,因为你要在泰国工作,……泰语的话一般也会有简单的测试,有的时候可能会有简单的泰语[测泰语能力]问答,但是可能也没有考得特别专业,以对话为主。(Q8)

表 5－35　不同性质企业在招聘时对员工关键土著语言能力的要求

	您所在企业的性质是(平均值±标准差)				*F*	*p*
	国有企业 (*n*＝56)	民营企业 (*n*＝11)	合资企业 (*n*＝4)	其他 (*n*＝6)		
您所在的企业在招聘员工时对关键土著语言能力提出要求	2.91±1.31	2.27±1.01	2.75±0.96	1.83±1.33	1.873	0.142

* *p*<0.05　** *p*<0.01

表 5－36　企业在"一带一路"沿线地区业务情况对企业在招聘时对员工关键土著语言能力要求的影响

	您的企业属于下列哪种情况(平均值±标准差)				*F*	*p*
	较少涉及"一带一路"沿线业务(*n*＝11)	涉及一些"一带一路"沿线业务(*n*＝20)	以"一带一路"沿线业务为主(*n*＝34)	全部为"一带一路"沿线业务(*n*＝12)		
您所在的企业在招聘员工时对关键土著语言能力提出要求	2.09±1.14	2.50±1.24	2.97±1.24	3.00±1.48	1.747	0.165

* *p*<0.05　** *p*<0.01

表 5－37　"一带一路"中方企业招聘时对员工关键土著
语言能力的要求(分区域)

标　题	项	中东欧	中亚	西亚和埃及	南亚	东南亚	俄罗斯
您所在的企业在招聘员工时对关键土著语言能力提出要求	不符合	15.62%	13.33%	20.00%	20.00%	11.90%	11.43%
	不太符合	21.88%	31.11%	31.42%	28.00%	30.95%	31.43%
	基本符合	25.00%	22.22%	22.86%	20.00%	23.81%	22.86%
	比较符合	18.75%	17.78%	11.43%	8.00%	16.67%	17.14%
	非常符合	18.75%	15.56%	14.29%	24.00%	16.67%	17.14%

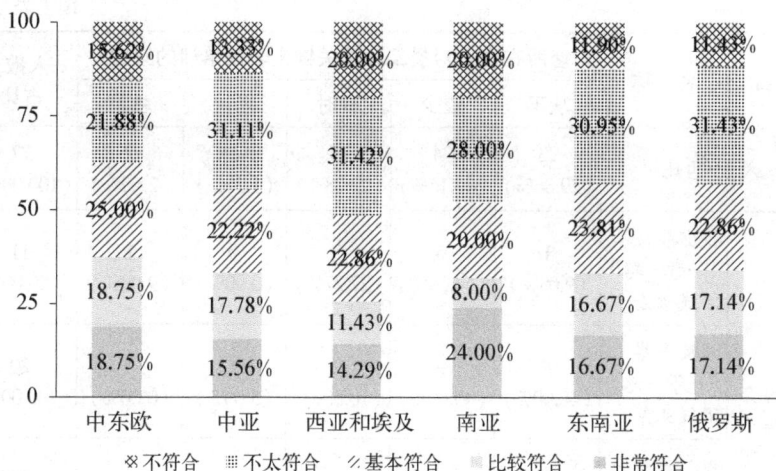

图 5-8 "一带一路"中方企业在招聘时对员工关键土著语言能力的要求(分区域)

（3）企业提供的关键土著语言培训

除了在招聘时对员工关键土著语言能力提出要求,企业在员工在职期间提供的关键土著语言培训也能反映出企业对员工关键土著语言能力的需求。课题组通过附录1第8题"您所在企业对员工开展关键土著语培训的频率"来了解这方面的情况。

表 5-38 企业为员工开展关键土著语言培训的情况

题目	名 称	您所在企业对员工开展关键土著语培训的频率					人数/占比
		从不	较少	有时	经常	总是	
您所在企业的性质是	国有企业	18 (32.14%)	23 (41.08%)	13 (23.21%)	0 (0.00%)	2 (3.57%)	56 (100.00%)
	民营企业	3 (27.27%)	4 (36.36%)	3 (27.27%)	1 (9.10%)	0 (0.00%)	11 (100.00%)
	合资企业	1 (25.00%)	3 (75.00%)	0 (0.00%)	0 (0.00%)	0 (0.00%)	4 (100.00%)
	其他	1 (16.67%)	4 (66.66%)	1 (16.67%)	0 (0.00%)	0 (0.00%)	6 (100.00%)

续上表

题目	名　称	您所在企业对员工开展关键土著语培训的频率					人数/占比
		从不	较少	有时	经常	总是	
人数/占比		23 (29.86%)	34 (44.16%)	17 (22.08%)	1 (1.30%)	2 (2.60%)	77 (100.00%)
您的企业属于下列哪种情况	较少涉及"一带一路"沿线业务	1 (9.09%)	6 (54.55%)	3 (27.27%)	0 (0.00%)	1 (9.09%)	11 (100.00%)
	涉及一些"一带一路"沿线业务	8 (40.00%)	9 (45.00%)	2 (10.00%)	1 (5.00%)	0 (0.00%)	20 (100.00%)
	以"一带一路"沿线业务为主	10 (29.41%)	14 (41.18%)	9 (26.47%)	0 (0.00%)	1 (2.94%)	34 (100.00%)
	全部为"一带一路"沿线业务	4 (33.33%)	5 (41.67%)	3 (25.00%)	0 (0.00%)	0 (0.00%)	12 (100.00%)
人数/占比		23 (29.86%)	34 (44.16%)	17 (22.08%)	1 (1.30%)	2 (2.60%)	77 (100.00%)
中东欧	未选中	18 (40.00%)	19 (42.22%)	7 (15.56%)	0 (0.00%)	1 (2.22%)	45 (100.00%)
	选中	5 (15.63%)	15 (46.88%)	10 (31.25%)	1 (3.12%)	1 (3.12%)	32 (100.00%)
人数/占比		23 (29.86%)	34 (44.16%)	17 (22.08%)	1 (1.30%)	2 (2.60%)	77 (100.00%)
中亚	未选中	11 (34.38%)	14 (43.75%)	7 (21.87%)	0 (0.00%)	0 (0.00%)	32 (100.00%)
	选中	12 (26.68%)	20 (44.44%)	10 (22.22%)	1 (2.22%)	2 (4.44%)	45 (100.00%)
人数/占比		23 (29.86%)	34 (44.16%)	17 (22.08%)	1 (1.30%)	2 (2.60%)	77 (100.00%)
西亚和埃及	未选中	15 (35.71%)	15 (35.71%)	10 (23.81%)	0 (0.00%)	2 (4.77%)	42 (100.00%)
	选中	8 (22.85%)	19 (54.29%)	7 (20.00%)	1 (2.86%)	0 (0.00%)	35 (100.00%)

题目	名　称	您所在企业对员工开展关键土著语培训的频率					人数/占比
		从不	较少	有时	经常	总是	
人数/占比		23 (29.86%)	34 (44.16%)	17 (22.08%)	1 (1.30%)	2 (2.60%)	77 (100.00%)
南亚	未选中	20 (38.46%)	19 (36.54%)	11 (21.15%)	0 (0.00%)	2 (3.85%)	52 (100.00%)
	选中	3 (12.00%)	15 (60.00%)	6 (24.00%)	1 (4.00%)	0 (0.00%)	25 (100.00%)
人数/占比		23 (29.86%)	34 (44.16%)	17 (22.08%)	1 (1.30%)	2 (2.60%)	77 (100.00%)
东南亚	未选中	13 (37.14%)	16 (45.71%)	5 (14.29%)	0 (0.00%)	1 (2.86%)	35 (100.00%)
	选中	10 (23.81%)	18 (42.86%)	12 (28.57%)	1 (2.38%)	1 (2.38%)	42 (100.00%)
人数/占比		23 (29.86%)	34 (44.16%)	17 (22.08%)	1 (1.30%)	2 (2.60%)	77 (100.00%)
俄罗斯	未选中	14 (33.33%)	19 (45.24%)	9 (21.43%)	0 (0.00%)	0 (0.00%)	42 (100.00%)
	选中	9 (25.71%)	15 (42.86%)	8 (22.86%)	1 (2.86%)	2 (5.71%)	35 (100.00%)
人数/占比		23 (29.86%)	34 (44.16%)	17 (22.08%)	1 (1.30%)	2 (2.60%)	77 (100.00%)

表 5-38 表明,针对"您所在企业对员工开展关键土著语言培训的频率"这一题项,相应的调研结果按比例分别为:较少(44.16%)>从不(29.86%)>有时(22.08%)>总是(2.6%)>经常(1.3%)。选择"有时""经常"及"总是"的占比 25.98%,这一比例虽然看起来不高,但企业能在繁忙的业务中专门为员工提供关键土著语言能力方面的培训,仍可见企业对这一问题的重视。访谈中也有部分管理人员提及单位计划开展这方面的培训。由表5-39方差分析结果($p=0.875>0.05$)可知,不同性质企业之间在为员工开展关键土著语言培训方面没有明显差异。而根据表5-40方

差分析结果（$p=0.270>0.05$），企业在"一带一路"沿线地区业务情况对于企业为员工开展关键土著语言培训没有显著影响。表5-41和图5-9则表明，"一带一路"不同区域中方企业在为员工开展关键土著语言培训这一问题上没有显著差别。访谈中，多位受访员工提到企业有相应的语言培训，一般以短期口语交际培训为主：

都会有这种短期的基础语言培训。[公司]会安排这种课程，先学习一些简单的单词，让员工有简单的口语沟通能力。……属于公司全员覆盖，所有的人都会接受这种语言培训，短的话是一个月，长的话可能三个月。（Q2）

表5-39　不同性质企业为员工开展关键土著语言培训的情况

	您所在企业的性质是（平均值±标准差）				F	p
	国有企业（$n=56$）	民营企业（$n=11$）	合资企业（$n=4$）	其他（$n=6$）		
您所在企业对员工开展关键土著语言培训的频率	2.02±0.94	2.18±0.98	1.75±0.50	2.00±0.63	0.230	0.875
* $p<0.05$　＊＊$p<0.01$						

表5-40　企业在"一带一路"沿线地区业务情况对其为员工开展关键土著语言培训的影响

	您的企业属于下列哪种情况（平均值±标准差）				F	p
	较少涉及"一带一路"沿线业务（$n=11$）	涉及一些"一带一路"沿线业务（$n=20$）	以"一带一路"沿线业务为主（$n=34$）	全部为"一带一路"沿线业务（$n=12$）		
您所在企业对员工开展关键土著语言培训的频率	2.45±1.04	1.80±0.83	2.06±0.92	1.92±0.79	1.335	0.270
* $p<0.05$　＊＊$p<0.01$						

表 5-41 "一带一路"中方企业为员工开展关键
土著语言培训的情况 (分区域)

标　　题	项	中东欧	中亚	西亚和埃及	南亚	东南亚	俄罗斯
您所在企业对员工开展关键土著语言培训的频率	从不	15.63%	26.68%	22.85%	12.00%	23.81%	25.71%
	较少	46.88%	44.44%	54.29%	60.00%	42.86%	42.86%
	有时	31.25%	22.22%	20.00%	24.00%	28.57%	22.86%
	经常	3.12%	2.22%	2.86%	4.00%	2.38%	2.86%
	总是	3.12%	4.44%	0.00%	0.00%	2.38%	5.71%

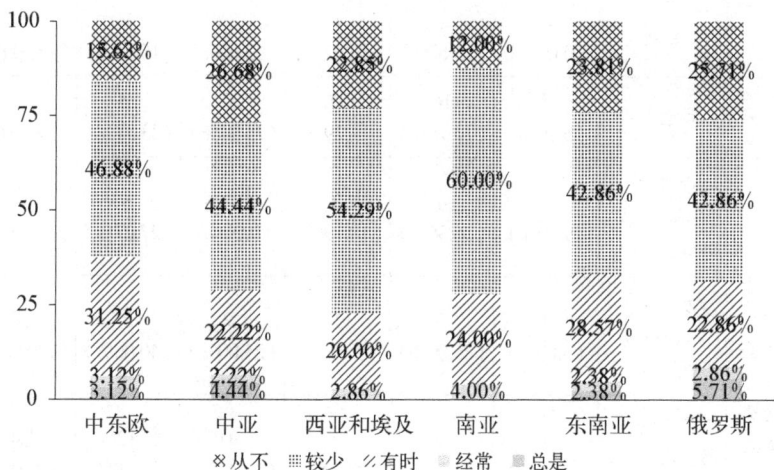

图 5-9 "一带一路"中方企业为员工开展关键土著
语言培训的情况 (分区域)

5.2.3 关键土著语言文化对增进企业理解与互信的意义

（1）关键土著语言技能在促进中外双方理解与互信中的作用

课题组通过附录 1 第 18 题"您觉得关键土著语技能（听、说、读、写、译）在促进中外双方理解与互信方面的重要性"，考察企业员工对这一问题的认识。

表 5 - 42　员工对关键土著语言技能在促进中外
企业理解与互信中的作用的认识

题目	名　称	您觉得关键土著语言技能（听、说、读、写、译）在促进中外双方理解与互信方面的重要性					人数/占比
		很不重要	不太重要	重要性一般	比较重要	非常重要	
您所在企业的性质是	国有企业	4 (7.15%)	11 (19.64%)	7 (12.50%)	16 (28.57%)	18 (32.14%)	56 (100.00%)
	民营企业	0 (0.00%)	4 (36.36%)	3 (27.28%)	0 (0.00%)	4 (36.36%)	11 (100.00%)
	合资企业	0 (0.00%)	0 (0.00%)	0 (0.00%)	1 (25.00%)	3 (75.00%)	4 (100.00%)
	其他	0 (0.00%)	1 (16.67%)	1 (16.67%)	3 (50.00%)	1 (16.67%)	6 (100.00%)
人数/占比		4 (5.19%)	16 (20.78%)	11 (14.29%)	20 (25.97%)	26 (33.77%)	77 (100.00%)
您的企业属于下列哪种情况	较少涉及"一带一路"沿线业务	1 (9.09%)	4 (36.36%)	2 (18.19%)	1 (9.09%)	3 (27.27%)	11 (100.00%)
	涉及一些"一带一路"沿线业务	1 (5.00%)	5 (25.00%)	1 (5.00%)	5 (25.00%)	8 (40.00%)	20 (100.00%)
	以"一带一路"沿线业务为主	1 (2.95%)	4 (11.76%)	7 (20.59%)	10 (29.41%)	12 (35.29%)	34 (100.00%)
	全部为"一带一路"沿线业务	1 (8.33%)	3 (25.00%)	1 (8.33%)	4 (33.34%)	3 (25.00%)	12 (100.00%)
人数/占比		4 (5.19%)	16 (20.78%)	11 (14.29%)	20 (25.97%)	26 (33.77%)	77 (100.00%)
中东欧	未选中	4 (8.89%)	9 (20.00%)	8 (17.77%)	12 (26.67%)	12 (26.67%)	45 (100.00%)
	选中	0 (0.00%)	7 (21.88%)	3 (9.37%)	8 (25.00%)	14 (43.75%)	32 (100.00%)
人数/占比		4 (5.19%)	16 (20.78%)	11 (14.29%)	20 (25.97%)	26 (33.77%)	77 (100.00%)

题目	名 称	您觉得关键土著语言技能（听、说、读、写、译）在促进中外双方理解与互信方面的重要性					人数/占比
		很不重要	不太重要	重要性一般	比较重要	非常重要	
中亚	未选中	0 (0.00%)	10 (31.25%)	4 (12.50%)	7 (21.87%)	11 (34.38%)	32 (100.00%)
	选中	4 (8.89%)	6 (13.33%)	7 (15.56%)	13 (28.89%)	15 (33.33%)	45 (100.00%)
人数/占比		4 (5.19%)	16 (20.78%)	11 (14.29%)	20 (25.97%)	26 (33.77%)	77 (100.00%)
西亚和埃及	未选中	3 (7.14%)	10 (23.81%)	6 (14.29%)	11 (26.19%)	12 (28.57%)	42 (100.00%)
	选中	1 (2.86%)	6 (17.14%)	5 (14.29%)	9 (25.71%)	14 (40.00%)	35 (100.00%)
人数/占比		4 (5.19%)	16 (20.78%)	11 (14.29%)	20 (25.97%)	26 (33.77%)	77 (100.00%)
南亚	未选中	3 (5.77%)	12 (23.08%)	8 (15.38%)	13 (25.00%)	16 (30.77%)	52 (100.00%)
	选中	1 (4.00%)	4 (16.00%)	3 (12.00%)	7 (28.00%)	10 (40.00%)	25 (100.00%)
人数/占比		4 (5.19%)	16 (20.78%)	11 (14.29%)	20 (25.97%)	26 (33.77%)	77 (100.00%)
东南亚	未选中	2 (5.71%)	9 (25.71%)	6 (17.15%)	10 (28.57%)	8 (22.86%)	35 (100.00%)
	选中	2 (4.76%)	7 (16.67%)	5 (11.90%)	10 (23.81%)	18 (42.86%)	42 (100.00%)
人数/占比		4 (5.19%)	16 (20.78%)	11 (14.29%)	20 (25.97%)	26 (33.77%)	77 (100.00%)
俄罗斯	未选中	1 (2.38%)	13 (30.95%)	7 (16.67%)	9 (21.43%)	12 (28.57%)	42 (100.00%)
	选中	3 (8.57%)	3 (8.57%)	4 (11.43%)	11 (31.43%)	14 (40.00%)	35 (100.00%)
人数/占比		4 (5.19%)	16 (20.78%)	11 (14.29%)	20 (25.97%)	26 (33.77%)	77 (100.00%)

表 5－42 表明,整体上看,员工对关键土著语言技能在促进中外企业理解与互信中的作用的认识按比例分别为：非常重要（33.77%）>比较重要（25.97%）>不太重要（20.78%）>一般（14.29%）>很不重要（5.19%）。选择"一般""比较重要"和"非常重要"的比例共计74.03%（其中"比较重要"和"非常重要"合计占比为59.74%），说明多数员工认为关键土著语言技能在促进中外企业理解与互信过程中的作用值得关注。由表 5－43 方差分析结果（$p = 0.318 > 0.05$）可知,不同性质企业员工在对关键土著语言技能在促进中外企业理解与互信中的作用的认识方面没有明显差异。而根据表5－44方差分析结果（$p = 0.385 > 0.05$）可知,企业在"一带一路"沿线地区业务情况对员工在这一问题上的认识没有显著影响。表 5－45 和图 5－10 则表明,"一带一路"中方企业所在具体区域对员工在这一问题上的认识没有显著影响。

表 5－43　不同性质企业员工对关键土著语言技能在促进中外企业理解与互信中的作用的认识

	您所在企业的性质是（平均值±标准差）				F	p
	国有企业（$n = 56$）	民营企业（$n = 11$）	合资企业（$n = 4$）	其他（$n = 6$）		
您觉得关键土著语言技能（听、说、读、写、译）在促进中外双方理解与互信方面的重要性	3.59±1.32	3.36±1.36	4.75±0.50	3.67±1.03	1.194	0.318
＊$p < 0.05$　＊＊$p < 0.01$						

表 5－44　员工对于关键土著语言技能可以促进中外企业理解与互信的认识与企业在"一带一路"沿线地区业务情况的关系

	您的企业属于下列哪种情况（平均值±标准差）				F	p
	较少涉及"一带一路"沿线业务（$n = 11$）	涉及一些"一带一路"沿线业务（$n = 20$）	以"一带一路"沿线业务为主（$n = 34$）	全部为"一带一路"沿线业务（$n = 12$）		
您觉得关键土著语言技能（听、说、读、写、译）在促进中外双方理解与互信方面的重要性	3.09±1.45	3.70±1.38	3.82±1.14	3.42±1.38	1.028	0.385
＊$p < 0.05$　＊＊$p < 0.01$						

表 5-45 员工对于关键土著语言技能可以促进中外企业理解与
互信的认识情况(按企业所在具体区域分别统计)

标　题	项	中东欧	中亚	西亚和埃及	南亚	东南亚	俄罗斯
您觉得关键土著语言技能(听、说、读、写、译)在促进中外双方理解与互信方面的重要性	很不重要	0.00%	8.89%	2.86%	4.00%	4.76%	8.57%
	不太重要	21.88%	13.33%	17.14%	16.00%	16.67%	8.57%
	重要性一般	9.37%	15.56%	14.29%	12.00%	11.90%	11.43%
	比较重要	25.00%	28.89%	25.71%	28.00%	23.81%	31.43%
	非常重要	43.75%	33.33%	40.00%	40.00%	42.86%	40.00%

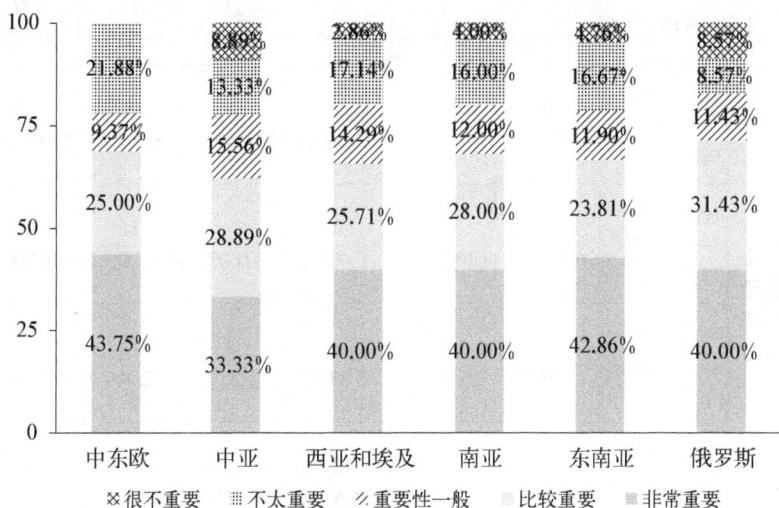

图 5-10 员工对于关键土著语言技能可以促进中外企业理解与
互信的认识情况(按企业所在具体区域分别统计)

(2) 对象国知识在促进中外双方企业理解与互信中的作用

课题组通过附录 1 第 19 题"您认为了解对象国知识(如对象国的国情、民情、社会情况等)在促进中外双方理解与互信方面的重要性",考察企业员工对这一问题的认识。

表 5－46　企业员工对于对象国知识可以促进
中外企业理解与互信的认识

题目	名 称	您认为了解对象国知识(如对象国的国情、民情、社会情况等)在促进双方理解与互信方面的重要性					人数/占比
		很不重要	不太重要	一般	比较重要	非常重要	
您所在企业的性质是	国有企业	2 (3.57%)	7 (12.50%)	4 (7.15%)	13 (23.21%)	30 (53.57%)	56 (100.00%)
	民营企业	0 (0.00%)	0 (0.00%)	0 (0.00%)	5 (45.45%)	6 (54.55%)	11 (100.00%)
	合资企业	0 (0.00%)	0 (0.00%)	1 (25.00%)	0 (0.00%)	3 (75.00%)	4 (100.00%)
	其他	0 (0.00%)	0 (0.00%)	1 (16.67%)	3 (50.00%)	2 (33.33%)	6 (100.00%)
人数/占比		2 (2.60%)	7 (9.09%)	6 (7.79%)	21 (27.27%)	41 (53.25%)	77 (100.00%)
您的企业属于下列哪种情况	较少涉及"一带一路"沿线业务	0 (0.00%)	1 (9.09%)	2 (18.18%)	3 (27.28%)	5 (45.45%)	11 (100.00%)
	涉及一些"一带一路"沿线业务	1 (5.00%)	2 (10.00%)	0 (0.00%)	6 (30.00%)	11 (55.00%)	20 (100.00%)
	以"一带一路"沿线业务为主	1 (2.95%)	2 (5.88%)	2 (5.88%)	11 (32.35%)	18 (52.94%)	34 (100.00%)
	全部为"一带一路"沿线业务	0 (0.00%)	2 (16.67%)	2 (16.67%)	1 (8.33%)	7 (58.33%)	12 (100.00%)
人数/占比		2 (2.60%)	7 (9.09%)	6 (7.79%)	21 (27.27%)	41 (53.25%)	77 (100.00%)
中东欧	未选中	2 (4.44%)	3 (6.67%)	3 (6.67%)	15 (33.33%)	22 (48.89%)	45 (100.00%)
	选中	0 (0.00%)	4 (12.50%)	3 (9.37%)	6 (18.75%)	19 (59.38%)	32 (100.00%)
人数/占比		2 (2.60%)	7 (9.09%)	6 (7.79%)	21 (27.27%)	41 (53.25%)	77 (100.00%)

题目	名　称	您认为了解对象国知识（如对象国的国情、民情、社会情况等）在促进双方理解与互信方面的重要性					人数/占比
		很不重要	不太重要	一般	比较重要	非常重要	
中亚	未选中	0 (0.00%)	5 (15.62%)	3 (9.37%)	11 (34.38%)	13 (40.63%)	32 (100.00%)
	选中	2 (4.44%)	2 (4.44%)	3 (6.68%)	10 (22.22%)	28 (62.22%)	45 (100.00%)
人数/占比		2 (2.60%)	7 (9.09%)	6 (7.79%)	21 (27.27%)	41 (53.25%)	77 (100.00%)
西亚和埃及	未选中	1 (2.38%)	3 (7.14%)	1 (2.38%)	16 (38.10%)	21 (50.00%)	42 (100.00%)
	选中	1 (2.85%)	4 (11.43%)	5 (14.29%)	5 (14.29%)	20 (57.14%)	35 (100.00%)
人数/占比		2 (2.60%)	7 (9.09%)	6 (7.79%)	21 (27.27%)	41 (53.25%)	77 (100.00%)
南亚	未选中	2 (3.85%)	6 (11.54%)	3 (5.77%)	18 (34.61%)	23 (44.23%)	52 (100.00%)
	选中	0 (0.00%)	1 (4.00%)	3 (12.00%)	3 (12.00%)	18 (72.00%)	25 (100.00%)
人数/占比		2 (2.60%)	7 (9.09%)	6 (7.79%)	21 (27.27%)	41 (53.25%)	77 (100.00%)
东南亚	未选中	1 (2.85%)	4 (11.43%)	3 (8.57%)	15 (42.86%)	12 (34.29%)	35 (100.00%)
	选中	1 (2.38%)	3 (7.14%)	3 (7.14%)	6 (14.29%)	29 (69.05%)	42 (100.00%)
人数/占比		2 (2.60%)	7 (9.09%)	6 (7.79%)	21 (27.27%)	41 (53.25%)	77 (100.00%)
俄罗斯	未选中	1 (2.38%)	7 (16.67%)	3 (7.14%)	14 (33.33%)	17 (40.48%)	42 (100.00%)
	选中	1 (2.86%)	0 (0.00%)	3 (8.57%)	7 (20.00%)	24 (68.57%)	35 (100.00%)
人数/占比		2 (2.60%)	7 (9.09%)	6 (7.79%)	21 (27.27%)	41 (53.25%)	77 (100.00%)

表 5-46 表明,整体而言,员工对关键土著语言技能在促进中外企业理解与互信中作用的认识按比例分别为:非常重要(53.25%)>比较重要(27.27%)>不太重要(9.09%)>一般(7.79%)>很不重要(2.6%)。选择"一般""比较重要"和"非常重要"的比例共计88.31%(其中"比较重要"和"非常重要"合计占比为80.52%),说明多数员工认为对象国知识在促进中外企业理解与互信过程中的作用非常重要。由表 5-47 方差分析结果($p = 0.618 > 0.05$)可知,不同性质企业员工在对于对象国知识可以促进中外企业理解与互信这一问题的认识上没有明显差异。而根据表 5-48

表 5-47　不同性质企业员工对于对象国知识可以促进
中外企业理解与互信的认识

方差分析结果					
	您所在企业的性质是(平均值±标准差)			*F*	*p*
	国有企业 (*n*=56)	民营企业 (*n*=11)	合资企业 (*n*=4)	其他 (*n*=6)		
您认为了解对象国知识(如对象国的国情、民情、社会情况等)在促进双方理解与互信方面的重要性	4.11±1.20	4.55±0.52	4.50±1.00	4.17±0.75	0.598	0.618

* $p<0.05$　** $p<0.01$

表 5-48　员工对于对象国知识可以促进中外企业理解与互信的
认识与企业在"一带一路"沿线地区业务情况的关系

	您的企业属于下列哪种情况(平均值±标准差)				*F*	*p*
	较少涉及"一带一路"沿线业务(*n*=11)	涉及一些"一带一路"沿线业务(*n*=20)	以"一带一路"沿线业务为主(*n*=34)	全部为"一带一路"沿线业务(*n*=12)		
您认为了解对象国知识(如对象国的国情、民情、社会情况等)在促进双方理解与互信方面的重要性	4.09±1.04	4.20±1.20	4.26±1.02	4.08±1.24	0.118	0.949

* $p<0.05$　** $p<0.01$

方差分析结果($p=0.949>0.05$)可知,企业在"一带一路"沿线地区业务情况对员工在这一问题上的认识没有显著影响。表5-49和图5-11则表明,"一带一路"中方企业所在具体区域对员工在这一问题上的认识没有显著影响。

表5-49　员工对于对象国知识可以促进中外企业理解与互信的认识情况(按企业所在区域分别统计)

标题	项	中东欧	中亚	西亚和埃及	南亚	东南亚	俄罗斯
您认为了解对象国知识(如对象国的国情、民情、社会情况等)在促进双方理解与互信方面的重要性	很不重要	0.00%	4.44%	2.85%	0.00%	2.38%	2.86%
	不太重要	12.50%	4.44%	11.43%	4.00%	7.14%	0.00%
	一般	9.37%	6.68%	14.29%	12.00%	7.14%	8.57%
	比较重要	18.75%	22.22%	14.29%	12.00%	14.29%	20.00%
	非常重要	59.38%	62.22%	57.14%	72.00%	69.05%	68.57%

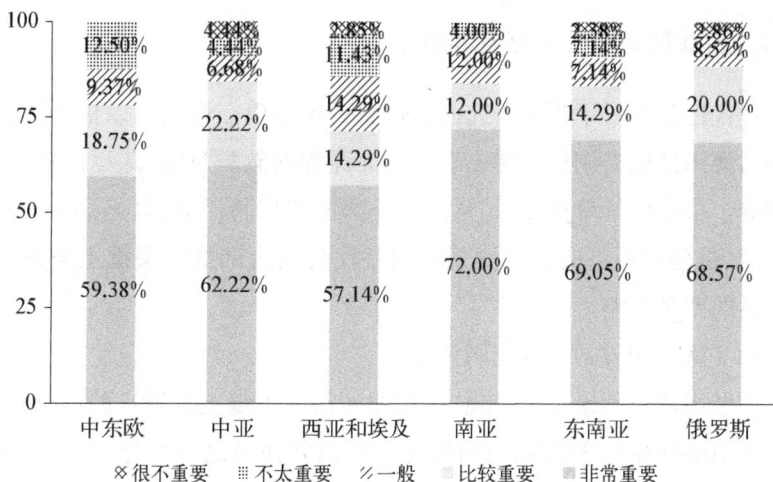

图5-11　员工对于对象国知识可以促进中外企业理解与互信的认识情况(按企业所在区域分别统计)

综合对附录1第18题与19题的分析结果可以发现,在企业员工看来,关键土著语言技能和对象国知识对于促进中外企业理解与互信都很重要。但进一步深入比较两题的结果可以看出,整体而言,与关键土著语言技能相比,员工认为对象国知识对于促进中外企业理解与互信更为重要:针对关键土著语言的重要性,员工选择"一般""比较重要"和"非常重要"的比例共计74.03%,其中选择"比较重要"和"非常重要"的合计占比为59.74%;而对于对象国知识,员工选择"一般""比较重要"和"非常重要"的比例共计88.31%,其中选择"比较重要"和"非常重要"的合计占比为80.52%。访谈结果也印证了这一点:

> 我们乐于接受这样的(具有关键土著语言文化知识的)业务员来我们公司发展,从公司需求的角度讲,我们需要培养这样的人才,这也是业务交流中的一个关键因素,有利于促进双方交流,增进彼此的信任。……特别是一些区域的文化习惯是我们培训的关键内容,比如欧洲的工作休假制度、基督教文化、穆斯林禁忌、各国国庆休假日、各国餐饮礼仪等都是我们培训的内容。(Q6)

5.2.4 企业的替代性策略及其效果

替代性策略对于当前研究而言也有一定价值。高校可以根据替代性策略的使用情况来调整关键土著语言类课程的教学目标、课程设置、教学方案等。根据因子分析结果,从公司外部短期招聘译员、以英语为中介开展交流,是公司可以或者已经采取的替代公司内部员工关键土著语言能力不足的两种策略。

(1) 从公司外部短期招聘译员

课题组通过附录1第9题"公司业务需要关键土著语言翻译时,聘用专门译员的频率",关注从公司外部短期招聘译员这一问题,以下呈现相关调研结果。

表5-50表明,对企业从外部招聘短期译员这一问题的调研结果按比例分别为:较少(27.27%)>经常(25.97%)>有时(19.48%)>从不(14.29%)>总是(12.99%)。选择"有时""经常"和"总是"的比例共计58.44%,说明接近五分之三的企业会使用聘请短期译员这一替代性策略。由表5-51方差分析结果($p=0.116>0.05$)可知,不同性质企业在从外部

表 5-50 企业从外部招聘短期译员的情况

题目	名 称	公司业务需要关键土著语翻译时,聘用专门译员的频率					人数/占比
		从不	较少	有时	经常	总是	
您所在企业的性质是	国有企业	6 (10.72%)	12 (21.43%)	13 (23.21%)	18 (32.14%)	7 (12.50%)	56 (100.00%)
	民营企业	1 (9.09%)	6 (54.55%)	1 (9.09%)	0 (0.00%)	3 (27.27%)	11 (100.00%)
	合资企业	1 (25.00%)	2 (50.00%)	0 (0.00%)	1 (25.00%)	0 (0.00%)	4 (100.00%)
	其他	3 (50.00%)	1 (16.67%)	1 (16.67%)	1 (16.67%)	0 (0.00%)	6 (100.00%)
人数/占比		11 (14.29%)	21 (27.27%)	15 (19.48%)	20 (25.97%)	10 (12.99%)	77 (100.00%)
您的企业属于下列哪种情况	较少涉及"一带一路"沿线业务	3 (27.27%)	4 (36.37%)	1 (9.09%)	2 (18.18%)	1 (9.09%)	11 (100.00%)
	涉及一些"一带一路"沿线业务	1 (5.00%)	4 (20.00%)	3 (15.00%)	9 (45.00%)	3 (15.00%)	20 (100.00%)
	以"一带一路"沿线业务为主	5 (14.71%)	9 (26.47%)	8 (23.53%)	8 (23.53%)	4 (11.76%)	34 (100.00%)
	全部为"一带一路"沿线业务	2 (16.67%)	4 (33.33%)	3 (25.00%)	1 (8.33%)	2 (16.67%)	12 (100.00%)
人数/占比		11 (14.29%)	21 (27.27%)	15 (19.48%)	20 (25.97%)	10 (12.99%)	77 (100.00%)
中东欧	未选中	6 (13.33%)	13 (28.90%)	11 (24.44%)	10 (22.22%)	5 (11.11%)	45 (100.00%)
	选中	5 (15.63%)	8 (25.00%)	4 (12.50%)	10 (31.25%)	5 (15.63%)	32 (100.00%)
人数/占比		11 (14.29%)	21 (27.27%)	15 (19.48%)	20 (25.97%)	10 (12.99%)	77 (100.00%)

题目	名 称	公司业务需要关键土著语翻译时,聘用专门译员的频率					人数/占比
		从不	较少	有时	经常	总是	
中亚	未选中	2 (6.25%)	14 (43.75%)	5 (15.62%)	7 (21.88%)	4 (12.50%)	32 (100.00%)
	选中	9 (20.00%)	7 (15.56%)	10 (22.22%)	13 (28.89%)	6 (13.33%)	45 (100.00%)
人数/占比		11 (14.29%)	21 (27.27%)	15 (19.48%)	20 (25.97%)	10 (12.99%)	77 (100.00%)
西亚和埃及	未选中	6 (14.29%)	14 (33.33%)	7 (16.67%)	11 (26.19%)	4 (9.52%)	42 (100.00%)
	选中	5 (14.29%)	7 (20.00%)	8 (22.86%)	9 (25.71%)	6 (17.14%)	35 (100.00%)
人数/占比		11 (14.29%)	21 (27.27%)	15 (19.48%)	20 (25.97%)	10 (12.99%)	77 (100.00%)
南亚	未选中	7 (13.46%)	16 (30.77%)	9 (17.31%)	14 (26.92%)	6 (11.54%)	52 (100.00%)
	选中	4 (16.00%)	5 (20.00%)	6 (24.00%)	6 (24.00%)	4 (16.00%)	25 (100.00%)
人数/占比		11 (14.29%)	21 (27.27%)	15 (19.48%)	20 (25.97%)	10 (12.99%)	77 (100.00%)
东南亚	未选中	6 (17.14%)	12 (34.29%)	5 (14.29%)	8 (22.86%)	4 (11.42%)	35 (100.00%)
	选中	5 (11.90%)	9 (21.43%)	10 (23.81%)	12 (28.57%)	6 (14.29%)	42 (100.00%)
人数/占比		11 (14.29%)	21 (27.27%)	15 (19.48%)	20 (25.97%)	10 (12.99%)	77 (100.00%)
俄罗斯	未选中	7 (16.67%)	14 (33.33%)	6 (14.29%)	11 (26.19%)	4 (9.52%)	42 (100.00%)
	选中	4 (11.44%)	7 (20.00%)	9 (25.71%)	9 (25.71%)	6 (17.14%)	35 (100.00%)
人数/占比		11 (14.29%)	21 (27.27%)	15 (19.48%)	20 (25.97%)	10 (12.99%)	77 (100.00%)

短期聘请译员方面没有明显差异。而根据表 5-52 方差分析结果（$p =$ 0.171>0.05）可知,企业在"一带一路"沿线地区业务情况对企业在这一问题上的做法没有显著影响。表 5-53 和图 5-12 则表明,"一带一路"中方企业所在具体区域对企业在这一问题上的做法没有显著影响。访谈结果表明,从外部招聘的短期译员主要来自当地,可能会面临企业机密泄露的风险。同时,短期译员不够稳定,对企业的了解也不深入,对企业开展业务会产生不利影响。例如 Q1 表示:

"我们在关键岗位的人员选择是要有讲究的,我们很多重要信息资料,各个项目的一些进展、资金流,我们很怕这些东西泄露。"（Q1）

表 5-51　不同性质企业从外部招聘短期译员的情况

	您所在企业的性质是（平均值±标准差）				F	p
	国有企业（$n=56$）	民营企业（$n=11$）	合资企业（$n=4$）	其他（$n=6$）		
公司业务需要关键土著语言翻译时,聘用专门译员的频率	3.14±1.21	2.82±1.47	2.25±1.26	2.00±1.26	2.035	0.116
＊$p<0.05$　＊＊$p<0.01$						

表 5-52　企业在"一带一路"沿线地区业务情况对企业从外部招聘短期译员情况的影响

	您的企业属于下列哪种情况（平均值±标准差）				F	p
	较少涉及"一带一路"沿线业务（$n=11$）	涉及一些"一带一路"沿线业务（$n=20$）	以"一带一路"沿线业务为主（$n=34$）	全部为"一带一路"沿线业务（$n=12$）		
公司业务需要关键土著语言翻译时,聘用专门译员的频率	2.45±1.37	3.45±1.15	2.91±1.26	2.75±1.36	1.715	0.171
＊$p<0.05$　＊＊$p<0.01$						

表 5-53 "一带一路"中方企业从外部招聘短期
译员的情况（分区域）

标　题	项	中东欧	中亚	西亚和埃及	南亚	东南亚	俄罗斯
公司业务需要关键土著语言翻译时,聘用专门译员的频率	从不	15.63%	20.00%	14.29%	16.00%	11.90%	11.44%
	较少	25.00%	15.56%	20.00%	20.00%	21.43%	20.00%
	有时	12.50%	22.22%	22.86%	24.00%	23.81%	25.71%
	经常	31.25%	28.89%	25.71%	24.00%	28.57%	25.71%
	总是	15.63%	13.33%	17.14%	16.00%	14.29%	17.14%

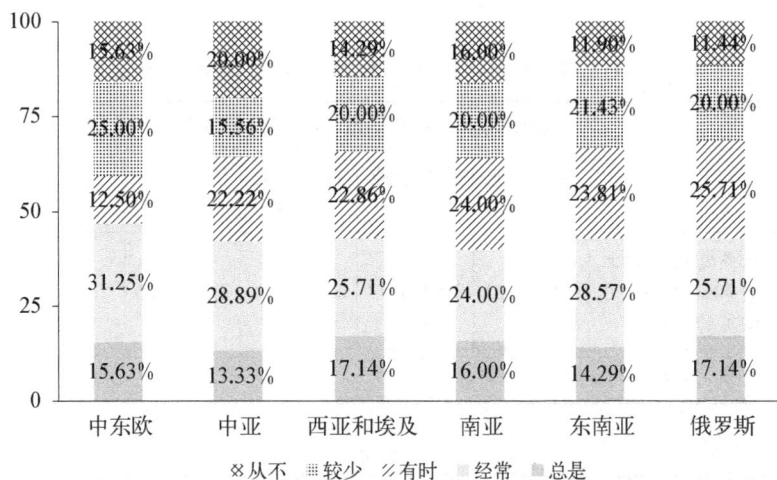

图 5-12 "一带一路"中方企业从外部招聘短期
译员的情况（分区域）

（2）以英语为中介开展交流

课题组通过附录 1 第 17 题"您在工作中用到关键土著语言相关文件时,需要查找该文件对应的英语版本,或请人将其翻译成英语的频率",主要考察以英语为中介是否满足工作需要的问题。在访谈中,Q1 提到,"有时我们当地员工会把他们收集到的信息翻译成英语,我们中方员工用英语来阅读。"以下呈现相关调研结果。

表 5-54 员工以英语为中介的情况

| 题目 | 名　称 | 您在工作中用到关键土著语言相关文件时,需要查找该文件对应的英语版本,或请人将其翻译为英语的频率 | | | | | 人数/占比 |
		从不	较少	有时	经常	总是	
您所在企业的性质是	国有企业	12 (21.43%)	16 (28.57%)	9 (16.07%)	10 (17.86%)	9 (16.07%)	56 (100.00%)
	民营企业	1 (9.09%)	3 (27.27%)	4 (36.36%)	2 (18.19%)	1 (9.09%)	11 (100.00%)
	合资企业	0 (0.00%)	2 (50.00%)	0 (0.00%)	2 (50.00%)	0 (0.00%)	4 (100.00%)
	其他	2 (33.33%)	0 (0.00%)	1 (16.67%)	3 (50.00%)	0 (0.00%)	6 (100.00%)
人数/占比		15 (19.48%)	21 (27.27%)	14 (18.18%)	17 (22.08%)	10 (12.99%)	77 (100.00%)
您的企业属于下列哪种情况	较少涉及"一带一路"沿线业务	4 (36.37%)	0 (0.00%)	1 (9.09%)	5 (45.45%)	1 (9.09%)	11 (100.00%)
	涉及一些"一带一路"沿线业务	4 (20.00%)	6 (30.00%)	7 (35.00%)	1 (5.00%)	2 (10.00%)	20 (100.00%)
	以"一带一路"沿线业务为主	6 (17.65%)	9 (26.46%)	5 (14.71%)	7 (20.59%)	7 (20.59%)	34 (100.00%)
	全部为"一带一路"沿线业务	1 (8.33%)	6 (50.00%)	1 (8.33%)	4 (33.34%)	0 (0.00%)	12 (100.00%)
人数/占比		15 (19.48%)	21 (27.27%)	14 (18.18%)	17 (22.08%)	10 (12.99%)	77 (100.00%)
中东欧	未选中	12 (26.67%)	13 (28.89%)	6 (13.33%)	9 (20.00%)	5 (11.11%)	45 (100.00%)
	选中	3 (9.37%)	8 (25.00%)	8 (25.00%)	8 (25.00%)	5 (15.63%)	32 (100.00%)
人数/占比		15 (19.48%)	21 (27.27%)	14 (18.18%)	17 (22.08%)	10 (12.99%)	77 (100.00%)

题目	名　称	您在工作中用到关键土著语言相关文件时,需要查找该文件对应的英语版本,或请人将其翻译为英语的频率					人数/占比
		从不	较少	有时	经常	总是	
中亚	未选中	6 (18.75%)	9 (28.12%)	6 (18.75%)	7 (21.88%)	4 (12.50%)	32 (100.00%)
	选中	9 (20.00%)	12 (26.67%)	8 (17.78%)	10 (22.22%)	6 (13.33%)	45 (100.00%)
人数/占比		15 (19.48%)	21 (27.27%)	14 (18.18%)	17 (22.08%)	10 (12.99%)	77 (100.00%)
西亚和埃及	未选中	12 (28.57%)	10 (23.81%)	5 (11.90%)	9 (21.43%)	6 (14.29%)	42 (100.00%)
	选中	3 (8.57%)	11 (31.43%)	9 (25.71%)	8 (22.86%)	4 (11.43%)	35 (100.00%)
人数/占比		15 (19.48%)	21 (27.27%)	14 (18.18%)	17 (22.08%)	10 (12.99%)	77 (100.00%)
南亚	未选中	13 (25.00%)	13 (25.00%)	5 (9.62%)	13 (25.00%)	8 (15.38%)	52 (100.00%)
	选中	2 (8.00%)	8 (32.00%)	9 (36.00%)	4 (16.00%)	2 (8.00%)	25 (100.00%)
人数/占比		15 (19.48%)	21 (27.27%)	14 (18.18%)	17 (22.08%)	10 (12.99%)	77 (100.00%)
东南亚	未选中	7 (20.00%)	11 (31.43%)	2 (5.71%)	10 (28.57%)	5 (14.29%)	35 (100.00%)
	选中	8 (19.05%)	10 (23.81%)	12 (28.57%)	7 (16.67%)	5 (11.90%)	42 (100.00%)
人数/占比		15 (19.48%)	21 (27.27%)	14 (18.18%)	17 (22.08%)	10 (12.99%)	77 (100.00%)
俄罗斯	未选中	9 (21.43%)	13 (30.95%)	6 (14.29%)	9 (21.43%)	5 (11.90%)	42 (100.00%)
	选中	6 (17.13%)	8 (22.86%)	8 (22.86%)	8 (22.86%)	5 (14.29%)	35 (100.00%)
人数/占比		15 (19.48%)	21 (27.27%)	14 (18.18%)	17 (22.08%)	10 (12.99%)	77 (100.00%)

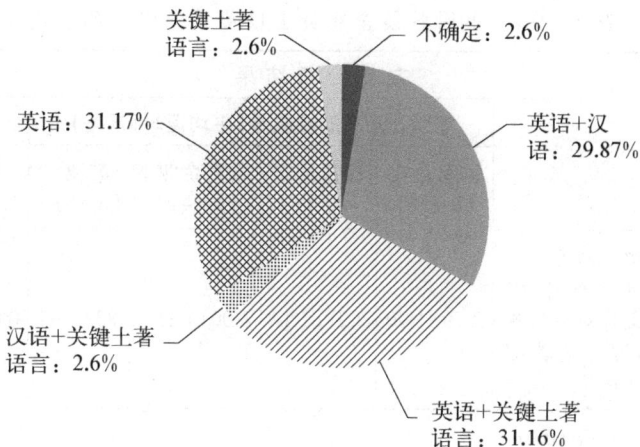

图 5 - 13 在对象国开展商务合作时员工使用语言的情况

表 5 - 54 表明,对员工以英语为中介策略的调研结果按比例分别为:较少(27.27%)>经常(22.08%)>从不(19.48%)>有时(18.18%)>总是(12.99%)。选择"有时""经常"和"总是"的比例共计 53.25%(其中"经常"和"总是"共计占比 35.07%),说明一半以上的员工会使用以英语为中介的替代性策略。附录 1 第 10 题"在对象国开展商务合作时,您通常使用(哪种语言)"的调查结果也说明英语的重要性。如图 5 - 13 所示,企业员工在对象国开展商务合作时,常使用英语作为重要的交流媒介之一。不过,如访谈者所说,"不是所有文件都能找到英语版本,有些国家的政府为了保持自己的特色,还会故意不发布相关文件的英语版本"(Q2)。因此,尽管从统计结果上看,使用这一替代性策略的情况过半,但仍存在使用这一策略却不能有效解决问题的可能。另外,还有近一半(46.75%)的人选择了"从不"和"较少",也表明使用以英语为中介这一替代性策略不能解决所有问题。图 5 - 13 中也表明,关键土著语言常会与英语、汉语等配合使用,同时也有员工单独使用关键土著语言的情况。由 5 - 55 方差分析结果($p = 0.985 > 0.05$)可知,不同性质企业员工在使用以英语为中介这一替代性策略方面没有明显差异。而根据表 5 - 56 方差分析结果($p = 0.658 > 0.05$),企业在"一带一路"沿线地区业务情况对员工在这一问题上的做法没有显著影响。表 5 - 57 和图 5 - 14 则表明"一带一路"中方企业所在具体区域对员工在这一问题上的做法没有显著影响。

表5-55　不同性质企业员工以英语为中介的情况

方差分析结果						
	您所在企业的性质是(平均值±标准差)				F	p
	国有企业 ($n=56$)	民营企业 ($n=11$)	合资企业 ($n=4$)	其他 ($n=6$)		
您在工作中用到关键土著语言相关文件时，需要查找该文件对应的英语版本，或请人将其翻译为英语的频率	2.79±1.40	2.91±1.14	3.00±1.15	2.83±1.47	0.051	0.985

＊$p<0.05$　＊＊$p<0.01$

表5-56　企业在"一带一路"沿线地区业务情况对员工使用以英语为中介策略的影响

	您的企业属于下列哪种情况(平均值±标准差)				F	p
	较少涉及"一带一路"沿线业务($n=11$)	涉及一些"一带一路"沿线业务($n=20$)	以"一带一路"沿线业务为主($n=34$)	全部为"一带一路"沿线业务($n=12$)		
您在工作中用到关键土著语言相关文件时，需要查找该文件对应的英语版本，或请人将其翻译为英语的频率	2.91±1.58	2.55±1.19	3.00±1.44	2.67±1.07	0.538	0.658

＊$p<0.05$　＊＊$p<0.01$

表5-57　"一带一路"中方企业员工以英语为中介的情况(分区域)

标题	项	中东欧	中亚	西亚和埃及	南亚	东南亚	俄罗斯
您在工作中用到关键土著语言相关文件时，需要查找该文件对应的英语版本，或请人将其翻译为英语的频率	从不	9.37%	20.00%	8.57%	8.00%	19.05%	17.13%
	较少	25.00%	26.67%	31.43%	32.00%	23.81%	22.86%
	有时	25.00%	17.78%	25.71%	36.00%	28.57%	22.86%
	经常	25.00%	22.22%	22.86%	16.00%	16.67%	22.86%
	总是	15.63%	13.33%	11.43%	8.00%	11.90%	14.29%

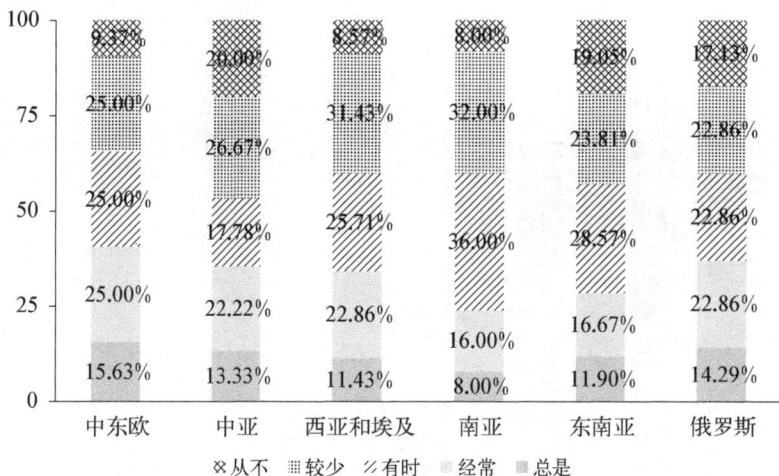

图 5 - 14 "一带一路"中方企业员工以英语为
中介的情况(分区域)

5.2.5 员工对关键土著语言文化重要性的认知

为了更有针对性地开设关键土著语言文化类课程,需要在了解基本需求的基础上,进一步厘清重要语言技能或知识板块,以便在设置课程目标和设计教学方案时有所侧重。因此,课题组通过附录1第20题"结合您当前工作的需要,您觉得以下哪种(哪些)关键土著语言技能或者知识较为重要?",主要调查员工对知识和技能的判断。该题为多选题,包括六个选项。受访者最多可以选择三个选项。以下是调查结果。

从图 5 - 15 可以看出,听、说技能的重要性超出了其他各维度。实际上,对于员工而言,无论是翻译活动还是日常交流活动,具备良好的听和说的技能都是必不可少的。而有关对象国的国情、社情、民情等方面的知识的重要性也明显超过了译、读、写技能,这说明在注重听说技能的同时,关键土著语言教育教学要充分关注对象国知识的重要性。其他技能方面,虽然翻译是运用关键土著语言开展的重要活动之一,但由于上述一些替代性策略的使用,也包括将关键土著语言与其他语言配合使用等原因,译的技能并未进入调研结果的前三位;读和写的技能则位于最后。

为了进一步了解员工的关键土著语言每种技能应达到的水平,课题组借鉴中国英语能力等级量表的相关描述,将"一带一路"沿线企业员工

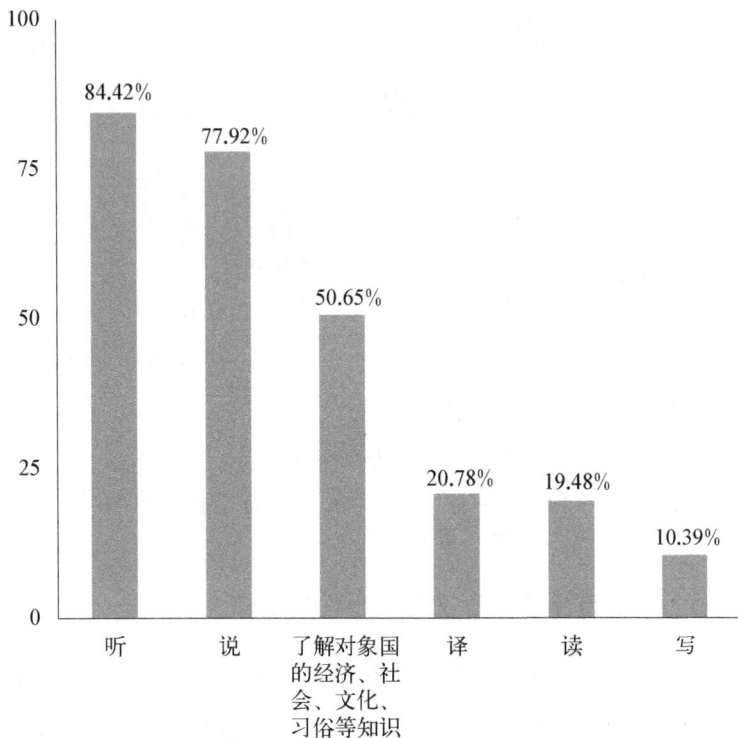

图 5 - 15 员工认为最重要的知识或技能

的关键土著语言各分项技能需求分成了五个等级(水平),让受试者选择。以下分别呈现调研结果,同时课题组尝试基于这些结果对关键土著语言各项技能应该达到的水平进行排序。

(1)"听"的技能最需要达到什么水平

课题组参照中国英语能力等级量表的相关描述,结合访谈中受访者反馈的相关信息,将"一带一路"企业员工的关键土著语言听力技能需求分成了五级水平,从低到高依次是:第 1 级,听懂发音清晰、语速缓慢、词汇常见的话语,获得基本信息;第 2 级,听懂发音清晰、语速较慢的简短口头表达,获取关键信息;第 3 级,听懂语速正常、与个人兴趣相关的口头表达,理解主要内容;第 4 级,听懂信息量大、与个人专业领域相关的口头表达,概括主要内容;第 5 级,听懂各种话题及各种形式的口头表达,掌握要点和细节,理解言外之意。课题组将以上内容编入附录 1 第 21 题"您认为关键土著语言听力方面,应该掌握到什么程度才能满足需求?",并请受试回答。调查结果显示(图 5-16),选择各级水平的受试者人数占比由高到低依次是:第 1 级水平(28.57%)>第 4 级水平(23.38%)>第 3 级水平(22.08%)>第 2 级水平(14.29%)>第 5 级水平(11.68%)。可见,在听力技能方面,选择前 3 级水平的受试者共占比64.94%,说明多数受试者认为能够理解日常口头表达的主要内容即可,不需要对每一种话题都理解。

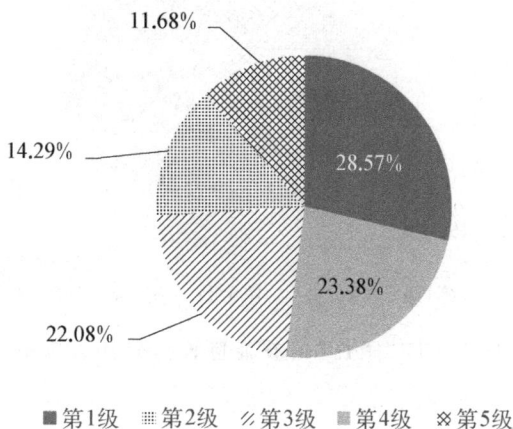

图 5-16 "听"的技能应该达到什么水平

(2)"说"的技能最需要达到什么水平

课题组参照中国英语能力等级量表的相关描述,结合访谈中受访者反馈的相关信息,将"一带一路"沿线企业员工的关键土著语言口语技能需求分成了五级水平,从低到高依次是:第 1 级,能用简单的语言进行基本的日常交流,发音清楚,语调基本正确、自然;第 2 级,能就熟悉的话题与他人进行简单交流,语音、语调和时态基本正确;第 3 级,能表达个人需求和意愿,并根据交际对象选择适当的表达方式;第 4 级,能就日常生活话题或熟悉的社会热点问题发表意见或与他人交流;第 5 级,能就各种熟悉的话题与他人进行对话或讨论,并保持发言权。课题组将以上内容编入附录 1 第 22 题"您认为在关键土著语言口语方面,应该达到什么程度才能满足需求?",并请受试回答。调查结果显示(图 5-17),选择各级水平的受试者人数占比由高到低依次是:第 1 级水平(28.57%)>第 4 级水平(24.68%)>第 3 级水平

（19.48%）>第 5 级水平（15.58%）>第 2 级水平（11.69%）。选择第 1、3、4 级水平的人数共计占比 72.73%，而选择第 1、2、3 级水平的共计占比仅为 59.74%。可见，在"说"的技能方面，最好能够达到第 4 级的水平，即不仅能够表达个人需求与意愿，还能够就日常生活话题或熟悉的社会热点问题发表意见。

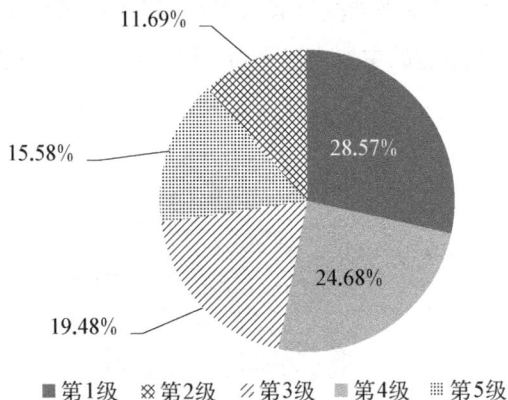

图 5－17　"说"的技能应该达到什么水平

（3）"读"的技能最需要达到什么水平

课题组参照中国英语能力等级量表的相关描述，结合访谈中受访者反馈的相关信息，将"一带一路"沿线企业员工的关键土著语言阅读技能需求分成了五级水平，从低到高依次是：第 1 级，能读懂语言简单、话题熟悉的简短材料，理解主要内容；第 2 级，能读懂简单的应用文，提取关键信息；第 3 级，能读懂语言简单、不同类型的材料，提取细节信息；第 4 级，在读语言较复杂、话题丰富的材料时，能理解主题思想，领会文化内涵；第 5 级，在读语言复杂、专业性较强的材料时，能整合相关内容，分析作者观点立场。课题组将以上内容编入附录 1 第 23 题"您认为在关键土著语言阅读方面，应该掌握到什么程度才能满足需求？"，并请受试回答。调查结果显示（图 5－18），选择各级水平的受试者人数占比由高到低依次是：第 1 级水平（27.27%）>第 3 级水平（22.08%）>第 5 级水平（19.48%）>第 4 级水平（16.88%）>第 2 级水平（14.29%）。可见，在"读"的技能方面，相对要求比较高，除理解主要内容外，还要能够提取细节信息，最好达到能够读懂专业性较强的材料、可以整合阅读内容的程度或水平。在听、说、读、写四项技能中,受试者选择第5级水平(即最高水平)的比例分别为"读"(19.48%)>15.58%("说")>11.68%("听")>9.10%("写",见下文分析),这从一个侧面说明了四种技能的不同重要程度。可见,在"一带一路"沿线企业工作,企业对中国员工的关键土著语言的阅读能力的要求相对高于其他三种技能。

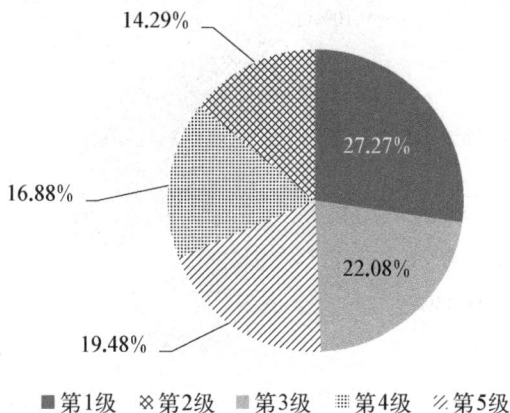

14.29%
27.27%
22.08%
16.88%
19.48%

■第1级　※第2级　▨第3级　▥第4级　▨第5级

图5-18　"读"的技能应该达到什么水平

(4)"写"的技能最需要达到什么水平

课题组参照中国英语能力等级量表的相关描述,结合访谈中受访者反馈的相关信息,将"一带一路"沿线企业员工的关键土著语言写作技能需求分成了五级水平,从低到高依次是:第1级,能根据提示,简单描述身边的人或物的主要特征,用词基本正确;第2级,能简单说明身边所发生事件的起因、过程、结果等,用词基本准确;第3级,能就熟悉的话题表达自己的观点,语句通顺;第4级,能撰写与自身专业领域相关的报告,或常见的应用文(如感谢信、会议纪要);第5级,能进行各种常见文体的写作,语言表达得体。课题组将以上内容编入附录1第24题"您认为在关键土著语言写作方面,应该达到什么程度才能满足需求?",并请受试回答。调查结果显示(图5-19),选择各级水平的受试者人数占比由高到低依次是:第3级水平(31.17%)>第1级水平(27.27%)>第4级水平(16.88%)>第2级水平(15.58%)>第5级水平(9.10%)。其中,选择第1、2、3级水平的占比共计为74.02%,远高于其他三项技能的相应数据(在"听"的技能中,选择第1、2、3级水平的共计占比为64.94%;在"说"的技能中,这一数值为 59.74%;在"读"的技能中,这一数值为 63.64%),这反映出在所有技能中,"一带一路"沿线企业对员工的写作技能的要求最低。具体而言,能就身边的事物和熟悉的话题以书面形式表达自己的观点,做到用词准确、语句通顺即可,专业性要求不高。

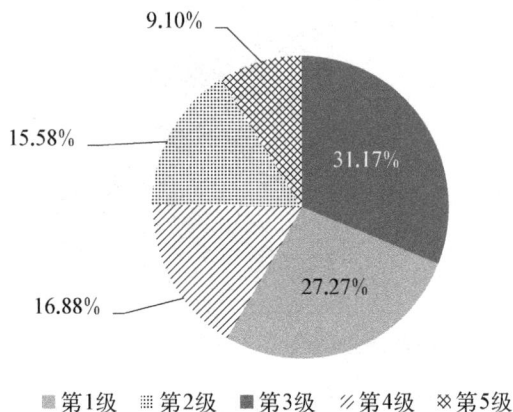

9.10%

15.58%

31.17%

16.88%

27.27%

■第1级 ▥第2级 ■第3级 ▨第4级 ▨第5级

图 5-19 "写"的技能应该达到什么水平

综合以上分析,在"一带一路"倡议背景下,企业员工对四项关键土著语言技能的要求可按从高到低的顺序排列为:读>说>听>写。访谈结果表明,利用关键土著语言获取、解读相关信息,对于企业而言非常重要。同时,使用关键语言进行工作和日常交流,也是企业正常运行和员工顺利工作的重要保障。正如 Q6 所言,

我们业务员是需要具备<u>较高的语言能力</u>的,许多场合需要用到,跟客户的电话、视频、展会、出差都需要用到,尤其是<u>口语能力我们比较注重</u>。

5.3 学生需求

为了解学生对关键土著语课程的需求,课题组对国内八所外语类院

校学生进行问卷调查（详见附录2），以此了解学生对课程设置的满意度、需求以及存在的问题，并结合调研结果以及所发现的问题提出相关建议，以期为关键土著语课程设置改革提供有益参考。下文对相关调查工具、调查对象、调查研究结果进行详细阐述与分析。课题组尝试将调查内容进行归纳，分为学生分析、学习资源、教师分析、课程设置和教学评估。下面进行具体阐释。

5.3.1 学生分析

本部分涉及附录2的四道题。第6题："我修读这门课程主要是因为（……）"（学习目的）；第7题："通过学习该课程，我希望可以（……）"（学习内容）；第10题："当记忆关键土著语词汇有困难时，我通常（……）"（学习策略）；第11题："在教师讲解关键土著语言时，我喜欢教师（……）"（学习风格）。

（1）学习目的

对学习目的的调查主要包括以下八个方面：A.通过课程考试；B.出国学习；C.出国旅游；D.工作需求；E.运用该语言进行日常交际；F.了解该国的国情、社情、民情；G.满足对该语言的好奇心；H.觉得再学一门语言很厉害。

A. 通过课程考试

表5-58表明，整体上看，学生修读目的是"通过课程考试"的比例分别为：完全同意（35.7%）>比较同意（26.7%）>同意（22.0%）>不太同意（8.4%）>不同意（7.3%）。由此可见，学生以通过课程考试为目标的比例较高。但不同性别之间无明显差异。从年级角度看，不同年级间差异较明显：本科一、二、三、四年级对通过课程考试表示"完全同意"的比例分别为35.6%、33.3%、38.0%和36.7%，而研究生一、二、三年级多对此表示"不同意"（比例分别为：33.3%、33.3%、100.0%）和"不太同意"（比例分别为：33.3%、33.3%、0.0%），这说明，研究生阶段的学生学习关键土著语言并不以通过课程考试为首要目标。不同专业学生对此态度略有区别，语言类专业学生选择"完全同意"的比例为35.9%，而非语言类专业学生选择"完全同意"的比例只有22.7%。可见非语言类专业学生并不认同以通过考试为学习目标这一观点。

表 5-58　学习目的-A

序号	个人背景	A. 通过课程考试										人数合计
		不同意		不太同意		同　意		比较同意		完全同意		
		人数	比例	人数	比例	人数	比例	人数	比例	人数	比例	
1	性别	104	7.2%	119	8.4%	313	22.0%	379	26.7%	507	35.7%	1 422
1.1	男生	22	6.7%	34	10.4%	60	18.3%	82	25.0%	130	39.6%	328
1.2	女生	82	7.5%	85	7.8%	253	23.1%	297	27.1%	377	34.5%	1 094
2	年级	104	7.2%	119	8.4%	313	22.0%	379	26.7%	507	35.7%	1 422
2.1	大一	38	7.3%	56	10.8%	103	19.8%	138	26.5%	185	35.6%	520
2.2	大二	18	5.2%	23	6.7%	88	25.5%	101	29.3%	115	33.3%	345
2.3	大三	14	6.0%	15	6.4%	61	26.1%	55	23.5%	89	38.0%	234
2.4	大四	31	9.8%	23	7.3%	61	19.3%	85	26.9%	116	36.7%	316
2.5	研一	1	33.3%	1	33.3%	0	0.0%	0	0.0%	1	33.3%	3
2.6	研二	1	33.3%	1	33.3%	0	0.0%	0	0.0%	1	33.3%	3
2.7	研三	1	100.0%	0	0.0%	0	0.0%	0	0.0%	0	0.0%	1
3	专业	104	7.2%	119	8.4%	313	22.0%	379	26.7%	507	35.7%	1 422
3.1	语言类	101	7.2%	119	8.5%	305	21.8%	373	26.6%	502	35.9%	1 400
3.2	非语言类	3	13.6%	0	0.0%	8	36.4%	6	27.3%	5	22.7%	22
4	学习时间	104	7.2%	119	8.4%	313	22.0%	379	26.7%	507	35.7%	1 422
4.1	1 年以下	54	9.4%	66	11.4%	116	20.1%	151	26.2%	190	32.9%	577
4.2	1—2 年	19	5.1%	25	6.8%	102	27.6%	101	27.4%	122	33.1%	369
4.3	2 年以上	31	6.5%	28	5.9%	95	20.0%	127	26.7%	195	41.0%	476

B. 出国学习

表 5-59 表明,整体而言,学生修读目的是"出国学习"的比例分别为:同意(29.5%)>比较同意(24.7%)>完全同意(20.0%)>不太同意(13.8%)>不同意(12.0%)。由此可见,学生以出国学习为目的的比例较高。但不同性别之间在同意程度上有所差异,男性"完全同意"(比例为25.3%)程度高于女性(比例为18.4%),女性"同意"(比例为31.1%)占比

最高。不同年级、不同专业、不同语言学习时间的学生间态度差异体现不大，多数表示"同意"。

表 5－59　学习目的－B

| 序号 | 个人背景 | B. 出国学习 | | | | | | | | | | 人数合计 |
| | | 不同意 | | 不太同意 | | 同　意 | | 比较同意 | | 完全同意 | | |
		人数	比例	人数	比例	人数	比例	人数	比例	人数	比例	
1	性别	170	12.0%	197	13.8%	419	29.5%	352	24.7%	284	20.0%	1 422
1.1	男生	42	12.8%	48	14.6%	79	24.1%	76	23.2%	83	25.3%	328
1.2	女生	128	11.7%	149	13.6%	340	31.1%	276	25.2%	201	18.4%	1 094
2	年级	170	12.0%	197	13.8%	419	29.5%	352	24.7%	284	20.0%	1 422
2.1	大一	70	13.5%	69	13.3%	132	25.4%	133	25.5%	116	22.3%	520
2.2	大二	16	4.6%	42	12.2%	112	32.5%	98	28.4%	77	22.3%	345
2.3	大三	31	13.2%	35	15.0%	93	39.8%	44	18.8%	31	13.2%	234
2.4	大四	50	15.8%	50	15.8%	81	25.6%	77	24.4%	58	18.4%	316
2.5	研一	1	33.3%	0	0.0%	1	33.3%	0	0.0%	1	33.3%	3
2.6	研二	1	33.3%	1	33.3%	0	0.0%	0	0.0%	1	33.3%	3
2.7	研三	1	100.0%	0	0.0%	0	0.0%	0	0.0%	0	0.0%	1
3	专业	170	12.0%	197	13.8%	419	29.5%	352	24.7%	284	20.0%	1 422
3.1	语言类	162	11.6%	195	13.9%	411	29.4%	349	24.9%	283	20.2%	1 400
3.2	非语言类	8	36.4%	2	9.1%	8	36.4%	3	13.6%	1	4.5%	22
4	学习时间	170	12.0%	197	13.8%	419	29.5%	352	24.7%	284	20.0%	1 422
4.1	1 年以下	87	15.1%	79	13.7%	149	25.8%	141	24.4%	121	21.0%	577
4.2	1—2 年	22	6.0%	47	12.7%	124	33.6%	102	27.6%	74	20.1%	369
4.3	2 年以上	61	12.8%	71	14.9%	146	30.7%	109	22.9%	89	18.7%	476

C. 出国旅游

表 5-60 表明，整体而言，学生修读目的是"出国旅游"的比例分别为：同意（30.8%）＞比较同意（24.4%）＞完全同意（16.4%）＞不太同意（15.5%）＞不同意（12.9%）。由此可见，学生为出国旅游而修读课程的比

例较高。不同性别、不同年级、不同专业、不同语言学习时间的学生间态度差异体现不大,多数表示"同意"。

表 5－60　学习目的－C

序号	个人背景	C. 出国旅游										人数合计
		不同意		不太同意		同意		比较同意		完全同意		
		人数	比例	人数	比例	人数	比例	人数	比例	人数	比例	
1	性别	183	12.9%	221	15.5%	438	30.8%	347	24.4%	233	16.4%	1 422
1.1	男生	44	13.4%	57	17.4%	86	26.2%	72	22.0%	69	21.0%	328
1.2	女生	139	12.7%	164	15.0%	352	32.2%	275	25.1%	164	15.0%	1 094
2	年级	183	12.9%	221	15.5%	438	30.8%	347	24.4%	233	16.4%	1 422
2.1	大一	76	14.6%	73	14.0%	153	29.4%	122	23.5%	96	18.5%	520
2.2	大二	33	9.6%	58	16.8%	125	36.2%	79	22.9%	50	14.5%	345
2.3	大三	33	14.1%	49	20.9%	64	27.4%	53	22.6%	35	15.0%	234
2.4	大四	40	12.7%	41	13.0%	93	29.4%	93	29.4%	49	15.5%	316
2.5	研一	1	33.3%	0	0.0%	1	33.3%	0	0.0%	1	33.3%	3
2.6	研二	0	0.0%	0	0.0%	2	66.7%	0	0.0%	1	33.3%	3
2.7	研三	0	0.0%	0	0.0%	0	0.0%	0	0.0%	1	100.0%	1
3	专业	183	12.9%	221	15.5%	438	30.8%	347	24.4%	233	16.4%	1 422
3.1	语言类	178	12.7%	220	15.7%	432	30.9%	343	24.5%	227	16.2%	1 400
3.2	非语言类	5	22.7%	1	4.5%	6	27.3%	4	18.2%	6	27.3%	22
4	学习时间	183	12.9%	221	15.5%	438	30.8%	347	24.4%	233	16.4%	1 422
4.1	1 年以下	84	14.6%	82	14.2%	171	29.6%	145	25.1%	95	16.5%	577
4.2	1—2 年	38	10.3%	62	16.8%	139	37.7%	78	21.1%	52	14.1%	369
4.3	2 年以上	61	12.7%	77	16.2%	128	26.9%	124	26.1%	86	18.1%	476

D. 工作需求

表 5－61 表明,整体而言,学生修读目的是"工作需求"比例分别为:完全同意(32.3%)>比较同意(28.8%)>同意(23.0%)>不太同意(8.4%)>不同意(7.5%)。由此可见,学生为工作需求而修读课程的比例较高。男

性学生工作需求（"完全同意"占比最大，为 43.9%）高于女性学生（"比较同意"占比最大，为 30.4%）。大学一、二、三、四年级，研究生一、二年级学生为工作修读课程"完全同意"占比最大，分别为 32.1%、32.5%、32.5%、32.6%、33.3% 和 33.3%，可见不同年级学生为毕业后工作做准备的意愿较强。语言学习时间 1 年以下、1—2 年、2 年以上的学生之间态度差异体现不大，"完全同意"比例分别为：30.3%、30.6% 和 36.1%。

表 5-61　学习目的-D

| 序号 | 个人背景 | D. 工作需求 | | | | | | | | | | 人数合计 |
| | | 不同意 | | 不太同意 | | 同意 | | 比较同意 | | 完全同意 | | |
		人数	比例	人数	比例	人数	比例	人数	比例	人数	比例	
1	性别	106	7.5%	119	8.4%	327	23.0%	410	28.8%	460	32.3%	1 422
1.1	男生	16	4.9%	30	9.1%	61	18.6%	77	23.5%	144	43.9%	328
1.2	女生	90	8.3%	89	8.1%	266	24.3%	333	30.4%	316	28.9%	1 094
2	年级	106	7.5%	119	8.4%	327	23.0%	410	28.8%	460	32.3%	1 422
2.1	大一	42	8.1%	44	8.4%	121	23.3%	146	28.1%	167	32.1%	520
2.2	大二	13	3.7%	24	7.0%	85	24.6%	111	32.2%	112	32.5%	345
2.3	大三	18	7.7%	18	7.7%	56	23.9%	66	28.2%	76	32.5%	234
2.4	大四	30	9.5%	32	10.1%	64	20.3%	87	27.5%	103	32.6%	316
2.5	研一	1	33.3%	0	0.0%	1	33.3%	0	0.0%	1	33.3%	3
2.6	研二	1	33.3%	1	33.3%	0	0.0%	0	0.0%	1	33.3%	3
2.7	研三	1	100.0%	0	0.0%	0	0.0%	0	0.0%	0	0.0%	1
3	专业	106	7.5%	119	8.4%	327	23.0%	410	28.8%	460	32.3%	1 422
3.1	语言类	102	7.2%	117	8.4%	320	22.9%	404	28.9%	457	32.6%	1 400
3.2	非语言类	4	18.2%	2	9.1%	7	31.8%	6	27.3%	3	13.6%	22
4	学习时间	106	7.5%	119	8.4%	327	23.0%	410	28.8%	460	32.3%	1 422
4.1	1 年以下	60	10.4%	51	8.8%	133	23.1%	158	27.4%	175	30.3%	577
4.2	1—2 年	16	4.4%	28	7.6%	88	23.8%	124	33.6%	113	30.6%	369
4.3	2 年以上	30	6.3%	40	8.4%	106	22.3%	128	26.9%	172	36.1%	476

E. 运用该语言进行日常交际

表 5-62 表明,整体而言,学生修读目的是"运用该语言进行日常交际"比例分别为:完全同意(30.8%)>比较同意(26.9%)>同意(25.9%)>不太同意(10.9%)>不同意(5.5%)。由此可见,学生为满足运用该语言进行日常交际的需求而修读课程的比例较大。男性和女性学生对语言交际需求态度占比最大的均为"完全同意",比例分别为33.2%和30.1%。不同年级学生态度有所差别。交际需求表示"完全同意"的学生多为低年级学生,包括大学一年级(占比 34.0%)、二年级(占比 30.1%)和研究生一年级(占比33.3%)学生,而程度稍低的表示"同意"的学生多为高年级学生,涵盖大学三年级(占比 30.3%)、四年级(占比 30.1%)和研究生二年级(占比 66.7%)学生。语言类专业学生("完全同意"占比最大,为30.9%)对交际需求程度高于非语言类专业学生("同意"占比最大,为31.8%)。不同语言学习时间的学生差异不大,"完全同意"比例分别为:30.5%、28.5%和33.0%。

表 5-62　学习目的-E

序号	个人背景	E. 运用该语言进行日常交际										人数合计
		不同意		不太同意		同意		比较同意		完全同意		
		人数	比例	人数	比例	人数	比例	人数	比例	人数	比例	
1	性别	78	5.5%	155	10.9%	369	25.9%	382	26.9%	438	30.8%	1 422
1.1	男生	14	4.3%	43	13.1%	80	24.4%	82	25.0%	109	33.2%	328
1.2	女生	64	5.9%	112	10.2%	289	26.4%	300	27.4%	329	30.1%	1 094
2	年级	78	5.5%	155	10.9%	369	25.9%	382	26.9%	438	30.8%	1 422
2.1	大一	36	6.9%	65	12.5%	120	23.1%	122	23.5%	177	34.0%	520
2.2	大二	12	3.5%	35	10.1%	81	23.5%	113	32.8%	104	30.1%	345
2.3	大三	10	4.3%	27	11.5%	71	30.3%	58	24.8%	68	29.1%	234
2.4	大四	19	6.0%	28	8.9%	95	30.1%	87	27.5%	87	27.5%	316
2.5	研一	1	33.3%	0	0.0%	0	0.0%	1	33.3%	1	33.3%	3
2.6	研二	0	0.0%	0	0.0%	2	66.7%	0	0.0%	1	33.3%	3
2.7	研三	0	0.0%	0	0.0%	0	0.0%	1	100.0%	0	0.0%	1
3	专业	78	5.5%	155	10.9%	369	25.9%	382	26.9%	438	30.8%	1 422

序号	个人背景	E. 运用该语言进行日常交际										人数合计
		不同意		不太同意		同 意		比较同意		完全同意		
		人数	比例	人数	比例	人数	比例	人数	比例	人数	比例	
3.1	语言类	73	5.2%	152	10.9%	362	25.9%	380	27.1%	433	30.9%	1 400
3.2	非语言类	5	22.7%	3	13.6%	7	31.8%	2	9.2%	5	22.7%	22
4	学习时间	78	5.5%	155	10.9%	369	25.9%	382	26.9%	438	30.8%	1 422
4.1	1 年以下	45	7.9%	77	13.3%	141	24.4%	138	23.9%	176	30.5%	577
4.2	1—2 年	14	3.8%	41	11.1%	92	24.9%	117	31.7%	105	28.5%	369
4.3	2 年以上	19	4.0%	37	7.9%	136	28.6%	127	26.7%	157	33.0%	476

F. 了解该国的国情、社情、民情

表 5-63 表明,整体而言,学生修读目的是"了解该国的国情、社情、民情"的比例分别为:比较同意(31.1%)>同意(27.9%)>完全同意(27.4%)>不太同意(8.8%)>不同意(4.8%)。由此可见,学生比较同意修读课程是为了了解该国的国情、社情、民情。男性学生对该目的的同意程度("完全同意"占比最大,为 33.5%)略高于女性学生("比较同意"占比最大,为 31.8%)。

不同年级学生态度相对一致,"同意"和"比较同意"占比较大。语言类专业学生("比较同意"占比最大,为 31.1%)对了解需求程度强于非语言类专业学生("同意"占比最大,为 40.9%)。不同语言学习时间的学生存在一定差异,语言学习时间长的学生对国情、社情、民情了解需求较高:学习时间 1 年以下学生"同意"占比最大(29.5%),学习时间 1—2 年和 2 年以上"比较同意"占比最大(37.1%和32.8%)。

表 5-63 学习目的-F

序号	个人背景	F. 了解该国的国情、社情、民情										人数合计
		不同意		不太同意		同 意		比较同意		完全同意		
		人数	比例	人数	比例	人数	比例	人数	比例	人数	比例	
1	性别	68	4.8%	125	8.8%	397	27.9%	442	31.1%	390	27.4%	1 422
1.1	男生	15	4.6%	38	11.6%	71	21.6%	94	28.7%	110	33.5%	328

序号	个人背景	F. 了解该国的国情、社情、民情										人数合计
		不同意		不太同意		同　意		比较同意		完全同意		
		人数	比例	人数	比例	人数	比例	人数	比例	人数	比例	
1.2	女生	53	4.8%	87	8.0%	326	29.8%	348	31.8%	280	25.6%	1 094
2	年级	68	4.8%	125	8.8%	397	27.9%	442	31.1%	390	27.4%	1 422
2.1	大一	34	6.5%	60	11.5%	146	28.1%	135	26.0%	145	27.9%	520
2.2	大二	7	2.1%	26	7.5%	85	24.6%	131	38.0%	96	27.8%	345
2.3	大三	10	4.3%	18	7.7%	73	31.2%	70	29.9%	63	26.9%	234
2.4	大四	17	5.4%	21	6.6%	91	28.8%	104	32.9%	83	26.3%	316
2.5	研一	0	0.0%	0	0.0%	1	33.3%	0	0.0%	2	66.7%	3
2.6	研二	0	0.0%	0	0.0%	1	33.3%	1	33.3%	1	33.3%	3
2.7	研三	0	0.0%	0	0.0%	0	0.0%	1	100.0%	0	0.0%	1
3	专业	68	4.8%	125	8.8%	397	27.9%	442	31.1%	390	27.4%	1 422
3.1	语言类	64	4.6%	124	8.9%	388	27.7%	436	31.1%	388	27.7%	1 400
3.2	非语言类	4	18.2%	1	4.5%	9	40.9%	6	27.3%	2	9.1%	22
4	学习时间	68	4.8%	125	8.8%	397	27.9%	442	31.1%	390	27.4%	1 422
4.1	1 年以下	36	6.2%	64	11.1%	170	29.5%	149	25.8%	158	27.4%	577
4.2	1—2 年	10	2.7%	31	8.5%	96	26.0%	137	37.1%	95	25.7%	369
4.3	2 年以上	22	4.6%	30	6.3%	131	27.5%	156	32.8%	137	28.8%	476

G. 满足对该语言的好奇心

表 5-64 表明,整体而言,学生修读目的是"满足对该语言的好奇心"比例分别为:比较同意(30.5%)>完全同意(30.0%)>同意(24.7%)>不太同意(9.3%)>不同意(5.5%)。由此可见,学生比较认同"修读课程以满足对该语言的好奇心"这一观点。男性学生对该目的同意程度("完全同意"占比最大,为 31.7%)略高于女性学生("比较同意"占比最大,为31.4%)。

不同年级的学生态度有所差别。大一年级学生"完全同意"占比最大,比例为 32.5%,大二年级"比较同意"占比最大,比例为 34.8%,大三年级"同意"占比最大,比例为31.2%,大四年级"比较同意",比例为33.2%,研一年级"完全同意"占比最大,比例为66.7%,研二年级"完全同意"占比最大,比例为66.7%,研三年级学生"完全同意"占比最大,比例为100.0%。语言类专业学生和非语言类专业学生差异不大,占比最大的分别为"比较同意"30.4%和"同意"36.4%。不同语言学习时间的学生对此有些差异,语言学习时间短的学生对满足对该语言的好奇心需求较高:学习时间1年以下学生"完全同意"占比最大(32.1%),语言学习时间1—2年和2年以上学生占比最大的"比较同意"分别为33.6%和31.9%。

表 5-64　学习目的-G

序号	个人背景	G. 满足对该语言的好奇心										人数合计
		不同意		不太同意		同　意		比较同意		完全同意		
		人数	比例	人数	比例	人数	比例	人数	比例	人数	比例	
1	性别	78	5.5%	134	9.3%	351	24.7%	433	30.5%	426	30.0%	1 422
1.1	男生	21	6.4%	36	11.0%	77	23.5%	90	27.4%	104	31.7%	328
1.2	女生	57	5.2%	98	9.0%	274	25.0%	343	31.4%	322	29.4%	1 094
2	年级	78	5.5%	134	9.3%	351	24.7%	433	30.5%	426	30.0%	1 422
2.1	大一	40	7.7%	57	11.0%	114	21.9%	140	26.9%	169	32.5%	520
2.2	大二	12	3.5%	26	7.5%	83	24.1%	120	34.8%	104	30.1%	345
2.3	大三	12	5.1%	21	9.0%	73	31.2%	67	28.6%	61	26.1%	234
2.4	大四	14	4.5%	30	9.5%	80	25.3%	105	33.2%	87	27.5%	316
2.5	研一	0	0.0%	0	0.0%	1	33.3%	0	0.0%	2	66.7%	3
2.6	研二	0	0.0%	0	0.0%	0	0.0%	1	33.3%	2	66.7%	3
2.7	研三	0	0.0%	0	0.0%	0	0.0%	0	0.0%	1	100.0%	1
3	专业	78	5.5%	134	9.3%	351	24.7%	433	30.5%	426	30.0%	1 422
3.1	语言类	75	5.4%	133	9.5%	343	24.5%	426	30.4%	423	30.2%	1 400
3.2	非语言类	3	13.6%	1	4.5%	8	36.4%	7	31.9%	3	13.6%	22
4	学习时间	78	5.5%	134	9.3%	351	24.7%	433	30.5%	426	30.0%	1 422
4.1	1 年以下	41	7.1%	57	9.9%	137	23.7%	157	27.2%	185	32.1%	577
4.2	1—2 年	15	4.1%	31	8.4%	95	25.7%	124	33.6%	104	28.2%	369
4.3	2 年以上	22	4.6%	46	9.7%	119	25.0%	152	31.9%	137	28.8%	476

H. 觉得再学一门语言很厉害

表 5 - 65 表明,整体而言,学生修读目的是觉得"再学一门语言很厉害"的比例分别为:完全同意(30.8%) > 比较同意(28.2%) > 同意(24.8%)>不太同意(9.6%)>不同意(6.6%)。由此可见,学生比较认同掌握一门新语言所带来的"厉害"之感。不同性别学生差异不大。不同年级学生态度有所差别。同意程度较高的多为低年级学生,包括大学一年级("完全同意"占比最大,比例为 36.0%)、二年级("比较同意"占比最大,为 30.4%)和研究生一年级学生("完全同意"占比最大,为 66.7%),而程度稍低的学生为高年级学生,涵盖大学三年级("同意"占比最大,比例为29.9%)和研究生三年级学生("不太同意"占比最大,比例为 100.0%)。不同专业学生对此态度有所差异。语言类专业学生占比最大的"完全同意"为 31.1%,"比较同意"占比 28.1%,而非语言类专业学生占比最大的"比较同意"为 31.8%,"完全同意"为 9.1%。不同语言学习时间的学生差异不大。

表 5 - 65 学习目的-H

序号	个人背景	H. 觉得再学一门语言很厉害										人数合计
		不同意		不太同意		同 意		比较同意		完全同意		
		人数	比例	人数	比例	人数	比例	人数	比例	人数	比例	
1	性别	94	6.6%	136	9.6%	353	24.8%	401	28.2%	438	30.8%	1 422
1.1	男生	28	8.5%	35	10.7%	77	23.5%	76	23.2%	112	34.1%	328
1.2	女生	66	6.1%	101	9.2%	276	25.2%	325	29.7%	326	29.8%	1 094
2	年级	94	6.6%	136	9.6%	353	24.8%	401	28.2%	438	30.8%	1 422
2.1	大一	39	7.5%	48	9.2%	113	21.7%	133	25.6%	187	36.0%	520
2.2	大二	17	4.9%	39	11.4%	85	24.6%	105	30.4%	99	28.7%	345
2.3	大三	18	7.7%	24	10.3%	70	29.9%	62	26.5%	60	25.6%	234
2.4	大四	20	6.3%	23	7.3%	85	26.9%	99	31.3%	89	28.2%	316
2.5	研一	0	0.0%	0	0.0%	0	0.0%	1	33.3%	2	66.7%	3
2.6	研二	0	0.0%	1	33.3%	0	0.0%	1	33.3%	1	33.3%	3

序号	个人背景	H. 觉得再学一门语言很厉害										人数合计
		不同意		不太同意		同 意		比较同意		完全同意		
		人数	比例	人数	比例	人数	比例	人数	比例	人数	比例	
2.7	研三	0	0.0%	1	100.0%	0	0.0%	0	0.0%	0	0.0%	1
3	专业	94	6.6%	136	9.6%	353	24.8%	401	28.2%	438	30.8%	1 422
3.1	语言类	90	6.5%	133	9.5%	347	24.8%	394	28.1%	436	31.1%	1 400
3.2	非语言类	4	18.2%	3	13.6%	6	27.3%	7	31.8%	2	9.1%	22
4	学习时间	94	6.6%	136	9.6%	353	24.8%	401	28.2%	438	30.8%	1 422
4.1	1 年以下	42	7.3%	51	8.8%	133	23.1%	157	27.2%	194	33.6%	577
4.2	1—2 年	19	5.2%	43	11.7%	95	25.7%	109	29.5%	103	27.9%	369
4.3	2 年以上	33	6.9%	42	8.8%	125	26.3%	135	28.4%	141	29.6%	476

在访谈中，学生们明确表达了他们学习的主要目标，其中 S3、S6 和 S9 提及他们渴望深入了解所学国家的国情、社情和民情。这意味着他们对于更全面、深刻地认识所研究国家的政治、经济、社会等区域国别知识有着浓厚的兴趣：

首先我希望对外国的、欧洲国家的文化还有语言做一些基本的了解。其次就是因为我们这个课设置在周一到周四晚上，我除了周三，其他晚上都可以，所以就这么选下去了。(S3)

因为我本身专业是俄语，波兰语同属于斯拉夫语系，有一定相关性，所以想学一下。(S6)

我觉得学语言的话，自然而然地就会去关注［这个］国家的所有的东西，我的理解就是某一个国家的政治经济文化外交什么的。(S9)

（2）学习内容

对学习内容的调查主要包括以下三个方面：A. 提高听、说、读、写、译技能；B. 丰富目标语国家的社会与文化知识；C. 提高跨文化交际能力。

A. 提高听、说、读、写、译技能

表 5-66 表明，整体而言，学生同意学习内容是"提高听、说、读、写、译技能"比例分别为：完全同意（62.9%）＞比较同意（22.7%）＞同意（11.2%）＞不太同意（1.6%）＝不同意（1.6%）。由此可见，学生对提高听、说、读、写、译技能的需求最大。不同性别、不同专业、不同学习时间的学生之间没有明显差异，学生"完全同意"占比最大。

表 5-66　学习内容－A

序号	个人背景	A. 提高听、说、读、写、译技能										人数合计
		不同意		不太同意		同意		比较同意		完全同意		
		人数	比例	人数	比例	人数	比例	人数	比例	人数	比例	
1	性别	23	1.6%	23	1.6%	159	11.2%	323	22.7%	894	62.9%	1 422
1.1	男生	4	1.2%	6	1.8%	40	12.2%	72	22.0%	206	62.8%	328
1.2	女生	19	1.7%	17	1.6%	119	10.9%	251	22.9%	688	62.9%	1 094
2	年级	23	1.6%	23	1.6%	159	11.2%	323	22.7%	894	62.9%	1 422
2.1	大一	7	1.3%	11	2.2%	48	9.2%	92	17.7%	362	69.6%	520
2.2	大二	3	0.9%	2	0.6%	32	9.3%	85	24.6%	223	64.6%	345
2.3	大三	5	2.2%	4	1.7%	35	15.0%	53	22.6%	137	58.5%	234
2.4	大四	8	2.5%	6	1.9%	43	13.6%	90	28.5%	169	53.5%	316
2.5	研一	0	0.0%	0	0.0%	0	0.0%	2	66.7%	1	33.3%	3
2.6	研二	0	0.0%	0	0.0%	1	33.3%	0	0.0%	2	66.7%	3
2.7	研三	0	0.0%	0	0.0%	0	0.0%	1	100.0%	0	0.0%	1
3	专业	23	1.6%	23	1.6%	159	11.2%	323	22.7%	894	62.9%	1 422
3.1	语言类	23	1.6%	22	1.6%	154	11.0%	316	22.6%	885	63.2%	1 400
3.2	非语言类	0	0.0%	1	4.5%	5	22.8%	7	31.8%	9	40.9%	22
4	学习时间	23	1.6%	23	1.6%	159	11.2%	323	22.7%	894	62.9%	1 422
4.1	1 年以下	9	1.6%	16	2.8%	70	12.1%	107	18.5%	375	65.0%	577
4.2	1—2 年	4	1.1%	3	0.8%	33	8.9%	98	26.6%	231	62.6%	369
4.3	2 年以上	10	2.1%	4	0.8%	56	11.8%	118	24.8%	288	60.5%	476

B. 丰富目标语国家的社会与文化知识

表 5-67 表明，整体而言，学生同意学习内容是"丰富目标语国家的社会与文化知识"比例分别为：完全同意(58.4%)>比较同意(24.9%)>同意(13.2%)>不太同意(2.0%)>不同意(1.5%)。由此可见，学生对丰富目标语国家的社会与文化知识的需求最大。但不同性别、不同专业、不同学习时间的学生之间没有明显差异，学生"完全同意"占比最大。

表 5-67　学习内容-B

序号	个人背景	B. 丰富目标语国家的社会与文化知识										人数合计
		不同意		不太同意		同　意		比较同意		完全同意		
		人数	比例	人数	比例	人数	比例	人数	比例	人数	比例	
1	性别	21	1.5%	28	2.0%	188	13.2%	354	24.9%	831	58.4%	1 422
1.1	男生	6	1.8%	9	2.7%	48	14.6%	76	23.3%	189	57.6%	328
1.2	女生	15	1.4%	19	1.7%	140	12.8%	278	25.4%	642	58.7%	1 094
2	年级	21	1.5%	28	2.0%	188	13.2%	354	24.9%	831	58.4%	1 422
2.1	大一	7	1.3%	9	1.7%	72	13.8%	107	20.6%	325	62.5%	520
2.2	大二	2	0.6%	4	1.2%	30	8.7%	95	27.5%	214	62.0%	345
2.3	大三	4	1.7%	6	2.6%	36	15.4%	61	26.1%	127	54.3%	234
2.4	大四	8	2.5%	9	2.8%	49	15.5%	90	28.5%	160	50.6%	316
2.5	研一	0	0.0%	0	0.0%	1	33.3%	1	33.3%	1	33.3%	3
2.6	研二	0	0.0%	0	0.0%	0	0.0%	0	0.0%	3	100.0%	3
2.7	研三	0	0.0%	0	0.0%	0	0.0%	0	0.0%	1	100.0%	1
3	专业	21	1.5%	28	2.0%	188	13.2%	354	24.9%	831	58.4%	1 422
3.1	语言类	21	1.5%	27	1.9%	184	13.2%	346	24.7%	822	58.7%	1 400
3.2	非语言类	0	0.0%	1	4.5%	4	18.2%	8	36.4%	9	40.9%	22
4	学习时间	21	1.5%	28	2.0%	188	13.2%	354	24.9%	831	58.4%	1 422
4.1	1 年以下	8	1.4%	12	2.1%	93	16.1%	121	21.0%	343	59.4%	577
4.2	1—2 年	2	0.6%	7	1.9%	31	8.4%	109	29.5%	220	59.6%	369
4.3	2 年以上	11	2.3%	9	1.9%	64	13.4%	124	26.1%	268	56.3%	476

C. 提高跨文化交际能力

表 5-68 表明,整体而言,学生同意学习内容是"提高跨文化交际能力"比例分别为:完全同意(60.9%)>比较同意(24.5%)>同意(11.7%)>不同意(1.5%)>不太同意(1.4%)。由此可见,学生对提高跨文化交际能力的需求最大。不同性别、不同专业、不同学习时间的学生之间没有明显差异,多数学生"完全同意"占比最大。

表 5-68　学习内容-C

序号	个人背景	C. 提高跨文化交际能力										人数合计
		不同意		不太同意		同　意		比较同意		完全同意		
		人数	比例	人数	比例	人数	比例	人数	比例	人数	比例	
1	性别	22	1.5%	20	1.4%	167	11.7%	349	24.5%	864	60.9%	1 422
1.1	男生	4	1.2%	6	1.8%	41	12.5%	79	24.1%	198	60.4%	328
1.2	女生	18	1.6%	14	1.3%	126	11.5%	270	24.7%	666	60.9%	1 094
2	年级	22	1.5%	20	1.4%	167	11.7%	349	24.5%	864	60.9%	1 422
2.1	大一	7	1.4%	8	1.6%	59	11.3%	99	19.0%	347	66.7%	520
2.2	大二	3	0.9%	4	1.0%	24	7.0%	93	27.0%	221	64.1%	345
2.3	大三	4	1.6%	3	1.3%	39	16.7%	61	26.1%	127	54.3%	234
2.4	大四	8	2.5%	5	1.7%	44	13.9%	94	29.7%	165	52.2%	316
2.5	研一	0	0.0%	0	0.0%	1	33.3%	1	33.3%	1	33.3%	3
2.6	研二	0	0.0%	0	0.0%	0	0.0%	1	33.3%	2	66.7%	3
2.7	研三	0	0.0%	0	0.0%	0	0.0%	0	0.0%	1	100.0%	1
3	专业	22	1.5%	20	1.4%	167	11.7%	349	24.5%	864	60.9%	1 422
3.1	语言类	22	1.6%	20	1.4%	161	11.5%	341	24.4%	856	61.1%	1 400
3.2	非语言类	0	0.0%	0	0.0%	6	27.2%	8	36.4%	8	36.4%	22
4	学习时间	22	1.5%	20	1.4%	167	11.7%	349	24.5%	864	60.9%	1 422
4.1	1 年以下	9	1.6%	11	1.9%	78	13.5%	116	20.1%	363	62.9%	577
4.2	1—2 年	3	0.8%	5	1.4%	29	7.9%	104	28.1%	228	61.8%	369
4.3	2 年以上	10	2.1%	4	0.8%	60	12.6%	129	27.1%	273	57.4%	476

（3）学习策略

对学习策略调查主要包括以下四个方面：A. 通过复述来记忆词汇（认知策略）；B. 会及时调整记忆方式（元认知策略）；C. 觉得这种学习困难每个人都会遇到（情感策略）；D. 和同学一起讨论（交际策略）。

A. 通过复述来记忆词汇

表 5-69 表明，整体而言，学生同意学习策略是"通过复述来记忆词汇"比例分别为：完全同意（39.9%）>比较同意（36.1%）>同意（19.2%）>不太同意（3.3%）>不同意（1.5%）。由此可见，学生较多通过复述来记忆词汇。不同性别、不同专业、不同学习时间的学生之间没有明显差异，多数学生表示"完全同意"和"比较同意"。

表 5-69　学习策略-A

序号	个人背景	A. 通过复述来记忆词汇										人数合计
		不同意		不太同意		同　意		比较同意		完全同意		
		人数	比例	人数	比例	人数	比例	人数	比例	人数	比例	
1	性别	21	1.5%	47	3.3%	273	19.2%	513	36.1%	568	39.9%	1 422
1.1	男生	6	1.9%	17	5.2%	50	15.2%	106	32.3%	149	45.4%	328
1.2	女生	15	1.4%	30	2.7%	223	20.4%	407	37.2%	419	38.3%	1 094
2	年级	21	1.5%	47	3.3%	273	19.2%	513	36.1%	568	39.9%	1 422
2.1	大一	7	1.3%	11	2.1%	103	19.8%	174	33.5%	225	43.3%	520
2.2	大二	1	0.3%	11	3.1%	62	18.0%	139	40.3%	132	38.3%	345
2.3	大三	4	1.7%	12	5.1%	47	20.1%	77	32.9%	94	40.2%	234
2.4	大四	9	2.8%	13	4.1%	59	18.7%	120	38.0%	115	36.4%	316
2.5	研一	0	0.0%	0	0.0%	1	33.3%	1	33.3%	1	33.3%	3
2.6	研二	0	0.0%	0	0.0%	1	33.3%	1	33.3%	1	33.3%	3
2.7	研三	0	0.0%	0	0.0%	0	0.0%	1	100.0%	0	0.0%	1
3	专业	21	1.5%	47	3.3%	273	19.2%	513	36.1%	568	39.9%	1 422
3.1	语言类	21	1.5%	46	3.2%	267	19.1%	505	36.1%	561	40.1%	1 400
3.2	非语言类	0	0.0%	1	4.5%	6	27.3%	8	36.4%	7	31.8%	22

续上表

序号	个人背景	A. 通过复述来记忆词汇										人数合计
		不同意		不太同意		同意		比较同意		完全同意		
		人数	比例	人数	比例	人数	比例	人数	比例	人数	比例	
4	学习时间	21	1.5%	47	3.3%	273	19.2%	513	36.1%	568	39.9%	1 422
4.1	1 年以下	11	1.9%	17	2.9%	122	21.2%	199	34.5%	228	39.5%	577
4.2	1—2 年	1	0.3%	10	2.7%	68	18.4%	149	40.4%	141	38.2%	369
4.3	2 年以上	9	1.9%	20	4.2%	83	17.4%	165	34.7%	199	41.8%	476

B. 会及时调整记忆方式

表 5-70 表明,整体而言,学生同意学习策略是"会及时调整记忆方式"的比例分别为:完全同意(31.2%)= 比较同意(31.2%)>同意(28.5%)>不太同意(6.7%)>不同意(2.4%)。由此可见,学生通过及时调整记忆方式学习语言的比例较高。但不同性别、不同专业、不同学习时间的学生之间没有明显差异,多数学生表示"完全同意"和"比较同意"。

表 5-70　学习策略-B

序号	个人背景	B. 会及时调整记忆方式										人数合计
		不同意		不太同意		同意		比较同意		完全同意		
		人数	比例	人数	比例	人数	比例	人数	比例	人数	比例	
1	性别	36	2.4%	95	6.7%	405	28.5%	443	31.2%	443	31.2%	1 422
1.1	男生	8	2.4%	24	7.3%	80	24.4%	100	30.5%	116	35.4%	328
1.2	女生	28	2.6%	71	6.4%	325	29.7%	343	31.4%	327	29.9%	1 094
2	年级	36	2.4%	95	6.7%	405	28.5%	443	31.2%	443	31.2%	1 422
2.1	大一	12	2.3%	41	7.9%	141	27.1%	152	29.2%	174	33.5%	520
2.2	大二	5	1.4%	18	5.3%	102	29.6%	114	33.0%	106	30.7%	345
2.3	大三	9	3.8%	17	7.3%	74	31.6%	65	27.8%	69	29.5%	234
2.4	大四	10	3.2%	19	6.0%	85	26.9%	110	34.8%	92	29.1%	316
2.5	研一	0	0.0%	0	0.0%	2	66.7%	0	0.0%	1	33.3%	3

序号	个人背景	B. 会及时调整记忆方式										人数合计
		不同意		不太同意		同　意		比较同意		完全同意		
		人数	比例	人数	比例	人数	比例	人数	比例	人数	比例	
2.6	研二	0	0.0%	0	0.0%	1	33.3%	1	33.3%	1	33.3%	3
2.7	研三	0	0.0%	0	0.0%	0	0.0%	1	100.0%	0	0.0%	1
3	专业	36	2.4%	95	6.7%	405	28.5%	443	31.2%	443	31.2%	1 422
3.1	语言类	36	2.6%	94	6.6%	400	28.6%	435	31.1%	435	31.1%	1 400
3.2	非语言类	0	0.0%	1	4.5%	5	22.7%	8	36.4%	8	36.4%	22
4	学习时间	36	2.4%	95	6.7%	405	28.5%	443	31.2%	443	31.2%	1 422
4.1	1 年以下	16	2.8%	46	8.0%	160	27.7%	176	30.5%	179	31.0%	577
4.2	1—2 年	6	1.7%	20	5.4%	109	29.5%	121	32.8%	113	30.6%	369
4.3	2 年以上	14	2.9%	29	6.1%	136	28.6%	146	30.7%	151	31.7%	476

C. 觉得这种学习困难每个人都会遇到

表 5-71 表明,整体而言,学生觉得"这种学习困难每个人都会遇到"的比例分别为:完全同意(39.5%)>比较同意(31.6%)>同意(22.9%)>不太同意(4.3%)>不同意(1.7%)。由此可见,学生大多认为每个人都会碰到这种学习困难。不同性别、不同专业、不同学习时间的学生之间没有明显差异,多数学生表示"完全同意"和"比较同意"。除一位研三年级学生表示"不太同意"外,其他年级学生态度占比最大的均表示"完全同意"。

表 5-71　学 习 策 略-C

序号	个人背景	C. 觉得这种学习困难每个人都会遇到										人数合计
		不同意		不太同意		同　意		比较同意		完全同意		
		人数	比例	人数	比例	人数	比例	人数	比例	人数	比例	
1	性别	24	1.7%	62	4.3%	325	22.9%	449	31.6%	562	39.5%	1 422
1.1	男生	8	2.4%	15	4.6%	78	23.8%	92	28.0%	135	41.2%	328
1.2	女生	16	1.5%	47	4.3%	247	22.6%	357	32.6%	427	39.0%	1 094

续上表

序号	个人背景	C. 觉得这种学习困难每个人都会遇到										人数合计
		不同意		不太同意		同意		比较同意		完全同意		
		人数	比例	人数	比例	人数	比例	人数	比例	人数	比例	
2	年级	24	1.7%	62	4.3%	325	22.9%	449	31.6%	562	39.5%	1 422
2.1	大一	9	1.8%	35	6.7%	113	21.7%	158	30.4%	205	39.4%	520
2.2	大二	3	0.9%	8	2.3%	76	22.0%	112	32.5%	146	42.3%	345
2.3	大三	3	1.3%	7	3.0%	58	24.8%	74	31.6%	92	39.3%	234
2.4	大四	9	2.8%	11	3.5%	77	24.4%	103	32.6%	116	36.7%	316
2.5	研一	0	0.0%	0	0.0%	1	33.3%	1	33.3%	1	33.3%	3
2.6	研二	0	0.0%	0	0.0%	0	0.0%	1	33.3%	2	66.7%	3
2.7	研三	0	0.0%	1	100.0%	0	0.0%	0	0.0%	0	0.0%	1
3	专业	24	1.7%	62	4.3%	325	22.9%	449	31.6%	562	39.5%	1 422
3.1	语言类	24	1.7%	61	4.4%	321	22.9%	441	31.5%	553	39.5%	1 400
3.2	非语言类	0	0.0%	1	4.5%	4	18.2%	8	36.4%	9	40.9%	22
4	学习时间	24	1.7%	62	4.3%	325	22.9%	449	31.6%	562	39.5%	1 422
4.1	1 年以下	12	2.1%	37	6.4%	130	22.5%	176	30.5%	222	38.5%	577
4.2	1—2 年	3	0.8%	9	2.4%	83	22.5%	125	33.9%	149	40.4%	369
4.3	2 年以上	9	1.9%	16	3.4%	112	23.5%	148	31.1%	191	40.1%	476

D. 和同学一起讨论

表 5 - 72 表明,整体而言,学生认为应该"和同学一起讨论"比例分别为:同意(28.9%)>比较同意(27.1%)>完全同意(25.8%)>不太同意(12.3%)>不同意(5.9%)。由此可见,学生大多赞同和同学一起讨论。男生"完全同意"占比最大,比例为 32.9%,女生同意程度稍弱,"同意"占比最大,比例为 30.4%。大一学生"同意"占比最大,比例为 27.9%,这可能因为刚入学与同学熟悉度不够,讨论较少。而入学一年后,二年级学生的同意程度较高,体现为大二"比较同意"占比最大(比例为 29.6%)和研二年级"完全同意"占比最大(比例为 66.7%)。高年级同学可能因毕业等原因,和同学一起讨论相对较少,体现为大三、大四"同意"占比最大,比例分

别为30.8%和30.1%。语言类专业学生同意程度("同意"占比最大,比例为29.1%)低于非语言类专业学生同意程度("比较同意"占比最大,比例为40.9%),这可能是因为语言类专业学生多与同学讨论所学语言,对通识课程所学语言讨论不多,而非语言类专业学生多数只讨论课程所学语言内容。不同学习时间的学生之间没有明显差异,多数学生表示"同意"。

表 5-72　学习策略-D

序号	个人背景	D. 和同学一起讨论										人数合计
		不同意		不太同意		同　意		比较同意		完全同意		
		人数	比例	人数	比例	人数	比例	人数	比例	人数	比例	
1	性别	84	5.9%	174	12.3%	411	28.9%	386	27.1%	367	25.8%	1 422
1.1	男生	21	6.4%	37	11.3%	78	23.8%	84	25.6%	108	32.9%	328
1.2	女生	63	5.8%	137	12.5%	333	30.4%	302	27.6%	259	23.7%	1 094
2	年级	84	5.9%	174	12.3%	411	28.9%	386	27.1%	367	25.8%	1 422
2.1	大一	30	5.8%	72	13.8%	145	27.9%	133	25.6%	140	26.9%	520
2.2	大二	18	5.2%	40	11.6%	98	28.4%	102	29.6%	87	25.2%	345
2.3	大三	14	6.0%	29	12.3%	72	30.8%	61	26.1%	58	24.8%	234
2.4	大四	22	7.0%	32	10.1%	95	30.1%	88	27.8%	79	25.0%	316
2.5	研一	0	0.0%	1	33.3%	1	33.3%	0	0.0%	1	33.3%	3
2.6	研二	0	0.0%	0	0.0%	0	0.0%	1	33.3%	2	66.7%	3
2.7	研三	0	0.0%	0	0.0%	0	0.0%	1	100.0%	0	0.0%	1
3	专业	84	5.9%	174	12.3%	411	28.9%	386	27.1%	367	25.8%	1 422
3.1	语言类	83	5.9%	171	12.3%	408	29.1%	377	26.9%	361	25.8%	1 400
3.2	非语言类	1	4.6%	3	13.6%	3	13.6%	9	40.9%	6	27.3%	22
4	学习时间	84	5.9%	174	12.3%	411	28.9%	386	27.1%	367	25.8%	1 422
4.1	1 年以下	35	6.1%	84	14.5%	161	27.9%	150	26.0%	147	25.5%	577
4.2	1—2 年	20	5.4%	38	10.3%	107	29.0%	111	30.1%	93	25.2%	369
4.3	2 年以上	29	6.1%	52	10.9%	143	30.0%	125	26.3%	127	26.7%	476

（4）学习风格

对学习风格的调查主要包括以下八个方面：A.发放相关阅读材料让我们来看（视觉型）；B.播放相关音视频让我们来听（听觉型）；C.安排制作课件、音视频等任务让我们实操练习（触觉型）；D.布置角色扮演或做游戏的任务让我们参与（动觉型）；E.从背景知识入手，来讲解这一知识点（场依存）；F.带我们分析讲解知识点的具体细节（场独立）；G.安排分组讨论这一知识点（小组型）；H.给我们独立思考时间进行自我总结和分析（个人型）。

A.发放相关阅读材料让我们来看

表5-73表明，整体而言，学生喜欢发放相关阅读材料学习比例分别为：完全同意（38.3%）>比较同意（31.1%）>同意（23.3%）>不太同意（5.3%）>不同意（2.0%）。由此可见，学生喜欢通过阅读相关材料来学习。不同性别、不同专业、不同学习时间的学生之间没有明显差异，"完全同意"占比最大。

表5-73 学习风格-A

序号	个人背景	A. 发放相关阅读材料让我们来看										人数合计
		不同意		不太同意		同　意		比较同意		完全同意		
		人数	比例	人数	比例	人数	比例	人数	比例	人数	比例	
1	性别	28	2.0%	76	5.3%	332	23.3%	442	31.1%	544	38.3%	1 422
1.1	男生	8	2.4%	11	3.4%	66	20.1%	101	30.8%	142	43.3%	328
1.2	女生	20	1.9%	65	5.9%	266	24.3%	341	31.2%	402	36.7%	1 094
2	年级	28	2.0%	76	5.3%	332	23.3%	442	31.1%	544	38.3%	1 422
2.1	大一	6	1.2%	27	5.2%	115	22.1%	164	31.5%	208	40.0%	520
2.2	大二	3	0.9%	25	7.2%	82	23.8%	117	33.9%	118	34.2%	345
2.3	大三	8	3.4%	7	3.0%	57	24.4%	71	30.3%	91	38.9%	234
2.4	大四	11	3.5%	17	5.4%	77	24.4%	88	27.8%	123	38.9%	316
2.5	研一	0	0.0%	0	0.0%	1	33.3%	1	33.3%	1	33.3%	3
2.6	研二	0	0.0%	0	0.0%	0	0.0%	1	33.3%	2	66.7%	3

序号	个人背景	A. 发放相关阅读材料让我们来看										人数合计
		不同意		不太同意		同 意		比较同意		完全同意		
		人数	比例	人数	比例	人数	比例	人数	比例	人数	比例	
2.7	研三	0	0.0%	0	0.0%	0	0.0%	0	0.0%	1	100.0%	1
3	专业	28	2.0%	76	5.3%	332	23.3%	442	31.1%	544	38.3%	1 422
3.1	语言类	28	2.0%	76	5.4%	326	23.3%	435	31.1%	535	38.2%	1 400
3.2	非语言类	0	0.0%	0	0.0%	6	27.3%	7	31.8%	9	40.9%	22
4	学习时间	28	2.0%	76	5.3%	332	23.3%	442	31.1%	544	38.3%	1 422
4.1	1 年以下	10	1.7%	35	6.1%	139	24.1%	181	31.4%	212	36.7%	577
4.2	1—2 年	3	0.8%	24	6.5%	83	22.5%	128	34.7%	131	35.5%	369
4.3	2 年以上	15	3.2%	17	3.6%	110	23.1%	133	27.9%	201	42.2%	476

B. 播放相关音视频让我们来听

表 5-74 表明,整体而言,学生喜欢播放相关音视频学习比例分别为:完全同意(45.0%)>比较同意(33.1%)>同意(18.6%)>不太同意(2.1%)>不同意(1.2%)。由此可见,学生喜欢播放相关音视频学习。不同性别、不同专业、不同学习时间的学生之间没有明显差异,"完全同意"占比最大。

表 5-74　学习风格-B

序号	个人背景	B. 播放相关音视频让我们来听										人数合计
		不同意		不太同意		同 意		比较同意		完全同意		
		人数	比例	人数	比例	人数	比例	人数	比例	人数	比例	
1	性别	18	1.2%	30	2.1%	264	18.6%	470	33.1%	640	45.0%	1 422
1.1	男生	6	1.8%	10	3.0%	55	16.8%	102	31.1%	155	47.3%	328
1.2	女生	12	1.1%	20	1.8%	209	19.1%	368	33.6%	485	44.3%	1 094
2	年级	18	1.2%	30	2.1%	264	18.6%	470	33.1%	640	45.0%	1 422
2.1	大一	6	1.2%	10	1.9%	89	17.1%	174	33.5%	241	46.3%	520
2.2	大二	1	0.4%	8	2.3%	67	19.4%	114	33.0%	155	44.9%	345

续上表

序号	个人背景	B. 播放相关音视频让我们来听										人数合计
		不同意		不太同意		同　意		比较同意		完全同意		
		人数	比例	人数	比例	人数	比例	人数	比例	人数	比例	
2.3	大三	4	1.7%	6	2.6%	52	22.2%	66	28.2%	106	45.3%	234
2.4	大四	7	2.2%	6	1.9%	55	17.4%	113	35.8%	135	42.7%	316
2.5	研一	0	0.0%	0	0.0%	1	33.3%	1	33.3%	1	33.3%	3
2.6	研二	0	0.0%	0	0.0%	0	0.0%	2	66.7%	1	33.3%	3
2.7	研三	0	0.0%	0	0.0%	0	0.0%	0	0.0%	1	100.0%	1
3	专业	18	1.2%	30	2.1%	264	18.6%	470	33.1%	640	45.0%	1 422
3.1	语言类	18	1.3%	30	2.1%	259	18.5%	460	32.9%	633	45.2%	1 400
3.2	非语言类	0	0.0%	0	0.0%	5	22.7%	10	45.5%	7	31.8%	22
4	学习时间	18	1.2%	30	2.1%	264	18.6%	470	33.1%	640	45.0%	1 422
4.1	1 年以下	8	1.4%	14	2.4%	109	18.9%	195	33.8%	251	43.5%	577
4.2	1—2 年	1	0.3%	12	3.2%	73	19.8%	123	33.3%	160	43.4%	369
4.3	2 年以上	9	1.9%	4	0.9%	82	17.2%	152	31.9%	229	48.1%	476

C. 安排制作课件、音视频等任务让我们实操练习

表 5-75 表明，整体而言，学生喜欢安排制作课件、音视频等任务实操练习，比例分别为：完全同意（42.9%）＞比较同意（30.9%）＞同意（19.3%）＞不太同意（4.4%）＞不同意（2.5%）。由此可见，学生喜欢通过制作课件、音视频等任务进行实操练习。不同性别、不同专业、不同学习时间的学生之间没有明显差异，"完全同意"占比最大。

表 5-75　学习风格-C

序号	个人背景	C. 安排制作课件、音视频等任务让我们实操练习										人数合计
		不同意		不太同意		同　意		比较同意		完全同意		
		人数	比例	人数	比例	人数	比例	人数	比例	人数	比例	
1	性别	35	2.5%	62	4.4%	275	19.3%	440	30.9%	610	42.9%	1 422
1.1	男生	6	1.9%	21	6.4%	51	15.5%	101	30.8%	149	45.4%	328

序号	个人背景	C. 安排制作课件、音视频等任务让我们实操练习										人数合计
		不同意		不太同意		同意		比较同意		完全同意		
		人数	比例	人数	比例	人数	比例	人数	比例	人数	比例	
1.2	女生	29	2.7%	41	3.7%	224	20.5%	339	31.0%	461	42.1%	1 094
2	年级	35	2.5%	62	4.4%	275	19.3%	440	30.9%	610	42.9%	1 422
2.1	大一	12	2.3%	26	5.0%	87	16.7%	158	30.4%	237	45.6%	520
2.2	大二	4	1.2%	13	3.8%	66	19.1%	114	33.0%	148	42.9%	345
2.3	大三	10	4.4%	15	6.4%	53	22.6%	63	26.9%	93	39.7%	234
2.4	大四	8	2.5%	8	2.5%	68	21.5%	103	32.7%	129	40.8%	316
2.5	研一	0	0.0%	0	0.0%	1	33.3%	1	33.3%	1	33.3%	3
2.6	研二	1	33.3%	0	0.0%	0	0.0%	1	33.3%	1	33.3%	3
2.7	研三	0	0.0%	0	0.0%	0	0.0%	0	0.0%	1	100.0%	1
3	专业	35	2.5%	62	4.4%	275	19.3%	440	30.9%	610	42.9%	1 422
3.1	语言类	35	2.4%	61	4.4%	271	19.4%	432	30.9%	601	42.9%	1 400
3.2	非语言类	0	0.0%	1	4.5%	4	18.2%	8	36.4%	9	40.9%	22
4	学习时间	35	2.5%	62	4.4%	275	19.3%	440	30.9%	610	42.9%	1 422
4.1	1 年以下	16	2.8%	29	5.0%	108	18.7%	181	31.4%	243	42.1%	577
4.2	1—2 年	6	1.6%	16	4.3%	70	19.0%	127	34.4%	150	40.7%	369
4.3	2 年以上	13	2.7%	17	3.6%	97	20.4%	132	27.7%	217	45.6%	476

D. 布置角色扮演或做游戏的任务让我们参与

表 5−76 表明,整体而言,学生喜欢完成角色扮演或做游戏的任务,比例分别为:完全同意(38.0%)>比较同意(26.7%)>同意(24.2%)>不太同意(7.0%)>不同意(4.1%)。由此可见,学生喜欢参与角色扮演或做游戏的任务。不同性别、不同专业、不同学习时间的学生之间没有明显差异,"完全同意"占比最大。这就需要课程设计者关注互动式、体验式任务或者活动的开发。

表 5－76 学习风格－D

序号	个人背景	D. 布置角色扮演或做游戏的任务让我们参与										人数合计
		不同意		不太同意		同意		比较同意		完全同意		
		人数	比例	人数	比例	人数	比例	人数	比例	人数	比例	
1	性别	58	4.1%	100	7.0%	344	24.2%	380	26.7%	540	38.0%	1 422
1.1	男生	14	4.3%	23	7.0%	68	20.7%	81	24.7%	142	43.3%	328
1.2	女生	44	4.0%	77	7.0%	276	25.3%	299	27.3%	398	36.4%	1 094
2	年级	58	4.1%	100	7.0%	344	24.2%	380	26.7%	540	38.0%	1 422
2.1	大一	19	3.6%	29	5.6%	123	23.7%	139	26.7%	210	40.4%	520
2.2	大二	10	2.9%	26	7.6%	79	22.9%	96	27.8%	134	38.8%	345
2.3	大三	17	7.3%	23	9.8%	66	28.2%	51	21.8%	77	32.9%	234
2.4	大四	11	3.5%	22	7.0%	74	23.4%	94	29.7%	115	36.4%	316
2.5	研一	0	0.0%	0	0.0%	1	33.3%	0	0.0%	2	66.7%	3
2.6	研二	1	33.3%	0	0.0%	1	33.3%	0	0.0%	1	33.3%	3
2.7	研三	0	0.0%	0	0.0%	0	0.0%	0	0.0%	1	100.0%	1
3	专业	58	4.1%	100	7.0%	344	24.2%	380	26.7%	540	38.0%	1 422
3.1	语言类	58	4.2%	100	7.1%	338	24.2%	373	26.6%	531	37.9%	1 400
3.2	非语言类	0	0.0%	0	0.0%	6	27.3%	7	31.8%	9	40.9%	22
4	学习时间	58	4.1%	100	7.0%	344	24.2%	380	26.7%	540	38.0%	1 422
4.1	1 年以下	25	4.4%	33	5.7%	150	26.0%	161	27.9%	208	36.0%	577
4.2	1—2 年	12	3.2%	31	8.4%	81	22.0%	105	28.5%	140	37.9%	369
4.3	2 年以上	21	4.5%	36	7.6%	113	23.7%	114	23.9%	192	40.3%	476

E. 从背景知识入手，来讲解这一知识

表 5－77 表明，整体而言，学生喜欢教师从背景知识入手来讲解知识点，比例分别为：完全同意（47.5%）＞比较同意（32.7%）＞同意（16.7%）＞不太同意（2.0%）＞不同意（1.1%）。由此可见，学生喜欢从背景知识入手学习相关内容。不同性别、不同专业、不同学习时间的学生之间没有明显差异，"完全同意"占比最大。这就意味着课程设计中相关背景导入很关键。

表 5-77　学习风格-E

序号	个人背景	E. 从背景知识入手，来讲解这一知识										人数合计
		不同意		不太同意		同　意		比较同意		完全同意		
		人数	比例	人数	比例	人数	比例	人数	比例	人数	比例	
1	性别	15	1.1%	29	2.0%	238	16.7%	465	32.7%	675	47.5%	1 422
1.1	男生	5	1.6%	10	3.0%	49	14.9%	95	29.0%	169	51.5%	328
1.2	女生	10	0.9%	19	1.7%	189	17.3%	370	33.8%	506	46.3%	1 094
2	年级	15	1.1%	29	2.0%	238	16.7%	465	32.7%	675	47.5%	1 422
2.1	大一	5	1.0%	12	2.3%	90	17.3%	165	31.7%	248	47.7%	520
2.2	大二	0	0.0%	8	2.4%	48	13.9%	125	36.2%	164	47.5%	345
2.3	大三	3	1.3%	3	1.3%	45	19.2%	67	28.6%	116	49.6%	234
2.4	大四	7	2.2%	6	1.9%	54	17.1%	106	33.5%	143	45.3%	316
2.5	研一	0	0.0%	0	0.0%	1	33.3%	0	0.0%	2	66.7%	3
2.6	研二	0	0.0%	0	0.0%	0	0.0%	2	66.7%	1	33.3%	3
2.7	研三	0	0.0%	0	0.0%	0	0.0%	0	0.0%	1	100.0%	1
3	专业	15	1.1%	29	2.0%	238	16.7%	465	32.7%	675	47.5%	1 422
3.1	语言类	15	1.1%	29	2.1%	233	16.6%	459	32.8%	664	47.4%	1 400
3.2	非语言类	0	0.0%	0	0.0%	5	22.7%	6	27.3%	11	50.0%	22
4	学习时间	15	1.1%	29	2.0%	238	16.7%	465	32.7%	675	47.5%	1 422
4.1	1 年以下	7	1.2%	13	2.3%	107	18.5%	188	32.6%	262	45.4%	577
4.2	1—2 年	1	0.3%	9	2.4%	51	13.8%	136	36.9%	172	46.6%	369
4.3	2 年以上	7	1.5%	7	1.5%	80	16.8%	141	29.6%	241	50.6%	476

F. 带我们分析讲解知识点的具体细节

表 5-78 表明，整体上看，学生喜欢教师分析讲解知识点的具体细节，比例分别为：完全同意（48.0%）>比较同意（33.8%）>同意（15.3%）>不太同意（1.6%）>不同意（1.3%）。由此可见，学生喜欢教师分析讲解知识点的具体细节。不同性别、不同专业、不同学习时间的学生之间没有明显差异，"完全同意"占比最大。因此，课程设计者有必要依托信息技术开发包含一定知识图谱的微慕课，清晰呈现，阐释知识点，同时注重个体差异，提高教学的精准性。

表 5－78　学习风格－F

序号	个人背景	F. 带我们分析讲解知识点的具体细节										人数合计
		不同意		不太同意		同　意		比较同意		完全同意		
		人数	比例	人数	比例	人数	比例	人数	比例	人数	比例	
1	性别	18	1.3%	23	1.6%	218	15.3%	481	33.8%	682	48.0%	1 422
1.1	男生	4	1.3%	6	1.8%	43	13.1%	106	32.3%	169	51.5%	328
1.2	女生	14	1.2%	17	1.6%	175	16.0%	375	34.3%	513	46.9%	1 094
2	年级	18	1.3%	23	1.6%	218	15.3%	481	33.8%	682	48.0%	1 422
2.1	大一	7	1.4%	7	1.3%	74	14.2%	175	33.7%	257	49.4%	520
2.2	大二	2	0.6%	5	1.4%	47	13.6%	123	35.7%	168	48.7%	345
2.3	大三	2	0.9%	5	2.1%	46	19.6%	64	27.4%	117	50.0%	234
2.4	大四	7	2.2%	6	1.9%	50	15.8%	116	36.7%	137	43.4%	316
2.5	研一	0	0.0%	0	0.0%	1	33.3%	1	33.3%	1	33.3%	3
2.6	研二	0	0.0%	0	0.0%	0	0.0%	2	66.7%	1	33.3%	3
2.7	研三	0	0.0%	0	0.0%	0	0.0%	0	0.0%	1	100.0%	1
3	专业	18	1.3%	23	1.6%	218	15.3%	481	33.8%	682	48.0%	1 422
3.1	语言类	18	1.3%	23	1.6%	214	15.3%	473	33.8%	672	48.0%	1 400
3.2	非语言类	0	0.0%	0	0.0%	4	18.2%	8	36.3%	10	45.5%	22
4	学习时间	18	1.3%	23	1.6%	218	15.3%	481	33.8%	682	48.0%	1 422
4.1	1 年以下	9	1.5%	12	2.1%	87	15.1%	200	34.7%	269	46.6%	577
4.2	1—2 年	2	0.5%	7	1.9%	50	13.6%	133	36.0%	177	48.0%	369
4.3	2 年以上	7	1.5%	4	0.8%	81	17.0%	148	31.1%	236	49.6%	476

G. 安排分组讨论这一知识点

表 5－79 表明,整体而言,学生喜欢教师安排分组讨论知识点,比例分别为:完全同意(35.2%)>比较同意(27.4%)>同意(25.5%)>不太同意(8.2%)>不同意(3.7%)。不同性别、不同专业、不同学习时间的学生之间没有明显差异,"完全同意"占比最大。由此可见,课堂讨论符合学生的需求。

表 5-79 学习风格-G

序号	个人背景	G. 安排分组讨论这一知识点										人数合计
		不同意		不太同意		同 意		比较同意		完全同意		
		人数	比例	人数	比例	人数	比例	人数	比例	人数	比例	
1	性别	53	3.7%	116	8.2%	362	25.5%	390	27.4%	501	35.2%	1 422
1.1	男生	11	3.5%	29	8.8%	67	20.4%	88	26.8%	133	40.5%	328
1.2	女生	42	3.8%	87	8.0%	295	27.0%	302	27.6%	368	33.6%	1 094
2	年级	53	3.7%	116	8.2%	362	25.5%	390	27.4%	501	35.2%	1 422
2.1	大一	19	3.6%	48	9.2%	120	23.1%	146	28.1%	187	36.0%	520
2.2	大二	11	3.2%	25	7.2%	78	22.6%	110	31.9%	121	35.1%	345
2.3	大三	9	3.8%	25	10.7%	73	31.2%	46	19.7%	81	34.6%	234
2.4	大四	13	4.2%	18	5.7%	88	27.8%	88	27.8%	109	34.5%	316
2.5	研一	0	0.0%	0	0.0%	2	66.7%	0	0.0%	1	33.3%	3
2.6	研二	1	33.3%	0	0.0%	1	33.3%	0	0.0%	1	33.3%	3
2.7	研三	0	0.0%	0	0.0%	0	0.0%	0	0.0%	1	100.0%	1
3	专业	53	3.7%	116	8.2%	362	25.5%	390	27.4%	501	35.2%	1 422
3.1	语言类	53	3.7%	115	8.2%	358	25.6%	383	27.4%	491	35.1%	1 400
3.2	非语言类	0	0.0%	1	4.5%	4	18.2%	7	31.8%	10	45.5%	22
4	学习时间	53	3.7%	116	8.2%	362	25.5%	390	27.4%	501	35.2%	1 422
4.1	1 年以下	24	4.1%	56	9.7%	143	24.8%	169	29.3%	185	32.1%	577
4.2	1—2 年	10	2.7%	30	8.1%	89	24.1%	111	30.1%	129	35.0%	369
4.3	2 年以上	19	4.0%	30	6.3%	130	27.3%	110	23.1%	187	39.3%	476

H. 给我们独立思考时间进行自我总结和分析

表 5-80 表明,整体而言,学生喜欢教师给独立思考时间进行自我总结和分析,比例分别为:完全同意(45.0%)>比较同意(30.5%)>同意(19.6%)>不太同意(3.4%)>不同意(1.5%)。不同性别、不同专业、不同学习时间的学生之间没有明显差异,"完全同意"占比最大。由此可见,学生需要在独立思考的基础上进行自我评判,这也表明课程设计者有必要设计高阶性、探索性的课堂活动。

表 5 - 80　学习风格-H

序号	个人背景	H. 给我们独立思考时间进行自我总结和分析										人数合计
		不同意		不太同意		同　意		比较同意		完全同意		
		人数	比例	人数	比例	人数	比例	人数	比例	人数	比例	
1	性别	20	1.5%	49	3.4%	279	19.6%	434	30.5%	640	45.0%	1 422
1.1	男生	3	0.9%	10	3.0%	54	16.5%	93	28.4%	168	51.2%	328
1.2	女生	17	1.5%	39	3.6%	225	20.6%	341	31.2%	472	43.1%	1 094
2	年级	20	1.5%	49	3.4%	279	19.6%	434	30.5%	640	45.0%	1 422
2.1	大一	8	1.5%	19	3.7%	89	17.1%	159	30.6%	245	47.1%	520
2.2	大二	2	0.6%	8	2.3%	59	17.1%	123	35.7%	153	44.3%	345
2.3	大三	2	0.8%	7	3.0%	61	26.1%	58	24.8%	106	45.3%	234
2.4	大四	8	2.5%	15	4.8%	69	21.8%	91	28.8%	133	42.1%	316
2.5	研一	0	0.0%	0	0.0%	1	33.3%	1	33.3%	1	33.3%	3
2.6	研二	0	0.0%	0	0.0%	0	0.0%	2	66.7%	1	33.3%	3
2.7	研三	0	0.0%	0	0.0%	0	0.0%	0	0.0%	1	100.0%	1
3	专业	20	1.5%	49	3.4%	279	19.6%	434	30.5%	640	45.0%	1 422
3.1	语言类	20	1.4%	49	3.5%	274	19.6%	428	30.6%	629	44.9%	1 400
3.2	非语言类	0	0.0%	0	0.0%	5	22.7%	6	27.3%	11	50.0%	22
4	学习时间	20	1.5%	49	3.4%	279	19.6%	434	30.5%	640	45.0%	1 422
4.1	1 年以下	10	1.7%	24	4.2%	110	19.1%	183	31.7%	250	43.3%	577
4.2	1—2 年	2	0.5%	9	2.4%	67	18.2%	131	35.5%	160	43.4%	369
4.3	2 年以上	8	1.7%	16	3.4%	102	21.4%	120	25.2%	230	48.3%	476

5.3.2　学习资源

课题组通过附录 2 第 9 题"我喜欢的关键土著语言学习资源是(……)"展开调查,主要包括以下五个方面:(1) 已出版教材(纸质/电子);(2) 自编讲义(如 PPT);(3) 网络公开资源(如网上搜到的慕课、课件等);(4) 校内网络平台资源(如学校内部建设的云盘资源等);(5) 软件资源(如学习软件、社交软件资源等)。

(1) 已出版教材(纸质/电子)

表 5 - 81 表明,整体而言,学生对已出版教材(纸质/电子)态度比例

分别为：完全同意（51.0%）＞比较同意（28.8%）＞同意（16.2%）＞不太同意（2.3%）＞不同意（1.7%）。学生们"完全同意"已出版教材（纸质/电子）占比最大。这说明，各专业学生比较认同使用已出版教材（纸质/电子）。

表 5−81　学习资源−1

专业		已出版教材（纸质/电子）										人数合计
		不同意		不太同意		同　意		比较同意		完全同意		
		人数	比例	人数	比例	人数	比例	人数	比例	人数	比例	
语言类	关键土著语言	7	1.2%	11	1.8%	85	14.1%	150	24.9%	349	58.0%	602
	非关键土著语言	18	2.2%	22	2.8%	137	17.2%	253	31.7%	368	46.1%	798
	小计	25	1.7%	33	2.4%	222	15.9%	403	28.8%	717	51.2%	1 400
非语言类		0	0.0%	0	0.0%	8	36.4%	6	27.2%	8	36.4%	22
合　计		25	1.7%	33	2.3%	230	16.2%	409	28.8%	725	51.0%	1 422

（2）自编讲义（如 PPT）

表 5−82 表明，整体而言，学生对自编讲义（如 PPT）态度比例分别为：比较同意（31.4%）＞完全同意（30.0%）＞同意（25.6%）＞不太同意（9.1%）＞不同意（3.9%）。不同专业学生态度有所差别。语言类学生"比较同意"占比最大，比例为31.5%，非语言类学生"完全同意"占比最大，为36.4%。语言类中关键土著语言专业学生"完全同意"占比最大（比例为36.0%），非关键土著语言专业学生"比较同意"占比最大（比例为33.0%）。

表 5−82　学习资源−2

专业		自编讲义（如 PPT）										人数合计
		不同意		不太同意		同　意		比较同意		完全同意		
		人数	比例	人数	比例	人数	比例	人数	比例	人数	比例	
语言类	关键土著语言	15	2.5%	44	7.3%	148	24.6%	178	29.6%	217	36.0%	602
	非关键土著语言	39	4.9%	83	10.4%	211	26.4%	263	33.0%	202	25.3%	798
	小计	54	3.9%	127	9.1%	359	25.6%	441	31.5%	419	29.9%	1 400

续上表

专　业	自编讲义（如 PPT）										人数合计
	不同意		不太同意		同　意		比较同意		完全同意		
	人数	比例	人数	比例	人数	比例	人数	比例	人数	比例	
非语言类	0	0.0%	3	13.6%	5	22.7%	6	27.3%	8	36.4%	22
合计	54	3.9%	130	9.1%	364	25.6%	447	31.4%	427	30.0%	1 422

（3）网络公开资源（如网上搜到的慕课、课件等）

表 5-83 表明，整体而言，学生对网络公开资源（如网上搜到的慕课、课件等）态度比例分别为：完全同意（27.3%）＞比较同意（27.0%）＞同意（26.7%）＞不太同意（13.0%）＞不同意（6.0%）。不同专业学生态度差别不大。语言类不同专业学生态度稍有差别：关键土著语言专业学生"完全同意"占比最大（比例为 30.7%），非关键土著语言专业学生"比较同意"占比最大（比例为 27.9%）。由此可见，有必要将建构立体化的教学资源库纳入教学设计中。

表 5-83　学习资源-3

专业		网络公开资源（如网上搜到的慕课、课件等）										人数合计
		不同意		不太同意		同　意		比较同意		完全同意		
		人数	比例	人数	比例	人数	比例	人数	比例	人数	比例	
语言类	关键土著语言	31	5.2%	79	13.1%	153	25.4%	154	25.6%	185	30.7%	602
	非关键土著语言	54	6.8%	103	12.9%	222	27.8%	223	27.9%	196	24.6%	798
	小计	85	6.1%	182	13.0%	375	26.8%	377	26.9%	381	27.2%	1 400
非语言类		0	0.0%	3	13.7%	5	22.7%	7	31.8%	7	31.8%	22
合计		85	6.0%	185	13.0%	380	26.7%	384	27.0%	388	27.3%	1 422

（4）校内网络平台资源（如学校内部建设的云盘资源等）

表 5-84 表明，整体而言，学生对校内网络平台资源（如学校内部建

设的云盘资源等)态度比例分别为：同意(28.5%)＞比较同意(27.8%)＞完全同意(27.6%)＞不太同意(10.8%)＞不同意(5.3%)。不同专业学生态度有所差别。语言类学生"同意"占比最大，比例为28.5%，非语言类学生"完全同意"占比最大，为36.4%，这可能是因为非语言类专业学生参与线下课程资源偏少，使用网络资源较为便利，因此非语言类专业学生喜欢使用网络资源占比较大。语言类不同专业学生态度稍有差别：关键土著语言专业学生"完全同意"占比最大(比例为31.2%)，非关键土著语言专业学生"同意"占比最大(比例为30.3%)。

表 5－84　学习资源－4

专　业		校内网络平台资源(如学校内部建设的云盘资源等)										人数合计
		不同意		不太同意		同　意		比较同意		完全同意		
		人数	比例	人数	比例	人数	比例	人数	比例	人数	比例	
语言类	关键土著语言	32	5.3%	68	11.3%	157	26.1%	157	26.1%	188	31.2%	602
	非关键土著语言	43	5.3%	85	10.7%	242	30.3%	232	29.1%	196	24.6%	798
	小计	75	5.4%	153	10.9%	399	28.5%	389	27.8%	384	27.4%	1 400
非语言类		0	0.0%	1	4.5%	6	27.3%	7	31.8%	8	36.4%	22
合计		75	5.3%	154	10.8%	405	28.5%	396	27.8%	392	27.6%	1 422

(5) 软件资源(如学习软件、社交软件资源等)

表 5－85 表明，整体而言，学生对软件资源(学习软件、社交软件如微信公众号资源等)态度比例分别为：比较同意(29.0%)＞同意(28.6%)＝完全同意(28.6%)＞不太同意(8.6%)＞不同意(5.2%)。不同专业学生对此有所差别。语言类学生"比较同意"占比最大，比例为29.1%，非语言类学生"完全同意"占比最大，为31.8%。语言类不同专业学生态度稍有差别：关键土著语言专业学生"完全同意"占比最大(比例为32.4%)，非关键土著语言专业学生"比较同意"占比最大(比例为30.1%)。

表 5－85　学习资源－5

专　业		软件资源（如学习软件、社交软件资源等）										人数合计
		不同意		不太同意		同　意		比较同意		完全同意		
		人数	比例	人数	比例	人数	比例	人数	比例	人数	比例	
语言类	关键土著语言	31	5.1%	47	7.8%	162	26.9%	167	27.7%	195	32.4%	602
	非关键土著语言	43	5.4%	74	9.3%	237	29.7%	240	30.1%	204	25.6%	798
	小计	74	5.3%	121	8.6%	399	28.5%	407	29.1%	399	28.5%	1 400
非语言类		1	4.5%	1	4.5%	7	31.8%	6	27.3%	7	31.8%	22
合计		75	5.2%	122	8.6%	406	28.6%	413	29.0%	406	28.6%	1 422

学生在访谈中提到课上不会有固定教材，教师也不会依据教材进行讲解，而多是发放教师自己编写的纸质教案，如 S2 和 S6 所述。可见土著语言教材资源建设尚不完善：

教材目前是我们老师发出去的纸质教案，还没有推荐什么教材，但是有推荐词典之类的。（S2）

教材是老师发的纸质材料，一次性发给的，一节课一发，就是几张纸。（S6）

5.3.3　教师分析

本部分涉及附录 2 的五道题。第 8 题："我希望该课程是（……）"（主讲教师）；第 12 题："在学习关键土著语言时，我希望教师（……）"（教学方法）；第 16 题："我希望教师使用的授课语言是（……）"（授课语言）；第 19 题："我觉得该课程适合采用的授课方式是（……）"（授课方式）；第 20 题："我觉得该课程适合采用的教学模式是（……）"（教学模式）。

（1）主讲教师

对主讲教师调查主要包括以下三个方面：A. 由中国教师主讲；B. 由外国教师主讲；C. 由中外教师共同授课。

A. 由中国教师主讲

表 5－86 表明，整体而言，学生对由"中国教师主讲"态度比例分别为：同意（33.3%）>比较同意（33.1%）>完全同意（21.2%）>不太同意（8.4%）>不

同意(4.0%)。由此可见,学生比较认同由中国教师主讲。不同专业学生态度差别不大,对中国教师主讲表示"同意"和"比较同意"的占比较大。

表 5-86　主 讲 教 师-A

专　业		A. 由中国教师主讲										人数合计
		不同意		不太同意		同　意		比较同意		完全同意		
		人数	比例	人数	比例	人数	比例	人数	比例	人数	比例	
语言类	关键土著语言	23	3.9%	45	7.5%	200	33.2%	179	29.7%	155	25.7%	602
	非关键土著语言	34	4.3%	68	8.5%	266	33.3%	284	35.6%	146	18.3%	798
	小计	57	4.0%	113	8.1%	466	33.3%	463	33.1%	301	21.5%	1 400
非语言类		0	0.0%	6	27.3%	7	31.8%	7	31.8%	2	9.1%	22
合计		57	4.0%	119	8.4%	473	33.3%	470	33.1%	303	21.2%	1 422

B. 由外国教师主讲

表 5-87 表明,整体而言,学生对"由外国教师主讲"态度比例分别为:同意(37.3%)>比较同意(26.7%)>不太同意(16.9%)>完全同意(13.1%)>不同意(6.0%)。由此可见,学生同意由外国教师主讲占比较大。不同专业学生对此有所差别,语言类学生对由外国教师主讲表示"同意"占比较大(比例为37.6%),非语言类学生对外国教师主讲表示"完全同意"和"比较同意"占比较大(比例均为31.8%)。这说明,非语言类专业学生对外国教师需求度更大。语言类中关键土著语言专业和非关键土著语言专业学生态度差别不大。

表 5-87　主 讲 教 师-B

专　业		B. 由外国教师主讲										人数合计
		不同意		不太同意		同　意		比较同意		完全同意		
		人数	比例	人数	比例	人数	比例	人数	比例	人数	比例	
语言类	关键土著语言	39	6.5%	117	19.4%	214	35.5%	152	25.3%	80	13.3%	602
	非关键土著语言	44	5.5%	123	15.4%	312	39.1%	220	27.6%	99	12.4%	798
	小计	83	5.9%	240	17.1%	526	37.6%	372	26.6%	179	12.8%	1 400
非语言类		2	9.2%	1	4.5%	5	22.7%	7	31.8%	7	31.8%	22
合计		85	6.0%	241	16.9%	531	37.3%	379	26.7%	186	13.1%	1 422

C. 由中外教师共同授课

表 5-88 表明,整体上看,学生对"由中外教师共同授课"态度的比例分别为:完全同意(66.4%)>比较同意(18.8%)>同意(12.3%)>不同意(1.4%)>不太同意(1.1%)。相对而言,学生们"完全同意"由中外教师共同授课占比最大。这说明,各专业学生对由中外教师共同授课需求度最大。

表 5-88 主讲教师-C

专业		C. 由中外教师共同授课										人数合计
		不同意		不太同意		同意		比较同意		完全同意		
		人数	比例	人数	比例	人数	比例	人数	比例	人数	比例	
语言类	关键土著语言	6	1.0%	4	0.7%	66	11.0%	95	15.7%	431	71.6%	602
	非关键土著语言	14	1.8%	11	1.3%	103	12.9%	165	20.7%	505	63.3%	798
	小计	20	1.4%	15	1.0%	169	12.1%	260	18.6%	936	66.9%	1 400
非语言类		0	0.0%	0	0.0%	6	27.3%	8	36.4%	8	36.4%	22
合计		20	1.4%	15	1.1%	175	12.3%	268	18.8%	944	66.4%	1 422

综上,学生对"由中外教师共同授课"完全同意占比最大,可见中外教师共同授课的形式深受学生喜爱,正如 S2 反馈:

我觉得外教可能口音会比较纯正一点,然后中教可能更容易沟通,更容易辅助一些。(S2)

S4 同学也提到中外教师共同授课的必要性。这说明外籍教师合作授课可为学生提供真实语言学习环境,中国教师可帮助学生增加可理解性输入:

之前我们上过一门德语课,零基础,全德语授课,老师不会汉语,英语也不说,必须通过助教翻译。(S4)

（2）教学方法

对教学方法调查主要包括以下六个方面：A.通过语法教学来帮助提升阅读和翻译能力；B.重视口语和语音教学，注重对语言的练习和应用；C.通过课上反复进行句型结构训练，培养我们的听说能力；D.通过创设情境、对话教学来丰富我们的关键土著语言知识；E.在课上多提供让我们互动交流的机会；F.设计各种学习任务来引导我们学习关键土著语言。

A. 通过语法教学来帮助提升阅读和翻译能力

表5-89表明，整体而言，学生希望教师"通过语法教学来帮助提升阅读和翻译能力"的比例分别为：完全同意（46.2%）>比较同意（31.2%）>同意（18.9%）>不同意（1.9%）>不太同意（1.8%）。由此可见，学生希望教师采用翻译教学法。不同专业学生对此有所差别，语言类专业学生"完全同意"占比最大，比例为46.4%，语言类专业学生内部无明显差异，非语言类专业学生的同意程度略低，"比较同意"占比最大，比例为36.4%。

表 5 - 89　教 学 方 法 - A

专　业		A. 通过语法教学来帮助提升阅读和翻译能力										人数合计
		不同意		不太同意		同　意		比较同意		完全同意		
		人数	比例	人数	比例	人数	比例	人数	比例	人数	比例	
语言类	关键土著语言	11	1.8%	7	1.2%	102	16.9%	170	28.3%	312	51.8%	602
	非关键土著语言	16	2.0%	18	2.2%	161	20.2%	265	33.2%	338	42.4%	798
	小计	27	1.9%	25	1.8%	263	18.8%	435	31.1%	650	46.4%	1 400
非语言类		0	0.0%	1	4.5%	6	27.3%	8	36.4%	7	31.8%	22
合计		27	1.9%	26	1.8%	269	18.9%	443	31.2%	657	46.2%	1 422

B. 重视口语和语音教学，注重对语言的练习和应用

表5-90表明，整体而言，学生希望教师"重视口语和语音教学，注重对语言的练习和应用"的比例分别为：完全同意（55.3%）>比较同意（29.4%）>同意（12.8%）>不太同意（1.3%）>不同意（1.2%）。由此可见，学生希望教师采用直接教学法。不同专业学生对此差别不大，"完全同意"占比最大。

表 5－90　教学方法－B

专　业		B. 重视口语和语音教学，注重对语言的练习和应用										人数合计
		不同意		不太同意		同　意		比较同意		完全同意		
		人数	比例	人数	比例	人数	比例	人数	比例	人数	比例	
语言类	关键土著语言	3	0.5%	5	0.8%	61	10.2%	159	26.4%	374	62.1%	602
	非关键土著语言	14	1.8%	14	1.8%	117	14.6%	250	31.3%	403	50.5%	798
	小计	17	1.2%	19	1.4%	178	12.7%	409	29.2%	777	55.5%	1 400
非语言类		0	0.0%	0	0.0%	4	18.2%	9	40.9%	9	40.9%	22
合计		17	1.2%	19	1.3%	182	12.8%	418	29.4%	786	55.3%	1 422

C. 通过课上反复进行句型结构训练，培养我们的听说能力

表 5－91 表明，整体而言，学生希望教师"通过课上反复进行句型结构训练，培养我们的听说能力"比例分别为：完全同意（49.7%）＞比较同意（29.7%）＞同意（17.6%）＞不太同意（1.5%）＝不同意（1.5%）。由此可见，学生希望教师采用听说教学法。不同专业学生差别不大，"完全同意"占比最大。

表 5－91　教学方法－C

专　业		C. 通过课上反复进行句型结构训练，培养我们的听说能力										人数合计
		不同意		不太同意		同　意		比较同意		完全同意		
		人数	比例	人数	比例	人数	比例	人数	比例	人数	比例	
语言类	关键土著语言	6	1.0%	5	0.8%	98	16.3%	167	27.7%	326	54.2%	602
	非关键土著语言	15	1.9%	15	1.9%	148	18.5%	248	31.1%	372	46.6%	798
	小计	21	1.5%	20	1.4%	246	17.6%	415	29.6%	698	49.9%	1 400
非语言类		0	0.0%	1	4.5%	5	22.7%	7	31.9%	9	40.9%	22
合计		21	1.5%	21	1.5%	251	17.6%	422	29.7%	707	49.7%	1 422

D. 通过创设情境、对话教学来丰富我们的关键土著语言知识

表 5－92 表明，学生希望教师"通过创设情境、对话教学来丰富我们的关键土著语言知识"比例分别为：完全同意（52.1%）＞比较同意（30.1%）＞同

意(14.8%)>不太同意(1.5%)=不同意(1.5%)。由此可见,学生希望教师采用情境教学法。不同专业学生差别不大,"完全同意"占比最大。在课程设计中,有必要运用信息技术,营造交际情境拓展学生的关键语言知识。

表 5-92　教学方法-D

专业		D. 通过创设情境、对话教学来丰富我们的关键土著语言知识										人数合计
		不同意		不太同意		同意		比较同意		完全同意		
		人数	比例	人数	比例	人数	比例	人数	比例	人数	比例	
语言类	关键土著语言	4	0.7%	9	1.5%	69	11.5%	158	26.2%	362	60.1%	602
	非关键土著语言	17	2.1%	13	1.7%	138	17.3%	261	32.7%	369	46.2%	798
	小计	21	1.5%	22	1.6%	207	14.8%	419	29.9%	731	52.2%	1 400
非语言类		0	0.0%	0	0.0%	3	13.6%	9	40.9%	10	45.5%	22
合计		21	1.5%	22	1.5%	210	14.8%	428	30.1%	741	52.1%	1 422

E. 在课上多提供让我们互动交流的机会

表 5-93 表明,整体而言,学生希望教师"在课上多提供让我们互动交流的机会"的比例分别为:完全同意(47.3%)>比较同意(30.2%)>同意(17.8%)>不太同意(3.0%)>不同意(1.7%)。由此可见,学生希望教师采用交际教学法。不同专业学生的观点有所差别,语言类专业学生"完全同意"占比最大,比例为47.4%,语言类专业学生内部态度无明显差异,非语言类专业学生同意程度略低,"完全同意"占比最大,比例为45.5%。

表 5-93　教学方法-E

专业		E. 在课上多提供让我们互动交流的机会										人数合计
		不同意		不太同意		同意		比较同意		完全同意		
		人数	比例	人数	比例	人数	比例	人数	比例	人数	比例	
语言类	关键土著语言	7	1.2%	15	2.5%	88	14.6%	152	25.2%	340	56.5%	602
	非关键土著语言	17	2.1%	27	3.4%	162	20.3%	269	33.7%	323	40.5%	798
	小计	24	1.7%	42	3.0%	250	17.9%	421	30.0%	663	47.4%	1 400

续上表

专　业	E. 在课上多提供让我们互动交流的机会										人数合计
	不同意		不太同意		同　意		比较同意		完全同意		
	人数	比例	人数	比例	人数	比例	人数	比例	人数	比例	
非语言类	0	0.0%	0	0.0%	3	13.6%	9	40.9%	10	45.5%	22
合计	24	1.7%	42	3.0%	253	17.8%	430	30.2%	673	47.3%	1 422

F. 设计各种学习任务来引导我们学习关键土著语言

表 5-94 表明,整体而言,学生希望教师"设计各种学习任务来引导我们学习关键土著语言"的比例分别为:完全同意(44.0%)>比较同意(31.0%)>同意(20.3%)>不太同意(2.7%)>不同意(2.0%)。由此可见,学生希望教师采用任务型教学法。不同专业学生对此差别不大,"完全同意"占比最大。在教育数字化转型的背景下,各种学习任务的设计应丰富多元,且线上线下结合。

表 5-94　教学方法-F

专　业		F. 设计各种学习任务来引导我们学习关键土著语言										人数合计
		不同意		不太同意		同　意		比较同意		完全同意		
		人数	比例	人数	比例	人数	比例	人数	比例	人数	比例	
语言类	关键土著语言	4	0.7%	12	2.0%	100	16.6%	174	28.9%	312	51.8%	602
	非关键土著语言	24	3.0%	27	3.4%	182	22.8%	259	32.5%	306	38.3%	798
	小计	28	2.0%	39	2.8%	282	20.1%	433	31.0%	618	44.1%	1 400
非语言类		0	0.0%	0	0.0%	7	31.8%	7	31.8%	8	36.4%	22
合计		28	2.0%	39	2.7%	289	20.3%	440	31.0%	626	44.0%	1 422

（3）授课语言

对教师授课语言调查主要包括以下四个方面:A. 关键土著语言;B. 关键土著语言+英语;C. 关键土著语言+汉语;D. 关键土著语言+英语+汉语。从表 5-95 可知,整体而言,学生希望教师的授课语言分别为:关键土著语言+英语+汉语(53.8%)>关键土著语言+汉语(37.1%)>关键土著语言+英语

（6.6%）>关键土著语言（2.5%）。不同专业学生态度差别不大，选择"关键土著语言+英语+汉语"的占比最大。可见学生希望教师采用"关键土著语言+英语+汉语"进行授课，在一定意义上营造多语环境，促进学生的语言习得。

表 5-95　授课语言

专 业		授 课 语 言								人数合计
		关键土著语言		关键土著语言+英语		关键土著语言+汉语		关键土著语言+英语+汉语		
		人数	比例	人数	比例	人数	比例	人数	比例	
语言类	关键土著语言	7	1.2%	44	7.3%	186	30.9%	365	60.6%	602
	非关键土著语言	28	3.5%	46	5.8%	337	42.2%	387	48.5%	798
	小计	35	2.5%	90	6.4%	523	37.4%	752	53.7%	1 400
非语言类		0	0.0%	4	18.2%	5	22.7%	13	59.1%	22
合计		35	2.5%	94	6.6%	528	37.1%	765	53.8%	1 422

（4）授课方式

对教师授课方式调查主要包括以下三个方面：A.以教师讲解为主，学生听讲；B.以学生讲解为主，教师讲评；C.其他。从表5-96可知，整体而言，学生希望的教学模式分别为：以教师讲解为主，学生听讲（93.5%）>以学生讲解为主，教师讲评（3.9%）>其他（2.6%）。不同专业学生的选择差别不大，"以教师讲解为主，学生听讲"占比最大。

表 5-96　授课方式

专 业		授 课 方 式						人数合计
		以教师讲解为主，学生听讲		以学生讲解为主，教师讲评		其 他		
		人数	比例	人数	比例	人数	比例	
语言类	关键土著语言	552	91.7%	24	4.0%	26	4.3%	602
	非关键土著语言	756	94.7%	31	3.9%	11	1.4%	798
	小计	1308	93.4%	55	3.9%	37	2.7%	1 400

续上表

专　业	授　课　方　式						人数合计
	以教师讲解为主，学生听讲		以学生讲解为主，教师讲评		其　他		
	人数	比例	人数	比例	人数	比例	
非语言类	21	95.5%	1	4.5%	0	0.0%	22
合计	1329	93.5%	56	3.9%	37	2.6%	1 422

这说明教师主讲的课堂受到了师生的欢迎。究其原因，可能是因为在课堂中，学生作为所学语种的初学者，认知发展尚不成熟，需要教师依据学生的实际水平设计更多教学输入任务。正如 S2 在访谈中指出：

老师先进行发音教学，再跟着视频朗读，辅以小组讨论可以加深对发音的印象。毕竟我们刚入门，所以现在还是比较容易理解接受一些。（S2）

（5）教学模式

对教师教学模式调查主要包括以下三个方面：A. 线下课堂；B. 线上课堂；C. 线上＋线下混合课堂。从表 5－97 可知，整体而言，学生希望的教学模式分别为：线上＋线下混合课堂（55.8%）＞线下课堂（33.7%）＞线上课堂（10.5%）。不同专业学生态度差别不大，"线上＋线下混合课堂"占比最大。可见学生更希望进行"线上＋线下混合课堂教学"。

表 5－97　教学模式

专　业		教　学　模　式						人数合计
		线下课堂		线上课堂		线上＋线下混合课堂		
		人数	比例	人数	比例	人数	比例	
语言类	关键土著语言	216	35.9%	56	9.3%	330	54.8%	602
	非关键土著语言	254	31.8%	91	11.4%	453	56.8%	798
	小计	470	33.6%	147	10.5%	783	55.9%	1 400

专　业	教　学　模　式						人数合计
	线下课堂		线上课堂		线上+线下混合课堂		
	人数	比例	人数	比例	人数	比例	
非语言类	9	40.9%	2	9.1%	11	50.0%	22
合计	479	33.7%	149	10.5%	794	55.8%	1 422

在访谈中,学生强调了"线上+线下混合课堂"的一些优势,特别是其便利之处,认为这种教学模式使得师生之间的互动更加顺畅,如 S14 认为这种课堂能够更好地促进师生之间更为紧密的沟通与合作:

我认为需要线上和线下相结合,因为有时候可能不好意思当面向老师提出问题。而在线上进行评教时可以更方便地指出问题。另外,我觉得线下互动也很重要,因为这有助于建立一种更密切的师生关系,能够及时解决问题,避免将其拖延太久。(S14)

5.3.4　课程设置

本部分涉及附录 2 的两道题。第 17 题:"我希望该课程的课程安排是(……)"(课程安排);第 18 题:"我希望该课程设置的时长是(……)"(课时安排)。

(1)课程安排

对课程安排调查主要包括以下五个方面:A. 平时每周一次;B. 每周末一次;C. 平时隔周一次;D. 假期集中两周;E. 其他。由表 5 - 98 可知,整体而言,学生希望的课程安排分别为:平时每周一次(67.9%)>其他(10.0%)>平时隔周一次(8.6%)>每周末一次(7.1%)>假期集中上两周(6.4%)。不同专业学生对此态度差别不大,"平时每周一次"占比最大。正如 S2 提到这样的课程安排可以满足学习需求:

一周一次,不花费太多时间,而且接触的内容逐渐学习是可以的,能满足学习需求。(S2)

表 5-98　课程安排

专业		课程安排									人数合计
		平时每周一次		每周末一次		平时隔周一次		假期集中两周		其他	
		人数	比例	人数	比例	人数	比例	人数	比例	人数	比例	
语言类	关键土著语言	405	67.3%	30	5.0%	38	6.3%	38	6.3%	91	15.1%	602
	非关键土著语言	542	67.9%	69	8.6%	85	10.7%	51	6.4%	51	6.4%	798
	小计	947	67.6%	99	7.1%	123	8.8%	89	6.4%	142	10.1%	1 400
非语言类		18	81.8%	2	9.1%	0	0.0%	2	9.1%	0	0.0%	22
合计		965	67.9%	101	7.1%	123	8.6%	91	6.4%	142	10.0%	1 422

（2）课时安排

对课时安排调查主要包括以下五个方面：A. 8—9周；B. 16—18周；C. 两学期；D. 三学期；E. 其他。由表 5-99 可知,整体上看学生希望的课时安排分别为：8—9周（26.3%）>16—18周（23.4%）>三学期（22.4%）>两学期（20.4%）>其他（7.5%）。不同专业学生态度差别不大,"8—9周"占比最大。语言类和非语言类专业学生对此差别不大,"8—9周"占比最大,比例分别为26.2%和31.8%。语言类专业内部有差异,关键土著语言专业学生选择课时安排"三学期"占比最大,比例为27.9%,而非关键土著语言专业学生选择课时安排"8—9周"占比最大,比例为31.3%。S3 表示这样短期的安排能够满足学习需求：

我觉得可以短,因为我可能就是需要一些基本上的认识,不需要太深入的了解。(S3)

专　业		课　时　安　排										人数合计
		8—9周		16—18周		两学期		三学期		其他		
		人数	比例	人数	比例	人数	比例	人数	比例	人数	比例	
语言类	关键土著语言	117	19.4%	144	24.0%	109	18.1%	168	27.9%	64	10.6%	602
	非关键土著语言	250	31.3%	185	23.2%	175	21.9%	146	18.3%	42	5.3%	798
	小计	367	26.2%	329	23.5%	284	20.3%	314	22.4%	106	7.6%	1 400
非语言类		7	31.8%	4	18.2%	6	27.3%	5	22.7%	0	0.0%	22
合计		374	26.3%	333	23.4%	290	20.4%	319	22.4%	106	7.5%	1 422

5.3.5　课程评估

本部分涉及附录 2 的三道题。第 13 题："我希望该课程采用的考核方式是（……）"（考核方式）；第 14 题："我觉得该课程适合采取的测试方式是（……）"（考核内容）；第 15 题："我希望该考试结果的呈现方式是（……）"（结果呈现）。

（1）考核方式

对考核方式的调查主要包括以下三个方面：A. 考试；B. 考查；C. 考试+考查。

A. 考试

表 5－100 表明，整体上看，学生希望考核方式是"考试"的比例分别为：同意（36.1%）>比较同意（25.5%）>完全同意（17.9%）>不太同意（11.5%）>不同意（9.0%）。不同专业学生的选择有所差别，语言类专业学生"同意"占比最大，比例为 36.4%，语言类专业内部无明显差异，非语言类专业学生同意程度略低，"比较同意"和"不太同意"占比最大，比例均为 27.3%，可见学生不是很认同考试这一考核形式。

B. 考查

表 5－101 表明，整体上看，学生希望考核方式是"考查"的比例分别为：同意（34.9%）>比较同意（28.5%）>完全同意（26.0%）>不太同意

（6.8%）>不同意（3.8%）。不同专业学生的选择差别不大，"同意"占比均最大。

表 5－100 考核方式－A

专业		A. 考试									人数合计
		不同意		不太同意		同意		比较同意		完全同意		
		人数	比例	人数	比例	人数	比例	人数	比例	人数	比例	
语言类	关键土著语言	45	7.5%	52	8.6%	235	39.0%	150	25.0%	120	19.9%	602
	非关键土著语言	81	10.2%	106	13.3%	274	34.3%	206	25.8%	131	16.4%	798
	小计	126	9.0%	158	11.3%	509	36.4%	356	25.4%	251	17.9%	1 400
非语言类		2	9.1%	6	27.3%	5	22.7%	6	27.3%	3	13.6%	22
合计		128	9.0%	164	11.5%	514	36.1%	362	25.5%	254	17.9%	1 422

表 5－101 考核方式－B

专业		B. 考查									人数合计
		不同意		不太同意		同意		比较同意		完全同意		
		人数	比例	人数	比例	人数	比例	人数	比例	人数	比例	
语言类	关键土著语言	17	2.8%	30	5.0%	219	36.4%	169	28.1%	167	27.7%	602
	非关键土著语言	37	4.6%	65	8.2%	269	33.7%	231	28.9%	196	24.6%	798
	小计	54	3.8%	95	6.8%	488	34.9%	400	28.6%	363	25.9%	1 400
非语言类		1	4.5%	1	4.5%	8	36.4%	5	22.8%	7	31.8%	22
合计		55	3.8%	96	6.8%	496	34.9%	405	28.5%	370	26.0%	1 422

C. 考试+考查

表 5－102 表明，整体而言，学生希望的考核方式是"考试+考查"比例分别为：完全同意（33.1%）>同意（28.0%）>比较同意（25.1%）>不同意（7.0%）>不太同意（6.8%）。可见学生总体上对"考试+考查"的考核形式很认同。不同专业学生的态度有所差别，语言类专业学生"完全同意"占比最大，比例为33.2%，关键土著语专业学生的认同度（"完全同意"占比最大，比例为38.5%）高于非关键土著语专业学生（"同意"占比最大，比例

为30.3%）。与语言类专业学生对"考试+考查"的认同度相比，非语言类专业学生的认同度略低，"同意"占比最大，比例为31.8%。

表 5 - 102　考核方式-C

专　业		C. 考试+考查										人数合计
		不同意		不太同意		同　意		比较同意		完全同意		
		人数	比例	人数	比例	人数	比例	人数	比例	人数	比例	
语言类	关键土著语言	30	5.0%	30	5.0%	149	24.8%	161	26.7%	232	38.5%	602
	非关键土著语言	67	8.4%	66	8.3%	242	30.3%	190	23.8%	233	29.2%	798
	小计	97	6.9%	96	6.9%	391	27.9%	351	25.1%	465	33.2%	1 400
非语言类		3	13.7%	1	4.5%	7	31.8%	6	27.3%	5	22.7%	22
合计		100	7.0%	97	6.8%	398	28.0%	357	25.1%	470	33.1%	1 422

（2）考核内容

对考核内容调查主要包括以下七个方面：A.听力测试；B.口语测试；C.阅读测试；D.写作测试；E.翻译测试；F.文化常识测试；G.综合测试。

A. 听力测试

表 5-103 表明，整体而言，学生希望考核内容是"听力测试"的比例分别为：完全同意（37.3%）>比较同意（29.9%）>同意（26.8%）>不太同意（3.0%）=不同意（3.0%）。不同专业学生态度差别不大，"完全同意"占比均最大。可见学生普遍认同听力测试的必要性。

表 5 - 103　考核内容-A

专　业		A. 听力测试										人数合计
		不同意		不太同意		同　意		比较同意		完全同意		
		人数	比例	人数	比例	人数	比例	人数	比例	人数	比例	
语言类	关键土著语言	13	2.2%	13	2.2%	152	25.2%	185	30.7%	239	39.7%	602
	非关键土著语言	28	3.5%	28	3.5%	224	28.1%	234	29.3%	284	35.6%	798
	小计	41	2.9%	41	2.9%	376	26.9%	419	29.9%	523	37.4%	1 400

续上表

| 专 业 | A. 听力测试 | | | | | | | | | | 人数合计 |
| | 不同意 | | 不太同意 | | 同　意 | | 比较同意 | | 完全同意 | | |
	人数	比例	人数	比例	人数	比例	人数	比例	人数	比例	
非语言类	1	4.5%	2	9.1%	5	22.7%	6	27.3%	8	36.4%	22
合计	42	3.0%	43	3.0%	381	26.8%	425	29.9%	531	37.3%	1 422

B. 口语测试

表 5 - 104 表明，整体而言，学生希望考核内容是"口语测试"的比例分别为：完全同意（40.6%）＞比较同意（30.1%）＞同意（23.8%）＞不同意（2.8%）＞不太同意（2.7%）。不同专业学生的选择比较相近，"完全同意"占比均最大。

表 5 - 104　考核内容 - B

| 专　业 | | B. 口语测试 | | | | | | | | | | 人数合计 |
| | | 不同意 | | 不太同意 | | 同　意 | | 比较同意 | | 完全同意 | | |
		人数	比例	人数	比例	人数	比例	人数	比例	人数	比例	
语言类	关键土著语言	12	2.0%	8	1.3%	139	23.1%	176	29.2%	267	44.4%	602
	非关键土著语言	27	3.4%	28	3.5%	196	24.6%	247	31.0%	300	37.5%	798
	小计	39	2.8%	36	2.6%	335	23.9%	423	30.2%	567	40.5%	1 400
非语言类		1	4.5%	1	4.5%	4	18.3%	5	22.7%	11	50.0%	22
合计		40	2.8%	37	2.7%	339	23.8%	428	30.1%	578	40.6%	1 422

C. 阅读测试

表 5 - 105 表明，整体而言，学生希望考核内容是"阅读测试"的比例分别为：完全同意（37.6%）＞比较同意（31.2%）＞同意（26.4%）＞不同意（2.4%）＝不太同意（2.4%）。可见学生总体上对阅读测试的考核形式很认同。不同专业的学生选择有所不同，语言类专业学生选择"完全同意"的占比最大，比例为 37.7%，关键土著语言专业学生的认同度（"完全同

意"占比最大,比例为40.9%)高于非关键土著语言专业学生("完全同意"占比最大,比例为35.3%)。与语言类专业学生的认同度相比,非语言类专业学生的认同度略低,"同意"占比最大,比例为 36.4%。

表 5-105 考核内容-C

专业		C. 阅读测试									人数合计
		不同意		不太同意		同 意		比较同意		完全同意	
		人数	比例	人数	比例	人数	比例	人数	比例	人数	比例	
语言类	关键土著语言	14	2.3%	9	1.4%	143	23.8%	190	31.6%	246	40.9%	602
	非关键土著语言	20	2.5%	24	3.0%	224	28.1%	248	31.1%	282	35.3%	798
	小计	34	2.4%	33	2.4%	367	26.2%	438	31.3%	528	37.7%	1 400
非语言类		1	4.5%	2	9.1%	8	36.4%	5	22.7%	6	27.3%	22
合计		35	2.4%	35	2.4%	375	26.4%	443	31.2%	534	37.6%	1 422

D. 写作测试

表 5-106 表明,整体而言,学生希望考核内容是"写作测试"的比例分别为:完全同意(34.7%)>比较同意(28.3%)>同意(27.6%)>不太同意(6.0%)>不同意(3.4%)。不同专业学生态度差别不大,"完全同意"占比均最大。由此可见,学生较为认同写作测试在课程考核中的必要性。

表 5-106 考核内容-D

专业		D. 写作测试									人数合计
		不同意		不太同意		同 意		比较同意		完全同意	
		人数	比例	人数	比例	人数	比例	人数	比例	人数	比例	
语言类	关键土著语言	18	3.0%	28	4.7%	161	26.7%	169	28.1%	226	37.5%	602
	非关键土著语言	29	3.6%	52	6.5%	228	28.6%	229	28.7%	260	32.6%	798
	小计	47	3.4%	80	5.7%	389	27.8%	398	28.4%	486	34.7%	1 400
非语言类		2	9.1%	5	22.7%	4	18.2%	4	18.2%	7	31.8%	22
合计		49	3.4%	85	6.0%	393	27.6%	402	28.3%	493	34.7%	1 422

E. 翻译测试

表 5－107 表明,整体而言,学生希望考核内容是"翻译测试"的比例分别为:完全同意(39.2%)>比较同意(31.4%)>同意(23.8%)>不同意(2.9%)>不太同意(2.7%)。不同专业学生的选择差别不大,"完全同意"占比均最大。

表 5－107　考核内容－E

专业		E. 翻译测试										人数合计
		不同意		不太同意		同　意		比较同意		完全同意		
		人数	比例	人数	比例	人数	比例	人数	比例	人数	比例	
语言类	关键土著语言	13	2.2%	13	2.2%	134	22.2%	186	30.9%	256	42.5%	602
	非关键土著语言	26	3.3%	22	2.8%	201	25.2%	255	31.9%	294	36.8%	798
	小计	39	2.8%	35	2.5%	335	23.9%	441	31.5%	550	39.3%	1 400
非语言类		2	9.1%	3	13.6%	4	18.2%	6	27.3%	7	31.8%	22
合计		41	2.9%	38	2.7%	339	23.8%	447	31.4%	557	39.2%	1 422

F. 文化常识测试

表 5－108 表明,整体而言,学生希望考核内容是"文化常识测试"的比例分别为:完全同意(33.5%)>同意(29.9%)>比较同意(27.7%)>不太同意(5.9%)>不同意(3.0%)。不同专业学生的选择差别不大,"完全同意"占比均最大。

表 5－108　考核内容－F

专业		F. 文化常识测试										人数合计
		不同意		不太同意		同　意		比较同意		完全同意		
		人数	比例	人数	比例	人数	比例	人数	比例	人数	比例	
语言类	关键土著语言	9	1.5%	22	3.7%	175	29.1%	173	28.7%	223	37.0%	602
	非关键土著语言	31	3.9%	58	7.3%	247	31.0%	216	27.0%	246	30.8%	798
	小计	40	2.9%	80	5.7%	422	30.1%	389	27.8%	469	33.5%	1 400

专　业	F. 文化常识测试										人数合计
	不同意		不太同意		同　意		比较同意		完全同意		
	人数	比例	人数	比例	人数	比例	人数	比例	人数	比例	
非语言类	2	9.1%	4	18.2%	3	13.6%	5	22.7%	8	36.4%	22
合计	42	3.0%	84	5.9%	425	29.9%	394	27.7%	477	33.5%	1 422

G. 综合测试

表5-109表明,整体而言,学生希望考核内容是"综合测试"的比例分别为:完全同意(42.3%)>比较同意(29.7%)>同意(23.3%)>不太同意(2.5%)>不同意(2.2%)。不同专业学生的选择差别不大,"完全同意"占比均最大。

表 5-109　考核内容-G

专　业		G. 综合测试										人数合计
		不同意		不太同意		同　意		比较同意		完全同意		
		人数	比例	人数	比例	人数	比例	人数	比例	人数	比例	
语言类	关键土著语言	11	1.8%	8	1.4%	117	19.4%	180	29.9%	286	47.5%	602
	非关键土著语言	21	2.6%	26	3.3%	207	26.0%	238	29.8%	306	38.3%	798
	小计	32	2.3%	34	2.4%	324	23.1%	418	29.9%	592	42.3%	1 400
非语言类		0	0.0%	1	4.5%	7	31.8%	4	18.2%	10	45.5%	22
合计		32	2.2%	35	2.5%	331	23.3%	422	29.7%	602	42.3%	1 422

综上,在考核内容方面,学生认为该课程适合采取的方式是综合测试和口语测试/翻译测试。通过对访谈文本的分析后发现,学生对综合测试和口语测试的倾向性较强,特别是多样化与个性化的口语考核方式。例如S2和S4都提到多样化、个性化的考核方式:

我们是兴趣班,不是那种真正意义上的学分制班,我听说测评体系更

多是让我们口试，可以对话、配音，一定让大家真正能说出来。（S2）

可以做个小小的 presentation、对话、唱首歌。多样化一点、个性化一点，每个人有不同的考试方式，如 role play、小情景剧或者演自己很喜欢的剧情片段。（S4）

此外，有一些访谈数据表明，学生更喜欢过程性评价而不仅仅是最终得到一个成绩。这一观察反映出学生对于更全面、更深入了解自己学业表现的渴望，而不仅仅满足于简单的定量分数：

我觉得平时的过程性检测是很有必要的，你要是能答得很顺畅，肯定掌握得很好，你要是答得不好，可能没有掌握好。过程性评估就是日常的评估方式，例如周测、月测，或者是让班上同学在课堂上完成某种诊断性评估。（S8）

（3）结果呈现

对考试结果的呈现方式调查主要包括以下三个方面：A.等级制（A B C D）；B.百分制；C.其他形式。从表 5-110 可见，整体而言，学生希望考试结果各呈现方式的比例分别为：等级制（57.2%）>百分制（40.7%）>其他形式（2.1%）。由此可知，等级制是学生最喜欢的考试结果呈现方式。不同专业学生态度差别不大，"等级制"占比均为最大。这为关键土著语言文化通识课程的测试结果呈现设计提供了一定启示。

表 5-110　结果呈现

专业		结　果　呈　现						人数合计
		等级制		百分制		其他形式		
		人数	比例	人数	比例	人数	比例	
语言类	关键土著语言	347	57.6%	245	40.7%	10	1.7%	602
	非关键土著语言	450	56.4%	328	41.1%	20	2.5%	798
	小计	797	57.0%	573	40.9%	30	2.1%	1 400

专业	结　果　呈　现						人数合计
	等级制		百分制		其他形式		
	人数	比例	人数	比例	人数	比例	
非语言类	16	72.7%	6	27.3%	0	0.0%	22
合计	813	57.2%	579	40.7%	30	2.1%	1 422

5.4　教　师　需　求

为了解教师对关键土著语课程的需求,课题组对国内九所外语类院校教师进行问卷调查(详见附录3),以此了解教师对课程设置的满意度、需求以及存在的问题,并针对调查结果以及发现的问题提出建议,以期为关键土著语课程设置改革提供有益参考。下面对相关调查工具、调查对象、调查研究结果进行详细阐述与分析。课题组尝试将调查内容进行归纳,分为教师分析、教学资源、教学安排和教学评估,详见表5-111。

表 5-111　教师题项维度分析

维　度	内　容	题　项
教师分析	教学意愿	7. 我认为开设这门课程很有意义
	教学目标	8. 我认为这门课程更有助于
	教学方式	14. 我觉得该课程适合采用的授课方式是
	教学模式	15. 我觉得该课程适合采用的教学模式是
教学资源	使用教材	12. 我希望这门课程使用的教材是
	资源需求	13. 我认为这门课程配置的教学资源可以满足我的教学需求
教学安排	学分设置	9. 我觉得这门课程的适宜学分为
	课时安排	10. 我觉得这门课程当前的课时安排可以满足我的教学需求

续上表

维　度	内　容	题　　项
教学安排	课程安排	11. 我希望这门课程的课程安排是
	规章制度	19. 我觉得学校应该制定相关的关键土著语言文化通识课程管理规定
	学校支持	21. 我希望学校提供的支持有
教学评估	考核方式	16. 我觉得这门课程适合采用的考核方式是
	考核内容	17. 如果是考试,我觉得合适的考试内容是
	评估形式	18. 我觉得对学生学习评估的合适比例分配是
	教学效果	20. 我认为影响这门课教学效果的主要因素有

5.4.1　教师分析

本部分包括附录 3 中的四道题。第 7 题:"我认为开设这门课程很有意义"(教学意愿);第 8 题:"我认为这门课程更有助于(……)"(教学目标);第 14 题:"我觉得该课程适合采用的授课方式是(……)"(教学方式);第 15 题:"我觉得该课程适合采用的教学模式是(……)"(教学模式)。

(1) 教学意愿

对教学意愿的调查包括以下五个方面:A. 不同意;B. 不太同意;C. 同意;D. 比较同意;E. 完全同意。

表 5－112 表明,整体而言,教师教学意愿持积极态度的比例分别为:完全同意(68.6%)>同意(15.2%)>比较同意(14.2%)>不太同意(1.0%)=不同意(1.0%)。由此可见,教师教学意愿较为积极。不同性别、不同专业教师之间没有明显差异。不同年龄段教师有所差异。50 岁以下各年龄段教师"完全同意"占比最大,而 50 年龄在 50—59 岁教师"同意"占比与"完全同意"占比相一致,均为 50.0%,认同度略低。此外,不同职称教师也有差异。教授职称的教师对此认同程度不太一致,表现为"不太同意""同意""比较同意""完全同意"比重均为 25.0%。

表 5－112 教 学 意 愿

序号	个人背景	我认为开设这门课程很有意义										人数合计
		A. 不同意		B. 不太同意		C. 同意		D. 比较同意		E. 完全同意		
		人数	比例	人数	比例	人数	比例	人数	比例	人数	比例	
1	性别	1	1.0%	1	1.0%	16	15.2%	15	14.2%	72	68.6%	105
1.1	男	1	3.2%	1	3.2%	3	9.7%	6	19.4%	20	64.5%	31
1.2	女	0	0.0%	0	0.0%	13	17.5%	9	12.2%	52	70.3%	74
2	年龄	1	1.0%	1	1.0%	16	15.2%	15	14.2%	72	68.6%	105
2.1	20—29 岁	0	0.0%	0	0.0%	3	7.9%	3	7.9%	32	84.2%	38
2.2	30—39 岁	1	2.2%	0	0.0%	10	22.2%	8	17.8%	26	57.8%	45
2.3	40—49 岁	0	0.0%	1	5.6%	1	5.6%	4	22.2%	12	66.6%	18
2.4	50—59 岁	0	0.0%	0	0.0%	2	50.0%	0	0.0%	2	50.0%	4
3	职称	1	1.0%	1	1.0%	16	15.2%	15	14.2%	72	68.6%	105
3.1	助教	0	0.0%	0	0.0%	1	2.7%	4	10.5%	33	86.8%	38
3.2	讲师	0	0.0%	0	0.0%	11	25.0%	7	15.9%	26	59.1%	44
3.3	副教授	1	5.2%	0	0.0%	3	15.8%	3	15.8%	12	63.2%	19
3.4	教授	0	0.0%	1	25.0%	1	25.0%	1	25.0%	1	25.0%	4
4	教龄	1	1.0%	1	1.0%	16	15.2%	15	14.2%	72	68.6%	105
4.1	5 年以下	0	0.0%	0	0.0%	5	9.3%	4	7.4%	45	83.3%	54
4.2	6—10 年	0	0.0%	0	0.0%	2	14.3%	3	21.4%	9	64.3%	14
4.3	11—20 年	1	3.6%	0	0.0%	7	25.0%	6	21.4%	14	50.0%	28
4.4	21 年以上	0	0.0%	1	11.1%	2	22.2%	2	22.2%	4	44.4%	9
5	专业	1	1.0%	1	1.0%	16	15.2%	15	14.2%	72	68.6%	105
5.1	关键土著语言	0	0.0%	1	1.6%	8	13.1%	10	16.4%	42	68.9%	61
5.2	非关键土著语言	1	2.2%	0	0.0%	8	18.2%	5	11.4%	30	68.2%	44

（2）教学目标

对教学目标的调查包括以下两个方面：A. 提高学生的关键土著语能力及学习意识；B. 学生了解关键土著语国情、社情和民情。

表5-113表明，整体而言，教师教学目标的比例分别为：学生了解关键土著语言国情、社情和民情（占比69.5%）>提高学生的关键土著语言能力及学习意识（占比30.5%）。不同性别、不同年龄、不同职称、不同教龄、不同专业的教师间教学目的差异体现不大，多数教师表示认可"学生了解关键土著语言国情、社情和民情"的教学目的。由此可见，教师认为关键土著语言文化通识课程的教学目标为帮助学生熟悉相关国情、社情和民情，拓展学生的国别区域知识。

在访谈中，教师具体提及：

在语料里边出现的相关内容我都会介绍一下，不然课程会很枯燥的。比如，学疑问代词"在哪里"，捷克的国歌里边就会用到这个词，国歌的汉语译名就是"何处是我家"，我就会放一段给他们听听。捷克国歌是交响乐，我还会引申讲讲捷克以及相关国家著名的音乐家等。（T4-2）

表5-113　教学目标

序号	个人背景	我认为这门课程更有助于				人数合计
		A. 提高学生的关键土著语言能力及学习意识		B. 学生了解关键土著语言国情、社情和民情		
		人数	比例	人数	比例	
1	性别	32	30.5%	73	69.5%	105
1.1	男	11	35.5%	20	64.5%	31
1.2	女	21	28.4%	53	71.6%	74
2	年龄	32	30.5%	73	69.5%	105
2.1	20—29岁	16	42.1%	22	57.9%	38
2.2	30—39岁	13	28.9%	32	71.1%	45
2.3	40—49岁	1	5.6%	17	94.4%	18
2.4	50—59岁	2	50.0%	2	50.0%	4
3	职称	32	30.5%	73	69.5%	105
3.1	助教	15	39.5%	23	60.5%	38
3.2	讲师	14	31.8%	30	68.2%	44

序号	个人背景	我认为这门课程更有助于				人数合计
		A. 提高学生的关键土著语言能力及学习意识		B. 学生了解关键土著语言国情、社情和民情		
		人数	比例	人数	比例	
3.3	副教授	2	10.5%	17	89.5%	19
3.4	教授	1	25.0%	3	75.0%	4
4	教龄	32	30.5%	73	69.5%	105
4.1	5年以下	22	40.7%	32	59.3%	54
4.2	6—10年	4	28.6%	10	71.4%	14
4.3	11—20年	4	14.3%	24	85.7%	28
4.4	21年以上	2	22.2%	7	77.8%	9
5	专业	32	30.5%	73	69.5%	105
5.1	关键土著语言	15	24.6%	46	75.4%	61
5.2	非关键土著语言	17	38.6%	27	61.4%	44

（3）教学方式

对教学方式的调查包括以下三个方面：A. 以教师讲解为主，学生听讲；B. 以学生讲解为主，教师讲评；C. 其他。

表5-114表明，整体而言，教学方式的比例分别为：以教师讲解为主，学生听讲（72.4%）>以学生讲解为主，教师讲评（15.2%）>其他（12.4%）。由此可见，教师教学意愿较为积极。不同性别、不同年龄、不同职称、不同教龄、不同专业的教师间教学目的差异体现不大，"以教师讲解为主，学生听讲"的教学方式占比均最大。由此可见，大部分教师比较认同传统的教学方式。访谈内容进一步证实了这种情况：

主要是以课堂讲授为主，课堂实践为辅。我也在想，还有没有什么其他的教学方法？我也蛮想了解的。（T7-2）

表 5-114　教学方式

序号	个人背景	我觉得该课程适合采用的授课方式是						人数合计
		A. 以教师讲解为主,学生听讲		B. 以学生讲解为主,教师讲评		C. 其他		
		人数	比例	人数	比例	人数	比例	
1	性别	76	72.4%	16	15.2%	13	12.4%	105
1.1	男	26	83.9%	3	9.6%	2	6.5%	31
1.2	女	50	67.6%	13	17.5%	11	14.9%	74
2	年龄	76	72.4%	16	15.2%	13	12.4%	105
2.1	20—29 岁	26	68.4%	7	18.4%	5	13.2%	38
2.2	30—39 岁	33	73.3%	6	13.3%	6	13.3%	45
2.3	40—49 岁	13	72.2%	3	16.7%	2	11.1%	18
2.4	50—59 岁	4	100.0%	0	0.0%	0	0.0%	4
3	职称	76	72.4%	16	15.2%	13	12.4%	105
3.1	助教	24	63.2%	9	23.6%	5	13.2%	38
3.2	讲师	34	77.3%	4	9.1%	6	13.6%	44
3.3	副教授	14	73.7%	3	15.8%	2	10.5%	19
3.4	教授	4	100.0%	0	0.0%	0	0.0%	4
4	教龄	76	72.4%	16	15.2%	13	12.4%	105
4.1	5 年以下	37	68.5%	10	18.5%	7	13.0%	54
4.2	6—10 年	9	64.3%	2	14.3%	3	21.4%	14
4.3	11—20 年	22	78.6%	3	10.7%	3	10.7%	28
4.4	21 年以上	8	88.9%	1	11.1%	0	0.0%	9
5	专业	76	72.4%	16	15.2%	13	12.4%	105
5.1	关键土著语言	46	75.4%	7	11.5%	8	13.1%	61
5.2	非关键土著语言	30	68.2%	9	20.5%	5	11.3%	44

（4）教学模式

对教学模式的调查包括以下三个方面：A.线下课堂；B.线上课堂；

C.线上+线下混合课堂。

表5－115表明,整体而言,教学模式的比例分别为:线下课堂(72.4%)>线上课堂(15.2%)>线上+线下混合课堂(12.4%)。由此可见,教师的教学意愿较为积极。不同性别、不同年龄、不同职称、不同教龄、不同专业的教师间教学目的差异体现不大,"线下课堂"的教学方式均占比最大。

表5－115　教学模式

序号	个人背景	我觉得该课程适合采用的教学模式是						人数合计
		A. 线下课堂		B. 线上课堂		C. 线上+线下混合课堂		
		人数	比例	人数	比例	人数	比例	
1	性别	76	72.4%	16	15.2%	13	12.4%	105
1.1	男	26	83.9%	3	9.7%	2	6.4%	31
1.2	女	50	67.6%	13	17.6%	11	14.8%	74
2	年龄	76	72.4%	16	15.2%	13	12.4%	105
2.1	20—29 岁	26	68.4%	7	18.4%	5	13.2%	38
2.2	30—39 岁	33	73.3%	6	13.3%	6	13.3%	45
2.3	40—49 岁	13	72.2%	3	16.7%	2	11.1%	18
2.4	50—59 岁	4	100.0%	0	0.0%	0	0.0%	4
3	职称	76	72.4%	16	15.2%	13	12.4%	105
3.1	助教	24	63.2%	9	23.7%	5	13.1%	38
3.2	讲师	34	77.3%	4	9.1%	6	13.6%	44
3.3	副教授	14	73.7%	3	15.8%	2	10.5%	19
3.4	教授	4	100.0%	0	0.0%	0	0.0%	4
4	教龄	76	72.4%	16	15.2%	13	12.4%	105
4.1	5 年以下	37	68.5%	10	18.5%	7	13.0%	54
4.2	6—10 年	9	64.3%	2	14.3%	3	21.4%	14
4.3	11—20 年	22	78.6%	3	10.7%	3	10.7%	28

序号	个人背景	我觉得该课程适合采用的教学模式是						人数合计
		A. 线下课堂		B. 线上课堂		C. 线上+线下混合课堂		
		人数	比例	人数	比例	人数	比例	
4.4	21 年以上	8	88.9%	1	11.1%	0	0.0%	9
5	专业	76	72.4%	16	15.2%	13	12.4%	105
5.1	关键土著语言	46	75.4%	7	11.5%	8	13.1%	61
5.2	非关键土著语言	30	68.2%	9	20.5%	5	11.3%	44

5.4.2 教学资源

本部分包括附录 3 中的两道题。第 12 题:"我希望这门课程使用的教材是(⋯⋯)"(使用教材);第 13 题:"我认为这门课程配置的教学资源可以满足我的教学需求"(资源需求)。

(1)使用教材

对使用教材的调查包括以下七个方面:A. 原著;B. 原著+国内教材;C. 原著+自编讲义;D. 国内教材+自编讲义;E. 国内教材;F. 自编讲义;G. 原著+国内教材+自编讲义。

表 5-116 表明,整体而言,教师使用教材的比例分别为:原著+国内教材+自编讲义(42.9%)>原著+自编讲义(17.1%)=国内教材+自编讲义(17.1%)>原著+国内教材(9.5%)>自编讲义(6.7%)>国内教材(4.8%)>原著(1.9%)。不同性别、不同专业教师之间没有明显差异。不同年龄段教师有所差异,年龄在 50—59 岁的教师"国内教材+自编讲义"占比最大,为 50.0%。其他几个年龄段教师差异不大,占比最大的均为"原著+国内教材+自编讲义"。此外,不同职称教师也有差异。教授职称的教师对教材使用不太一致,表现为"原著+自编讲义""国内教材+自编讲义""自编讲义""原著+国内教材+自编讲义"比重各占 25.0%。

表 5－116

我希望这门课程使用的教材是

序号	个人背景	A. 原著		B. 原著+国内教材		C. 原著+自编讲义		D. 国内教材+自编讲义		E. 国内教材		F. 自编讲义		G. 原著+国内教材+自编讲义		人数合计
		人数	比例	人数	比例	人数	比例	人数	比例	人数	比例	人数	比例	人数	比例	
1	性别	2	1.9%	10	9.5%	18	17.1%	18	17.1%	5	4.8%	7	6.7%	45	42.9%	105
1.1	男	2	6.5%	3	9.6%	4	12.9%	9	29.0%	1	3.2%	2	6.5%	10	32.3%	31
1.2	女	0	0.0%	7	9.4%	14	18.9%	9	12.2%	4	5.4%	5	6.8%	35	47.3%	74
2	年龄	2	1.9%	10	9.5%	18	17.1%	18	17.1%	5	4.8%	7	6.7%	45	42.9%	105
2.1	20—29 岁	1	2.7%	4	10.5%	4	10.5%	6	15.8%	2	5.3%	4	10.5%	17	44.7%	38
2.2	30—39 岁	1	2.3%	6	13.3%	9	20.0%	7	15.6%	2	4.4%	2	4.4%	18	40.0%	45
2.3	40—49 岁	0	0.0%	0	0.0%	4	22.2%	3	16.7%	0	0.0%	1	5.5%	10	55.6%	18
2.4	50—59 岁	0	0.0%	0	0.0%	1	25.0%	2	50.0%	1	25.0%	0	0.0%	0	0.0%	4
3	职称	2	1.9%	10	9.5%	18	17.1%	18	17.1%	5	4.8%	7	6.7%	45	42.9%	105
3.1	助教	1	2.6%	5	13.2%	4	10.5%	7	18.4%	2	5.3%	3	7.9%	16	42.1%	38
3.2	讲师	0	0.0%	5	11.4%	12	27.3%	5	11.4%	2	4.5%	2	4.5%	18	40.9%	44
3.3	副教授	1	5.3%	0	0.0%	1	5.3%	5	26.2%	1	5.3%	1	5.3%	10	52.6%	19

续上表

序号	个人背景	A. 原著		B. 原著+国内教材		C. 原著+自编讲义		D. 国内教材+自编讲义		E. 国内教材		F. 自编讲义		G. 原著+国内教材+自编讲义		人数合计
		人数	比例	人数	比例	人数	比例	人数	比例	人数	比例	人数	比例	人数	比例	
3.4	教授	0	0.0%	0	0.0%	1	25.0%	1	25.0%	0	0.0%	1	25.0%	1	25.0%	4
4	教龄	2	1.9%	10	9.5%	18	17.1%	18	17.1%	5	4.8%	7	6.7%	45	42.9%	105
4.1	5年以下	1	1.8%	7	13.0%	6	11.1%	10	18.5%	4	7.4%	5	9.3%	21	38.9%	54
4.2	6—10年	0	0.0%	2	14.3%	3	21.4%	2	14.3%	0	0.0%	0	0.0%	7	50.0%	14
4.3	11—20年	1	3.6%	1	3.6%	7	25.0%	4	14.2%	0	0.0%	1	3.6%	14	50.0%	28
4.4	21年以上	0	0.0%	0	0.0%	2	22.2%	2	22.2%	1	11.1%	1	11.1%	3	33.3%	9
5	专业	2	1.9%	10	9.5%	18	17.1%	18	17.1%	5	4.8%	7	6.7%	45	42.9%	105
5.1	关键土著语	2	3.3%	6	9.8%	12	19.7%	9	14.8%	4	6.6%	5	8.1%	23	37.7%	61
5.2	非关键土著语	0	0.0%	4	9.1%	6	13.6%	9	20.5%	1	2.3%	2	4.5%	22	50.0%	44

我希望这门课程使用的教材是

在访谈中,受访教师也提及需要根据学生的兴趣等拓展现有教材。譬如:

> 自编的话,我们主要还是考虑同学们的兴趣点,毕竟如果用现成的教材,它很系统,但与此同时也存在另外一个问题,就是相对比较枯燥,比较僵化,你不得不承认,确实是这样的。所以为了激发大家的学习兴趣,我们会挑选一些比较流行的话题,或者是大家比较感兴趣的话题来补充这些语法知识内容。(T7-2)

> 中文版教材有点老了,是20世纪七八十年代出版的。现在捷克语专业学生用的教材是捷克引进的……也有面向初学者的教材,就是辅助的,语言是英语的。通选课的教材也是我从两三本教材里边自己整理出来的。(T4-2)

(2) 资源需求

对资源需求的调查包括以下五方面:A.不同意;B.不太同意;C.同意;D.比较同意;E.完全同意。

表5-117表明,整体而言,对教师资源需求持积极态度的比例分别为:比较同意(31.4%)>同意(27.6%)>完全同意(24.8%)>不太同意(16.2%)>不同意(0.0%)。由此可见,教师教学意愿较为积极。不同性别、不同专业教师之间没有明显差异。不同年龄段教师态度有所差异,与50岁以下教师"完全同意""比较同意"和"同意"占比较大相比,年龄在50—59岁教师"不太同意"占比最大,为50.0%,同意程度略低。此外,不同职称的教师也有差异。教授职称的教师对此同意程度不太一致,表现为"不太同意""同意""比较同意""完全同意"比重均为25.0%。关键土著语言教师("同意"占比最大,为32.8%)同意程度略低于非关键土著语言教师("比较同意"占比最大,为34.1%)。这就需要在课程设计中充分考虑教师的个体差异。

表 5—117　资源需求

序号	个人背景	我认为这门课程配置的教学资源可以满足我的教学需求										人数合计
		A. 不同意		B. 不太同意		C. 同意		D. 比较同意		E. 完全同意		
		人数	比例	人数	比例	人数	比例	人数	比例	人数	比例	
1	性别	0	0.0%	17	16.2%	29	27.6%	33	31.4%	26	24.8%	105
1.1	男	0	0.0%	6	19.3%	8	25.8%	7	22.6%	10	32.3%	31
1.2	女	0	0.0%	11	14.9%	21	28.4%	26	35.1%	16	21.6%	74
2	年龄	0	0.0%	17	16.2%	29	27.6%	33	31.4%	26	24.8%	105
2.1	20—29 岁	0	0.0%	6	15.8%	9	23.7%	16	42.1%	7	18.4%	38
2.2	30—39 岁	0	0.0%	6	13.3%	14	31.1%	10	22.2%	15	33.3%	45
2.3	40—49 岁	0	0.0%	3	16.7%	5	27.8%	7	38.8%	3	16.7%	18
2.4	50—59 岁	0	0.0%	2	50.0%	1	25.0%	0	0.0%	1	25.0%	4
3	职称	0	0.0%	17	16.2%	29	27.6%	33	31.4%	26	24.8%	105
3.1	助教	0	0.0%	6	15.8%	9	23.7%	14	36.8%	9	23.7%	38
3.2	讲师	0	0.0%	8	18.2%	11	25.0%	12	27.3%	13	29.5%	44
3.3	副教授	0	0.0%	2	10.5%	8	42.1%	6	31.6%	3	15.8%	19
3.4	教授	0	0.0%	1	25.0%	1	25.0%	1	25.0%	1	25.0%	4
4	教龄	0	0.0%	17	16.2%	29	27.6%	33	31.4%	26	24.8%	105
4.1	5 年以下	0	0.0%	9	16.7%	11	20.4%	18	33.3%	16	29.6%	54
4.2	6—10 年	0	0.0%	0	0.0%	3	21.4%	8	57.2%	3	21.4%	14
4.3	11—20 年	0	0.0%	6	21.3%	12	42.9%	5	17.9%	5	17.9%	28
4.4	21 年以上	0	0.0%	2	22.2%	3	33.3%	2	22.2%	2	22.2%	9
5	专业	0	0.0%	17	16.2%	29	27.6%	33	31.4%	26	24.8%	105
5.1	关键土著语	0	0.0%	10	16.4%	20	32.8%	18	29.5%	13	21.3%	61
5.2	非关键土著语	0	0.0%	7	15.9%	9	20.5%	15	34.1%	13	29.5%	44

5.4.3　教学安排

本部分包括附录 3 中的五道题。第 9 题："我觉得这门课程的适宜学分为（……）"（学分设置）；第 10 题："我觉得这门课程当前的课时安排可以满足我的教学需求"(课时安排);第 11 题:"我希望这门课程的课程安排是(……)"(课程安排);第 19 题:"我觉得学校应该制定相关的关键土著语言文化通识课程管理规定"(规章制度);第 21 题:"我希望学校提供的支持有(……)"(学校支持)。

（1）学分设置

对学分设置的调查包括以下四个方面：A.0 学分；B.1 学分；C.2 学分；D.3 学分。

表 5-118 表明,整体上看教师对学分设置需求的比例分别为：2 学分（68.6%）>3 学分（21.9%）>1 学分（8.5%）>0 学分（1.0%）。由此可见,教师对于课程的学分设置意见比较一致。不同性别、不同年龄、不同教龄、不同职称、不同专业教师之间没有明显差异,均认可"2 学分"最为适宜。

表 5-118　学分设置

序号	个人背景	我觉得这门课程的适宜学分为								人数合计
		A. 0 学分		B. 1 学分		C. 2 学分		D. 3 学分		
		人数	比例	人数	比例	人数	比例	人数	比例	
1	性别	1	1.0%	9	8.5%	72	68.6%	23	21.9%	105
1.1	男	0	0.0%	2	6.5%	20	64.5%	9	29.0%	31
1.2	女	1	1.3%	7	9.5%	52	70.3%	14	18.9%	74
2	年龄	1	1.0%	9	8.5%	72	68.6%	23	21.9%	105
2.1	20—29 岁	1	2.6%	2	5.3%	26	68.4%	9	23.7%	38
2.2	30—39 岁	0	0.0%	4	8.9%	30	66.7%	11	24.4%	45
2.3	40—49 岁	0	0.0%	3	16.7%	13	72.2%	2	11.1%	18
2.4	50—59 岁	0	0.0%	0	0.0%	3	75.0%	1	25.0%	4
3	职称	1	1.0%	9	8.5%	72	68.6%	23	21.9%	105
3.1	助教	1	2.6%	3	8.0%	23	60.5%	11	28.9%	38
3.2	讲师	0	0.0%	4	9.1%	30	68.2%	10	22.7%	44
3.3	副教授	0	0.0%	1	5.3%	16	84.2%	2	10.5%	19
3.4	教授	0	0.0%	1	25.0%	3	75.0%	0	0.0%	4

续上表

序号	个人背景	我觉得这门课程的适宜学分为								人数合计
		A. 0 学分		B. 1 学分		C. 2 学分		D. 3 学分		
		人数	比例	人数	比例	人数	比例	人数	比例	
4	教龄	1	1.0%	9	8.5%	72	68.6%	23	21.9%	105
4.1	5 年以下	1	1.8%	3	5.6%	34	63.0%	16	29.6%	54
4.2	6—10 年	0	0.0%	1	7.2%	10	71.4%	3	21.4%	14
4.3	11—20 年	0	0.0%	3	10.7%	22	78.6%	3	10.7%	28
4.4	21 年以上	0	0.0%	2	22.2%	6	66.7%	1	11.1%	9
5	专业	1	1.0%	9	8.5%	72	68.6%	23	21.9%	105
5.1	关键土著语	0	0.0%	5	8.2%	45	73.8%	11	18.0%	61
5.2	非关键土著语	1	2.2%	4	9.1%	27	61.4%	12	27.3%	44

（2）课时安排

对课时安排的调查包括以下五个方面：A. 不同意；B. 不太同意；C. 同意；D. 比较同意；E. 完全同意。

表 5-119 表明，整体上看，教师教学课时安排满意度的比例分别为：完全同意（38.1%）＞比较同意（34.3%）＞同意（20.0%）＞不太同意（6.6%）＞不同意（1.0%）。由此可见，教师普遍对课时安排较为满意。不同性别、不同专业教师之间没有明显差异。不同年龄段教师有所差异，20—29 岁教师（占比最大为"比较同意"，比例为 47.4%）和 50—59 岁教师（占比最大为"同意"，比例为 50.0%）的同意度略低于 30—39 岁教师（占比最大为"完全同意"，比例为 44.4%）和 40—49 岁教师（占比最大为"完全同意"，比例为 38.9%）。此外，不同职称教师也有差异。助教满意程度（占比最大为"比较同意"，比例为 42.1%）低于其他职称教师。

（3）课程安排

对课程安排的调查包括以下五个方面：A. 平时每周一次；B. 周末每周一次；C. 平时隔周一次；D. 假期集中上课；E. 其他。表 5-120 表明，

表 5 – 119　课 时 安 排

序号	个人背景	我觉得这门课程当前的课时安排可以满足我的教学需求										人数合计
		A. 不同意		B. 不太同意		C. 同意		D. 比较同意		E. 完全同意		
		人数	比例	人数	比例	人数	比例	人数	比例	人数	比例	
1	性别	1	1.0%	7	6.6%	21	20.0%	36	34.3%	40	38.1%	105
1.1	男	0	0.0%	2	6.5%	8	25.8%	8	25.8%	13	41.9%	31
1.2	女	1	1.3%	5	6.8%	13	17.6%	28	37.8%	27	36.5%	74
2	年龄	1	1.0%	7	6.6%	21	20.0%	36	34.3%	40	38.1%	105
2.1	20—29 岁	0	0.0%	2	5.2%	6	15.8%	18	47.4%	12	31.6%	38
2.2	30—39 岁	1	2.2%	1	2.2%	10	22.2%	13	29.0%	20	44.4%	45
2.3	40—49 岁	0	0.0%	3	16.7%	3	16.7%	5	27.7%	7	38.9%	18
2.4	50—59 岁	0	0.0%	1	25.0%	2	50.0%	0	0.0%	1	25.0%	4
3	职称	1	1.0%	7	6.6%	21	20.0%	36	34.3%	40	38.1%	105
3.1	助教	0	0.0%	2	5.3%	6	15.8%	16	42.1%	14	36.8%	38
3.2	讲师	1	2.3%	2	4.5%	7	15.9%	16	36.4%	18	40.9%	44
3.3	副教授	0	0.0%	2	10.5%	7	36.8%	3	15.9%	7	36.8%	19
3.4	教授	0	0.0%	1	25.0%	1	25.0%	1	25.0%	1	25.0%	4
4	教龄	1	1.0%	7	6.6%	21	20.0%	36	34.3%	40	38.1%	105
4.1	5 年以下	0	0.0%	2	3.7%	9	16.7%	22	40.7%	21	38.9%	54
4.2	6—10 年	0	0.0%	1	7.1%	1	7.1%	7	50.0%	5	35.8%	14
4.3	11—20 年	1	3.6%	2	7.1%	9	32.1%	5	17.9%	11	39.3%	28
4.4	21 年以上	2	22.2%	2	22.2%	2	22.2%	2	22.2%	3	33.3%	9
5	专业	1	1.0%	7	6.6%	21	20.0%	36	34.3%	40	38.1%	105
5.1	关键土著语言	1	1.6%	5	8.2%	13	21.3%	20	32.8%	22	36.1%	61
5.2	非关键土著语言	0	0.0%	2	4.5%	8	18.2%	16	36.4%	18	40.9%	44

整体上看,教师教学课程安排满意度的比例分别为:平时每周一次(77.1%)>其他(7.6%)>周末每周一次(5.7%)=平时隔周一次(5.7%)>假期集中上课(3.9%)。由此可见,教师对课程安排"平时每周一次"较为

满意。不同性别、不同年龄、不同教龄、不同职称、不同专业教师之间没有明显差异。

表 5－120　课程安排

序号	个人背景	A. 平时每周一次		B. 周末每周一次		C. 平时隔周一次		D. 假期集中上课		E. 其他		人数合计
		人数	比例	人数	比例	人数	比例	人数	比例	人数	比例	
1	性别	81	77.1%	6	5.7%	6	5.7%	4	3.9%	8	7.6%	105
1.1	男	22	70.9%	2	6.5%	2	6.5%	2	6.5%	3	9.6%	31
1.2	女	59	79.7%	4	5.4%	4	5.4%	2	2.7%	5	6.8%	74
2	年龄	81	77.1%	6	5.7%	6	5.7%	4	3.9%	8	7.6%	105
2.1	20—29 岁	29	76.3%	0	0.0%	2	5.3%	2	5.3%	5	13.1%	38
2.2	30—39 岁	34	75.6%	5	11.1%	4	8.9%	0	0.0%	2	4.4%	45
2.3	40—49 岁	15	83.3%	1	5.6%	0	0.0%	2	11.1%	0	0.0%	18
2.4	50—59 岁	3	75.0%	0	0.0%	0	0.0%	0	0.0%	1	25.0%	4
3	职称	81	77.1%	6	5.7%	6	5.7%	4	3.9%	8	7.6%	105
3.1	助教	30	78.9%	0	0.0%	2	5.3%	2	5.3%	4	10.5%	38
3.2	讲师	31	70.5%	6	13.6%	3	6.8%	1	2.3%	3	6.8%	44
3.3	副教授	17	89.4%	0	0.0%	1	5.3%	0	0.0%	1	5.3%	19
3.4	教授	3	75.0%	0	0.0%	0	0.0%	1	25.0%	0	0.0%	4
4	教龄	81	77.1%	6	5.7%	6	5.7%	4	3.9%	8	7.6%	105
4.1	5 年以下	43	79.6%	2	3.7%	2	3.7%	2	3.7%	5	9.3%	54
4.2	6—10 年	11	78.6%	0	0.0%	2	14.3%	0	0.0%	1	7.1%	14
4.3	11—20 年	20	71.4%	4	14.3%	2	7.1%	1	3.6%	1	3.6%	28
4.4	21 年以上	7	77.8%	0	0.0%	0	0.0%	1	11.1%	1	11.1%	9
5	专业	81	77.1%	6	5.7%	6	5.7%	4	3.9%	8	7.6%	105
5.1	关键土著语言	46	75.4%	2	3.3%	5	8.2%	2	3.3%	6	9.8%	61
5.2	非关键土著语言	35	79.5%	4	9.2%	1	2.3%	2	4.5%	2	4.5%	44

（4）规章制度

对规章制度的调查包括以下五个方面：A. 不同意；B. 不太同意；C. 同意；D. 比较同意；E. 完全同意。

表 5-121 表明，整体而言，教师对规章制度同意度的比例分别为：完全同意（42.9%）>同意（26.7%）>比较同意（21.9%）>不太同意（6.7%）>不同意（1.8%）。由此可见，教师比较希望学校制定相关的关键土著语言文化通识课程管理规定。不同性别、不同年龄、不同教龄、不同职称、不同专业教师之间没有明显差异。

表 5-121 规章制度

序号	个人背景	我觉得学校应该制定相关的关键土著语言文化通识课程管理规定										人数合计
		A. 不同意		B. 不太同意		C. 同意		D. 比较同意		E. 完全同意		
		人数	比例	人数	比例	人数	比例	人数	比例	人数	比例	
1	性别	2	1.8%	7	6.7%	28	26.7%	23	21.9%	45	42.9%	105
1.1	男	2	6.4%	3	9.7%	9	29.0%	6	19.4%	11	35.5%	31
1.2	女	0	0.0%	4	5.4%	19	25.7%	17	23.0%	34	45.9%	74
2	年龄	2	1.8%	7	6.7%	28	26.7%	23	21.9%	45	42.9%	105
2.1	20—29 岁	1	2.7%	2	5.3%	10	26.3%	11	28.9%	14	36.8%	38
2.2	30—39 岁	1	2.2%	5	11.1%	12	26.7%	11	24.4%	16	35.6%	45
2.3	40—49 岁	0	0.0%	0	0.0%	3	16.6%	1	5.6%	14	77.8%	18
2.4	50—59 岁	0	0.0%	0	0.0%	3	75.0%	0	0.0%	1	25.0%	4
3	职称	2	1.8%	7	6.7%	28	26.7%	23	21.9%	45	42.9%	105
3.1	助教	1	2.7%	3	7.9%	10	26.3%	10	26.3%	14	36.8%	38
3.2	讲师	0	0.0%	4	9.1%	11	25.0%	11	25.0%	18	40.9%	44
3.3	副教授	1	5.3%	0	0.0%	5	26.3%	2	10.5%	11	57.9%	19
3.4	教授	0	0.0%	0	0.0%	2	50.0%	0	0.0%	2	50.0%	4
4	教龄	2	1.8%	7	6.7%	28	26.7%	23	21.9%	45	42.9%	105
4.1	5 年以下	1	1.9%	4	7.4%	14	25.9%	14	25.9%	21	38.9%	54
4.2	6—10 年	0	0.0%	1	7.1%	2	14.3%	5	35.7%	6	42.9%	14

续上表

序号	个人背景	我觉得学校应该制定相关的关键土著语言文化通识课程管理规定										人数合计
		A. 不同意		**B. 不太同意**		**C. 同意**		**D. 比较同意**		**E. 完全同意**		
		人数	比例	人数	比例	人数	比例	人数	比例	人数	比例	
4.3	11—20 年	1	3.6%	2	7.1%	8	28.6%	4	14.3%	13	46.4%	28
4.4	21 年以上	0	0.0%	0	0.0%	4	44.4%	0	0.0%	5	55.6%	9
5	专业	2	1.8%	7	6.7%	28	26.7%	23	21.9%	45	42.9%	105
5.1	关键土著语言	1	1.7%	6	9.8%	18	29.5%	15	24.6%	21	34.4%	61
5.2	非关键土著语言	1	2.3%	1	2.3%	10	22.7%	8	18.2%	24	54.5%	44

（5）学校支持

对学校支持的调查包括以下九个方面：A. 信息技术方面的培训；B. 教材引进支持；C. 教材编写支持；D. 教材使用方面的培训；E. 教学方法方面的培训；F. 教学测试方面的培训；G. 教学建设项目支持（如课程、教改项目）；H. 同等条件下，绩效考核有倾斜政策；I. 其他。

表 5-122 表明，整体而言，影响这门课教学效果的主要因素比例分别为：教材编写支持（50.5%）>教学建设项目支持（49.5%）=绩效考核倾斜政策（49.5%）>教材引进支持（48.6%）>教学方法方面的培训（31.4%）>信息技术方面培训（27.6%）>教学测试方面的培训（6.7%）>教材使用方面的培训（3.8%）>其他（2.9%）。

访谈中，受访教师具体表达了对教师培训的需求，包括研讨、教学评估等：

我个人觉得与其说是培训，不如说多提供一点研讨的机会。我觉得研讨是很重要的。研讨话题的话，就以非通用语的通识课教学为例，我比较想了解其他老师们是如何来拟定评判标准的，就是学生学到什么样的程度，你觉得达到了合格的标准？这方面我是蛮感兴趣的。另外我也想了解其他院校的考试形式，虽然是不同的课程、不同的内容，也是很有参考性的。还有其他教师的教学方法我也挺感兴趣的。（T7-2）

表 5 - 122　学校支持

	我希望学校提供的支持有								
	A. 信息技术方面培训	B. 教材引进支持	C. 教材编写支持	D. 教材使用方面的培训	D. 教学方法方面的培训	E. 教学测试方面的培训	F. 教学建设项目支持	H. 绩效考核倾斜政策	I. 其他
人数	105	105	105	105	105	105	105	105	105
选择人数	29	51	53	4	33	7	52	52	3
占总样本数比例	27.6%	48.6%	50.5%	3.8%	31.4%	6.7%	49.5%	49.5%	2.9%

5.4.4　教学评估

本部分包括附录 3 中的四道题。第 16 题:"我觉得这门课程适合采用的考核方式是(……)"(考核方式);第 17 题:"如果是考试,我觉得合适的考试内容是(……)"(考核内容);第 18 题:"我觉得对学生学习评估的合适比例分配是(……)"(评估形式);第 20 题:"我认为影响这门课教学效果的主要因素有(……)"(教学效果)。

(1) 考核方式

对考核方式的调查包括以下三个方面: A. 考试; B. 考查; C. 考试+考查。

表 5 - 123 表明,整体而言,考核方式的比例分别为:考试+考查(50.5%)>考查(30.5%)>考试(19.0%)。由此可见,教师更为认同"考试+考查"的考核方式。正如 T3 - 2 所言:

个人认为判断题或者单选题,其实不是特别合理,但是它有其优势,这种题型争议最小,你错了就是错了。我们作为教师也好,学生也好,都能认可测试结果。而且学生一定会有考试之前的复习,那么考试一定会对知识内化有一定的促进作用,但是这个知识能够留在脑子里多久? 这个是我更多考虑的能够优化和改进的方向。

对此,也有教师选择通过周测对学生的学习效果进行检核:

……**每三周测试一次,一个学期一共有三次**。平时小测验的题就出得更少了,因为他们学习的频次不一样。(T4-2)

但不同性别、不同专业的教师间差异体现不大。不同年龄教师有所差异,20—29 岁和 30—39 岁教师比较认同"考试+考查",比例分别为 60.5%和 53.3%,而 40—49 岁和 50—59 岁教师比较认同"考查"方式,比例分别为 44.4%和 75.0%。不同职称教师有所差异,助教和讲师比较认同"考试+考查",比例分别为 60.5%和 52.3%,副教授对"考查"和"考试+考查"都比较认同,比例均为 36.8%,而教授比较认同"考查"方式,比例为 75.0%。不同教龄教师差异较大,5 年以下和 11—20 年教龄教师更为认同"考试+考查",比例分别为 57.4%和 53.6%,而 6—10 年和 21 年以上教龄教师更为认同"考查",比例分别为 42.9%和 44.4%。

表 5-123　考核方式

序号	个人背景	我觉得这门课程适合采用的考核方式是						人数合计
		A. 考试		B. 考查		C. 考试+考查		
		人数	比例	人数	比例	人数	比例	
1	性别	20	19.0%	32	30.5%	53	50.5%	105
1.1	男	5	16.2%	13	41.9%	13	41.9%	31
1.2	女	15	20.2%	19	25.7%	40	54.1%	74
2	年龄	20	19.0%	32	30.5%	53	50.5%	105
2.1	20—29 岁	8	21.1%	7	18.4%	23	60.5%	38
2.2	30—39 岁	7	15.6%	14	31.1%	24	53.3%	45
2.3	40—49 岁	4	22.2%	8	44.4%	6	33.3%	18
2.4	50—59 岁	1	25.0%	3	75.0%	0	0.0%	4
3	职称	20	19.0%	32	30.5%	53	50.5%	105
3.1	助教	8	21.1%	7	18.4%	23	60.5%	38
3.2	讲师	6	13.6%	15	34.1%	23	52.3%	44
3.3	副教授	5	26.4%	7	36.8%	7	36.8%	19

| 序号 | 个人背景 | 我觉得这门课程适合采用的考核方式是 | | | | | | 人数合计 |
| | | A. 考试 | | B. 考查 | | C. 考试+考查 | | |
		人数	比例	人数	比例	人数	比例	
3.4	教授	1	25.0%	3	75.0%	0	0.0%	4
4	教龄	20	19.0%	32	30.5%	53	50.5%	105
4.1	5年以下	10	18.5%	13	24.1%	31	57.4%	54
4.2	6—10年	3	21.4%	6	42.9%	5	35.7%	14
4.3	11—20年	4	14.3%	9	32.1%	15	53.6%	28
4.4	21年以上	3	33.3%	4	44.4%	2	22.2%	9
5	专业	20	19.0%	32	30.5%	53	50.5%	105
5.1	关键土著语言	14	23.0%	17	27.9%	30	49.1%	61
5.2	非关键土著语言	6	13.6%	15	34.1%	23	52.3%	44

（2）考核内容

对考核内容的调查包括以下两个方面：A.关键土著语言的听、说、读、写、译技能；B.关键土著语言国家的国情、社情、民情。

A. 关键土著语言的听、说、读、写、译技能

表5-124表明，整体而言，教师对考核内容是关键土著语言的听、说、读、写、译技能认同的比例分别为：完全同意（40.0%）>同意（29.5%）>比较同意（21.0%）>不太同意（8.5%）>不同意（1.0%）。不同性别、不同年龄、不同教龄、不同职称、不同专业教师之间没有明显差异。由此可见，教师对关键土著语言文化通识课程的评估考核持有相对传统的观点。具体而言，受访教师介绍考核内容通常包括"几个部分，一个听力部分，学生要把听到的东西写下来，也算是听写，另外是练习课堂上所学过的一些简单语法，然后是翻译"（T2-2）。并且，考核内容与课堂所学高度相关："主要是跟课本高度相关的一些内容，也不会特别难了，教师也会考虑到学生的绩点问题，不会把它出得太难"（T6-1）。

表 5－124　考核内容－A

序号	个人背景	A. 关键土著语言的听、说、读、写、译技能										人数合计
		A. 不同意		B. 不太同意		C. 同意		D. 比较同意		E. 完全同意		
		人数	比例	人数	比例	人数	比例	人数	比例	人数	比例	
1	性别	1	1.0%	9	8.5%	31	29.5%	22	21.0%	42	40.0%	105
1.1	男	0	0.0%	5	16.2%	8	25.8%	9	29.0%	9	29.0%	31
1.2	女	1	1.3%	4	5.4%	23	31.1%	13	17.6%	33	44.6%	74
2	年龄	1	1.0%	9	8.5%	31	29.5%	22	21.0%	42	40.0%	105
2.1	20—29 岁	1	2.6%	3	8.0%	10	26.3%	7	18.4%	17	44.7%	38
2.2	30—39 岁	0	0.0%	4	8.9%	14	31.1%	12	26.7%	15	33.3%	45
2.3	40—49 岁	0	0.0%	2	11.1%	5	27.8%	3	16.7%	8	44.4%	18
2.4	50—59 岁	0	0.0%	0	0.0%	2	50.0%	0	0.0%	2	50.0%	4
3	职称	1	1.0%	9	8.5%	31	29.5%	22	21.0%	42	40.0%	105
3.1	助教	0	0.0%	2	5.3%	11	28.9%	9	23.7%	16	42.1%	38
3.2	讲师	1	2.3%	5	11.3%	9	20.5%	12	27.3%	17	38.6%	44
3.3	副教授	0	0.0%	1	5.3%	10	52.6%	1	5.3%	7	36.8%	19
3.4	教授	0	0.0%	1	25.0%	1	25.0%	0	0.0%	2	50.0%	4
4	教龄	1	1.0%	9	8.5%	31	29.5%	22	21.0%	42	40.0%	105
4.1	5 年以下	1	1.9%	2	3.7%	13	24.1%	12	22.2%	26	48.1%	54
4.2	6—10 年	0	0.0%	2	14.2%	4	28.6%	4	28.6%	4	28.6%	14
4.3	11—20 年	0	0.0%	4	14.2%	12	42.9%	5	17.9%	7	25.0%	28
4.4	21 年以上	0	0.0%	1	11.1%	2	22.2%	1	11.1%	5	55.6%	9
5	专业	1	1.0%	9	8.5%	31	29.5%	22	21.0%	42	40.0%	105
5.1	关键土著语言	1	1.6%	7	11.5%	17	27.9%	11	18.0%	25	41.0%	61
5.2	非关键土著语言	0	0.0%	2	4.5%	14	31.9%	11	25.0%	17	38.6%	44

B. 关键土著语言国家的国情、社情、民情

表 5－125 表明，整体上看，教师对考核内容是关键土著语言国家的国情、社情、民情认同的比例分别为：完全同意（48.6%）＞比较同意

（29.5%）>同意（16.2%）>不太同意（3.8%）>不同意（1.9%）。不同性别、不同年龄、不同教龄、不同职称、不同专业教师之间没有明显差异。

表 5－125　考核内容－B

序号	个人背景	B. 关键土著语言国家的国情、社情、民情										人数合计
		A. 不同意		B. 不太同意		C. 同意		D. 比较同意		E. 完全同意		
		人数	比例	人数	比例	人数	比例	人数	比例	人数	比例	
1	性别	2	1.9%	4	3.8%	17	16.2%	31	29.5%	51	48.6%	105
1.1	男	1	3.2%	1	3.2%	6	19.4%	10	32.3%	13	41.9%	31
1.2	女	1	1.4%	3	4.1%	11	14.8%	21	28.3%	38	51.4%	74
2	年龄	2	1.9%	4	3.8%	17	16.2%	31	29.5%	51	48.6%	105
2.1	20—29 岁	1	2.7%	0	0.0%	7	18.4%	11	28.9%	19	50.0%	38
2.2	30—39 岁	1	2.2%	1	2.2%	7	15.6%	14	31.1%	22	48.9%	45
2.3	40—49 岁	0	0.0%	2	11.1%	2	11.1%	6	33.3%	8	44.4%	18
2.4	50—59 岁	0	0.0%	1	25.0%	1	25.0%	0	0.0%	2	50.0%	4
3	职称	2	1.9%	4	3.8%	17	16.2%	31	29.5%	51	48.6%	105
3.1	助教	1	2.6%	0	0.0%	6	15.8%	10	26.3%	21	55.3%	38
3.2	讲师	1	2.3%	1	2.3%	6	13.6%	18	40.9%	18	40.9%	44
3.3	副教授	0	0.0%	2	10.5%	5	26.3%	1	5.3%	11	57.9%	19
3.4	教授	0	0.0%	1	25.0%	0	0.0%	2	50.0%	1	25.0%	4
4	教龄	2	1.9%	4	3.8%	17	16.2%	31	29.5%	51	48.6%	105
4.1	5 年以下	1	1.9%	1	1.9%	10	18.5%	16	29.6%	26	48.1%	54
4.2	6—10 年	1	7.1%	1	7.1%	0	0.0%	6	42.9%	6	42.9%	14
4.3	11—20 年	0	0.0%	1	3.6%	6	21.4%	6	21.4%	15	53.6%	28
4.4	21 年以上	0	0.0%	1	11.1%	1	11.1%	3	33.3%	4	44.4%	9
5	专业	2	1.9%	4	3.8%	17	16.2%	31	29.5%	51	48.6%	105
5.1	关键土著语言	2	3.3%	2	3.3%	9	14.8%	17	27.8%	31	50.8%	61
5.2	非关键土著语言	0	0.0%	2	4.5%	8	18.2%	14	31.8%	20	45.5%	44

（3）评估形式

对评估形式的调查包括以下七个方面：A. 过程性评估 20%＋终结性

评估 80%；B. 过程性评估 30%＋终结性评估 70%；C. 过程性评估 40%＋终结性评估 60%；D. 过程性评估 50%＋终结性评估 50%；E. 过程性评估 60%＋终结性评估 40%；F. 过程性评估 70%＋终结性评估 30%；G. 过程性评估 80%＋终结性评估 20%。

表 5－126 表明，整体而言，评估形式的比例分别为：过程性评估 50%＋终结性评估 50%（37.1%）＞过程性评估 40%＋终结性评估 60%（20.0%）＞过程性评估 60%＋终结性评估 40%（14.3%）＞过程性评估 70%＋终结性评估 30%（11.4%）＞过程性评估 30%＋终结性评估 70%（10.5%）＞过程性评估 20%＋终结性评估 80%（3.8%）＞过程性评估 80%＋终结性评估 20%（2.9%）。不同性别、不同年龄、不同教龄、不同职称、不同专业教师之间没有明显差异。

访谈中，教师普遍指出各类评估方式占比为"平时成绩占 40%，期末成绩占 60%"（T8－2）。并且，相关学院"一般还是会鼓励过程性评价和期末评价，占比最多不超过 50%，一比一的这样的比例"，但部分教师认为"过程性评价的比例得再高一点，虽然老师会累一点。哪怕不是每周也可以，比如说每月一次或者两三周一次，我觉得是可以的"（T2－2）。

（4）教学效果

对教学效果的调查包括以下七个方面：A. 师资队伍；B. 教学资源；C. 课程设置；D. 教学方法；E. 评估方式；F. 配套教学设施；G. 其他。

表 5－127 表明，整体上影响这门课教学效果的主要因素比例分别为：教学资源（81.9%）＞师资队伍（79.0%）＞教学方法（48.6%）＞课程设置（36.2%）＞评估方式（15.2%）＞配套教学设施（14.3%）＞其他（4.8%）。在访谈中，受访教师表示："（影响教学效果的）首先肯定是老师的教学思路、教案，比如说在课堂上所呈现出来的教案，然后就是跟学生的互动"（T1－4）。此外，教材等教学资源受到重视，这在于"教材使用也是为了达到教学目标，教材也是重要的"（T1－4）。尤其"教材的编撰者都是本领域的大家。（内容是）深入浅出的，很清晰，但又很简单，也很实用"（T9－4）。但鉴于通识课程的性质，"直接用这些教材其实还是有一定的难度，我们会灵活地调整，加入一些自编内容，以补充同学们的知识，通过这样

表 5－126 评估形式

我觉得对学生学习评估的合适比例分配是

序号	个人背景	A.过程性评估20%+终结性评估80%		B.过程评估30%+终结性评估70%		C.过程性评估40%+终结性评估60%		D.过程性评估50%+终结性评估50%		E.过程性评估60%+终结性评估40%		F.过程性评估70%+终结性评估30%		G.过程性评估80%+终结性评估20%		人数合计
		人数	比例	人数	比例	人数	比例	人数	比例	人数	比例	人数	比例	人数	比例	
1	性别	4	3.8%	11	10.5%	21	20.0%	39	37.1%	15	14.3%	12	11.4%	3	2.9%	105
1.1	男	3	9.7%	7	22.6%	5	16.1%	12	38.7%	2	6.5%	1	3.2%	1	3.2%	31
1.2	女	1	1.3%	4	5.4%	16	21.6%	27	36.5%	13	17.6%	11	14.9%	2	2.7%	74
2	年龄	4	3.8%	11	10.5%	21	20.0%	39	37.1%	15	14.3%	12	11.4%	3	2.9%	105
2.1	20—29 岁	1	2.6%	1	2.6%	10	26.4%	13	34.2%	6	15.8%	6	15.8%	1	2.6%	38
2.2	30—39 岁	3	6.7%	6	13.3%	9	20.0%	17	37.8%	5	11.1%	4	8.9%	1	2.2%	45
2.3	40—49 岁	0	0.0%	3	16.6%	1	5.6%	7	38.9%	4	22.2%	2	11.1%	1	5.6%	18
2.4	50—59 岁	0	0.0%	1	25.0%	1	25.0%	2	50.0%	0	0.0%	0	0.0%	0	0.0%	4
3	职称	4	3.8%	11	10.5%	21	20.0%	39	37.1%	15	14.3%	12	11.4%	3	2.9%	105
3.1	助教	1	2.6%	1	2.6%	8	21.2%	14	36.8%	7	18.4%	6	15.8%	1	2.6%	38
3.2	讲师	3	6.9%	6	13.6%	11	25.0%	14	31.8%	7	15.9%	2	4.5%	1	2.3%	44

续上表

我觉得对学生学习评估的合适比例分配是

序号	个人背景	A.过程性评估20%+终结性评估80%		B.过程性评估30%+终结性评估70%		C.过程性评估40%+终结性评估60%		D.过程性评估50%+终结性评估50%		E.过程性评估60%+终结性评估40%		F.过程性评估70%+终结性评估30%		G.过程性评估80%+终结性评估20%		人数合计
		人数	比例	人数	比例	人数	比例	人数	比例	人数	比例	人数	比例	人数	比例	
3.3	副教授	0	0.0%	3	15.7%	2	10.5%	8	42.1%	1	5.3%	4	21.1%	1	5.3%	19
3.4	教授	0	0.0%	1	25.0%	0	0.0%	3	75.0%	0	0.0%	0	0.0%	0	0.0%	4
4	教龄	4	3.8%	11	10.5%	21	20.0%	39	37.1%	15	14.3%	12	11.4%	3	2.9%	105
4.1	5年以下	3	5.6%	3	5.6%	14	25.8%	19	35.2%	8	14.8%	6	11.1%	1	1.9%	54
4.2	6—10年	1	7.1%	2	14.3%	3	21.4%	4	28.6%	2	14.3%	2	14.3%	0	0.0%	14
4.3	11—20年	0	0.0%	5	17.9%	3	10.7%	10	35.7%	4	14.3%	4	14.3%	2	7.1%	28
4.4	21年以上	0	0.0%	1	11.1%	1	11.1%	6	66.7%	1	11.1%	0	0.0%	0	0.0%	9
5	专业	4	3.8%	11	10.5%	21	20.0%	39	37.1%	15	14.3%	12	11.4%	3	2.9%	105
5.1	关键土著语言	2	3.3%	5	8.2%	14	23.0%	26	42.6%	6	9.8%	7	11.5%	1	1.6%	61
5.2	非关键土著语言	2	4.5%	6	13.6%	7	16.0%	13	29.5%	9	20.5%	5	11.4%	2	4.5%	44

表 5-127　教 学 效 果

	我认为影响这门课教学效果的主要因素有						
	A. 师资队伍	B. 教学资源	C. 课程设置	D. 教学方法	E. 评估方式	F. 配套教学设施	G. 其他
人数	105	105	105	105	105	105	105
选择人数	83	86	38	51	16	15	5
占总样本数比例	79.0%	81.9%	36.2%	48.6%	15.2%	14.3%	4.8%

的方式来尽可能保证课程质量"(T7-2)。由此可见,在关键土著语言文化通识课程设计过程中,需要综合考量教材、教师这两个要素。

5.5　小　　结

　　本章主要基于调研数据,结合经济、安全、文化、外交等因素,尝试列出关键土著语言清单。同时具体分析企业员工对关键土著语言文化通识课程的实际需求和现状,以及一线师生在关键土著语言文化通识课程安排、课程资源、课程教学、课程评价、师资建设等方面的需求。下一章将基于课程设计理论,系统阐释关键土著语言文化通识课程体系的建构。

第6章

"一带一路"沿线关键土著语言文化通识课程体系建构

本章主要探讨"一带一路"沿线关键土著语言文化通识课程体系建构的必要性、相关现状和问题,并在分析该课程体系的目标、原则、结构、内容等的基础上,以上海外国语大学的相关课程为案例进一步阐释相关论点。

6.1 关键土著语言文化通识课程体系建构的必要性

6.1.1 国家与社会发展要求

2020 年 10 月发布的《中共中央关于制定国民经济和社

会发展第十四个五年规划和二〇三五年远景目标的建议》明确强调推动共建"一带一路"高质量发展。前文(5.1 节)主要从国家战略需求出发,基于沿线土著语言与我国经济利益、安全利益的关系以及语言的文化价值等方面,考察了哪些语言属于"关键土著语言"。目前,关键土著语言人才的培养成为外语教育教学研究中不可忽视的议题(王雪梅 2021;李岩松 2022)。然而,由于缺乏系统性的语言规划建设和文化通识课程资源,当前语种建设不能满足国际合作的需要(张天伟 2021)。因此,基于"一带一路"建设对语言通识人才提出的要求,高校有必要整合现有的关键土著语言文化资源(王雪梅、赵双花 2017;乔晶等 2023),建设关键土著语言文化通识课程体系,以培养关键土著语言通识人才。

"一带一路"建设对语言通识人才提出了多方面的要求,主要包括以下几点:

1)多语言能力。"一带一路"沿线涉及多种语言和文化。语言通识人才需要具备跨越不同语言和文化的能力,能够流利地使用多种语言进行沟通,促进文化交流和商务合作(梁晓波 2022)。

2)跨文化交流。"一带一路"建设鼓励不同国家和地区之间的交流与合作。语言通识人才应具备跨文化交际的技巧,能够理解并尊重不同文化背景下的价值观和行为习惯,促进友好合作。

3)国际合作意识。"一带一路"建设强调国际合作与共赢。语言通识人才需要具备国际合作意识,能够参与国际合作项目,为企业和机构的全球化战略提供支持。

4)专业知识与技能。语言通识人才除了掌握多种语言,还需要具备相关领域的专业知识和技能。这些知识和技能可应用于教育、商务、旅游、外交等多个领域。

5)创新思维。"一带一路"建设鼓励创新合作模式和商业模式。语言通识人才需要具备创新思维,能够发掘新的合作机会和商业模式,推动合作项目的持续发展。

6)社会责任感。"一带一路"建设强调可持续发展和社会责任。语言通识人才应该具备社会责任感,积极参与公益活动和社会服务(毛延生、田野 2023),推动可持续发展目标的实现。

　　语言作为一种战略资源,在推动国际交流合作中扮演着关键的角色。"一带一路"倡议的建设与推进需要语言来铺路(李宇明 2015)。随着该倡议的深入推进,中方企业在商务谈判、项目沟通、贸易合作等方面越来越需要语言服务与语言人才的支持。特别是关键土著语言对于中外双方的深入沟通交流至关重要。这是实现中方企业由"走出去"到"走进去",由"通事"到"通心"这一转变的关键所在。前文(5.2节)对"一带一路"沿线国家或地区中方企业的关键土著语言需求进行了调查研究,具体分析了企业对员工关键土著语言能力与知识的需求、员工对关键土著语言能力与知识重要性的认识、员工实际使用关键土著语言的情况,以及企业为减少对中方员工关键土著语言能力的依赖而采取的替代性策略及其局限性。以上调研结果反映了"一带一路"沿线中方企业及其员工对关键土著语言的实际需求。譬如对"读""说""听"的要求高于"译"和"写",对相应国家或区域的知识需求高于语言技能需求。这意味着在实际工作中,企业和员工更需要理解和熟练运用当地的口语和书面语言,同时了解当地的文化、社会、历史等背景信息,以推动与当地合作伙伴和员工之间更好地沟通交流。而对于高校而言,拓展关键土著语言课程,培养多语人才至关重要。对于学生个人而言,除英语等通用语种之外,通过通识课程学习并掌握一门关键土著语言有助于其专业发展和生涯规划。Lu & Shen(2022)的研究也表明,国家和社会的需要催生了学生的学习需求,学生将不同语言(尤其是关键土著语言)视为具有不同价值观的语言资本。

6.1.2　高质量教育发展趋势

　　二十大报告明确提出:"我们要办好人民满意的教育,全面贯彻党的教育方针,落实立德树人根本任务,培养德智体美劳全面发展的社会主义建设者和接班人,加快建设高质量教育体系,发展素质教育,促进教育公平。"[①]其中高质量教育体系的建构与新文科、课程思政、数字化战略密切相关。下面进行具体阐述。

　　2018 年 10 月,"新文科"的概念应声落地,要求对传统文科概念扩展

---

　　① 详见 https://www.gov.cn/xinwen/2022-10/25/content_5721685.htm(Accessed 2023-08-30)。

和延伸,旨在适应社会发展和知识变革的需求。它强调跨学科、交叉学科和应用导向,将传统文科学科与其他学科结合,以更好地解决现实问题和推动社会进步。2023年3月,教育部等五部门发布了《普通高等教育学科专业设置调整优化改革方案》①,提出在新文科建设中加强重点领域涉外人才培养相关专业建设,强调培养关键语言人才的重要性,特别是那些在国际交流合作中需求较大的关键语言。为此,鼓励"建设关键语言人才教育培养基地,提供专业化的语言教学和跨文化交流培训,以满足国家对相关人才的需求"。因此,我们应该积极探索构建基于特定国家或地区的跨学科融通型课程。这样的课程将特定国家或地区的知识有机融合为一组系列课程(邓世平、王雪梅 2022),助力学生深入了解对象国的特殊制度、社会结构、文化习俗等。此类通识性课程设计有助于打破课时限制,提高学习效率,让学生在较短的时间内获得更多深入的国别或地区知识。

早在2016年12月的全国高校思想政治工作会议②上,习近平总书记已强调了高校思想政治工作的重要性,特别关注了高校培养何种人、如何培养人以及为谁培养人等根本问题,并明确指出要将立德树人作为中心环节。这一重要论述强调了高校思想政治工作在人才培养中的核心地位。2020年5月,教育部印发了《高等学校课程思政建设指导纲要》③,该指导纲要明确提出要全面推进高校课程思政建设,发挥每门课程在人才培养中的育人作用,以提高高校人才培养的质量。这一指导纲要的发布,进一步加强了课程思政建设在高校教育中的地位和作用,强调每门课程都应融入思想政治教育元素,为学生的全面成长和发展提供更强有力的支持。这些重要论述和指导纲要的出台,标志着高校思想政治教育的重要转型和发展。它强调了高校的育人使命,要求将立德树人作为教育的中心,注重培养德智体美劳全面发展的社会主义建设者和接班人。同时,课程思政建设让思想政治教育与学科教育相结合,有助于更好地引导学

---

① 详见 http://www.moe.gov.cn/srcsite/A08/s7056/202304/t20230404_1054230.html (Accessed 2023-08-30)。

② 详见 http://www.moe.gov.cn/s78/A12/s8352/moe_1445/201801/t20180103_323619.html(Accessed 2023-08-30)。

③ 详见 http://www.moe.gov.cn/srcsite/A08/s7056/202006/t20200603_462437.html (Accessed 2023-08-30)。

生树立正确的价值观和世界观,提高高校人才培养质量,为国家和社会发展做出积极贡献。从单一技能型人才培养,到复合型、复语型、创新型人才培养,我们所培养的人才都应该具有家国情怀。只有拥有家国情怀的人才,才能够真正服务和满足我们国家和社会的需求(王雪梅、何艳华 2021)。

就教育信息化发展而言,《新时代教育信息化发展战略纲要》由国务院于 2018 年发布。其中明确提出要推进教育信息化发展,加强教育技术装备建设,提高教育信息化应用水平,为教育改革和创新提供支持。2022年,中国教育部启动实施了教育数字化战略行动,利用丰富的慕课资源,建设上线了全球最大的国家高等教育智慧教育平台。平台与教学支持服务平台联合提供课程全过程服务,上线以来,访问总量达 292 亿次,选课学习接近 5 亿人次。在当前的数字化时代,我们可以充分利用先进的科技手段,为提升关键土著语言通识教育质量提供重要支持(邓世平、王雪梅 2022)。就关键土著语言人才培养而言,应坚持智慧教育,赋予教师更多的权力和自主权,同时激发学生的学习潜能,通过人机协同优化教学过程,促进学生全面发展(李岩松 2022)。换言之,在关键土著语言人才培养中,特别是在关键土著语言文化通识教育的课程资源、教学模式、教学评估等方面,有必要充分运用信息技术,线上线下融合,打造智慧教学空间。

6.2 关键土著语言文化通识课程体系建设概况

6.2.1 关键土著语言文化通识课程体系调研

关键土著语言文化通识课程包括以关键土著语言为第二外语和第三外语的语言类课程,以及相关国家和地区的政治、社会、历史、经济和国情文化类课程。为进一步明确相关课程体系现状,课题组选取了两个范围内的高校,对教务处的教学管理人员进行开放式问卷(见附录4)。选取的第一个范围是我国的外语类大学,包括上海外国语大学、四川外国语大学、大连外国语大学、天津外国语大学、浙江外国语学院、广东外语外贸大学、海南外国语职业学院等。第二个范围是以与"一带一路"建设息息相关的重点专业为主的院校,包括对外经贸大学、国际关系学院、中国人民解放军战略支援部队信息工程大学洛阳校区等。课题组选取有效信息较为完整的九所大学进行详细分析(见表6-1),概括课程体系、课程教学等方面的现状,总结归纳出"一带一路"沿线关键土著语言文化通识课程体系的问题困境,为下一部分规划关键土著语言文化通识课程打下基础。

表6-1 "一带一路"沿线关键土著语言文化通识课程体系

学 校	通识课程名称	课程形式	课程内容
大连外国语大学	语言通识课程、《韩国现代文学与社会研究》《韩国的语言与文化》《韩日流行文化比较》《拉丁美洲文明概论》《中国少数民族语言与文化》《中华文化经典导读》《中国文化通论》《中国少数民族语言与文化》	课程群	语言文化
对外经贸大学	《东方文学比较分析》《欧洲文明史》《欧洲史》《国际政治学》	课程	语言文化
广东外语外贸大学	《印尼语言与文化》《东南亚概况》《语言与文化》	课程	语言文化
上海外国语大学	"多语种+"拓展课程(泰语、朝鲜语、波兰语、罗马尼亚语、捷克语、匈牙利语等)、古典语言文化簇、《东南亚国家国别史》《阿兹特克文明与古典纳瓦特语》《玛雅文明与尤卡坦玛雅语》《阿拉伯文化概览》《阿拉伯旅游文化》《阿拉伯语入门与基础会话》《西方各国语言与文化》《欧洲饮食与文化》《梵语入门》	课程、课程群	语言文化
国际关系学院	《德语文化:当代欧洲的强势影响力》《俄语初级》《俄语中级》《丝绸之路漫谈》《国际关系史》	课程	语言文化
四川外国语大学	《西方现代派文学专题》《20世纪外国文学与比较文学》《外国文学》《西方戏剧赏析》《〈荷马史诗〉导读》《中外戏剧专题》《中西文化比较》《西方文明史》《跨文化交际》	课程	文学文化

续上表

学　校	通识课程名称	课程形式	课程内容
天津外国语大学	《东南亚文化》《全球化时代的全球公共问题》	课程	语言文化
浙江外国语学院	国际理解教育系列讲座、部分语言文化类课程、"多元文明、全球视野"课程模块(含"世界文明史""世界文学文化""世界热点问题与全球治理"等专题)	课程	语言文化
中国人民解放军战略支援部队信息工程大学洛阳校区	《大学语文》《汉语表达》《国家概况》《区域概况》《信息分析导论》《战后国际关系》《语言智能处理实践》《信息跟踪》	课程群	语言知识、语言文化

从表 6-1 可知,开设的"一带一路"沿线关键土著语言文化通识课程主要分为两大类,一类为语言文化类,另一类为语言知识类。上述九所学校全部开设了语言文化类课程,而语言知识类课程有一定跨学科特色,如中国人民解放军战略支援部队信息工程大学洛阳校区开设了《信息分析导论》和《信息跟踪》等课程。

总体而言,尽管部分学校开设了"一带一路"沿线关键土著语言通识课程,但还有部分学校尚未开设相关课程,且已开设相关课程的学校在课程设置方面存在以下问题:

第一,"一带一路"沿线关键土著语言文化通识课程目标定位不够清晰。"一带一路"沿线关键土著语言文化通识课程的目标是培养关键土著语言通识人才。基于这一目标,通识课程应有助于学生培养正确的核心价值观,提高土著语言能力,拓展知识结构,掌握获取知识的方法,且培养独立思考和判断国际形势的能力。但是根据目前各大高校开设的通识课程来看,由于对通识教育理念缺乏深层理解、相关目标认知不清,很多高校缺乏对通识课程的合理定位和整体规划,多将通识教育理解为专业教育的补充,往往采取将一些通识课程"直接植入"原有课程体系的办法,使通识课程成为大学教育中的一种次要的、可有可无的"附属物"。值得注意的是,在第五章问卷调查中有 62.9% 的学生完全同意关键土著语通识课程学习内容是"提高听、说、读、写、译技能"（详见表 5-66）。由此可见，学生对于通识课程教育目标定位认识不一，导致学生产生专业性需求大于通识性需求的可能原因是学生、教师，甚至是课程规划者对是否推进、如何推进通识教育在认识上、操作上等存在偏差（李凤亮、陈泳桦 2021）。因此，在实施通识教育的过程中，教学相关人员确定好教学目标后，可通过教学平台、公众号、微信群等推出课程介绍或教案等材料，使学生充分了解相关教学目标，丰富学生对该课程所掌握的信息资料，帮助学生熟悉目标定位。

第二，"一带一路"沿线关键土著语言文化通识课程体系结构缺乏科学规划。通识课程的设置缺乏明确统一的目标指导，这在一定程度上影响了部分院校开发"一带一路"沿线关键土著语言文化通识课程的力度。广东外语外贸大学、四川外国语大学等外语类院校的通识课程仅限于大学英语或统称为外语；而上海外国语大学则以法语、乌克兰语等多门其他外语类课程替代英语课程，供学生选修。从表 6-1 可见，本研究所列出的关键土著语言文化通识课程较少，有的外语类院校并未开设此类课程。我们认为，虽然通识课程的设置受到各校教育特色和师资力量等因素的影响，但应当坚持以通识教育的目标为导向，服务于学生的多语能力发展。"一带一路"沿线关键土著语言文化通识课程设置不应该是简单的课程堆积，而应该包含广阔的领域，且要有合理的比例结构。从横向结构来看，高校现有的关键土著语言文化通识课程多隶属于人文社科类，集中于语言、文化、文学、艺术、历史等领域，内容与语言融合的跨学科通识课程极少。在纵向角度上，课程系统包含五个纵向进阶的课型，即理论型、技能型、研究型、讲座型、实践型（黄辉辉 2018）。然而，现有的"一带一路"沿线关键土著语言文化通识课程主要还是理论型，多以授课形式为主；技能型、研究型、讲座型和实践型的通识课程并不多。

6.2.2 关键土著语言文化通识课程体系不足

根据以上相关数据，课题组从教学模式、教材来源以及考核方式三方面，尝试分析我国高校"一带一路"沿线关键土著语言文化通识课程体系存在的不足。目前在教学模式方面，多数学校以线下课堂讲授为主，也有部分学校会结合线上慕课教学的形式;教材来源方面,基本上各学校均采用自编外加从国外引进的模式;考核方式上,大部分学校的通识课程考核类型均为考查制,即出勤率配合期末课程论文。具体不足如下:

第一,教学模式较为单一,仍以线下讲授为主。部分地方高校教务管理部门为加强对通识课程教学的管理,专门制定《通识教育课程管理办法》,并在相关文件中强调"教学方法应灵活多样,引导学生主动学习、独立思考,提高学生自我建构知识、能力和素质的本领,培养学生科学思维和创新意识"。但是,在通识课教学实践中,大多数教师仍然采用单一的讲授法,这种以教师为中心的"填鸭式"传统教学方式,使学生处于被动接受的地位,难以激发学生主动学习、独立思考的热情,更不利于培养学生的科学思维和创新精神。此外,由于师资欠缺和经费投入不足等原因,不少高校的通识课程大多采用50人以上的大班教学,百人左右的特大班教学也屡见不鲜,大班教学很难实现师生间的双向互动和交流,导致能力培养和思维训练不足。

第二,教学资源相对不足且更新速度较慢。在回答"贵校在推动关键土著语专业或课程的建设过程中,主要的困难有哪些?"这一问题时,不少学校均提出教材资源不足的问题。比如某外国语大学提出"教材类书籍、音像、课外图书等学习资源相对匮乏";另外一所外国语大学指出"教学资源比较匮乏,教学平台、图书资料等方面建设亟须加强";还有一所外国语学院提到"教学资源不足,关键土著语言专业在国内建设属于起步阶段,教材、在线课程等可利用辅助教学的资源匮乏。"从中不难看出,"一带一路"沿线关键土著语言文化通识教育在教学资源上遇到一定困难,亟须解决。

第三,课程内容之间关联性不强。各学院通常会按照自身专业的要求来设置课程,这可能导致学科之间融合的机会相对较小。然而,通识教育课程具有整合性的特点,它并不局限于特定的专业范畴,而是跨越学科界限的课程体系。因此,通识教育课程的开设难以由某一个学院独自承担。一旦各学院审核通过课程后,上报给教务处的课程可能由于缺乏统一规划,导致不同学科领域的课程比例失衡。此外,部分教师可能会微调所开设的专业课程,然后冠以"通识课程"的名义在全校范围内进行授课,从而导致通识教育课程内容过于专业化,缺乏通识性。部分院校的通识课程未进行领域划分,呈现分散状态,或者虽然划分了,但课程之间缺乏紧密联系,系统性不足。

第四,考核方式较为单一,内容较为简单。通识课程在测试和学分获取方面通常门槛较低。通识课程考核多根据期末作业和到课率进行成绩评定,只要到课(实际上,大班教学中请同学代为签到的情况时有发生),并在期末时提交一篇论文,就能获得学分。这种课程考核方式要求较低,随意性较强,缺乏高阶性、创新性、挑战度,难以引起学生的重视,往往容易变成为他们的"捞分课"。

6.3　关键土著语言文化通识课程体系理念

6.3.1　课程体系目标:四融合、四共育

在当前国家和社会对关键土著语言人才提出更高要求以及国家推动教育高质量发展的背景下,目前各高校的关键土著语言文化通识课程体系存在一定不足,结合第五章企业与师生对关键土著语言文化通识课程的需求,课题组认为关键土著语言文化通识课程体系的目标一定要融合国家战略、行业发展、教育背景和师生需求。唯有如此,关键土著语言文化通识课程才能真正打破学科和专业界限,培养学生基础的区域和国别知识能力,实现我国与"一带一路"沿线国家和地区的民心相通。结合前文所述关键土著语人才的需求和关键土著语言文化通识课程的定义(李岩松 2022;何艳华、王雪梅 2022;王会花、杨露萍 2022),关键土著语言文化通识课程体系的具体目标为培养具备基于中华文化自信的文化定力、基于"通用语言+关键土著语言"的语言能力、基于土著语言文化知识的学科能力、基于国际传播的话语能力的关键土著语言人才(见图 6-1)。

向量坐标系中维度和向度相互交织。在基于中华文化自信的文化定力方面,课程思政建设背景下的关键土著语言人才不仅具备较强的语言

图 6-1 所示：

基于中华文化自信的文化定力

基于"通用语言+关键土著语言"的语言能力

基于土著语言文化知识的学科能力

基于国际传播的话语能力

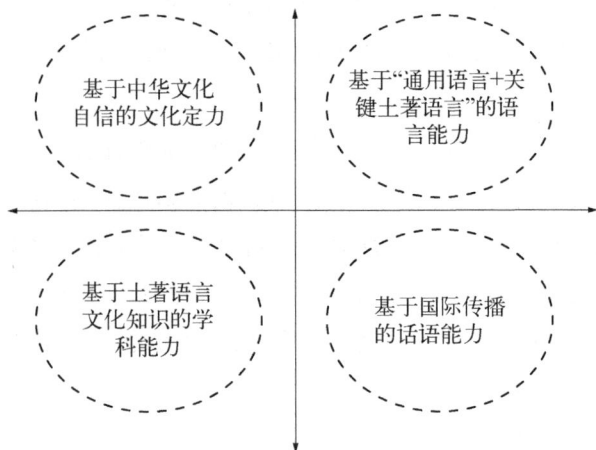

图 6-1 关键土著语言文化通识课程体系的具体目标

技能，而且拥有参与全球治理的能力。在基于"通用语言+关键土著语言"的语言能力方面，重在培养具备某一关键土著语言的基本沟通能力。在基于土著语言文化知识的学科能力方面，新文科背景下，学生需要打破传统专业、学科能力发展的束缚，丰富拓展土著语言文化知识。在基于国际传播的话语能力方面，要培养能讲清、讲好中国故事，提出中国方案，塑造国家形象，维护国家利益，提升中国国际话语权的人才。就关键土著语言人才的定位而言，应该确保他们具备参与全球治理和全球实务的能力，其中基于中华文化自信的文化定力、基于"通用语言+关键土著语言"的语言能力、基于土著语言文化知识的学科能力、基于国际传播的话语能力是复语人才和复合型人才的关键素养。

鉴于课程在教学过程中具有重要作用，教师的课程力在很大程度上决定了课程效果和人才培养质量。特别是在关键土著语言教学实践中，教师的课程力更能充分体现其内涵，具体表现在课程开发、实施、评估和研究等方面，也体现在教案设计、教学实践、反思评价和教研成果等方面（王雪梅 2021）。在一定意义上，外语教师通过通识课程为学生赋能，引导他们树立正确的价值观，传递和迁移知识，而学生则通过吸收和内化这些知识，发展自己基于中华文化自信的文化定力、基于"通用语言+关键土著语言"的语言能力、基于土著语言文化知识的学科能力和基于国际传播的话语能力,逐步成长为能够适应国家和社会需求的优秀人才。在这一过程中,外语教师的课程力发展也应该被纳入课程体系的发展之中。从第五章对教师的背景调查中可以看到,当前从事相关教学的教师主要为"中青年、5年以下教龄、助教、非关键土著语言专业教师",师资力量相对薄弱。此外,在学生关于授课教师调查方面,学生更喜欢"中外教师合作授课"。因此,在师资方面,可优化师资队伍,既可聘用关键土著语言专业毕业的中国籍教师,也可吸引外籍教师(王雪梅、邓世平 2020),在实际教学中考虑整合各国籍、各年龄段、各教龄段、各职称、各专业教师的力量。此外,可设置课程学生助教,辅助授课教师开展相关教学工作,鼓励"外籍教师+学生助教"的授课形式。例如上海外国语大学开展"外籍教师主讲+优秀研究生协助"形式,授课语言为"英语+汉语+该班级学习语言",从基础教学起就由外教授课,课程中由助教辅助推进。此外,在访谈中,大多数教师也表示,自身从事关键土著语言文化通识教育的能力需要提高,如受访教师 T8-2 提到会通过茶话会、沙龙等方式进行教学交流和互相学习,以及如何寻找适合自己的学习方式和方法,同时也提出希望有更多的教师参与教学交流的想法,以促进教学质量的提高:"大家互相交流也很重要,就是老师可以自发坐在一起聊聊怎么评估、怎么上课,或者聊聊学生。好的方法就是搞一个教学的茶话会或者教学沙龙。每个人可能只能掌握一到两个非常棒的教学方法,那么如果大家都相互学习,可能会学到更多,能够吸收到的养分就更多。"这意味着外语教师需要不断提升自己的专业知识和教学能力,深入了解关键土著语言的文化和历史背景,并将这些知识融入教学中,帮助学生更好地理解和学习关键土著语言。总体而言,外语教师通过通识课程的引导和赋能,帮助学生发展综合素养和跨文化交际能力,成为适应社会需求的优秀人才。而在这一过程中,外语教师的课程力发展是不可或缺的一环。通过设置专门的通识教育管理机构,以及专业的教师队伍,加强培养教师对关键土著语言文化的了解和教学(申霄 2023),教师可以更好地满足学生的需求,促进学生的全面发展。

6.3.2　课程体系结构:数字化、多模态

基于信息技术的智能化、网络化、个性化的人才培养模式有助于推动

教育的精准化,提升教育质量。吴岩(2019)指出,外语教育应该积极拥抱技术,认识到技术的重要性,重视教育变革。多模态、立体化课程体系是一种教学体系,它融合不同的教学模式和学习资源,为学生提供多样化的学习体验和学习机会。这样的课程体系通过多种教学方法和学习环境,以及多种学习资源和教学技术,促进学生的全面发展和深度学习(杨彬、蒋璐 2022)。多模态指的是在教学过程中,采用多种教学媒体和手段,包括文字、图像、音频、视频等,满足不同学生的学习需求和学习风格。例如,在一门课程中,教师可以通过讲授、演示、互动、实验、讨论等多种方式来教授知识,让学生通过不同方式感知和理解。第五章的师生需求调查结果显示:教师与学生对待关键土著语言文化通识课程的教学理念相吻合。如72.4%的教师选择"以教师讲解为主,学生听讲"(详见表5-114),93.5%的学生也认同此观点(详见表5-96)。这说明传统上此类通识课程以教师主讲为主。究其原因,可能是因为此类课程多为选修课,且班级人数较多,互动较少。例如受访教师T7-2在访谈中提及:"教学方式肯定以课堂讲授为主。除了课堂讲授,也会进行课堂模拟、情景模拟,让大家自主地去进行探索学习。我们也会组织学生进行网上资源的搜索,进行一些简单的课外阅读,或简单的戏剧模拟。就是课堂讲授和实践相结合,但还是以讲授为主。"

立体化即在课程设置和教学设计上,构建一个多层次、多维度的教学体系。在此类体系中,课程不仅涵盖基础知识和理论,还包括实践和应用,甚至涉及跨学科的内容。通过立体化的课程体系,学生可以获得全面的知识和技能,培养批判性思维和综合分析能力。李岩松(2022)指出,注重智慧教育和提升创新能力是培养关键土著语言人才的重要路径之一。一方面,应着重将信息技术融入教育教学,鼓励师生参与构建全球国别区域知识资源库,培养运用信息技术设计课堂等能力,开发 AR/VR 课堂和翻转课堂等。例如,受访教师 T8-2 提到当前正在探索翻转课堂教学:

现在有线上课程可以把学生分流。我不一定要每个学生都在教室里上。因为现在我们会做慕课,即把课程录制以后放在网上,可以让一些学生,比如说成绩最好的学生,去听慕课就行了,因为下面这一节课的内容,他已经掌握了,他没有必要再来听这个课,那可以让他去上线上课,打个卡,完成一下线上的测试就可以了。这个时间段内他可以去学习任何他想学的东西。当然目前这个设想还没有开始实施。我觉得这个做法需要监管,否则不能保证学生缺席线下课时,会不会去做无益于身心健康的事,甚至危及自己的人身安全。老师和学生都需要有一个这样的制度保证。

另一方面,应注重大数据在教育教学中的应用,推广基于人工智能的交互式学习和个性化教育,鼓励学生利用各类软件进行自主学习、交流互动和合作探究,促进学生认知和情感的发展。本调查发现学生比较喜爱利用大数据和软件进行互动学习,例如受访学生 S8 表示:

老师都非常认真负责,助教也非常认真负责,他们在学习群(微信群)里面答疑,他们只要看见了就会认真、及时地回答,而且大家在群里都非常友好和礼貌,上完课还会向老师说"老师辛苦了"之类的。在我们学完这个学期的课以后,老师还会在群里和我们分享一些东西,比如说我学的是西班牙语,老师本身是巴西人,他就会和我们分享一些有关巴西的在线讲座。

第五章师生需求的问卷调查结果显示:在教学模式方面,教师和学生希望采用的模式并不一致。72.4%的教师选择"线下课堂"模式,12.4%的教师选择"线上+线下混合课堂"(详见表 5 - 115)。与教师相比,学生选择"线上+线下混合课堂"模式的占比为 55.8%,选择"线下课堂"模式的占比为 33.7%(详见表 5 - 97),说明学生更喜欢混合课堂模式,这可能因为受时代影响,线上教学模式广泛开展,且该模式下学习自主性更大(张丹等 2021)。因此,教师应顺应时代发展趋势与学生自主学习需求,丰富线上平台资源,拓展学习空间,发挥"AI+"赋能教学优势(李岩松 2022)。此外,创设体验式学习情境,实施项目式学习,让学生担任博物馆、国际会议志愿者等角色,挖掘关键土著语言文化的人文价值,提升学生思辨和跨文化沟通能力。如组织学生志愿者到中小学课堂宣讲,参观博物馆及其所举办的语言多样性专题展,真实体验多语文字魅力等。综上,多模态、立体化课程体系的设计旨在激发学生的学习兴趣和主动性,创新课程教学形式,提高学习效果和质量。这样的教学模式可以更好地满足学生的个性化需求,帮助学生全面发展,培养学生的创新思维和终身学习能力。

6.3.3 课程体系内容:跨通融、模块化

通过前文第五章的企业需求分析可以看出,"一带一路"沿线企业在国际化进程中需要复语型、复合型的卓越人才,这些人才具备"会语言、通国家、精领域"的特征。为实现这一人才培养目标,相应的关键土著语言文化通识课程应具有专业性、交叉性和层级性的特点(王雪梅 2021)。外语类院校根据新文科要求,从不同维度阐述了多语人才培养的理念与实践(李岩松 2022):如,北京外国语大学倡导实施"'101'关键土著语振兴计划",着力培养关键土著语言人才;上海外国语大学坚持"跨通融"理念,培养"多语种+"卓越人才。一方面,课程可以设置凸显外语学科特色的语言类核心课程(如英语、法语等通用语言+关键土著语言的核心课程);另一方面,可以拓展国别区域知识类课程(如政治、历史、文化、经济、教育专题等),从而提高学生的全球素养。同时,结合外事外交、经济贸易、历史文化、新闻传播等领域,开设相应领域类课程,例如国际组织、国际治理等课程。为了培养关键土著语言人才,有必要将培养目标作为核心,推进学科交叉融合,并开发相关学科的微专业,以丰富学生的知识体系,培养学生的基于中华文化自信的文化定力、基于"通用语言+关键土著语言"的语言能力、基于土著语言文化知识的学科能力、基于国际传播的话语能力等多元能力(李岩松 2022)。在交叉融合的课程体系中,学生可以从不同学科中获得丰富的知识和技能,并学会将这些知识和技能应用于实际问题解决中。关键土著语言文化通识课程体系除了包括独立的语言文化类通识课程,还可以设置体验学习板块,如依托学校所举办的语言文字、世界文化等专题展,开展语言文化学习系列体验栏目,构成大学课堂课程体系中的一部分。通识课程还可以细化跨学科课程模块,开设技术赋能类、跨学科研究方法类、社会科学类课程等,比如数字人文理论与研究方法、人工智能应用、社会科学研究方法等。另外,鉴于学生学习目标、学习经历、学习风格的多样性,这类课程应当注意层级性,从入门课程到进阶课程应有一定的衔接与递进。同时,还应包括显性与隐性课程,例如多语工作

坊、多语文化体验活动等,以满足学生的不同需求,并促进他们在多语言学习方面的综合能力提升(王雪梅 2021)。

第五章问卷调查结果显示,影响关键土著语言文化通识课程教学效果的主要因素之一是教材资源。教材资源中,教师使用"原著+国内教材+自编讲义"占比最大,为42.9%(详见表 5-116),这可能是因为通识课程使用的教材资源并不拘泥于教材本身,而在于拓展通识性文化等知识。学生对"已出版教材(完全同意51.0%)"(详见表 5-81)和"自编讲义(比较同意31.4%)"(详见表 5-82)认可度较高。这与王雪梅和邓世平(2020)所主张的关键土著语言课程教学不应拘泥于语言教科书的原则相一致。因此,相应的交叉融合课程体系内容需要得到优化,教材开发及二次开发极为重要(李岩松 2022)。一方面,可以选用国家级规划教材或经教材专家组审核认定的原版教材,也可以搜集汇总相关资料自编教学手册等。鉴于关键土著语言学习现状中师资和教材较少的问题,汇聚优质师资并编写遵循教学规律的教材至关重要。另一方面,根据课程性质、教学目标、教学环境、学生需求等对现有教材进行二次开发,通过搜集外刊、音视频等拓展教学资源并提高其实用性,从而使教材更贴合学生的学习需求。正如在对教师的访谈中,大部分教师都提到专门的通识课程教学资源缺乏,教师们大多对搜集到的多媒体资源采用二次开发的形式开展教学。如受访教师T3-2:

通识课程教学资源更多的是多媒体资源或者是网络资源,比如一些官方网站的视频等。有的时候我还会对公众号上的内容进行重新整合或者改动,把它做成更适合课堂教学的内容。比如说一篇趣味性知识的文章,我不会直接发给学生,而会先做一些整合加工工作。

6.3.4 课程体系建构:总体框架

以上论述了关键土著语言文化通识课程体系的目标、结构和内容,进一步提炼出关键土著语言文化通识课程体系的框架。通识课程体系的具体课程设置情况在第五章已有论述,课程体系的评估部分将在第七章详细介绍,所以具体课程设置情况和评估要求在此不展开论述。结合当前国内外语类高校关键土著语言文化通识课程体系建设现状,课题组构建了如图6-2所示的关键土著语言文化通识课程体系模型。最外圈为开展关键土著语言文化通识课程的指导与基础,包括国家战略、行业发展、教育背景和师生需求。内一圈是课程目标,即基于中华文化自信的文化定力、基于"通用语言+关键土著语言"的语言能力、基于国际传播的话语能力和基于土著语言文化知识的学科能力。在此目标导向下,借助跨通融的理念和数字化的手段,可以设计课程层面的语言通识拓展课程、语言文化实践课程,以及课程群层面的同源语言课程群和国别区域知识类课程群(见图中实线矩形框文字)。其中,鉴于实践中可能相关教学资源不足,语言文化实践课程和国别区域知识类课程群的开设存在一定难度,可逐步推进(见虚线矩形框文字)。由此构成了围绕中心圆圈的关键土著语言文化通识课程体系模型。

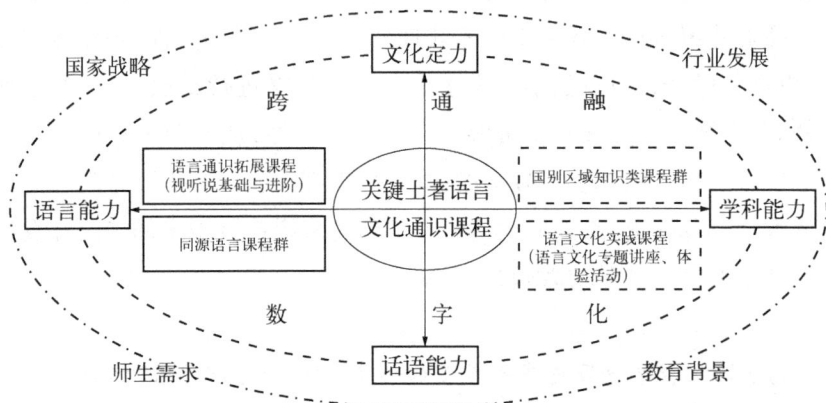

图 6-2 关键土著语言文化通识课程体系模型

6.4 关键土著语言文化通识课程案例

限于篇幅,本节主要基于上述关键土著语言文化通识课程体系框架,重点分析上海外国语大学关键土著语言文化拓展课程和关键土著语言文化同源课程群特色的探索与实践。

6.4.1 案例1：关键土著语言文化拓展课程

对接国家和行业对多语人才的迫切需求，上海外国语大学在对广大师生进行需求分析的基础上，自2019年始开设关键土著语言文化拓展课程，对标学校"多语种+"战略人才培养目标，坚持"外教主课+助教辅助、英语+对象国语言、零学分+零起点+零学费"，搭建跨学校、跨层次、跨院系、跨专业的培养平台，丰富了学校"多语种+"课程体系。至2024年1月，上海外国语大学已开设9轮课程，累计71门次，涵盖泰语、法语、波兰语、朝鲜语、匈牙利语等14个语种，培养本、研学生共1 725人次；其中100余位同学分别完成了2种及以上不同语言的学习，辐射复旦大学、上海交通大学、北京师范大学、山东大学等本硕学生近200人次[①]。

以上关键土著语言文化通识课程结合通识教育目标，对接数字化转型战略，倡导中外合作教学，培养学生的多语能力。该课程具有以下特点：

第一，语种丰富多元，体现多语特色。一方面开设语种丰富。以2023年春第八期SISU"多语种+"拓展课程为例，课程涵盖12个语种（包括泰语、朝鲜语、波兰语、罗马尼亚语、捷克语、匈牙利语等），涉及欧亚、亚非等区域的关键土著语言。另一方面，课堂教学语言多元。外教一般使用英语+所教授语言，有的辅之以汉语，营造多语环境。

第二，模式创新，协同融合。作为关键土著语言文化通识课程，其师资包括外教和中国研究生助教，由外教主讲，研究生助教答疑、交流、作业批改等。其教学注重互动调研，线上线下融合。譬如教师基于学生建议，定期推荐立体化阅读、听说、慕课等教学资源，精准辅导课后作业、练习和预习，个性化一对一纠音等。其评估注重过程性与终结性评估相结合，形式多元，包括角色扮演、演唱、辩论等。有的课堂上使用微信小程序加强作业管理和反馈互动，践行技术赋能教学理念。

---

① 详见 https://mp. weixin. qq. com/s/tJTv7OnOFGXzBV06DZsYxw（Accessed 2024 - 08 - 30）。

第三,汇聚世界文化,培养跨文化交际力和国际理解力。在"一带一路"沿线关键土著语言文化通识课程的课堂上,世界各国的国情、社情、民情以语言为载体,融汇在美食、建筑、音乐、绘画、文学、艺术等文化中,使选修多语拓展课程的本硕博学生在立体多模态的文化体验中拓展国际视野,增强国际理解力。

第四,激发学习动机,倡导小班精准化教学。多语拓展课采取自愿报名、科学筛选模式选拔学生,对报名者的语言水平、学习动机、学习能力等均予以考量。外校参与者由学校组织筛选推荐。同时采用小班授课制,学生人数一般控制在 25 人左右,确保师生充分互动。此外,明确教学管理机制,严格要求出勤率和参与度,不允许期中退课,从制度上保障学习效果,避免产生大班水课问题。

第五,受众面广,多语服务社会。自第七期始,多语拓展课向校外开放,来自上海交通大学、复旦大学、北京师范大学、华东师范大学、山东大学、上海财经大学、上海外国语大学、上海对外经贸大学的本科生和研究生选择不同语言进行学习,如近 8% 的学生完成 2 种及以上不同语言的学习。参与多语拓展课学习的学生基于所学知识,凝练成世界语言文化类微讲座,通过上海外国语大学世界语言博物馆搭建的云端平台助力乡村振兴,为青海、广西等边远地区学生做讲座等。相关讲座等活动在人民网等推送,扩大相关影响力。

下面基于《2023 年"语"你同行,绽多彩文明之光——第八期 SISU "多语种+"拓展课程回顾》的相关报道①,分别以波兰语、捷克语、葡萄牙语、罗马尼亚语、匈牙利语、泰语等多语拓展课为例进行阐述:

波兰语拓展课以线上形式进行。授课内容丰富多元,不仅包括语言文字,还包括相关文化。前者如波兰语字母及其发音、数词、形容词、日常用语和对话等,后者包括波兰的音乐、绘画、美食、文学、节日风俗和地理环境等。就授课形式而言,注重授课内容的多模态呈现、互动练习、及时反馈等。譬如波兰的地理环境、节日习俗以及风景名胜等以多模态音视频资料呈现;每次课上,外教都会设置不同场景与同学们进行对话;助教

---

① 详见 https://mp.weixin.qq.com/s/CXGQC7_INQI8g36_7wiDzg(Accessed 2023 - 08 - 30)。

在课后及时与学生线上沟通交流,复习答疑,提高学习效果。

捷克语拓展课突出课程内容的生活化、模块化和递进性,主要包括自我介绍、旅行和饮食三个主题,融相对枯燥的语法现象于生动的文化阐释中。譬如同学们通过不同主题学习,一方面,逐步掌握人称代词、数字、职业、询问他人联系方式等,初步学习捷克语七格的独特变化;另一方面,通过音视频教学资源了解捷克木偶戏、捷克新浪潮、杨·史云梅耶[1]、电影《爱丽丝》以及捷克的地理概况和游览胜地。因采用小班授课,避免了大班课堂互动不充分的问题,学生们主动性强,积极发言互动,课上积极回应,课后勇于提问,从发音到词汇取得了较大的进步,与前文第五章调研结果一致。

葡萄牙语拓展课的授课内容丰富多元,不仅包括基本的语法和词汇,如常见动词及其变位、常用表达方式(如用葡萄牙语介绍自己的姓名、国籍、省份和外貌特征,描述常见水果、动物、美食、交通工具、场所、体育运动、日常生活等),还通过精选的巴西风景名胜纪录片展示最具代表性的城市及其特色。就授课形式而言,教师充分运用班级小管家这一微信程序,高效管理学生的课后作业收集汇总和反馈,及时指出学生的语音语法以及日常表达中的不足,实现课上课下有机互动,提高教学效率。就教学质量保障而言,研究生助教动态汇总精选教学内容,辅之以与学习内容紧密相关的测验,对学生进行诊断性评估,了解其知识掌握情况、薄弱环节并及时答疑解惑,提高教学效果。

罗马尼亚语拓展课的授课语言多元,外教以英语+罗马尼亚语+汉语进行授课,体现多语特点。授课内容体现语言和文化的有机融合。语言表达教学包括罗语发音和语法、简单对话等,使学生能够用罗语进行问候、自我介绍、购物、询问时间和地点等。文化教学则通过视频阐述罗马尼亚的历史文化背景,如罗马尼亚语起源、电影艺术、知名导演作品及其体现的罗马尼亚历史与社会状况。授课有条不紊,互动充分。教师与每位学生进行一对一的练习,及时检查同学的录音以保障学习效果,研究生助教也对学习中的重点难点进行辅助性的复习讲解。

---

① 杨·史云梅耶是捷克著名的动画电影导演和艺术家。

匈牙利语拓展课在内容上坚持"语言知识+国情文化"双线并行,寓教于乐。具体包括多模态呈现匈牙利语本体研究,如匈牙利概况、中匈友好关系、重要节日,以及中匈在政治、经济、文化等领域的交流与合作等。匈牙利与上海这一板块介绍了著名建筑师邬达克与上海的不解之缘,包括邬达克设计的重要建筑,如武康大楼、国际饭店等等。值得一提的是外教设置的"拓展任务"(extra task)环节,引导学生探索文化国情类课后拓展问题,完成任务的同学能在学期末收到外教寄来的小礼物。这有助于充分激发学生的学习兴趣。就课堂管理而言,大多数同学准时上课、积极参与、互动充分、教学效果良好。

泰语拓展课授课内容多元,不仅包括泰语概况和基本知识等,如泰语的发音系统、五种声调、简单句带读练习、时间表达等;还包括泰国歌曲、佛教文化等。教师在教学中注重运用对比法提高教学效果。譬如外教邀请懂海南话、粤语和闽南语的同学分享方言中1—10的读音,通过与泰语的1—10读音对比,加深了学生对泰语数字读法和规则的理解。又如外教剖析泰语和壮语的亲缘关系以帮助学生掌握相关知识等。课堂互动氛围好,寓教于乐。譬如外教将泰语歌曲融入课堂之中,两位助教用汉语阐述泰语歌词的含义,学生学唱泰语歌曲《谢谢你爱我》等,在积极互动中提高学习效果。

综上,关键土著语言文化拓展课程应明确通识教育目标,建构递进性课程。《教育部关于一流本科课程建设的实施意见》①明确提出"以目标为导向加强课程建设"。通识教育课程的教育目标不是培养专业人才,而是要促进人的全面发展(李凤亮、陈泳桦 2021)。关键土著语言文化拓展课程的目标不在于理论水平的专深,而重在培养学生基于中华文化自信的文化定力、关键土著语言的基本沟通能力、区域和国别知识以及基于国际传播的话语能力(李岩松 2022)。学校首先应将该理念传递给学生,帮助他们在了解教学目标与通识教育理念后再选择课程。同时,构建具有层次性和递进性的课程簇,即按照内容的深浅,开设不同层次的系列课程,设定层级性(基础、中级、高级)目标。课程形式上应注重线上与线下

---

① 详见 http://www.moe.gov.cn/srcsite/A08/s7056/201910/t20191031 _ 406269. html (Accessed 2023‐08‐30)。

的混合、理论与实践的融合以及专业与通识的结合(李岩松 2022)。此外,关键土著语言文化拓展课程可实行贯通培养机制。一是课程目标受众的贯通。按照学校出台的相关规定,选修该系列课程的学生既包括本科生,也包括各年级研究生。二是师资队伍的贯通。师资既包括中国籍关键土著语言专业教师,也包括相关专业的外籍教师(王雪梅、邓世平 2020),同时也吸引企事业单位任职人员来兼职实践性课程指导教师(李岩松 2022),此外还配有青年教师或者研究生助教,以此整合各方面教师力量。建议建立"老带新"等"传帮带"制度,鼓励跨专业、跨年龄、跨国界交流合作,设置研究生助教岗位等。在教材建设方面,考虑到教材编写的相关要求,学校教务处等组织教师依据本校优势特色,汇总关键土著语言对象国家报刊、影视等社会文化资源及企业的业务资源等。通过建设课程立体化教学资源库,丰富网络平台资源,以服务于教师教学与学生学习需求。在教学模式方面,混合课堂等线上学习平台的建设可实现学生"人人、时时、处处可参与"的无障碍学习(李凤亮、陈泳桦 2021)。教师可充分利用学生课后时间,组建微信群,或者开通线上教学平台等,打破时空束缚,实现泛在学习。"教师主讲+学生讨论"方式有助于发挥教师的引导性与自主性。具体而言,课堂上教师可根据学生的实际水平灵活地设计教学活动来激发学生的学习动机。如在课程初期安排多听、多读,加大语言输入,避免学生初学期的畏难心理。入门学习之后,教师则开展鼓励语言输出的活动,如建立小组口语汇报活动,进行互动式、协商式的教学。在课时安排上,可以充分考虑学生需求,实行多轮次制的课时安排模式。

6.4.2 案例2:关键土著语言文化同源课程群

本节以上海外国语大学东方语学院所开设的现代波斯语、塔吉克语和达里语同源课程群为例予以阐释。

历史上,有些语言起初是某一语种的方言,随着时间的推移,它们在词汇和句法等方面逐渐出现差异。这些语言被称作同源语。特定国家或地区的土著居民使用的土著语言具有鲜明的语言和文化特征,并在历史发展中得以保留。一些土著语言因地域政权更替,成为一种或多种官方语言。如果某些土著语言与我国的国家利益、战略发展密切相关,可以被归类为"关键土著语言"(程彤、邓世平 2019)。如果同源语与关键土著语言存在一定重合,基于历史比较语言学,我们将其称之为同源关键土著语言。关键土著语言文化同源课程群适用于学习具有同一根源的相关语言,有助于学生在特定领域内更全面地掌握相关知识和技能。此类课程群可能涵盖不同层次的课程,从基础入门课程到高级专业课程,从而逐步引导学生进行递进式学习。

就波斯语、达里语和塔吉克语的历史来源而言,学界有比较一致的论述。Hanlari(1998)和 Abil-ghāssemi(1999)详细探讨了波斯语历史。而《剑桥伊朗史》第四册也包含了新波斯语的章节,对其发展演变进行阐述。张立明的《波斯语、达里语和塔吉克语的历史溯源》(2009)以及张敏、席猛的《阿富汗达里语基础教程》(2010)都提及相关内容。以上研究指出,现代波斯语、塔吉克语和达里语这三种语言源自"新波斯语"(New Persian),也被称为"达里语"或"达里波斯语"。

我们可以采用更中性的术语"语言地域变体"来解释这种现象。"语言地域变体"指的是同一种语言在不同地区使用时会出现极大差异,即导致语言变体的地域差别现象。其中,方言和口音是最明显的表现形式(赵华威 2020)。现代波斯语、塔吉克语和达里语都是来源于 9 世纪达里语的地域变体。现代波斯语主要在伊朗地区使用,塔吉克语在中亚地区河中流域广泛普及,达里语则在阿富汗地区普遍使用。历史上政治宗教的划界和隔离,导致早期的达里语出现了地域性的变体,这些变体在字母、发音、词汇和语法等方面都有一些差异,并且分别成为各自国家的官方语言。因此,通过将其中一种地域变体作为重点进行教学,同时辅以其他两种变体的扩展教学,可以帮助学生更快地掌握这三种同源语言。

本节所呈现的案例中,波斯语、塔吉克语和达里语为三门同源关键土著语言。我们从三门语言的本体相似性以及主辅课程设计可行性的思路出发,构建三语教授的统一课程体系,即尝试将波斯语课程体系设为主要课程体系,以塔吉克语和达里语课程体系设为次要课程体系,优化同源关键土著语课程设置,以达成同源关键土著语多语教学事半功倍的目标。

例如在印地语专业高年级开设了乌尔都语入门课和梵语课。波斯语专业的学生参与塔吉克语的入门系列讲座。为此,有必要进一步探索较完整的多语课程体系,即以某一种专业的语种课程体系为主干,配以同源语种为辅的课程体系,从而构建完整的多语课程设置体系,并建立相应的保障机制。

波斯语、塔吉克语和达里这三种语言属于同一种语言的三种地方变体。除了基本字母(塔吉克语例外)、发音、语法和词汇的略微的差异之外,大体相同。可以充分利用上述语言历史同源性和本体相似性的特点,通过设计专业+通识课程的特定课程体系,缩短学生掌握多语的时间。具体而言,可以为波斯语专业学生辅助开设塔吉克语和达里语的语法课(含字母、语音、词汇和语法)、视听说课、阅读(报刊文献)课、对象国或地区文化课。辅助内容具有通识性特点,关注语言基本技能培养和各国国情社情民情概览。

在教学实践中,教师借用历史比较语言学的方法,从字母、语音、语法和篇章进行对比式教学。由于字母相似甚至相同,教学时可以基本略过;在语音、语法和词汇总体相似的前提下,学生在已经基本掌握波斯语的基础上,只需了解塔吉克语和达里语与波斯语细微差异即可。听力训练和篇章阅读课程不可或缺,有助于培养多语能力。换言之,对波斯语专业学生而言,他们的塔吉克语、达里语的说、译、写的技能要求可以适当降低,但听和读的技能仍需适当培养和训练。在本科阶段,可要求波斯语专业的学生掌握塔吉克语、达里语基础知识和基本技能(语音、简单语法、简单会话等),能够听懂语言和阅读文献即可。当然,他们也需要学习体现各国国情、社情、民情的文化概况课,深入了解伊朗文化圈。此外,在教材方面,要引入塔吉克、阿富汗影视作品和报刊文章的学习,旨在让学习者在实际交往中能够辨别三者的发音和用词的一些区别,听懂说话内容。在学习效果评估方面,塔吉克语和达里语应该主要考查学生的听力和阅读能力。如果需要继续提高这两种语言的技能,乃至文学修养,则可在研究生阶段进一步培养。以上关键土著语言文化同源课程群设计见表 6-2。

表6-2 关键土著语言文化同源课程群

波斯语	塔吉克语	达里语
基础波斯语Ⅰ,Ⅱ		
波斯语语法	塔吉克语语法(字母、语音、词汇与语法)	塔吉克语语法(语音、词汇与语法)
高年级波斯语		
波斯语视听说	塔吉克语视听说	达里语视听说
波斯语泛读	塔吉克语泛读	达里语泛读
波斯语报刊阅读	塔吉克语报刊阅读	达里语报刊阅读
波斯语翻译理论与实践		
波斯语口译		
伊朗概况	塔吉克概况	阿富汗概况

为了完善该课程体系,东方语学院进一步丰富课程内容。具体从两个方面着手：教学资源和教学技术。教学资源主要包括优秀师资、高质量教材和语料资源。师资可以从国际合作伙伴高校招聘自身掌握多门相邻关键土著语言的外教,并安排掌握同源语言的中方青年教师或研究生做助教。在教材开发方面,可以先参照国外的基础教材,并在教学中编写教案,作为未来自编教材的素材,语料资源注重收集网上资源,建设语料库,为阅读和视听说课程提供丰富的素材后备。在教学技术方面,注重数字赋能,打造慕课、微课、远程教学、虚拟课堂、翻转课堂等多种形式,营造智慧空间,整合各种教学资源。

同时,拓展第二课堂和实践基地是提升多语能力的有效手段。该学院在建设同源课程群的同时,开拓了各类第二课堂形式,具体包括讲座、课外语言文化活动(语言技能竞赛、征文、知识竞赛、戏剧表演、文化展示、网页制作、公共号推广、会展志愿者等)等。实践基地包括本地、外地乃至国外单位外语实践场所,具体如各类政府机关、大中小企业、媒体,国外各投资项目,企业代表处等。这些随着"一带一路"

深入推进而产生的驻外机构为学生提供了广阔的海外实习平台,有助于提高其多语实践能力。

　　总之,此类关键土著语言文化同源课程群基于历史比较语言学视角,倡导专业+通识同源课程有机融入模式,辅之以第二课堂和实践基地等,有助于夯实学生的多语基础,拓展国际视野,培养多语能力。

6.5 小　　结

　　本章首先分析了关键土著语言文化通识课程体系建设的重要性与建设现状,然后提出课程体系的目标包括"四融合、四共育",课程内容"跨通融、模块化",课程形式"数字化、多模态"。最后以上海外国语大学的两个典型案例说明此类课程的特点与实施路径。下一章将聚焦课程质量评估体系的建构和运行机制。

第7章

"一带一路"沿线关键土著语言文化通识课程质量评估体系建构

　　本章将结合相关调研结果,分析关键土著语言文化通识课程质量评估的现状,提出关键土著语言文化通识课程质量评估的原则,从不同维度建构相应课程质量评估体系,并基于教育生态理论系统考察相关影响因素,最后尝试建构保障关键土著语言文化通识课程质量的运行机制。

7.1　课程评估现状

　　就关键土著语言文化通识课程评估现状而言,课题组对9位教授关键土著语言文化通识课程的教师和参与过相关课程的11位学生进行了半结构化访谈,访谈提纲详见附录8、附录9。课题组遵循访谈的伦理原则,在获得访谈者同意的基础上,对访谈录音进行文字整理。采用二级编码方式,一级编码为角色编码,如教师用字母 T、学生用字母 S,并依据访谈顺序排序;二级编码代号为教师职称(1=助教,2=讲师,3=副教授,3=教授)或学生所在年级;如 T1-3,指的是第一位受访教师,教授职称。访谈话题涉及课程质量评估的内涵、评估主体、评估程序、评估指标和评估效果等,下面从这些维度对关键土著语言文化通识课程质量评估现状进行分析。

7.1.1 课程质量评估内涵

根据访谈结果,教师认为关键土著语言文化通识课程质量涵盖不同维度,包括教材、教学方式、教学效果、教学目标以及学生参与度等。在课程质量评估的视角下,受访教师的观点可以被归纳为以下几点。

首先,受访教师普遍强调课程质量的综合性质,将其视为一个多要素的综合体现。其中,教材、教学方式与教学效果为构建课程质量的三大关键要素。他们普遍认为,教材在课程内容传达中具有重要作用,而教学方式和教学效果则作为实现教学目标的重要手段。此外,课堂参与度也是影响课程质量的重要因素:

第一,<u>教学效果肯定是课程质量的一个重要指标</u>,即在学习结束之后学生能否达到预期的目标,这是我眼中一个很重要的指标。第二,教学材料配备也很重要。出教材是我们的一项任务,我们有些非通用语种教材已经很陈旧了,不太符合现在的教学需求,但是出教材也不是一个简单的事情。我们一直在努力推进这方面的工作。最后,我觉得最重要的是在课堂上,老师如何呈现这节课的教学内容,即课堂教学质量。具体而言,就是老师的<u>教学方法、教学手段等,能否达成教学目标,能否符合学生目前的学习状况</u>。(T4-2)

我个人觉得衡量文化通识类课程的课程质量,学生的参与度也很重要。文化通识课程学分不高,或者说占的教学比重并不大。这课程一周一次,肯定不是以语言教学为主的,<u>而是以文化通识为主</u>,能不能给学生留下深刻的印象,能不能激发起学生的<u>学习兴趣</u>,能不能让学生在有限的

时间内对一个未知的无限的知识空间有所了解、有所拓展,我觉得是非常重要的。(T3-2)

其次,教师也关注教学效果的实现。教学效果被普遍认为是衡量课程质量的核心,需要通过明确的教学目标、知识传达的准确性以及学生的积极参与来实现。受访教师强调教学目标的设定应与学生的学习成果相一致,而评估则应该基于学生在课程结束后所获得的成果。

此外,受访教师提及课程质量评估的多元方法。评估课程质量的手段涵盖了直接评估与间接评估两类。直接评估包括课堂表现、表达清晰度、课堂板书和教学策略等,而间接评估则涵盖学生反馈、考试成绩以及评估分数等指标。这些评估手段的结合有助于全面、客观地评估课程的效果与质量。

简言之,教师对于关键土著语言文化通识课程质量内涵的理解呈现出多角度、多要素特点。如图7-1所示,课程质量不仅仅局限于教材和教学方式,还应当包括明确的教学目标、实现的效果以及学生参与度等多个层面。课程质量的保障需要在明确设定目标的前提下,通过多元的评估手段来实现。

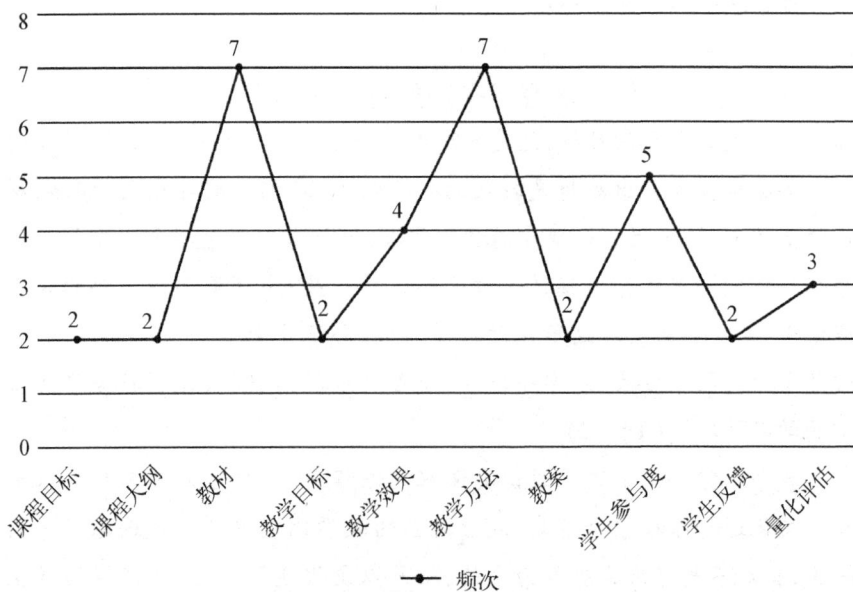

图 7-1　关键土著语言文化通识课程质量关键因素

虽然教材在课程质量内涵中被多次提及,但教师们普遍认为相关土著语言教材在实用性、连贯性方面存在一定欠缺。同时,宏观政策对于推动课程设计和教学方法创新、保障课程质量、培养学生更高层次的语言表达和文化理解能力方面具有引领作用,但在访谈调研中宏观政策这一因素较少被提及。其次,受访教师虽提及对学生的参与度和反馈的关注,但在课程质量内涵的讨论中,对学生需求和兴趣的深入分析有所欠缺。教师在课程设计中应更好地理解学生的背景、学习风格和期望,以通过精准化的教学满足学生的学习需求。最后,受访教师在讨论课程质量时,主要聚焦于课堂内部,涉及的主要是教学方法、学生参与度和教学效果等方面。然而,课程质量的内涵应更广泛地涵盖学科交叉融合、课程的社会影响力和可持续性发展等更为宏观的层面。

总体而言,受访教师在界定课程评估时普遍强调了教学效果、目标的设定和学生学习成果等关键要素,但是在教材的选择与连贯性、政策引导和教学方式等方面的认识还存在提高空间。

7.1.2　课程质量评估主体

课程质量评估主体的多元性是确保教学质量的关键。通过分析访谈数据,课题组发现,受访教师对负责和参与课程质量评估主体的理解比较多元。他们从不同角度强调了各评估主体的作用和重要性,以实现课程质量的有效评估。

教师们一致认识到,课程质量评估的主体涵盖了多个维度,主要包括学校、学院、教师和学生。其中,学院领导和教学督导评估、学生评教以及同行听课,被普遍认为是外部评估,因为以上评估主体能够客观、全面地审视课程质量。教学督导被认为具有指导性作用,能够对课程提供诊断性建议。学生评教则作为直接参与者的反馈,被看作核心评估因素之一,能够比较准确地反映课程的实际效果。

当被具体问及对学生评教的见解时,受访教师普遍认为评教结果是实事求是的,具有一定的客观性。这种客观性可以从学生所提供的评分和文字评估中得以体现。然而,受访教师也表达了对学生评教方式的一些期望。具体而言,尽管学生评教是课程质量评估的重要组成部分,大部分学生仅仅给出分数,没有详细的评语或建议。教师们希望能够从中获得更加具体和详细的反馈,以便更好地了解课程教学效果。有教师强调,文字评估对于了解学生的意见和体验尤为重要,因为它能提供更深入的观点和建议:

因为平时教师问学生这课怎么样,他肯定只会夸而不会去提出问题。我还是希望在匿名的平台,学生能给我一个真实的反馈。但一般情况下,他们都只会打分,不写评语或者建议什么的,其实我还是挺期待学生的具体评语和反馈的。(T2-2)

从受访学生描述的情况来看,学生对评教的参与度不高。他们虽然知道评教是每学期的常规活动,涉及填写问卷,并在教务系统中进行,但对评教的过程和形式不太明晰:

我不了解老师的情况,我不知道就写不知道。评教就是在教务系统里面,随便点一下就好,没问几个问题。(S9)

受访教师对学生评教这一方式提出了一些批评。有教师认为,学生评教的形式作用大于实际价值,不一定能够确保有效性。他们指出,现有的评估体系多是从宏观层面综合多方因素设计,未能充分考虑教师和学生的实际需求。因而,更有效的方式是通过与学生的日常沟通和交流来获得反馈,以实现更深入的评估和改进。这些观点在学生访谈当中也得以肯定和强调,例如有受访学生指出:

我觉得这些评估表确实不够全面,它很泛,内容只有几个问题,勾一下就好,问得也不是很详细。我觉得授课教师对这个评估不是很清楚。因为我对课程挺满意的,我做出都是比较好的评价,所以说我并不清楚老师他们有没有因为学生的评估做出相应的调整,也不知道老师会不会重视学生的评价。(S9)

我会比较倾向能够有定期的交流,比如说有定期的和老师的座谈会,可以去一起探讨课堂的内容,再和老师一起交流一下上课的感受、课程的进度,还有各方面的一些其他需求。实际上我们平时确实是每隔一段时间都会有专门的机会和老师去沟通。我觉得大家都能提出自己的意见,老师也比较注意我们整个班级目前的水平与课堂、课程的适配。定期交流对我们的学习能起到比较积极的作用。(S10)

管理层的参与和政策的规定在保障课程质量方面同样发挥着重要作用。学院领导或教学督导的听课被视为一种有效的监督手段,能够提供更为宏观、有深度的建议和指导,具有横向的对比和指导性,从而进一步提升课程质量,而政策规定则有助于避免发生教学事故。然而,受访教师也指出,教学督导体系需要更完善,特别是对年轻教师的支持需要加强,以提高他们的教学水平。同时,学生的反馈源于一线学习体验,被视为一种关键评估手段。在同行评估维度,受访教师认为同事间的听课反馈相对不够深入,在今后的评估机制中有待进一步完善。此外,授课教师作为课程的主要设计者和主讲者,在课程质量评估中扮演着核心角色。授课教师不仅理解课程内涵,还能将督导和学生的反馈相结合,以更好地提高教学效果。

关键土著语言文化通识课程质量评估主体的多元参与和相互作用,构建了一个全面、多维度的课程质量评估体系。学生的学习成果被视为核心,各种评估方式相互协作,以有效实现教学目标。在宏观政策指导下,领导、督导、教师和学生等不同主体共同构建了课程质量评估的框架,以不断提升教学效果和质量。但是,其中仍存在着一些挑战,如同行评估的深度和教学督导评估的系统性均需进一步加强。总而言之,课程质量评估主体之间的角色互补与协作是关键土著语言文化通识课程质量持续提升的重要保障。

7.1.3 课程质量评估指标

在理解和应用课程质量评估指标时,受访者就评估指标的选择和重要性表达了不同观点,凸显了教学效果、学生参与度、综合评估标准、教材与教学设计、学生表现以及教师教学质量等维度的重要性。

教学效果是评估通识课程质量时的重要关注点,往往权重最高。教师们普遍强调,课程质量的核心在于学生的学习成果和知识掌握程度,倡导通过学生的实际表现、语言知识运用和学习成绩等维度来衡量教学效果的达成情况,从而客观地评估课程质量。

学生参与度和课堂表现被视为直观的评估指标。受访教师强调,学生的积极参与和课堂表现反映了课程的吸引力和实际效果。他们关注学生在课堂中的互动、提问、讨论等情况,以此来判断课程是否能够引发学生的兴趣,提高其参与度。

综合评估标准被认为是一个全面而复杂的指标体系。受访教师们强调,在评估通识课程质量时,需要考虑多个因素,包括教学内容的合理性、理论方法的科学性以及教学效果的显著性等。这种综合评估标准能够比较全面地反映课程质量,确保评估结果的准确性和客观性。

教材与教学设计在课程质量评估中占据重要地位。受访教师强调,教材的选择、教学资源的丰富性以及教学设计与方法的科学性对于课程效果至关重要。他们认为,教材应符合课程目标和学生需求,教学设计应当具有启发性和互动性,从而提高教学效果和学生学习体验:

> 我觉得教材是最重要的,因为万变不离其宗,不管教什么东西,肯定还是得从教材入手吧。所以我觉得教材蛮重要的。(T7-2)

此外,学生评教和教师教学质量亦属于课程质量评估不可或缺的要素。教师群体积极关注学生的反馈和评估,强调学生的意见与建议能够为课程的不断改进提供有价值的信息。与此同时,教师个体的教学水平、教学方法以及教学风格,均被视为对课程质量产生重要影响的因素之一。这种多维度的教学质量综合考量构成了评估体系中的关键要素,为课程质量的提升和优化提供了有力的指导依据。

关键土著语言文化通识课程质量评估涵盖了多维度的指标,包括教学效果、学生参与度、综合评估标准、教材与教学设计、学生表现以及教师教学质量。这些指标互为作用,共同构成了一个多维度的课程质量评估体系,有助于确保课程目标的实现和教学效果的提升。根据访谈数据,目前教学质量评估仍存在一些不足之处。例如,教师对学生参与度和课堂表现较为关注,但缺乏明确清晰的定量和定性指标予以评估。学生的参与和表现可以通过出勤率、问答次数、讨论质量等来评估,但在实际操作中可能存在主观性和难以量化的问题。此外,学生评教作为高校教学评估和教育质量保障体系的重要组成部分,是促进本科教育高质量发展的重要手段(张雨晨、李勉 2022),但是其反馈内容存在较为简略,难以提供深入的教学改进建议等现实问题。同时,教师自身的主观感受和个人因素也可能影响对学生评教的反馈和改进措施的制订。综上,以上课程质量评估指标虽然比较全面,但仍需进一步明确和细化各项指标的具体内容和操作方法,以确保评估的客观性、准确性和实用性。

7.1.4　课程质量评估方式

就关键土著语言文化通识课程质量评估方式而言,受访教师所使用的方式和手段比较多元,涵盖了课程的教学内容、学生的学习表现和教学效果等维度。

首先,任课教师普遍采用形式不同的项目任务和考试来评估学生对课程内容的理解和掌握程度,包括日常测试、期中考试和期末考试,题型如语法测试、完形填空、翻译等。除了传统的试卷测试,还有教师设计的阶段性小测验和项目任务。受访教师强调,不定期的小测试有助于保持学生的学习积极性,而阶段性的测验和学生作业则有助于教师全面了解学生的学习情况:

从考试的角度来讲,我是把底线亮出来的,我会明确告诉学生这个是很重要的,凡是认真听的学生,都能够掌握。我认为考试的难度是学生应该达到的水平。(T9-4)

其次,教师们注重课堂表现和参与度的评估。他们通过观察学生的课堂参与、小组汇报、口头小测验等方式,衡量学生在课堂互动中的表现和积极性。此外,教师也通过鼓励学生参加比赛和项目,培养其综合能力。受访教师还强调了课程作业和任务的重要性。学生的小作业、任务和项目评估在课程质量评估中占有一席之地,这有助于培养学生的实际应用能力和高阶思维。另一方面,口语能力评估在关键土著语言文化通识课程中扮演重要角色。教师们通过课堂口试、口头小测验等方式评估学生的口语表达能力,培养其跨文化交际能力。

学生参与课程质量评估,一般通过学校教务系统提供的评教途径,其中包括单选题式的问卷调查。这种评教方式被认为较为常规,但也被指出存在一定局限性,缺乏人情味(张雨晨、李勉 2022),难以全面反映课程情况。教师在平时与学生交流中主动寻求反馈,这种交流通常是双向的讨论。与教师的交流中,学生可以提出改进意见,探讨课程内容和教学方法,从而为课程质量的提升提供一个直接途径。受访学生普遍认为,与教师主动交流的方式比传统的单选题评教更有价值。他们强调了问题的具体性、交流的自由度和建设性,认为这种方式更能够帮助教师了解课程问题并予以改进:

> 我们班基本上老师会找我们去谈,我们会把自己对课程的想法反馈给他。老师也会问我们如何让课堂变得更有趣,或者是如何能让更多人跟上课程。这是比较理想的。我发现问题时能主动跟老师交流,这种比那五级量表更有用。五级量表就是太冷冰冰了,它其实只是反映了一个非常表面的情况,你说到底怎么样,其实是看不太出来的。而且我觉得 5 级量表太冗杂了,填多了以后会麻木,就不会那么认真的,而且也没有自我发挥的空间。(S11)

由此可知,教师评估课程质量时虽然采用了多元方式,有助于全面了解学生的学习情况、掌握程度以及课程效果,但仍存在一些不足之处。首先,这些评估主要依赖量化的结果,可能忽视了学生的综合能力和实际应用能力的培养。其次,教师主导的评估手段局限于教师自身的视角,无法全面融入学生的声音和反馈,学生的主观感受、学习需求以及课程体验未能充分体现,在一定程度上影响了评估结果的客观性和准确性。简言之,尽管上述课程评估方式在一定程度上反映了通识课程的质量,但仍存在过度依赖量化指标、忽视学生个体差异,比较主观、深度不足等问题。

这与第五章问卷调研的结果也比较一致,即考核形式比较单一,难以发挥教学诊断、以评促学的作用。今后的课程质量评估中,需结合多种方法,更全面地考查学生的知识、能力、价值观等,确保评估更客观、准确、全面。

7.1.5 课程质量评估效果

就评估效果而言,教师观点比较一致。首先,现有课程评估方式被认为有效地反映了学生的学业水平。具体而言,此评估方式强调学生对核心内容的掌握,为学生提供了一个明确的学习目标,从而在一定程度上激发了学生的学习动力。

其次,现有评估方式被视为一种有效的衡量学生学习成果的手段,有助于评估学生是否掌握了课程的核心知识。这种方式强调了学习成果的呈现,有助于确保学生在课程结束时具备必要的知识和能力。此外,课程质量评估方式在激发学生学习动机的过程中发挥了积极作用。课程考核评估作为教学活动的重要环节,既可以作为一种手段检验学习者的学习效果,也可以作为一种外在约束力规范着被评估者的行为活动(李广平、陈武元 2023)。受访教师指出,通过对学生的定期考核,可以使学生保持学习的紧迫感,促使他们进行系统的复习和总结,从而巩固所学知识。他们认为,现有课程质量评估方式对学生的学习产生了重要的推动作用。学生在评估中取得良好成绩的愿望,激发他们更努力地学习,促使他们定期系统地复习整理所学知识,提高学习效率。同时,这种方式也有助于学生在短期内获取新知识,快速掌握一定领域的内容,扩展了学生的知识面。此外,这种方式还能培养学生的综合能力,帮助他们更好地理解和应用课程内容,实现课程目标。最后,部分受访教师认为,课程质量评估方式还能促进跨文化交流。通过学习其他国家的文化,学生能更全面地了解不同文化的特点,拓宽国际视野。

综上,不同的课程质量评估方式能够在一定程度上增强学生的学习动机,提高学习效果,促进跨文化交流。然而,以考试成绩作为主要评估标准容易产生过于功利化的教学取向,导致学生过度重视分数而忽略了语言能力的综合培养。这在一定程度上减损了语言学习的综合性质以及实际应用技能的培养,影响了学生在真实语境中的实际表现。此外,尽管目前的评估方式在某种程度上助力学习过程,然而过度强调对特定知识点的测试和掌握,可能导致教学过程呈现单一和机械的特征,难以达到高阶认知要求。

7.1.6　课程质量评估优化

就关键土著语言文化通识课程质量评估以及课程质量保障而言,受访师生从评估机制、评估手段等维度提出优化建议,深化了我们对如何改善评估方式的理解。这些启示不仅对增强通识课程教学效果、提升学生学习体验具有积极作用,还能够提高关键土著语言文化通识课程的质量(见表 7-1)。

表 7-1　课程质量评估与保障建议关键词汇总表

教师建议	频次	学生建议	频次
多元立体化评估	2	定期评估/持续反馈	3
师生/生生评估	2	过程性评估	2
明确评教选项	1	线上评教+线下互动	2
支持体系构建	1	师生互动	2
毕业生评估	1	匿名制评估	1
匿名反馈	1	访谈形式	1
多途径收集反馈	1	长期评估	1
降低终结性评估比例	1	学生自我反馈	1
文字表述	1	简化流程	1
个性化评估机制	1	综合评估	1

首先,受访师生共同强调了多元化和立体性评估的必要性。多元立体化评估体系可以综合考虑师生互动、学习成果、学习过程等多方面的因素,从而更全面地反映课程质量。未来的课程质量评估过程中可以借鉴不同评估指标,如学生的参与度、学生口碑、就业情况等,从而更准确地评

估课程教学质量和学生学习效果。

其次，匿名评估机制也被受访的教师和学生共同推崇。匿名反馈不仅有助于保护学生的个人隐私，还能够鼓励学生提供更开放、真实的意见。这一建议对我们也有启示意义。作为教师，在课程质量评估中应强调学生的主体地位，为其提供通畅的反馈渠道，使他们充分地表达自己的观点，这也有助于管理者和教师获得更准确的评估信息。

在访谈中师生对于持续性评估的关注，对定期评估、持续反馈、长期评估等概念的引入，为今后改进课程质量评估方式提供了启示。对持续性评估的强调，体现出师生质疑传统课程评估的时间点（往往在课程结束后才进行）。在教学实践中，教育环境和学生需求都在不断变化，因此需要建立快速响应机制，在课程开展过程中应持续收集反馈并进行调整，确保评估结果能够及时被教师和决策者采纳，并引导课程的持续优化。

此外，师生之间的互动被多次强调。教师通过与学生的交流，了解学生的需求和反馈，进行有针对性的教学调整。这一启示凸显了师生互动在课程质量评估中的重要性。未来，学校可以采取多种方式，如定期举行教师和学生的座谈会、设立实时课程反馈渠道，或者建立线上平台供学生提问和交流，以建立更密切的师生关系，从而使教师更充分地把握学生的学习情况，及时做出调整，实现教学的精细化管理。

另一个启示是，评估内容与课程目标的匹配度、内容的挑战度对于评估效果具有显著影响。具体而言，课程质量评估应关注课程目标的实际达成情况，学生在课程中所学到的语言知识、技能和跨文化交际能力，以及这些知识和能力的实际应用情况。同时，学生希望评估内容具有挑战性，以激发学习动力。因此，在设计评估内容时，应注意避免过于简单和机械的评估形式，充分考虑学生的学习能力和潜力，设置有一定难度和挑战性的任务，例如设计开放性问题、案例分析、实践项目等方式，培养学生的思辨能力，激发其学习动力，提高课程质量评估的有效性和针对性。

最后，建立完善的支持体系，有助于优化评估方式。第一，受访教师在建议中提到构建支持体系，指出这能有效地提升教师的专业评估能力。例如通过定期培训、研讨会和资源分享，帮助教师了解最新的评估理论和实践，学会如何将其应用到教学实践中，从而提升课程质量评估的水平和效果。第二,良好的支持体系有助于构建一个积极的评估环境,促进教师之间的合作交流,从而增强评估的创新性和多元性,减轻教师个体在评估设计和实施过程中的压力,共同形成评估共识,提升评估的整体质量。第三,支持体系还能促进学校层面评估制度的制定与落实。通过与教师的密切合作,管理部门可以及时了解教师在评估方面的需求和困难,根据实际情况制定更合理、可行的评估政策,以不断提升整体评估质量和效能。

综上所述,通过对教师和学生的访谈,我们发现多元立体化评估、持续反馈、匿名评估机制、师生互动等理念均应有机融入课程质量评估中。换言之,在优化评估方式的过程中,应当充分考虑不同利益相关者的需求,建立灵活、全面、有效的评估体系,以提升关键土著语言文化通识课程的教学质量和学生满意度。

7.2　课程质量评估体系建构原则

关键土著语言文化通识课程评估对于保障课程质量至关重要。综合前人研究和调研结果,我们认为课程质量评估应当遵循以下原则。

第一,遵循内外结合的评估原则。质量评估既包括内部评估也包括外部评估(陈然等 2020)。"内外结合"原则要求评估指标应既考虑课程内部的特点,又与外部社会需求相契合。就内部评估而言,评估体系涵盖课程目标、内容、教学方法以及教学资源等不同维度。具体而言,评估指标应紧密关联课程目标,确保评估能客观测量学生的土著语言文化知识和跨文化交际能力。相关教学方法和学习资源的评估也应与课程内容相匹配,以确保评估体系的内在一致性。就外部评估而言,要求评估体系与外部社会需求相协调。这包括行业标准、社会认可度以及就业市场需求等方面(黄国华、万璐 2023)。换言之,在课程评估时应考虑新时代背景下的外语学科交叉融合、基于价值引领的课程思政元素挖掘以及数字化转型战略下的智慧教学等。当然,无论内部评估还是外部评估,相关指标均具有动态性,可根据具体的教育教学语境进行调整,并且定期与用人单位、行业代表、一线师生等沟通,确保评估体系及时反映各方的需求变化。

在关键土著语言文化通识课程质量评估过程中,可以将课程目标、教学内容、教学方法与学习效果等因素纳入评估指标,以确保评估体系全面反映课程的内在特点。同时,也应结合行业标准、社会发展趋势等因素,制定与实际应用密切相关的评估指标,以确保课程的时代性和实用性。例如,在关键土著语言文化通识课程中,评估指标可以涵盖国际理解力、跨文化交际力等,同时也要考虑到"一带一路"沿线企业以及多语服务市场等外部需求,实现内外结合的有机统一。总而言之,关键土著语言文化通识课程评估体系应与课程内部特征和外部社会需求相结合,从而有效保障评估结果的准确性和实用性。在实际建构课程评估体系的过程中,应建立定期的课程评估和沟通机制,推动评估体系与关键土著语言文化通识课程实践紧密结合,从而为提升通识课程的质量和效果提供有力支持。

第二,坚持全面评估原则。该原则强调课程质量评估的广度与深度,充分考察被评估对象的不同维度。在关键土著语言文化通识课程中,全面评估的内涵体现在不同层面。首先,全面评估应涵盖课程各要素,包括课程目标、教学内容、教学方法、学习资源等。其次,全面评估应充分考察课程在不同背景、文化、语境下的适用性和有效性。最后,全面评估应从定量和定性两个视角分析评估数据,以形成更加全面的评估结论。关键土著语言文化通识课程往往涉及跨文化交流、区域国别知识建构、全球胜任力培养等视角,有助于"进行多维度,多模态的质量评估",避免评估过程中的片面性和偏见,准确反映课程的优势和不足。同时,全面评估也有助于推动外语教育改革和创新,为关键土著语言文化通识课程的深入发展提供有力支持。

具体而言,全面评估原则在关键土著语言文化通识课程质量评估体系建构中的应用可遵循以下路径:

1) 构建多维度评估指标,即相关评估指标涵盖课程的不同维度,如土著语言文化知识建构、跨文化交际能力和全球胜任力培养等。这些指标既包括定量指标,如学生的学业成绩和考试通过率,也包括定性指标,如学生的反思报告、项目报告等。2) 综合运用多种评估方法,譬如定性研究方法(如深度访谈和案例分析)可揭示课程的深层内涵和影响因素;定量研究方法(如问卷调查等)可为课程体系评估提供大样本数据支持。3)实施多维度评估。评估过程应涵盖多个主体的意见,包括教师、学生、同事、行业专家等。多维度评估能够综合不同视角的看法,有助于更全面地了解课程的质量和效果。具体可分为督导评估、领导评估、学生评估、同行评估、自我评估等。4)坚持定期评估和持续改进:课程质量不仅体现于课堂教学环节,更体现于课前到课后教学全过程(郑秀英等 2023)。全面评估要求定期进行评估,及时根据评估结果调整完善课程,形成"评估—反馈—改进—跟踪"机制。这种持续的评估和改进过程能够确保课程始终保持活力和有效性。

第三,坚持动态反馈原则。动态反馈原则被视为确保评估效果与课程优化的纽带,强调在课程体系质量评估中,要确保评估结果及时地反馈给教师、学生和决策者等相关利益方,以促进针对性的调整和改进。动态反馈强调反馈的及时性和针对性。建议注重反馈内容和方式的动态变化,提出进行针对性的评估,明确相关反馈时间和范围。

该原则在实践应用时可遵循以下路径:

1)建立动态反馈机制,即及时反馈关键土著语言文化通识课程的质量评估结果,确保评估结果能够及时传达给教师和学生。可以采用在线问卷、教学观察、学生讨论会等方式,收集学生对课程的意见和反馈。2)提供个性化建议,即结合实践,提供个性化的建议和改进措施,帮助教师根据学生的反馈调整课程设计和教学方法,满足学生的学习需求。3)制订支持性决策,即相关研究结果为教育管理部门和决策者提供重要参考,帮助他们了解课程的实际情况,制定更为科学合理的教育政策和发展方向。

依据这一原则,教师应建立明确的反馈机制,为学生提供个性化建议和支持,在提高学习效果的同时也为决策者提供科学依据,持续提升关键土著语言文化通识课程的质量。当然,在评估实践中,该原则也面临信息处理复杂、学生参与度不一以及教师接受度不同等挑战,需要评估参与主体及时整理、分析和反馈评估数据,建立高效的信息处理机制。同时,需强化评估标准的可操作性和导向性,以加强师生参与课程质量评估的积极性,以及对评估结果的理解和认同。

第四,坚持客观公平原则。在关键土著语言文化通识课程质量评估体系中,评估效力与评估主体的客观公平性紧密相关。评估效力的实现意味着评估的信息和决策对于课程质量和学习成果的改进产生实际影响。评估主体作为执行者,其价值观和态度直接影响评估结果。客观公平的评价需要符合以下条件:首先,评估主体要以事实为依据,运用科学方法和数据分析,确保评估结果客观准确;其次,评估主体需在价值裁定中不偏不倚,平等对待各方因素,确保评估过程中各参与者权益公平;最后,评估主体应避免受到传统观念和价值预设的影响,保持开放思维,精准认知课程的优势和不足。

换言之,为确保评估主体的客观公平性,有必要在关键土著语言文化通识课程体系评估中建立完善的反思和监督机制。评估主体在评估过程中应定期反思纠偏,同时纳入外部监督,实现通识课程评估的科学性,为通识课程的发展提供有力支持,培养具有跨文化能力、家国情怀、国际视野的人才。

综上所述,关键土著语言文化通识课程质量评估体系的构建应贯彻内外结合、全面评估、动态反馈和客观公平原则,从而有效保障评估体系的客观性与科学性,为通识课程的质量提升与发展提供有力支持。

7.3　课程质量评估体系建构维度

关键土著语言文化通识课程质量评估体系的构建涉及不同维度,如课程目标、课程内容、课程资源、课程教学、课程评估、教学环节、师资队伍等。下面进行具体阐述。

7.3.1　课程目标

在构建评估体系时,明确而具体的课程目标被视为重要维度之一。课程目标涵盖了课程所期望达到的预期效果和目标,不仅包括知识层面的目标,也涉及技能、态度和价值观等多维度的要求。课程目标不仅仅是教学导向,更是指导评估的准则,深度影响课程设计与实施。在课程质量评估体系中,课程目标维度强调了课程的教学目标和期望成果,不仅有助于衡量学生在知识、能力和态度等方面的发展,也为教师提供了明确的教学方向和指导,从而提高了课程评估体系的针对性和实效性。

关键土著语言文化通识课程的课程目标内涵丰富多元。首先,它涵盖了语言知识建构与能力培养,包括语音、词汇、语法等基础知识,以及口头表达、书面写作、听力理解和阅读能力等语言能力。其次,课程目标强调跨文化交际能力的培养,要求学生在不同文化背景下能够有效地进行沟通与合作,理解并尊重不同文化的差异。最后,课程目标还涵盖了文化意识的培养,促使学生认识语言与文化之间的密切联系,了解语言在文化传承和身份认同中的重要作用。

课程目标在关键土著语言文化通识课程质量评估体系建构中具有多重价值。其一,引导教学设计与实施。课程目标为关键土著语言通识课程的教学设计和实施提供了明确的指导。通过明确界定课程目标,教师能够更加有针对性地选择教学方法、教学资源和评估方式,确保教学活动能够实现预期效果。此外,课程目标有助于确保教学内容与学习目标相一致,从而增强学习的连贯性和系统性。其二,衡量学生学习成果。课程目标为评估学生在关键土著语言文化通识课程中的学习成果提供了客观依据。教师可以通过衡量学生是否达到预期的课程目标来判断课程的质量和效果。这有助于准确地评估学生的语言知识水平、语言技能掌握和跨文化素养等方面的表现,为学生提供更准确的学业反馈和学习成果认定。其三,不断改进课程。课程目标为课程的持续改进提供了科学依据。通过分析评估结果与课程目标之间的关联,可以发现教学中存在的不足和问题,为课程的持续优化提供指导。同时,课程目标也能够帮助教师在教学过程中不断反思和调整,不断提升教学效果。其四,提升关键土著语言教育质量与社会认可度。通过明确的课程目标,关键土著语言文化通识课程能够更好地满足社会对跨文化交流和具备家国情怀、国际视野人才的需求,增强课程的社会认可度。这有助于提高关键土著语言文化通识课程的教育质量,为培养具有跨文化素养和国际视野的人才提供有效保障。访谈中有教师强调思辨能力的培养,且提及根据目标不同,培养模式不同：

> 人才目标不同，采用的培养方式也会不同……教师要给学生提供相应的某个领域的、完整的知识体系，……我一直培养学生的开放性思维，就是激发学生[思考]。(T9-4)

此外，在关键土著语言文化通识课程质量评估体系建构中，确立课程目标需要满足一系列具体要求。首先，目标要明确具体，能够清晰地描述学生应该达到的语言知识、能力和素养。其次，目标应具有可测量性，即能够通过具体的评估手段来衡量学生是否达到预期目标。例如，学生的口头表达能力可以通过演讲或讨论的评估来量化。最后，目标要具有可操作性，能够指导教师在教学设计和教学活动中实现目标。例如，通过设计学术海报、学术演讲等具有可测量性与可操作性的学术任务和活动来培养学生的学术英语表达和写作能力。

综上，为达成有效教学，明确的课程目标是不可或缺的。就关键土著语言文化通识课程而言，培养学生的多语能力、世界知识、国际理解力等课程目标能够指导课程教学和评估。通过充分理解和贯彻这些课程目标，关键土著语言文化通识课程能够为学生提供深入的语言学习和文化体验，培养他们在多元文化环境中的应变能力和跨文化交际技巧，为培养具有国际竞争力的全球治理人才提供坚实支撑。

7.3.2 课程内容

课程内容涵盖知识、能力和价值观等方面，包括教学资源、教学方法、任务设计等。课程内容应当体现学科的核心概念和理论，同时关注时事热点和教学内容的实际应用。

在关键土著语言文化通识课程评估体系中，课程内容主要涉及课程主题、语言知识、理论学习和语言实践等维度，包括语言、文化、历史、社会、艺术等多个层面，旨在培养学生的跨文化能力和国际传播能力，拓展国际视野。由此可见，课程内容不仅是知识的载体，更是跨文化交流与理解的基础，涵盖了多元的学科领域和价值观。课程内容在关键土著语言文化通识课程质量评估体系中具有重要价值。首先,合理的课程内容能够确保课程的学术深度和广度,为学生提供系统的语言知识体系。其次,课程内容有助于拓展学生的国际视野,培养他们跨文化交流与合作的能力。最后,课程内容还能够激发学生的学术兴趣,促进他们在关键土著语言领域的深入研究与创新。

基于此,在关键土著语言文化通识课程质量评估体系建构中,确立课程内容需要满足一系列具体要求。例如,其一,课程内容应具有学科的深度和广度,涵盖多元主题和领域;其二,课程内容应具有跨文化视角,关注不同文化间的异同和交流;其三,课程内容还应与课程目标相契合,确保培养学生所需的能力和素质。基于此,课程内容在关键土著语言文化通识课程中应当融合理论与实践。理论性的内容有助于学生理解和分析跨文化现象,提升他们的思辨能力;而实践性的内容则能够让学生在实践中应用所学知识,增强他们的实际操作能力和全球胜任力。以上观点也在访谈数据中得以体现:

这位[有经验的]老师不仅把印度的知识点比较好地呈现出来,还会结合中国,甚至英美以及一些欧洲国家的例子,去帮助学生通过这种比较的视角,更好地去理解印度当前的政治和外交生态。(T6-1)

通识课程重点还是想要给大家普及一些斯瓦希里语的基础语法知识和基础语言文化知识……与此同时,你关注文学,就会关注到文学背后的文化现象,文学背后的文化现象,又会不可避免地引申到相应的社会现象。(T7-2)

综上,关键土著语言文化通识课程内容要求学生在语言基础知识、语言运用能力、跨文化交际能力以及区域国别知识、家国情怀等方面取得全面发展。在课程设计、实施和评估过程中,应确保这些内涵和要求得到充分体现。

7.3.3　课程资源

课程资源包括课程所需的各种教学资源,如教材、参考书籍、多媒体资料、实验设备等。在关键土著语言文化通识课程中，课程资源不仅包括语言教材，还涵盖了丰富的文化素材、跨文化交际案例等。

课程资源在关键土著语言文化通识课程质量评估体系中具有重要地位。首先，关键土著语言文化通识课程资源包括语言教材、文化素材、跨文化交际案例等，是课程内容的有效载体。优质的课程资源能够丰富教学内容，激发学生的学习兴趣，促进他们对关键土著语言的理解和应用。其次，关键土著语言文化通识课程资源具有重要的教学价值。语言不仅是交流工具，还承载着丰富的文化内涵。通过引入多元文化素材，学生可以更好地理解关键土著语言的历史、文化、价值观等，培养跨文化交际能力和文化意识，为未来参与国际事务提供有力支持。此外，课程资源有助于推动课程创新和改进。通过不断更新和优化资源，可以使课程内容与时俱进，紧密关联当前国家和社会需求。资源的选择和设计也可以反映课程目标的多样性，满足不同学生群体的需求。通过关注关键土著语言文化通识课程资源，可以促进教学方法的创新和多样化，提升课程的影响力。

课程资源在课程质量评估体系的构建中应满足以下要求：

其一，广泛性和多元性。关键土著语言文化通识课程资源应具备广泛性，涵盖不同国家、地区、文化、语境的语言和文化素材，聚焦特定地区或文化的关键土著语言，使学生能够熟悉相关国情、社情、民情。资源形式多元，包括语言教材、真实语料、文化展示、跨文化交际案例等，以提供全面的学习体验。如有一位被访谈教师提及围绕所讲内容补充视频、动画等：

> 比如说我今天要讲数字，我会从网上找一些相关的一些小视频……内容包括月份、天气什么的，就是那种小动画，我觉得学生每次看完都会印象比较深刻一点。我还是比较认可视频教学这个方法的。(T2-2)

其二，文化性和跨学科特色。资源应突出文化性，培养学生的跨文化意识，促进对"一带一路"沿线国家多元文化的理解和尊重。围绕跨文化交际实践中存在的真问题进行跨学科学习研讨。

其三,实用性和有效性。资源应与学生的未来需求相契合,可涵盖商务沟通、国际交往、旅游指南等内容,且相关学习任务设计合理,有助于教师进行有效教学。

其四,技术赋能教学资源,开发智慧教材等。课程资源可以借助多媒体技术,如视频、音频、各类应用软件等,从而为学生提供更丰富、生动的学习体验。

鉴于此,关键土著语言文化通识课程资源的开发可参考以下路径。首先,促进跨学科交融合作。在开发课程资源时,可以借助其他学科的资源和专业知识,丰富关键土著语言文化通识课程的相关内容,例如将语言与历史、文化、地理、社会学等领域相结合,提供更全面的学习体验。其次,推动社会资源整合。高校可以与相关企业、社区、文化机构等合作,获取真实语料和实际案例,提供实际场景下的语言使用情境,增强学生的跨文化交际能力。此外,提供教师培训与保障支持,帮助教师根据学生需求和教学目标,有效选择和灵活使用关键土著语言课程资源,营造良好的教学环境。最后,鼓励学生反馈与参与。鼓励学生参与课程资源的选择和评估,其反馈有助于优化课程资源,使之更符合学生的学习需求和兴趣。

综上所述,在关键土著语言文化通识课程质量评估体系中,优质的课程资源能够有效促进教学目标的实现。因此,在课程设计和实施中,应充分重视课程资源的选择、优化和共享,以确保关键土著语言文化通识课程的质量和效果。

7.3.4　课程教学

在课程质量评估体系中,课程教学作为重要维度,具有明确的内涵、重要地位和具体要求。首先,课程教学涵盖教学设计、教学方法、教学过程和教学效果等维度。教学设计要求明确课程目标和内容,合理安排教学进度和活动。教学方法涉及如何有效地传递知识和促进学生的学习,可包括讲授、讨论、案例分析、实践活动等多种形式。教学过程包括教师引导、学生参与、师生互动等环节,旨在激发学生的学习兴趣和积极性。教学效果是评估课程教学的重要指标,涵盖学生的价值引领、知识建构、能力培养、思维能力发展等方面。其次,课程教学在评估体系中具有关键地位。它是实现课程目标的重要手段,直接影响课程的育人效果和学生的学习成效。最后,课程教学在评估体系中应具备科学性、有效性和创新性。科学性要求教学基于教育学和心理学等原理,合理设计课程目标、内容和教学方法。有效性要求教学能够真正促进学生的学习和发展,达到预期教育目标。创新性鼓励教师不断尝试新教学方法和课堂活动,提升教学的有效性。

在关键土著语言文化通识课程中,课程教学同样具有丰富内涵:

其一,教学设计是课程教学的基础,包括明确课程目标、内容和教学计划。在关键土著语言文化通识课程中,教学目标应明确强调培养学生的跨文化意识和多语能力。教学内容应覆盖语言知识、语言技能和文化背景,提高学生的跨文化交际能力。

其二,教学方法是实现教学目标的手段,应根据课程特点选择恰当的方法。在关键土著语言文化通识课程中,可以采用互动讨论、角色扮演、实地考察等方式,培养学生的实际语言运用能力和跨文化交际能力。访谈中有教师提及启发式教学的重要性:

要让孩子们学会发问,而且是有逻辑性地发问。这种不断的一连串发问,最后会形成一个体系化理论性的东西……课堂是师生互动的,最打动人心和调动学生思维进行思考的教学方式是教师应该掌握的。用问题情景导入的这种方式进行教学,我觉得是比较好的。(T5-3)

其三,教学过程强调师生互动和学生参与,教师应通过讨论、小组合作等活动,培养学生的思辨能力、合作精神和跨文化沟通技巧。动态、及时的反馈有助于学生了解自己的学习情况,优化学习策略。

最后,关键土著语言文化通识课程应当强调跨学科、跨文化教学,通过体验式、案例式学习等,培养学生的跨文化意识,提高其全球胜任力。

由此可见,课程教学在关键土著语言文化通识课程质量评估体系中具有重要地位。首先,课程教学是决定课程质量的核心要素之一。合理的教学设计和方法可以确保课程目标的实现,提高学生的学习效果。在关键土著语言文化通识课程中,有效的课程教学有助于丰富学生的知识、提高其语言能力、培养其跨文化意识,从而为其未来参与"一带一路"倡议的建设项目等夯实基础。其次,课程教学在学生职业生涯中发挥桥梁作用。互动多元的教学方法可以满足学生的多样化需求,培养其综合素养。同时,教学过程中的互动交流也有助于培养学生的合作能力和团队精神。最后,课程教学在培养学生跨文化交际能力和全球胜任力方面具有不可替代的作用。探究式、项目式、讨论式等教学活动有助于学生模拟真实情境、提高学习效果。

在关键土著语言文化通识课程质量评估体系中,课程教学应符合以下要求:1)符合学生需求,教学应当根据学生的背景、兴趣和学习需求进行调整和设计,以确保教学内容的实用性和有效性;2)强调互动参与,教学过程应鼓励学生积极参与,促进师生互动和学生之间的合作学习,提高教学的活跃度和效果;3)注重实践和应用,教学内容应与实践应用紧密结合,通过案例分析、实践活动等方式,培养学生的实践能力和跨文化交际能力;4)多元化的教学方法,教学方法多元,兼顾讲授、讨论、互动、实践等多种方式,以满足不同学生的学习风格和需求;5)持续评估与改进,教学过程中应定期进行质量评估,收集学生的反馈意见,及时调整教学方法和内容,不断优化教学。

综上所述,在关键土著语言文化通识课程质量评估体系中,课程教学维度不可忽视。其丰富的内涵有助于实现教育目标,提升学生的跨文化交际能力和全球胜任力,为其未来职业发展夯实基础。而通过关注教学设计、方法、过程和效果等方面的要求,能够实现课程教学的有效性,促进学生的全面发展。

7.3.5　课程评估

在关键土著语言文化通识课程质量评估体系中,课程评估作为关键维度之一,旨在全面评估课程的设计、实施和效果,为提升教育质量提供有效支持。其内涵主要包括课程目标评估、教学内容评估、教学方法评估、学生学习评估和教学效果评估等方面。

课程评估的内涵可从以下五个方面进行阐述:

1)课程目标评估:课程评估的首要任务是评估课程目标的设定和达

成情况。这包括明确的语言知识与能力目标,如语言能力、跨文化交际能力,以及对学生实际达成程度的测量等。通过定量和定性的方法,对课程目标的实现情况进行准确评估,为课程优化和改进提供指导。

2) 教学内容评估:教学内容评估关注课程的内容设置是否合理且具有实际应用价值。这涉及语言知识、文化背景、案例分析等多个方面。评估应考虑内容的准确性、全面性以及与实际应用的关系,确保学生能够获得丰富的知识和语言能力。

3) 教学方法评估:教学方法评估着重分析所采用的教学方法是否符合课程目标,以及对学生学习效果的影响,包括讲授、互动讨论、实践活动等。评估应关注教学方法的灵活性、适应性和针对性,确保学生能够在不同情境下有效学习。

4) 学生学习评估:学生学习评估旨在了解学生的学习过程、难点和需求,通过作业、测验、项目等方式,收集学生的学习成果和反馈意见。这有助于教师调整教学方法和内容,满足学生的学习需求,提高教学效果。

5) 教学效果评估:教学效果评估关注课程的整体效果和对学生的影响。这可以通过考试成绩、学生作品、综合评估等多种方式进行。评估应关注现阶段学生在关键土著语言能力和跨文化交际方面的提升情况,以及对他们未来职业发展的影响。

简言之,在关键土著语言文化通识课程质量评估体系中,课程评估作为关键维度之一,对于确保教育质量、促进学生综合素质的提升和跨文化交际能力的培养具有重要作用。具体的课程评估应当以学生发展为导向,灵活选择多样化的评估方式,强调项目式学习、技术赋能、产出型教学以及与成果导向教育(Outcome-Based Education, OBE)理念相结合。

首先,课程评估要以学生发展为导向。评估的核心在于为学生提供有针对性的反馈和支持,促进其知识与能力的全面发展。评估应侧重于学生在语言能力、跨文化交际、全球胜任力等方面的提升情况,培养其自主学习和思辨能力。

其次,课程评估应具备多元性。评估方式应根据课程特点和教学目标的不同,即结合不同课程设计不同评估标准,并综合考虑诊断性评估、过程性评估等多个维度。诊断性评估有助于发现学生的学习难点和问题,及时调整教学策略;过程性评估可以通过课堂讨论、小组项目等方式,使课程评估贯穿于整个教学环节,及时了解学生的学习进展;终结性评估可采用考试、作业、报告等形式,全面评估学生的学习成果。

此外,也应考虑个性化评估。每位学生的学习风格、兴趣和需求各不相同,评估可以根据学生的个体差异进行调整,采取个性化的评估方式和内容,以满足学生的多样化需求。与此同时,技术赋能是现代课程评估的重要趋势之一。教育技术的日新月异为线上评估带来福利(李保强、郝利强 2022),如在线测验、自动化评分等。技术赋能可以提高评估的效率、客观性及可视化,同时为学生提供了更灵活的学习方式,例如可以借助在线学习平台、虚拟教室等方式进行课程学习,线上+线下相结合的教学和评估方式能够更好地满足学生的学习需求。访谈中也有教师提及类似观点:

> 线上就比较方便,学生学习的时候可以不受时间、地点制约,学生有时间就可以学……这种线上平台也有很多题目,还有一些课件什么的,教师能看得出来学生学了没学。还有的时候学生会在线做题。那些题做完反正系统会自动打分的嘛……学生互相之间打分,或者互相评价,我觉得这也是一个方法。(T1-4)

在课程设计中,有必要强调项目式学习。项目式学习能够促使学生在实际情境中运用所学的语言知识和技能,培养问题解决能力和合作精神。通过项目式评估,学生可以深入参与课程,在真实的跨文化交际案例中进行体验式学习,从而更好地实现课程目标。此外,产出型教学也应在课程评估中得以强调。传统的评估方式强调记忆和理解,而产出型教学注重学生的实际表现和创新思维。通过要求学生完成项目任务、撰写论文、演讲展示等方式,能够更好地评估学生的综合素养。

最后,课程评估应与成果导向教育理念相结合。其一,成果导向教育强调学生的实际能力和成果,即"学生为中心"理念,因此课程评估应关注学生是否达到了预期的学习成果(武勇杰等 2021)。通过明确的学习目标和评估标准,可以使评估更加有针对性和有效性。其二,遵循"持续改进"的理念,构建集"监控、管理、评估、反馈、改进"五大功能于一体的良性闭环系统。这意味着课程评估是一个持续循环的过程。评估过程应充分利用教学中的反馈信息,包括学生反馈、教师观察、教学成果等,对课程进行持续分析和调整。教师应积极参与课程评估,根据评估结果不断优化教学设计、教学方法和教材内容,以适应学生需求和教学目标的变化。其三,遵循"产出导向"的理念,深化"教、考、学"三位一体综合改革。这意味着评估的重点应该放在学生的实际能力和产出成果上。课程的目标不仅仅是传授知识,更是培养学生的语言运用能力、跨文化交际能力、全球胜任力等。评估应关注学生在课程结束后能够实际运用所学知识和技能的情况,通过项目作品、实践报告、演示展示等方式进行评估。因此,在关键土著语言文化通识课程评估过程中,不仅应坚持成果导向教育理念的"学生中心、持续改进、产出导向"原则,加强课程建设的顶层规划和统一领导;同时也需要建立完备的学院层面课程建设和评估机制,凸显课程组的主体地位。此外,还应强化对整改工作的领导、支持、协助和监督,以保障整改效果,持续提高课程质量。

综上所述,关键土著语言文化通识课程质量评估体系中的课程评估维度应以学生发展为导向,采用过程性与终结性评估、诊断性与个性化评估、线上+线下相结合的评估方式,强调项目式学习、技术赋能、产出型教学以及与成果导向教育理念的融合,以确保课程质量的提升和学生的全面发展。

7.3.6 教学环节

课程的教学环节被视为课程质量建设的基础。关键土著语言文化通识课程的教学环节主要包括教学设计、教学方法、教学实施和教学评估等维度。第一,教学环节的首要任务是进行精心的教学设计。教师需要明确课程目标,合理安排教学内容和学习活动,确保教学的逻辑性和连贯性。在关键土著语言文化通识课程中,教学设计还需注重语言的特点,如语言结构、语境运用和文化背景等,以帮助学生全面掌握语言知识和技能。第二,教学方法的选择对于教学效果至关重要。教师应根据学生的特点和学习需求,灵活运用多样化的教学方法,如案例分析、小组讨论、角色扮演、项目研讨等,以促进学生的主动参与和深度学习。第三,教学环节的实施需要教师具备良好的教学能力。教师应确保教学材料的充足和课堂管理的有效,同时积极引导学生参与讨论和互动,创造积极的学习氛围。教学环节的最后一步是对教学效果进行评估。教师可以坚持技术赋能,采用多元评估方式,如作业、考试、课堂表现、线上互动交流等,来了解学生的学习情况和掌握程度,从而为调整教学策略提供依据。

如前文所述,教学环节是课程质量评估体系的核心环节之一。课程的教学设计和实施直接影响教学效果。首先,科学合理的教学环节能够有效促进学生的语言能力、跨文化交际能力、全球胜任力等层面的发展。其次,教学环节是课程质量的有效保障。通过合理的教学设计和灵活的教学方法,可激发学生的学习兴趣,保障教育质量的持续提升。最后,教学环节还直接关系到学生的学习体验和学习成效。在不同的教学环节中,教师可以有效达成教学目标,培养学生的思辨能力、跨文化交际能力和全球胜任力等。

优化通识课程教学环节,可从教学设计、教学方法、教学实施等方面着手。相对具有工具性功能的专业课程,通识课程主要承担着以文化育人的重要使命,在学生思维、品格、心智、道德等方面发挥作用(李广平、陈武元 2023)。教师在教学设计阶段需充分考虑课程目标、学生需求以及教学内容的关联性。合理安排教学内容的顺序,确保知识传授的逻辑性和连贯性。同时,教师还应融入跨文化交际等因素,以提升学生的跨文化交际能力。在教学方法上,有必要灵活运用多种教学策略,包括案例分析、小组讨论、角色扮演、项目探究等,以满足不同学生的学习风格和需求。多样化的教学方法能够激发学生的兴趣,提高他们的参与度和投入感。在教学实施过程中,教师应以学生为中心,鼓励学生积极参与讨论和互动。通过提问、讨论等方式,培养学生的思辨能力和问题解决能力。此外,教师可结合现代信息技术,在教学中有效运用线上教学平台,为学生提供在线学习资源和互动场景,以丰富教学内容、扩展学习渠道。在教学评估过程中,综合考虑学生的各项表现,采用多元评估方式,既注重学科知识的掌握,又关注语言运用能力、跨文化交际能力、全球胜任力的培养。并且根据学生的反馈和教学效果,不断改进优化通识课程教学环节,及时调整教学策略和方法,持续提高教学质量。

简言之,在不同教学环节中,通过科学的教学设计、多样化的教学方法、有效的教学实施和客观的教学评估,教师能够有效保障土著语言文化通识课程的教学质量,达成教学目标。

7.3.7 师资队伍

在关键土著语言文化通识课程质量评估体系中,师资队伍作为重要维度之一,具有关键性作用。教师的能力与素质是构建高质量课程的基础(李广平、陈武元 2023),师资队伍建设应结合通识课程的性质,以提升教育质量和学生综合素质为目标。换言之,师资队伍应具备以下特点:1)应具备扎实的土著语言文化知识和专业素养,能够深入理解语言结构、文化背景以及语境运用,从而更好地开展教学活动;2)应具备跨文化交际能力,能够在教学过程中引导学生深入理解和尊重不同文化背景下的语言差异;3)应具备创新意识,能够运用多样化的教学方法和策略,以满足学生的学习需求,提高教学效果;4)应具备扎实的专业知识和良好的教学能力,从而进一步提高教学效果。

加强关键土著语言文化通识课程师资队伍建设可从以下四方面考量:

其一,注重教师专业发展和能力提升。教师应不断加强自身的学科知识更新和跨文化交际能力培养,通过参加学术研讨会、培训讲座、学术研究等活动,保持教学内容的前沿性和多样性。此外,经验丰富的教师或专家应在向其他教师传授知识的过程中,运用演示等方法将自己的隐性知识转化为显性知识,同时以实际示范的方式促使其他教师将其隐性知识逐渐显性化,以支持教师从隐性知识向显性知识的转化(张志泉、陈振华 2023)。

其二,提高教学方法创新性。教师应积极探索新的教学方法和策略,尝试借助现代教育技术、项目式学习等方式,提升教学效果。

其三,采用个性化教学方式。针对学生的不同需求和背景,教师应采取个性化教学策略,结合学生的兴趣、学习风格和学习需求,提供精准指导和支持。

其四,构建教研共同体。该共同体可以是跨语种、跨学段、跨学科、跨学院的。访谈中有教师提及教材编写过程中希望向其他语种的有经验教师请教:

> 我还是关注教材问题,因为总觉得教学中可以提升的地方很多,但是编写一本教材需要把好的材料收录进来,觉得这也不满意,那也不满意,有时候真的是很头疼。我还是希望有一些向大咖们学习的机会,看看那些更优秀的老师们,他们到底是怎么完善一些细节的。在教学材料的整理过程中,有时候我自己的思路也不顺畅。像我们学校的语言研究院的老师也好,英语学院的老师也好,他们其实有更多的、直接的教学经验。(T4-2)

共同体成员可定期开展教研活动,如同行听课观摩、工作坊、座谈会等。共同体成员可有效运用现代信息技术,通过在线讨论区、教学资源共享平台等进行交流合作。

最后,提高教学反思意识,不断在教学实践中进行反思,结合学生反馈、同行评价、自我反思等,及时调整教学内容和方法,提高教学与研究能力。

综上,师资队伍在关键土著语言文化通识课程质量评估体系中发挥重要作用。教师通过提升学科专业素养和跨文化交际能力,创新教学方法等提高教学成效,保障教学质量,促进学生发展。同时,教师在这一过程中不断提升自身素质,促进自身专业发展。

7.4　课程质量评估影响因素

7.4.1　宏观层面

课程质量的发展是多重影响因素作用的结果。在关键土著语言文化通识课程质量评估体系的影响因素中,宏观层面主要从政策制定和顶层设计的角度,为高校通识课程的质量保障提供指导,下面进行具体阐释。

（1）制定有针对性的宏观战略规划

首先,根据政府间沟通、外贸合作、文化教育交流等不同需求,结合不同国家和地区的语言环境,制定相应的战略语种规划方案。例如,可基于贸易投资等大数据,对所涉及的相关关键土著语言提出分类分层的地位规划方案,同时可以根据经贸往来情况的变化,动态调整相关规划。

其次,进一步明确我国"一带一路"倡议关键土著语言清单。该清单要同时统筹兼顾诸多方面,尤其是需要充分考虑相关语言的使用范围,对地区性的强势关键土著语言予以重点关注,因为此类语言往往涉及多方面的国家利益,且具备更高的实用价值。另外,在确立该清单时也需要考虑文化因素,对文化负载价值高,特别是一些作为历史文化密码的语言也要予以重视。同时,与整体的战略规划一样,该清单也应随着各方面情况的变化适时做出调整。

最后,制定统领全局的教育规划。尽管各高校可以制定各自的关键土著语言教育规划,但国家层面的宏观教育规划不可或缺。宏观关键土著语言文化通识教育规划不仅要对教育目标、课程设置、教育方法、教育评估、师资队伍、监督机制等做出原则性指导,同时也应发挥宏观主体的方向指引与资源配置机能,结合各校的地域特色、办学传统等合理确定相关学校重点面向的国家或区域以及重点发展关键土著语言文化通识教育的语种等,并在全国范围内配置资源,促进资源的分享、互补,从整体上实现宏观教育规划的科学化和广泛性。

（2）开展全方位大规模调查研究

在制定宏观规划的基础上,还应组织多方力量,开展全方位大规模调查,为进一步的科学决策和政策实施提供依据。相关调查研究需要从以下三方面入手。

第一,聚焦现实需求,调研关键土著语言文化人才需求状况。一方面,应在充分了解不同国家或地区土著语言种类、使用范围等基本信息的基础上,调研我国有关行业在"一带一路"沿线不同国家、不同地区对相应关键土著语言文化的不同需求。另一方面,相关调查应考虑关键土著语言文化人才的类型、规格,例如对语言能力、社会文化知识以及专业领域技能等方面的详细需求,深入了解相关细节,获得具体信息,为进一步开展相关工作提供数据支撑。

第二,调查关键土著语言文化人才培养的现状,了解当前关键土著语言人才培养的效果与问题。调研应涉及高校管理部门、教师、学生以及沿线行业或企业的管理人员、员工等,充分把握高校关键土著语言文化人才培养质量,评估当前人才培养能否满足社会的相关需求,如学习者是否真正具备相关国家或地区的关键土著语言能力和社会文化知识、是否能够运用专业能力或知识解决实际工作中的问题等。通过充分调查评估,发现当前关键土著语言文化人才培养的突出问题,以便及时优化关键土著语言文化人才培养的路径。

第三,调研"一带一路"沿线我国社会各行业对关键土著语言文化人才培养的需求。一方面,要从整体上调查梳理相关研究,以便总体把握关键土著语言文化人才培养的未来发展方向。另一方面,相关调查需要考虑不同行业对关键土著语言文化人才的不同需求,展开分类探究与具体分析,明确相关教育规划和课程设置的重点。国家相关部门应针对不同领域、不同行业的需求,指导高校分类做好相应人才培养方案和课程设置。

(3)推动宏观规划的全面稳步实施

首先,国家相关部门可在试点基础上稳步推进关键土著语言文化通识教育。一方面,可选取一些语种多样、具有一定办学传统的院校,开展关键土著语言文化通识教育的试点工作。在这一过程中,除了提供政策与配套资源支持外,还应加强对试点工作的动态监督,适时评估关键土著语言文化通识教育的实施效果,基于评估所发现的问题,对关键土著语言文化通识课程的教学目标、教学过程、教材教法、评估方式等进行动态调整。另一方面,应结合相关学校的多语种基础、区位优势等,在更大范围内稳步推广关键土著语言文化通识课程。例如,在东北地区有关高校,可以结合当地的东北亚研究传统和东北亚相关语种的教育资源优势,推广东北亚地区相关关键土著语言文化的通识教育课程。再如,在西南地区,可以发挥相关院校在南亚、东南亚语言文化教育与研究方面的优势条件,开展泰语、孟加拉语等东南亚、南亚关键土著语言文化通识课程的教育教学活动。

其次，应统筹国家政府部门、教育机构、社会组织等各方面的资源和条件，合力建设关键土著语言文化多语种人才库，做好关键土著语言文化人才资源储备。这一人才库不仅要面向高校，也要面向在"一带一路"沿线国家或地区工作的企业及其他组织机构工作人员，同时还应面向我国跨境语言分布的地区，如西北地区、西南地区等。在建立人才库的基础上，还应给予政策和资源支持，提供各种平台，增强关键土著语言文化多语种人才库中的人才与"一带一路"沿线国家或地区的沟通、交流与合作。例如，可以通过开展国际或者区域性的学术会议、文化节、友好城市等活动，邀请不同国家或者地区的专家、学者与行业从业人员等参与，加强对相关国家和地区的深入了解；同时也应鼓励和创造机会支持多语种人才出国留学、工作或者旅游，进一步拓宽他们的国际视野，从而实现对人才库的及时维护，保持人才资源的活力。

7.4.2 中观层面

在中观层面，高校是通识课程质量的主要保障者，应在宏观政策指导下稳步提升课程质量。深刻理解课程内涵与特点，探索独特发展途径，为优质人才培养及高水平体系构建打下坚实基础（张杨、和学新 2023）。外语类高校应树立关键土著语言文化通识教育意识，统筹优化关键土著语言文化类课程的目标与结构，建设高水平关键土著语言文化通识教育师资队伍，提供全方位的资源保障，在校内营造良好的多语氛围，提高关键土著语言文化教育成效。

（1）树立关键土著语言文化通识教育意识，加强通识教育组织管理

一方面，应重视关键土著语言通识教育的重要作用，精确把握关键土著语言通识教育的内涵。通识教育的根本目标在于促进人的发展，注重人的素养提升，代表了全球高等教育改革和发展的方向，体现了教育的核心价值。当前，学校须在思想上充分理解并高度重视关键土著语言文化通识教育，认识到培养"一带一路"沿线关键土著语言人才的重要意义，制定并实施"一带一路"沿线关键土著语言通识教育的发展规划。传统的关

键土著语言人才培养方式通常是通过相应的语言专业进行。学界主要关注专业建设,较少从通识教育视角探讨如何实施关键土著语言教育。关键土著语言类课程在大学通识教育中严重缺位,与国家对战略外语人才和国际化人才的需求相比有较大差距。高校应以促进人的全面发展为目标,从通识教育视角出发,树立关键土著语言通识教育意识,合理设计关键土著语言通识教育体系。为实现这一目标,学校应制定相关方案,且做好相应宣传工作,使一线师生理解关键土著语言通识教育的重要性和必要性。

另一方面,设立专门的通识课程规划机构或组织,健全管理制度并提供政策支持。"一带一路"沿线关键土著语言文化通识课程体系建设工作需要得到学校相关部门的支持配合。为保证通识教育课程的质量和效果,需要积极推进通识教育课程的规范化,将通识教育课程管理工作由松散化向制度化转变。学校可以依托教学指导委员会等专门机构,负责顶层设计关键土著语言文化通识课程,协调各学院和部门的力量和资源,对"一带一路"沿线关键土著语文化通识课程体系进行整体规划,建构科学的课程体系。同时,还需要对相关教学内容、主讲教师的教学资质等进行审核,建立教师激励和考核制度,提高教师从事该领域教学与研究的积极性。最后,需加强对任课教师的考核工作,对考核优秀的教师在评优、职称评聘等方面给予适当倾斜,以激励教师开展相关工作。以上工作需要在顶层规划机构的指导下由学校各部门通力协作,共同推进。

(2)明确关键土著语言文化通识课程目标,优化通识课程体系

首先,关键土著语言文化通识教育的目标是培养具备思辨能力、跨文化交际能力和全球胜任力的复合型人才。为此,高校需要准确定位关键土著语言文化通识课程目标,根据自身办学目标和人才培养目标,确立通识教育课程目标。根据问卷调查结果,读、听、说技能的重要性超出其他技能,因此在制定课程目标时,应为读、听、说类技能课程制定稍高于写、译技能课程的目标,并为读、听、说技能课程安排更多的课时。有必要根据社会岗位需求适当选取具有一定专业性的听、说、阅读材料来提升学生的语言实际运用能力。考虑到对象国的国情、社情、民情等方面知识的重要性,在设定关键土著语言文化通识课程目标时,还应强调对对象国知识

的掌握、理解与应用。

其次，为了达到促进学生全面发展的目的，关键土著语言文化通识课程应具有系统性、广博性，将不同学科领域的知识和方法融会贯通。一方面，需要扩展关键土著语言教育通识课程涉及的学科领域，注重不同学科知识在关键土著语言通识教育课程中的合理交叉。积极探索跨学科深度融通型关键土著语言文化通识课程的建设，加大综合性、跨学科课程的比例。可针对特定国家或地区开设系列课程或开发课程群、课程链，将该国或地区的知识有机融合起来，帮助学生了解该国的制度、社会结构、文化习俗等。同时，所设计的课程还应贴近时代与当前热点，模拟实际工作场景构建相应课程，涵盖各常见工作领域的关键土著语言文化知识，培养学生对不同领域的关注和理解，以提高学生的实际应用能力。另一方面，还应打破语种界限，尝试将属于相近谱系或在某一种地区同时使用的多种语言纳入同一课程群，帮助学生建构多语能力。同时，积极构筑"关键土著语言+通用语言+专业能力训练"的课程体系，以真正实现培养"会语言、通国家、精领域"的多语种跨学科复合型人才的目标。此外，各校根据教学实践，创新课程形式，重点打造独具特色的精品关键土著语言文化通识课程。可采用线上线下混合教学、制作微课或慕课、组织小组讨论、主题展示等形式，优化课程体系。

最后，要根据教学实践打造关键土著语言文化通识课程体系的动态调整机制。构建关键土著语言文化通识课程体系需要不断地进行动态调整以适应教育的不断发展和变化。一方面，可通过跟踪调查研究，了解学生、教师和社会的新需求和新期望，并结合时事动态、学科前沿、新技术等因素不断优化调整课程体系。另一方面，也可通过课程管理和监控机制、教学评估机制等对课程的质量和效果进行定期评估和反馈，对课程的实施情况和效果进行全面监控和管理，及时发现问题并做出调整。总之，学校通过对关键土著语言文化通识课程体系进行动态调整，可不断适应内外部的发展和变化，确保关键土著语言文化通识课程的质量。

（3）打造高水平关键土著语言文化通识教育师资队伍，促进教师发展

一方面，打造从事关键土著语言文化通识教育的高水平师资队伍，完

善师资储备,这是开展高水平关键土著语言文化教育的前提。学校应吸纳拥有丰富教学经验的老教师、对区域国别研究感兴趣的年轻教师以及来自"一带一路"沿线关键土著语国家的外籍教师加入师资队伍。第五章的调查数据表明,学生比较认同中外教师合作授课,所以有必要建构国际化师资队伍。同时,要强化这支队伍的研究意识和研究能力,达到以研促教、研教结合。为鼓励优秀中外教师承担关键土著语言文化通识课程的教学任务,学校可从政策和经费方面予以一定支持。此外,学校应强化师资储备意识,通过"以老带新"和"中外合作"的方式,保证关键土著语言文化通识教育师资队伍的可持续发展。

另一方面,提升关键土著语言文化通识课程教师的专业能力,助其发展。教师是课程建设的直接实施者,教师教学能力的高低直接决定着课程质量的优劣(张亮、汪琳玥 2023)。关键土著语言文化通识教育课程的目标是培养具备多学科融通和交叉能力的复合型人才,这就要求授课教师具备高水平的学科知识和教学能力。因此,提高教师的专业能力是保证关键土著语言文化通识课程质量的关键。学校的教师发展中心等部门应制定并实施教师培训工作机制,采取多元、开放、持续的措施推动关键土著语言文化通识课程教师的专业发展,加强通识课程的设计与交叉学科师资的栽培(闫广芬、杜剑涛 2022),例如推动举办培训、创造国内外进修机会等,鼓励年轻教师攻读硕士、博士学位,更新知识结构,也可通过招聘经验丰富的海外学者或教师到校任教或交流,派出本校教师到国外合作院校学习交流等方式,切实提升教师的语言能力、跨文化交流能力,深化教师对语言对象国的理解,进而形成年龄、职称结构合理、扎实掌握对象国语言文化知识、兼具教学能力与研究能力、具有创新意识和创新能力的教师队伍。

(4)构建关键土著语言文化通识课程资源保障机制,确保优质资源供给

首先,依托学校教务处出台相关规章制度,组织校外专家与校内教师召开研讨会、座谈会等,对教学资源开发和使用问题深入讨论分析,在科学规划的基础上编写、打造融入"一带一路"沿线关键土著语国家经济、政治、文化、教育等方面内容的优秀教材,突出教材的区域特色、本土关照和

跨文化性。同时,教材的体裁样式要多样化,实践上具备可操作性。

其次,拓展获取通识教育课程教学资源的渠道,构建多元立体的课程资源数据库,推动资源共享。在传统形态资源方面,为了满足关键土著语言文化通识课程的教学需求,不仅可使用国内已出版的经典或者权威教材,还可考虑结合教学内容适当选用国外的经典原著或原版教材。对于引进教材,要结合资源质量和实际需要进行二次开发。在新形态资源方面,既可通过中国大学 MOOC(慕课)平台、智慧树以及各国的优质在线教育平台获取特定国家或区域语言文化知识的通识教育课程,也可借助学校相应的数据库、数据科学实验室等资源,利用爬虫技术和人工智能工具,全面搜集有关国家或区域语言文化知识的相关素材,进而在处理好知识产权问题的基础上,按照国别或区域、语言或文化、具体分属学科等不同的标准,构建多地区、多层次、多学科的"一带一路"沿线关键土著语言文化大型通识教育资源数据库。同时,建立资源共享机制。开设关键土著语言文化通识课程的学校,可形成教学资源共享联盟,将各校建设的优秀教学资源上传到共享资源库中,实现教学资源效应的最大化。

最后,相关院校可汇聚专家学者,编著"一带一路"沿线关键土著语言文化手册等,梳理相关语言的发展历史、使用概况以及常用词汇、语法、口语表达等;同时,将语言对象国历史、地理、民俗、宗教、社会制度、艺术、礼仪等方面文化内容纳入手册,鼓励教师结合学生的学习需求,在教学中进行选择性使用。

(5)营造关键土著语言文化通识教育校园文化氛围,打造沉浸式教育环境

首先,学校可以将讲座、工作坊等第二课堂作为关键土著语言文化通识课程的一种延伸,让学生在听说读写看的氛围中了解和学习相关知识,形成对对象国语言、文化、社会的感性和理性认识。

其次,学校可通过多语角和多语文化带等活动营造良好的关键土著语言文化环境,一方面鼓励学生进行跨文化交流,既提高学生的语言交际能力,又让他们了解不同文化背景下的沟通方式,培养跨文化交际能力和全球胜任力。另一方面,学校还可以在校园内开展以关键土著语言文化为主题的展览等,让学生以多模态形式感受关键土著语言文化的独特魅

力。同时,学校可以汇聚中外学生和外教,设计相关跨文化交际活动,让学生体验探究文化差异。也可以鼓励学生参加国际交流项目,实地感受不同文化背景下的学习和生活方式,从而进一步深化对关键土著语言文化的认知。

最后,有条件的学校还可应用关键土著语言,通过校园建筑物、植被、宣传板等营造出多语文化景观,让学生更好地了解不同的关键土著语言文化,增强其文化包容性,拓展其国际视野,激发对关键土著语言文化的学习旨趣,提高其关键土著语言能力。

总之,要塑造重视关键土著语言文化通识教育的校园文化氛围,引导学生认识、尊重、理解关键土著语言文化,使之发挥隐性课程的浸润作用,同时建立多元文化交流平台,拓展学生的国际视野,共同推动关键土著语言文化通识教育的深入发展,以课程文化的新样态驱动课程质量的整体提高。

(6)建设关键土著语言文化通识教育基地,加强国际交流合作

高校除了在内部加强关键土著语言文化通识教育,还可以通过拓展国际合作、在"一带一路"国家或地区建立关键土著语言文化通识教育基地等方式为关键土著语言文化通识教育创造良好的外部条件。

一方面,高校可与"一带一路"沿线国家的高等教育机构合作建设教育基地,鼓励师生到沿线国家或地区的基地学习和研究,提高跨文化交际能力。

另一方面,高校应尝试在"一带一路"沿线国家或地区的一些企业和其他组织机构中建立实践基地,为师生提供一线生活工作体验场域。通过在这类教育基地中的真实体验,教师可进一步增强对相关国家国情、社情、民情的了解,提升教学和研究能力;而学生则更加深入地了解当地的历史、传统、价值观等,提高语言能力、跨文化交际能力和全球胜任力。

总之,在"一带一路"沿线国家或地区建立教育基地对于关键土著语言文化通识教育体系建设有重要意义。此类实践基地可以为学生提供更好的关键土著语言文化环境,让他们更好地了解相关国家和地区的国情、社情、民情等,培养具备全球胜任力的人才。

7.4.3 微观层面

在微观层面,教师应在关键土著语言文化通识课程中融入思政元素,凸显课程的育人价值;应融入智慧教育和学科交叉融合理念,实现学习方式和课程内容的赋能升级;应突破语种界限,创设关键土著语言文化的"超语"课堂;在课程考核评估方面,应注重过程性和动态性。此外,教师还应加强互动交流,构建关键土著语言文化通识教育共同体,不断提高教育教学能力;同时也要加强理论研究,探索关键土著语言文化通识教育教学规律,以更好地服务于教学实践。

(1)融入思政元素,凸显关键土著语言文化通识课程育人价值

一方面,教师应在关键土著语言文化通识课程中融入国际理解教育,拓展学生的国际视野。在课程教学中,教师应该多角度、全方位地讲解对象国或对象区域的语言文化背景,让学生了解不同国家或民族的文化和发展历程。例如,教师可引导学生了解外国文化的发展演变,探讨其国际关系和外交政策等方面的知识,从而培养学生的国际视野。同时,教师可引导学生就中外不同语言文化进行比较和思考,提高学生的思辨能力和推理能力,使他们在深入理解关键土著语言文化的同时,体会中国语言文化的精妙,提高他们的文化自信和跨文化交际能力。

另一方面,教师通过创设教学情境,让学生体验和感受关键土著语言文化,增强学生的情感认同。具而言之,教师可充分运用多模态教学资源,邀请外国友人到课堂互动交流,开展语言文化类实践活动,引导学生进行创新性的学术研究或社会实践,同时可采用虚拟仿真技术等方式,将学生置身于关键土著语言文化情境,从而增强学生在关键土著语言文化学习过程中的情感认同,培养其人文素养。

(2)秉承学科交叉意识,打造融合式关键土著语言文化通识课程内容

教师在教学中应当秉承学科交叉意识,打造融合式关键土著语言文化通识课程内容,以满足学生对于跨学科知识的需求,实现通识教育培养全面发展的人的目标。

一方面,教师可采用主题教学的方法,通过设定一个主题,将语言、历

史、文学、地理、艺术等不同学科知识有机融入关键土著语言文化通识教育课程,形成一个系统化的知识网络,以此增强学生的跨学科意识,丰富其跨学科知识,从而达到跨学科融合的效果。

另一方面,教师可采用研讨式活动来实现深度的跨学科融合式学习。可鼓励学生自主探究或合作探究,分享自己或小组对于关键土著语言文化的理解和认知,从而引导他们探究语言和文化之间、语言文化与社会现象之间的复杂关系,提高学生的跨学科思维能力,同时也可结合国家战略,让学生认识到掌握这些跨学科的关键土著语言文化知识对于国家和社会发展的重要价值。

(3)融入智慧教育理念,创新关键土著语言文化通识课程教学模式

一方面,教师需突破传统讲授法的藩篱,与学生进行更多深层次的互动。师生可借助信息技术手段或网络教学平台,实现双向或多向沟通互动。教师应根据学生的实际水平,有针对性地规划课程,并对学生进行有效引导。

另一方面,教师可借助智慧教育工具,将学生与多个来源的课程内容整合到网络化的智慧学习空间,在该空间内实现关键土著语言知识的跨时空链接,并为学生提供实现知识重组和知识融合的便利条件。同时,虚拟仿真和增强现实等智慧教育手段可为学生创造高交互、高沉浸的立体化学习空间,引发学生的学习兴趣,深化其对关键土著语言文化的理解。

(4)突破语种界限,创设关键土著语言文化通识教育"超语"课堂

"超语"理念挑战了传统的单语沉浸式教学,不再要求完全使用目标语开展课堂教与学,而是强调帮助学生调用既有生活经验和已经掌握的各类语码资源,进行外语学习。

这一理念与关键土著语言文化通识教育的理念和实践非常契合。实践中,教师可采用个人汇报或小组对话、模拟实际工作场景的听说读等多种方式的学习任务,鼓励学生结合既有经验和知识,打破单一语言的限制,使用英语、母语、关键土著语言等多种语码来完成以上学习任务。在这一过程中,教师应适当提供各类"脚手架",帮助学生激活各类既有经验和所掌握的多种语码资源,引导学生根据具体情况和自身知识能力实际练习转换各种不同种类的语码,逐步达到能够创造性地调用各类语码,创

造性地开展"超语"交际,使用多种语码资源完成语言学习、语言交际,直至解决实际工作中可能遇到的各类现实问题。为了实现与工作场景的对接,以"超语"理念为指导的教学要求教师尽可能搜集各类与教学内容相关联的、基于真实工作交流场景的"一带一路"沿线关键土著语言文化多语多模态资源。

(5)创新评估方式,完善关键土著语言文化通识课程考核评估体系

关键土著语言文化通识课程的评估方式需进行改革,实现个性化评估,全面评价学生对关键土著语言文化的学习效果和跨文化交流能力。

一方面,可利用学习管理系统和网络学习平台等工具,基于信息技术收集学生学习关键土著语言文化通识课程的大数据,加强学习过程监督和监测,对学生的学习进度、学习成果和学习困难进行评估分析。

另一方面,综合考虑学生和教师的考核需求,采用"考试+考查"的方式,既能考查学生的基本学习情况,又能更为全面地反映学生使用关键土著语言进行跨文化交流沟通的能力及其对目的语国家社会、文化等方面的理解程度。在具体测试方式和内容上,可通过小论文、主题集体研讨等题型,增加对关键土著语言国家的国情、社情、民情等知识内容的考核,促进学生提升关键土著语言能力,丰富对象国知识,提高跨文化交际能力。

总之,关键土著语言文化通识课程考核形式宜多样化,而在考核目标上,既要考查学生的语言水平和对关键土著语言文化知识的掌握,还应综合考查学生的学习过程、学习行为以及情感和价值观方面的表现,关注学生创新能力和问题解决能力的变化。

(6)加强沟通交流,自觉构建关键土著语言文化通识教育教师共同体

关键土著语言文化通识课程建设目前还处于探索阶段,建议从事关键土著语言文化通识教育的教师自觉构建共同体,集中多方优质资源,不断优化此类课程的教学。

首先,教师可参加与关键土著语言文化相关的培训和研讨会,了解最新研究和实践。一方面助力教师提高自己的专业知识和能力,另一方面使教师在分享交流过程中,获得更多资源和经验,同时能将自己积累的好经验、好方法共享给更多教师。其次,教师可与同事、同行合作,共同开发

和评估课程,以提高课程的质量和效果。最后,共同体有助于加强教师之间的情感联系,互相给予支持和鼓励,从而减少孤独感和无力感,获得不断优化关键土著语言文化通识教学、持续追求自身发展的动力。

(7) 加强理论研究,探索关键土著语言文化通识教育教学规律

课题组基于相关调研,发现关键土著语言文化通识教育还有许多实际问题需要解决。这些问题不仅涉及宏观的语言规划和关键土著语言文化教育政策,而且涉及中观学校层面的教育规划与管理,以及微观的课程实施和教学实践。因此,一线教师需要结合自身教学实践,从不同层面加强理论研究,探究关键土著语言文化通识教育教学规律,从而提高关键土著语言文化通识课程质量。

一方面,教师可通过相关文献分析了解关键土著语言文化通识教育的历史和现状,以及该领域的研究成果和发展趋势。另一方面,教师可通过对教学实践的反思,发现真问题,思考如何更好地实现关键土著语言文化通识教育的目标和理念。同时,教师可通过行动研究、调查研究等逐步发现教育教学规律,并根据规律调整教学策略和方法。

当然,如前所述,教师与同事、同行交流合作建立研究网络,共享关键土著语言文化通识教育的研究问题、研究成果和经验,从而进一步拓宽视野、拓展思路,共同探索关键土著语言文化通识教育的基本规律。

(8) 提升评估素养,保障关键土著语言文化通识课程教学有效性

在关键土著语言文化通识课程质量评估体系中,教师评估素养为重要影响因素之一,涉及教师在教学设计、教学实施、学生评估和教学反思等方面的能力。

首先,教师评估素养要求教师具备较强的课程设计能力,即教师准确把握课程目标,结合学科特点和学生需求,合理安排课程内容和教学方法。通过明确的教学目标,教师能引导学生确立清晰的学习目标,达成教学的针对性和有效性。其次,教师评估素养需要强调多样化教学策略和方法,如案例教学、互动讨论、实践活动等,以满足不同学生的学习需求。通过创新教学策略,教师能够有效提高教学效果,促进学生自主学习。此外,教师评估素养要求教师鼓励学生积极参与课堂讨论、小组合作等活动,培养其思辨能力和合作能力,进而提升课程的互动性和实效性。再

次,教师评估素养强调教学评估与反思的能力。教师应能选择恰当的教学评估方法,如课堂测验、作业评定等,全面了解学生的学习状况。最后,教师需要定期进行教学反思,总结教学经验,发现问题并及时调整教学策略,以不断提升教学效果。

就教师评估素养提升路径而言,首先,教师应积极参与各类教育培训和学术交流,持续更新教育理念和教学方法,提升自身的教学水平。其次,教师可积极加入相关教学团队,与同行分享教学经验和教材资源,共同探讨教学问题和创新解决方案。最后,教师还可通过参与教学研究和项目合作,提升自己的教学能力和研究能力。

7.4.4 运行机制

基于以上相关论述,本节以教育生态学理论为指导,从宏观、中观、微观等视角系统构建"一带一路"沿线关键土著语言文化通识教育课程体系的整体运行机制(如图 7 - 2 所示)。

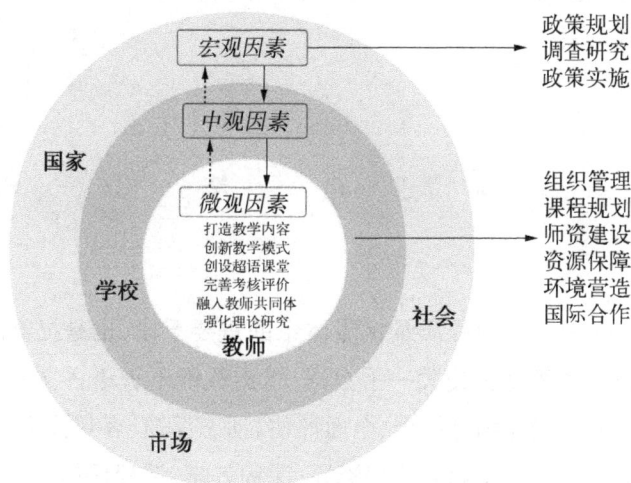

图 7 - 2 关键土著语言文化通识教育课程体系总体运行机制

具体而言,国家需要在宏观层面制定有针对性的战略规划,基于大规模调研持续优化调整相关规划,并通过对各学校的指导推进规划的实施与落地。

在中观层面,学校应在明确通识教育目标的基础上,加强相关组织管理,根据国家的宏观战略需要和"一带一路"沿线企业及其他组织机构的实际需求持续构建并优化关键土著语言文化通识教育课程体系。学校还需在师资队伍建设、教学资源供给、教育环境打造、国际交流合作等方面采取积极有效的举措,推动相关通识教育课程体系的实施。

微观层面,关键土著语言文化通识教育课程教师应积极对接智慧教育、新文科、课程思政等重要国家教育战略,创新教学模式,升级教学内容,实现课程的育人价值。同时,教师应充分利用学校在管理、政策和资源方面提供的条件,打破课程教学中的语种界线和课程评估的传统桎梏,发挥共同体的积极作用,共同研究关键土著语言文化通识课程教育教学规律,积极尝试新理念与方法,从而自下而上实现关键土著语言文化通识课程体系的优化升级。

总之,整个运行机制将宏观、中观、微观层面的各主体纳入一个相互联系、相互作用的系统框架中,通过各方共同努力,保障关键土著语言文化通识教育的实施,实现为国家和社会培养"会语言""通国家""精领域"高素质人才的目标。

7.5 小　　结

课程评估是完善课程质量保障体系的重要手段,也是提高课程质量的有效机制。本章基于相关一手数据,指出关键土著语言文化通识课程质量评估体系应遵循内外结合、全面评估、动态反馈、客观公平等原则,进一步从课程目标、课程内容、课程资源、课程教学、课程评估、教学环节、师资队伍等不同维度建构课程高质量评估体系,梳理了关键土著语言文化通识课程质量评估的影响因素,并建构了保障关键土著语言文化通识课程质量的运行机制。下一章为本书结语。

第8章

结　语

本章围绕三个研究问题概述主要研究结论；进而从政策、实践、研究等三个方面探讨相关研究启示；最后说明本研究的局限性并就未来研究做出展望。

8.1　研究发现

本研究主要围绕以下研究问题展开：（1）"一带一路"倡议的背景下，国家、社会、高校师生对关键土著语言文化通识教育的需求状况如何？（2）当前关键土著语言文化通识课程体系的现状如何？"一带一路"倡议背景下，应如何构建符合各方需要的关键土著语言文化通识课程体系？（3）如何建构科学有效的关键土著语言文化通识课程质量评估体系？针对以上研究问题，本研究的主要发现如下：

结论一（针对研究问题1）：就国家层面而言，在"一带一路"倡议背景下,国家对区域强势土著语言、与我国经济利益和国家安全利益紧密相关的土著语言具有较大需求。就"一带一路"沿线企业而言,确实需要员工具备一定的关键土著语言技能与对象国社会文化知识,其中语言技能并不需要达到语言专业学生的专精程度。企业表现出对员工关键土著语言技能和对象国社会文化知识的需求,其中良好的听说技能必不可少,对语言技能的要求可按从高到低的顺序大致排列为:读>说>听>写>译。有关对象国的国情、社情、民情等方面知识的重要性明显超过了读、写、译技能。对学生需求的调查结果显示,大学生、研究生群体选修了关键土著语言文化通识课,其中大学生一年级、研究生二年级为主要授课对象。语言类非关键土著语言专业学生对相关语言需求较大,关键土著语专业学生次之,非语言类专业学生占比最小。整体来看,选课群体多为初学者,选修的关键土著语言文化通识课程与修读专业多不相关。在考核方式方面,学生多希望采用"综合考试"与"口语考试"等形式。在师资方面,学生更喜欢"中外教师合作授课"。

结论二(针对研究问题2):从整体而言,当前国内高校对关键土著语言文化通识教育理念缺乏深层理解,针对"一带一路"沿线关键土著语言文化通识课程的目标定位不够清晰,多将关键土著语言文化通识课程理解为专业教育的补充,对课程体系结构也缺乏整体科学规划。从课程结构上看,高校现有的关键土著语文化通识课程多隶属于人文社科类,多集中于语言、文化、文学、艺术、历史等领域,在自然科学、社会科学领域的通识课程极少。从课程教学模式来看,目前教师多采用"教师主讲+学生讨论"的模式,教学模式较为单一,多以授课讲解为主;技能型、研究性、讲座性和实践性的通识课程不多。从教学资源来看,目前关键土著语言文化通识课程教学资源不够丰富,形态也比较单一,且更新速度较慢。教师多使用"教材"和"自编讲义",这也反映出当前适合于关键土著语言文化通识教育的教材资源相对匮乏,相关资源在很大程度上需要依靠教师自编。从考核方式来看,一些关键土著语文化通识课程的考核流于形式,难以真正起到教学诊断和以评促学的作用。从师资队伍来看,当前从事相关教学的教师主要为中青年、5年以下教龄、助教、非关键土著语专业教师,反映出师资力量相对薄弱。针对以上问题,课题组提出了构建"一带一路"

沿线关键土著语言文化通识课程体系的相关建议,主要包括:确立"四融合、四共育"的课程体系目标,构建"数字化、多模态"的课程体系结构,开发"跨通融、模块化"的课程体系内容。

结论三(针对研究问题3):课题组从课程目标、课程内容、课程资源、课程教学、课程评估、教学环节、师资队伍等维度构建了关键土著语言文化通识课程质量评估体系,并结合教育生态理论分析了国家战略与社会需求、相关院校、教师等影响课程质量评估的多维因素,从总体规划、课程设置、教学资源、教学模式与方法、教学评估、师资队伍建设以及教师如何发挥自身作用等方面,提出了保障关键土著语言文化通识课程质量评估体系科学有效运行的总体机制。该运行机制整合了宏观、中观、微观等多层次主体。国家层面需要制定有针对性的战略规划,基于大规模调研持续优化调整相关规划,并通过对各学校的指导推进规划的实施与落地。学校层面应在明确通识教育目标的基础上,加强相关组织管理,根据国家的宏观战略需要和企业及其他组织机构的实际需求构建并不断优化关键土著语言文化通识教育课程体系。学校还需在师资队伍建设、教学资源供给、教育环境打造、国际交流合作等方面采取积极有效举措,推动相关通识教育课程体系的落实。微观层面,关键土著语言文化通识教育课程教师应积极对接智慧教育、新文科、课程思政等重要国家教育战略,创新教学模式,升级教学内容,实现课程的育人价值。教师还需打破课程教学中的语种界限和传统的课程评价方式,与共同体成员合作探究关键土著语言文化通识课程教育教学规律,通过自下而上的努力实现关键土著语言文化通识课程体系的优化升级。

8.2 研 究 启 示

本研究系统调研分析了关键土著语言文化通识教育需求、关键土著语言文化通识课程现状以及关键土著语言文化通识课程运行机制,为优化关键土著语言文化通识教育提供借鉴和参考。本研究的相关发现对于国家制定相关政策规划、学校开展相关教育实践以及研究者开展相关研究均具有启示意义。

首先,对于国家相关部门而言,应充分认识到开展关键土著语言战略规划和推行关键土著语言文化通识教育的重要意义。一方面,应当出台相应的语言规划政策文件,尽快确立"一带一路"沿线关键土著语言清单,为开展关键土著语言文化通识教育提供基本的政策遵循。另一方面,鉴于当前关键土著语言文化通识教育定位尚不能满足国家和社会需求的实际情况,国家应及时制定相应的教育规划,指导相关学校科学设置关键土著语言文化通识课程,开展切实有效的关键土著语言文化通识教育。

其次,对于相关学校而言,树立关键土著语言文化通识教育意识是当务之急。应该看到,目前不少学校尚未认识到该问题的重要性,作为通识教育的关键土著语言文化教育在高校内部没有得到应有的重视。因此,学校层面应通过制定相应的政策规划,提升校内各相关院系、相关机构以及师生的关键土著语言文化通识教育意识,全面推动关键土著语言文化通识教育实践。同时,在实践中应认真检视关键土著语言文化通识课程体系的合理性,并通过在师生中展开全面调研,深入了解关键土著语言文化通识课程体系的有效性。具体而言,学校一方面应对接国家和社会需求,分析相关课程的结构、内容是否能够满足实际需要;另一方面,了解师生的需求,就关键土著语言课程是实施过程中出现的课程设置、教材教法、教学资源、评估体系、师资队伍等方面的问题,予以及时关注、解决。

最后,本研究一方面构建了完整而有针对性的理论框架,该框架基于课程设计理论、需求分析理论、教育生态学理论,能够有效指导关键土著语言文化通识课程体系研究。未来研究可以根据这一框架,对相关具体问题进行更深入的探究。另一方面,本研究通过整合宏观、中观、微观视角,基于需求与现状调研,拓宽了此前学界对关键土著语言通识课程体系的研究路径。未来研究可在此基础上建构更为系统全面的视角,解析关键土著语言文化通识教育生态系统内各因子的互动关系与相互作用机制。此外,本研究所得到的丰富数据本身也是重要的研究资源,可以成为未来研究的基础。

8.3　局限性与展望

本研究通过文本分析、问卷调查和访谈相结合的方法深入调研了国家、企业员工、教师和学生对于关键土著语言文化通识教育的需求，但囿于时间，对"一带一路"沿线中方企业之外的其他组织机构的需求没有进一步调查。同时，由于相关通识课程教学实践尚处于探索阶段，本研究构建的关键土著语言文化通识教育课程体系模型有待进一步优化和细化。

基于本研究，未来可以一方面扩大考察范围，深入探究"一带一路"沿线除企业外其他组织机构对关键土著语言文化及关键土著语言文化通识教育的需求；另一方面，结合相关高校的实践探索，将相关模块的内容进一步具体化或整合、调整，形成立体多维、兼具科学性与可行性的关键土著语言文化通识课程体系。

总之，"一带一路"倡议为我国在对外经济和文化交流等方面带来新的发展机遇，同时也使我国"一带一路"沿线关键土著语言人才培养面临一些挑战。"一带一路"沿线关键土著语言文化通识课程体系的建设，是培养我国"一带一路"沿线关键土著语言人才的重要路径，同样也是我国"一带一路"倡议实施的重要组成部分。本研究基于需求分析理论和课程设计理论，通过访谈和问卷调查，在对国家需求、企业需求、学生需求、教师需求进行充分调研的基础上，获得了有关"一带一路"沿线关键土著语言文化通识教育教学需求的第一手数据；同时，通过调研我国部分高校"一带一路"沿线关键土著语言通识教育的情况，了解课程设置、课程教学和师资结构这三方面的现状。在明确需求与现实的基础上，本研究构建起关键土著语言文化通识课程体系模型，且从多个角度构建了关键土著语言文化通识课程质量评估体系，结合宏观、中观、微观等多维因素形成了关键土著语言文化通识课程整体运行机制，希望可以助力"一带一路"沿线关键土著语言通识教育发展，服务于我国"一带一路"倡议在沿线国家和地区的深入推进。

参 考 文 献

Abil-ghāssemi, M. *Tārikhe Mokhtasare Fārsi*[M]. Tehran: Inteshārāte Tāhuri, 1999.

Allen, J., M. Frolich & N. Spada. The communicative orientation of language teaching: an observation scheme[A]. In J. Handscombe, R. A. Orem & B. Taylor (eds.), *On TESOL '83*[C]. Washington, D.C.: TESOL, 1984, 231–252.

Allwright, R. Perceiving and pursuing learner's need[A]. In M. Geddes & G. Sturtridge (eds.), *Individualisation*[C]. Oxford: Modern English Publications, 1982, 24–31.

Anderson, D. Creative teachers: Risk, responsibility, and love [J]. *Journal of Education*, 2002, 183(1): 33–38.

Arden-Close, C. Language problems in science lectures to non-native speakers [J]. *English for Specific Purposes*, 1993, 12(3): 252–261.

Ashby, E. & M. Anderson. *A Study in the Ecology of Higher Education*[M]. London: Weidenfeld & Nicolson, 1966.

Auerbach E. & D. Burgess. The hidden curriculum of survival ESL[J]. *TESOL Quarterly*, 1985, 19(3): 475–495.

Bailey, K. *Methods of Social Research*[M]. New York: Free Press, 1982.

Bailey, K. & R. Ochsner. A methodological review of the diary studies: Windmill tilting or social science[A] In K. Bailey, M. Long & B. Peck (eds.), *Second Language Acquisition Studies*[C]. Rowley, MA: Newbury House, 1983, 188–198.

Beatty, C. & M. Chan. Chinese scholars abroad: Changes in perceived academic needs [J]. *English for Specific Purposes*, 1984(3): 53–59.

Benson, M. University ESL readings: A content analysis [J]. *English for Specific Purposes*, 1991(10): 75–88.

Bernard, H. *Research Methods in Anthropology: Qualitative and Quantitative Approaches* (Second edition)[M]. Thousand Oaks, CA: Sage, 1994.

Berwick, R. Needs assessment in language programming: From theory to practice[A]. In R. K. Johnson (ed.), *The Second Language Curriculum* [C]. Cambridge: Cambridge University Press, 1989, 48–62.

Bheiss, M. *English for Nursing Purposes: The English Language Needs at the Nursing School of Al-Makassed Hospital*[D]. University of Manchester, 1988.

Bosher, S. & K. Smalkoski. From needs analysis to curriculum development: Designing a course in health-care communication for immigrant students in the USA[J]. *English for Specific Purposes*, 2002, 21(1): 59–79.

Boswood, T. & A. Marriott. Ethnography for specific purposes: Teaching and training in parallel[J]. *English for Specific Purposes*, 1994, 13(1): 3 - 21.

Brindley, G. *Needs Analysis and Objective Setting in the Adult Migrant Education Service* [M]. Sydney: Adult Migrant Education Service, 1984.

Brindley, G. The role of needs analysis in adult ESL programme design [A]. In R. Johnson (ed.), *The Second Language Curriculum* [C]. Cambridge: Cambridge University Press, 1989, 63 - 78.

Brindley, G. & S. Hood. Curriculum innovation in adult ESL[A]. In G. Brindley (ed.), *The Second Language Curriculum in Action* [C]. Sydney: NCELTR, Macquarie University, 1990, 232 - 248.

Braine, G. Academic writing task surveys: The need for a fresh approach [J]. *Texas Papers in Foreign Language Education*, 1988(1): 101 - 118.

Brown, K. & S. Ogilvie. *Concise Encyclopedia of Languages of the World* [Z]. Amsterdam: Elsevier, 2009.

Brown, J. & T. Hudson. *Criterion-referenced Language Testing* [M]. Cambridge: Cambridge University Press, 2002.

Chaudron, C. *Second Language Classrooms: Research on Teaching and Learning*[M]. Cambridge: Cambridge University Press, 1988.

Coffey, B. State of the art article: ESP-English for Specific Purposes [J]. *Language Teaching*, 1984, 17(1): 2 - 16.

Coleman, H. Analyzing language needs in large organizations [J]. *English for Specific Purposes*, 1988(7): 155 - 169.

Cremin, L. *Public Education*[M]. New York: Basic Books,1976.

Crites, K. & E. Rye. Innovating language curriculum design through design thinking: A case study of a blended learning course at a Colombian university[J]. *System*, 2020, 94: 102334.

Crookes, G. Task classification: A cross-disciplinary review (Technical Report No.4) [R]. Honolulu, HI: Center for Second Language Classroom Research, Social Science Research Institute, University of Hawai'i at Mānoa, 1986.

DeCarrico, J. & J. Nattinger. Lexical phrases for the comprehension of academic lectures [J]. *English for Specific Purposes*, 1988, 7(2): 91 - 102.

Dubin, F. & E. Olshtain. *Course Design: Developing Programs and Materials for Language Learning* (8th ed.) [M]. Cambridge: Cambridge University Press, 1986/1998.

Dudley-Evans, T. & M. St. John. *Developments in English for Specific Purposes: A Multi-disciplinary Approach*[M]. Cambridge: Cambridge University Press, 1998.

Eades, D. "Communication Eccentricities"— Addressing the Problems of Gratuitous Concurrence in the Common Law[R]. Shanghai Jiao Tong University "The Third International Conference on Law, Language and Discourse", 2013.

Fatihi, A. The role of needs analysis in ESL program design[J]. *South Asian Language*

Review, 2003, 13(1): 39 – 59.

Fixman, C. The foreign language needs of US-based corporations[J]. *The Annals of the American Academy of Political and Social Science*, 1990, 511(1): 25 – 46.

Flowerdew, J. Specific language for specific purposes: Concordancing for the ESP syllabus[A]. In R. Khoo (ed.), *LSP: Problems and Prospects* (Anthology Series 33)[C]. Singapore: SEAMEO Regional Language Centre, 1994, 97 – 113.

Gong, T. & Y. Guo. A critical review of China's foreign language program development: The perspective of language needs [J]. *Círculo de Lingüística Aplicada a la Comunicación*, 2019 (79): 21 – 44.

González-Lloret, M. Technology for task-based language teaching[A]. In C. Chapelle & S. Sauro (eds.), *The Handbook of Technology and Second Language Teaching and Learning*[C]. Hoboken, NJ: John Wiley & Sons, Inc, 2017, 234 – 247.

Guba, G. & Y. Lincoln. Competing paradigms in qualitative research[A]. In N. Denzin & Y. Lincoln (eds.), *Handbook of Qualitative Research*[C]. Thousand Oaks, CA: Sage, 1994, 105 – 117.

Hatch, E. *Discourse and Language Education*[M]. Cambridge: Cambridge University Press, 1992.

Hanlari, P. *Tārikhe Zabāne Fārsi*[M]. Tehran: Intesharate Ferdowsi, 1998.

Heydon, R. & P. Wang. Curricular ethics in early childhood education programming: A challenge to the Ontario kindergarten program [J]. *McGill Journal of Education*, 2006, 41(1): 29 – 47.

Hoadley-Maidment, E. Methodology for the identification of language learning needs of immigrant learners of English through mother-tongue interviews[A]. In R. Richterich & J. Chancerel (eds.), *Identifying the Needs of Adults Learning a Foreign Language* [C]. Oxford: Pergamon, 1977, 39 – 51.

Holliday, A. Research into classroom culture as necessary input into syllabus design[A]. In J. Swales & H. Mustafa (eds.), *English for Specific Purposes in the Arab World* [C]. Birmingham: University of Aston, 1984, 29 – 51.

Holliday, A. & T. Cooke. An ecological approach to ESP[J]. *Lancaster Practical Papers in English Language Education*, 1982(5): 123 – 143.

Horowitz, D. M. What professors actually require: Academic tasks for the ESL classroom [J]. *TESOL Quarterly*, 1986, 20(3): 445 – 462.

Huckin, T. & L. Olsen. On the use of informants in LSP discourse analysis[A]. In A. Pugh & J. Ulijn (eds.), *Reading for Professional Purposes* [C]. London: Heinemann, 1984, 120 – 129.

Huhta, M. et al. *Needs Analysis for Language Course Design: A Holistic Approach to ESP*[M]. Cambridge: Cambridge University Press, 2013.

Hutchinson, T. & A. Waters. *English for Specific Purposes: A Learning-centered Approach*[M]. Cambridge: Cambridge University Press, 1987.

Hymes, D. On communicative competence [A]. In J. Pride. & J. Holmes (eds.),

Sociolinguistics[C]. Harmondsworth: Penguin, 1972, 269 – 293.

Iwai, T., K. Kondo, D. Lim, G. Ray, H. Shimizu & J. Brown. *Japanese Language Needs Analysis*[D]. Ms. National Foreign Language Research Center, Honolulu, HI: University of Hawai'i at Mānoa, 1999.

Jacobson, W. An assessment of the communication needs of nonnative speakers of English in an undergraduate physics lab[J]. *English for Specific Purposes*, 1986, 5(2): 189 – 195.

Jacoby, S. & T. McNamara. Locating competence[J]. *English for Specific Purposes*, 1999, 18(3): 213 – 241.

Jasso-Aguilar, R. Sources, methods and triangulation in needs analysis: A critical perspective in a case study of Waikiki hotel maids[J]. *English for Specific Purposes*, 1999, 18(1): 27 – 46.

Johnson, D. Survey research[A]. In D. Johnson (ed.), *Approaches to Second Language Learning*[C]. White Plains, NY: Longman, 1992, 104 – 129.

Jordan, R. Identification of problems and needs: A student profile[A]. In A. Cowie & J. Heaton (eds.), *English for Academic Purposes*[C]. Reading: British Association for Applied Linguistics, 1977, 12 – 20.

Jupp, T. & S. Hodlin. *Industrial English*[M]. London: Heinemann, 1975.

Kalbsi, I. *Fārsiye Irān va Tājikestan, Yek barresiye moghābeleyi*[M]. Tehran: Intesharate Vizarate Omure Khareje, 1995.

Kemp, J. et al. *Designing Effective Instruction* (2nd ed.)[M]. New York: Prentice Hall, 1996 – 1998.

Lincoln, Y. & E. Guba. *Naturalistic Inquiry*[M]. Thousand Oaks, CA: Sage, 1985.

Lynch, B. K. *Using Triangulation in Naturalistic Research*[R]. Paper presented at the AAAL Conference, Long Beach, CA, March 27, 1995.

Long, M. Methodological issues in learner needs analysis[A]. In M. Long (ed.), *Second Language Needs Analysis*[C]. Cambridge: Cambridge University Press, 2005a, 19 – 76.

Long, M. Overview: A rationale for needs analysis and needs analysis research[A]. In M. Long (ed.), *Second Language Needs Analysis*[C]. Cambridge: Cambridge University Press, 2005b, 1 – 16.

Lu, J. & Q. Shen. Understanding China's LOTE learners' perceptions and choices of LOTE(s) and English learning: A linguistic market perspective[J]. *Current Issues in Language Planning*, 2022, 23(4): 394 – 411.

Lund, B. & S. McGechan. *CE Programmer's Manual*[M]. Canberra, Australia: Ministry of Education, Continuing Education Division, 1981.

Mackay, R. Identifying the nature of the learner's needs[A]. In R. Mackay & A. Mountford (eds.), *English for Specific Purposes*[C]. London: Longman, 1978, 21 – 42.

Marriot, H. Language planning and language management for tourism shopping situations

[A]. In A. Liddicoat (ed.), *Language Planning and Language Politics in Australia* (Australian Review of Applied Linguistics, Series S., No. 8.) [C]. Melbourne: ALAA, 1991, 191 – 222.

McDonough, J. *ESP in Perspective*[M]. London: Collins, 1984.

McDonough, J. A teacher looks at teachers' diaries [J]. *English Language Teaching Journal*, 1994, 48(1): 57 – 65.

McGrath, E. J. *General Education and the Plight of Modern Man Indianapolis* [M]. Indianapolis: The Lilly Endowment, 1976.

McNamara, T. *Measuring Second Language Performance* [M]. New York: Longman, 1996.

Medway, P. & R. Andrews. Building with words: Discourse in an architects' office[J]. *Carleton Papers in Applied Language Studies*, 1992 (9): 1 – 32.

Michael, W. B. *Measurement and Evaluation in the Improvement of Education* [M]. Washington, D. C.: American Council on Education Studies, 1951.

Miller, L., K. Klassen & J. Hardy. Curriculum design from theory to practice: Preparing Japanese students to study abroad using content-based language teaching [J]. *The Curriculum Journal*, 2021, 32(2): 215 – 246.

Miller-Retwaiut, H. L. *Cross-cultural Communication Difficulties of Some Micronesians in Entry-level Employment Interviews*[D] (M.A. in ESL). University of Hawai'i at Mānoa, Honolulu, Hawaii, 1994.

Mohan, B. & S. Smith. Context and cooperation in academic tasks [A]. In D. Nunan (ed.), *Collaborative Language Learning and Teaching*[C]. Cambridge: Cambridge University Press, 1992, 81 – 99.

Munby, J. *Communicative Syllabus Design: A Sociolinguistic Model for Designing the Content of Purpose-specific Language Programmes* [M]. Cambridge: Cambridge University Press, 1978.

Nha, V. Needs analysis for language course design: A holistic approach to ESP by Marjatta Huhta (review) [J]. *Asian Journal of English Language Teaching*, 2015 (25): 139 – 141.

Norris, J., J. Brown, T. Hudson & J. Yoshioka. *Designing Second Language Performance Assessments* (Technical Report No. 18) [R]. Honolulu, HI: Second Language Teaching and Curriculum Center, University of Hawai'i, 1998.

Norris, J., J. Brown, T. Hudson & W. Bonk. Examinee abilities and task difficulty in task-based second language performance assessment[J]. *Language Testing*, 2002, 19 (4): 395 – 418.

Nunan, D. *The Learner-centered Curriculum* [M]. Cambridge: Cambridge University Press, 1988.

Nunan, D. *Second Language Teaching and Learning* [M]. Boston: Heinle & Heinle Publishers, 1999.

Nunan, D. *Learner-centered English Language Education: The Selected Works of David*

Nunan[M]. New York: Routledge, 2012.

Onder-Ozdemir, N. Developing a questionnaire for critical needs analysis in EAP[J]. *The Asian ESP Journal*, 2019, 15(1.1): 98 – 118.

Oppenheim, A. N. *Questionnaire Design and Attitude Measurement*[M]. New York: Basic Books, 1966.

Packard, A. The substance of two reports of the faculty of Amherst College to the Board of Trustees, with the Doings of Board thereon[J]. *North American Review*, 1829 (28): 300.

Posner, G. *Analyzing the Curriculum*[M]. New York: McGraw-Hill, Inc, 1992.

Ramani, E. et al. An ethnographic approach to syllabus design: A case study of the Indian Institute of Science, Bangalore[J]. *English for Specific Purposes*, 1988, 7(2): 81 – 90.

Richards, J. Language curriculum development[J]. *RELC Journal*, 1984(15): 1 – 29.

Richards, J. *The Language Teaching Matrix*[M]. Cambridge: Cambridge University Press, 1994.

Richards, J. *Curriculum Development in Language Teaching*[M]. Beijing: Foreign Language Teaching and Research Press, 2008.

Richards J. Curriculum approaches in language teaching: Forward, central, and backward design[J]. *RELC Journal*, 2013, 44(1): 5 – 33.

Richards, J. Curriculum approaches in language teaching[A]. In E. Hinkel (ed), *Handbook of Research in Second Language Teaching and Learning* (vol. 3)[C]. New York: Routledge, 2017, 117 – 131.

Richterich, R. *A Model for the Definition of Language Needs of Adults Learning a Modern Language*[M]. Strasbourg: Council of Europe, 1972.

Richterich, R. & J. Chancerel. *Identifying the Needs of Adults Learning a Foreign Language*[M]. Strasbourg: Council of Europe, 1977.

Roberts, C. Needs analysis for ESP programmes[J]. *Language Learning and Communication*, 1982, 1 (1): 105 – 120.

Robinson, P. *ESP Today: A Practitioner's Guide*[M]. New York: Prentice Hall, 1991.

Robinson, P. & S. Ross. The development of task-based assessment in English for academic purposes programs[J]. *Applied Linguistics*, 1996, 17(4): 455 – 476.

Rodgers, T. Materials development: In prospect[A]. In *Projects in Materials Design — ELT Documents Special*[C]. London: British Council, Printing and Publishing Department, 1980, 144 – 171.

Roger, G. Evaluating the use of multiple sources and methods in needs analysis: A case study of journalists in the Autonomous Community of Catalonia (Spain)[A]. In M. H. Long (ed.), *Second Language Needs Analysis*[C]. Cambridge: Cambridge University Press, 2005, 182 – 199.

Savage, W. & G. Storer. An emergent language program framework: Actively involving learners in needs analysis[J]. *System*, 1992, 20(2): 187 – 198.

参
考
文
献

Schmidt, M. Needs assessment in English for Specific Purposes: The case study[A]. In L. Selinker, E. Tarone & V. Hanzelli (eds.), *English for Academic and Technical Purposes: Studies in Honor of Louis Trimble*[C]. Rowley, MA: Newbury House. 1981, 199 – 210.

Schug, D. English for other languages: A needs analysis of future polyglots at a French university[J]. *Journal of Teaching English for Specific and Academic Purposes*, 2021, 9(4): 715 – 724.

Schutz, N. & B. Derwing. The problem of needs assessment in English for Specific Purposes: Some theoretical and practical considerations[A]. In R. Mackay & J. Palmer (eds.), *Language for Specific Purposes*[C]. Rowley, MA.: Newbury House, 1981, 29 – 44.

Selinker, L. The use of specialist informants in discourse analysis[J]. *International Review of Applied Linguistics*, 1979, 17(2): 189 – 215.

Selinker, L. Using research methods in LSP: Two approaches to applied discourse analysis[A]. In M. L. Tickoo (ed.), *ESP: State of the art* (Anthology Series 21) [C]. Singapore: SEAMEO Regional Language Centre, 1988, 33 – 52.

Sinclair, J. *Corpus, Concordance and Collocation*[M]. Oxford: Oxford University Press, 1991.

Sinclair, J. & M. Coulthard. *Towards An Analysis of Discourse: The English Used by Teachers and Pupils*[M]. Oxford: Oxford University Press, 1975.

Skilbeck, M. *School-based Curriculum Development*[M]. London: Harper & Row, 1984.

Spolsky, B. *Language Management*[M]. Cambridge: Cambridge University Press, 2009.

Spradley, J. *The Ethnographic Interview*[M]. New York: Holt, Rinehart and Winston, 1979.

Stenhouse, L. The process model in action: The Humanities Curriculum Project[J]. *Journal of Curriculum Studies*, 1968, 1(1): 26 – 33.

Stenhouse, L. *Curriculum Planning*[M]. London: Pearson Education, 1975.

Stenhouse, L. Teacher development and curriculum design[EB/OL].[2017 – 02 – 27]. < http:/lresearch. edu. uea. ac. uk/carecentreforappliedresearchineducation/carearchiv/selectedworksoflawrencestenhouse.Accessed 2023 – 08 – 30.>

Sullivan, P. & H. Girginer. The use of discourse analysis to enhance ESP teacher knowledge: An example using aviation English[J]. *English for Specific Purposes*, 2002, 21(4): 397 – 404.

Svendsen, C. & K. Krebs. Identifying English for the job: Examples from health care occupations[J]. *The ESP Journal*, 1984, 3(2): 153 – 164.

Swales, J. ESP in the big world of reprint requests[J]. *English for Specific Purposes*, 1986, 5(1): 81 – 85.

Swales, J. *Genre Analysis*[M]. Cambridge: Cambridge University Press, 1990.

Taba, H. *Curriculum Development: Theory and Practice*. New York, NY: Harcourt, Brace & World, 1962.

Tarantino, M. Italian in-field EST users self-assess their macro-and micro-level needs: A case study[J]. *English for Specific Purposes*, 1988, 7(1): 33 – 53.

Tarone, E., S. Dwyer, S. Gillette & V. Icke. On the use of the passive in two astrophysics journals[J]. *The ESP Journal*, 1981(1): 2, 123 – 140.

Trimble, L. *English for Science and Technology: A Discourse Approach* [M]. Cambridge: Cambridge University Press, 1985.

Tyler, R. W. *Basic Principles of Curriculum and Instruction*[M]. Chicago: University of Chicago Press, 1981.

van Els, T. et al.*Applied Linguistics and the Learning and Teaching of Foreign Languages* [M], translated by R. van Oirsouw. London: Edward Arnold Publishers Ltd., 1984.

van Lier, L. *The Classroom and the Language Learner: Ethnography and Second-language Classroom Research*[M]. London: Longman, 1988.

Ventola, E. Contrasting schematic structures in service encounters [J]. *Applied Linguistics*, 1983, 4(3): 242 – 258.

Waller, W. *The Sociology of Teaching*[M]. New York: Russell and Russell, 1932.

Ward, M. Qualitative research in less commonly taught and endangered language CALL [J]. *Language Learning & Technology*, 2018, 22(2): 116 – 132.

Watson-Gegeo, K. Ethnography in ESL: Defining the essentials[J]. *TESOL Quarterly*, 1988, 22(4): 575 – 592.

Watts, N. The use of foreign languages in tourism: Research needs[J]. *Australian Review of Applied Linguistics*, 1994, 17(1): 73 – 84.

West, R. State of the art article: Needs analysis in language teaching [J]. *Language Teaching*, 1994, 27(1): 1 – 19.

Wheeler, D. *Curriculum Process*[M]. London: University of London Press Ltd., 1967.

White, R. V. *The ELT Curriculum: Design, Innovation and Management*[M]. Oxford: Basil Blackwell, 1988.

Wilkins, D. *Notional Syllabuses*[M]. Oxford: Oxford University Press, 1976.

Willis, D. *The Lexical Syllabus: A New Approach to Language Teaching*[M]. London: Collins, 1990.

Witkin, B. R. *Assessing Needs in Educational and Social Programs*[M]. San Francisco: Jossey-Bass, 1984.

Zuck, L. & J. Zuck. The main idea: specialist and nonspecialist judgments[A]. In A. Pugh & J. Ulijn (eds.), *Reading for Professional Purposes* [C]. London: Heinemann, 1984, 130 – 195.

Zughoul, M. & R. Hussein. English for higher education in the Arab world: A case study of needs analysis at Yarmouk University [J]. *The ESP Journal*, 1985, 4 (2): 133 – 152.

比彻姆著,黄明皖译.课程理论[M].北京:人民教育出版社,1989.

陈冰冰.国外需求分析研究述评[J].外语教学与研究,2009(2): 125 – 130.

陈冰冰.大学英语需求分析模型的理论构建[J].外语学刊,2010(2): 120 – 123.

参考文献

陈冰冰,王欢.国内外语需求分析研究述评[J].外语与外语教学,2009(7):18-21,28.

陈立鹏,张靖慧.澳大利亚土著民族双语教学政策:内容、特点及启示[J].民族教育研究,2015(4):124-128.

陈美华.面向"一带一路"的外语规划研究[M].北京:外语教学与研究出版社,2020.

陈敏哲,白解红.英语专业阅读写作课程改革探索——以"英语听说读写基础课国家级教学团队"在建的"读议写"课程群为例[J].中国外语,2012(3):60-66.

陈然,张晓,唐荣.我国开放大学在线课程质量评价研究——来自美国 QualityMatters 的启示[J].成人教育,2020,40(2):27-32.

陈瑞华,龚亚夫.外语学能与外语学习策略关系的探究[J].教育科学研究,2023(12):64-70.

陈扬,石金花.外语非通用语网络课程建设实践——以印尼语视听说网络课程为例[J].现代教育技术,2013(8):90-94.

程彤,邓世平."一带一路"沿线关键土著语言专业课程设置研究[J].外语界,2019(6):62-69.

程心.联动理论视角下的高校"英语文学导论"课程教学[J].外语教育研究前沿,2022(1):58-64.

崔超.教育生态学理论在远程教育系统建设过程中的指导作用[J].现代远距离教育,2006(6):32-33.

崔允漷,郭洪瑞.跨学科主题学习:课程话语自主建构的一种尝试[J].教育研究,2023(10):44-53.

代帆,金是用.安全与发展:菲律宾对华政策研究[J].南洋问题研究,2009(3):40-51.

邓世平,王雪梅.科学确定一带一路沿线关键土著语言[N].中国社会科学报,2020-06-16(003).

邓世平,王雪梅.基于企业需求调查的"一带一路"关键土著语言教育规划[J].外语电化教学,2022(2):69-75.

戴曼纯,潘巍巍.国家语言能力建设视角下的个人多语能力[J].语言文字应用,2018(1):2-11.

丁超.中国非通用语教育的前世今生[J].神州学人,2016(1):6-11.

丁念金.课程论[M].福州:福建教育出版社,2007.

董漫远.库尔德问题与中东局势[J].国际问题研究,2017(4):36-49.

董希骁.非通用语种课程思政的难点和解决方案[J].外语教育研究前沿,2023(3):35-40.

范敏,刘永凤.斯腾豪斯对课程开发"过程模式"的诠释[J].外国教育研究,2017(6):108-117.

冯乐璋.我国近代外语教育研究[D].西北师范大学,2002.

高健,洪婧雯."一带一路"关键语言视角下企业外语人才需求调查与分析[J].价值工程,2014(27):290-292.

高全孝.重要的国家安全屏障战略视域下西藏外语教育政策调整[J].西藏大学学报(社会科学版),2016(2):107-111+178.

顾秀梅,陈彩珍."一带一路"背景下高职院校外语教育策略[J].中国职业技术教育, 2017(1):64-69.

阚云超,张琨,郝兆杰.课程质量提升:困境与超越[J].中国大学教学,2023(7): 18-24.

郝春雷,王鹏.依托项目的大学英语课程设计研究——应用型本科院校视角[J].外语 电化教学,2020(6):99-104+9.

郝兴跃,尹枝萍.英语还是邻国语:云南边疆少数民族地区外语规划研究[J].外语教 学与研究,2021,53(3):413-423.

何莲珍.服务高教强国建设,重构大学外语课程体系[J].外语界,2023(5):2-7.

何艳华,王雪梅.多语能力导向的关键土著语言通识课程体系建构[J].外语教育研究 前沿,2022(3):12-17.

胡杰辉.新工科背景下的大学外语课程建设理念与策略[J].中国外语,2023,20(5): 4-10.

华黎明.伊朗:"一带一路"中的地位与角色[J].社会观察,2015(12):10-11.

黄甫全.现代课程与教学论(第三版)[M].北京:人民教育出版社,2014.

黄福涛.美国大学的自由教育和通识教育是如何产生和变化的?[J].清华大学教育研 究,2018(8):1-9.

黄国华,万璐.数字化转型背景下高校教学共同体建设与发展的思考[J].中国高校科 技,2023(6):8-14.

黄辉辉.服务于国际化人才培养的外语通识课程体系建设[J].河南工业大学学报(社 会科学版),2018(4):104-111.

黄政杰.课程设计[M].台北:东华书局,1991.

贾春阳,杨柳.阿富汗问题三十年(1979~2009):地缘政治、民族与宗教[J].南亚研究, 2009(4):66-75.

贾韦德.中巴经济走廊是推动巴基斯坦发展的引擎[N].人民日报,2019-02-22 (003).

江山野.简明国际教育百科全书课程[M].北京:教育科学出版社,1991.

姜锋,赵娴娜."会语言""通国家""精领域":访上海外国语大学党委书记姜锋[N].人 民日报,2016-06-23.

教育部高等学校教学指导委员会.普通高等学校本科专业类教学质量国家标准(上) [S].北京:高等教育出版社.2018.

荆洁兰.从课程生态观探讨教师和学生角色的转变[J].西安电子科技大学学报(社会 科学版),2014(2):108-111.

李保强,郝利强.教师教育课程质量治理:实践困境与纾解策略[J].贵州师范大学学 报(社会科学版),2022(3):68-75.

李德鹏."一带一路"背景下的区域性语言服务——以云南省为例[J].渤海大学学报 (哲学社会科学版),2016(1):85-89.

李凤亮,陈泳桦.新文科视野下的大学通识教育[J].山东大学学报(哲学社会科学版), 2021(4):170-176.

李广平,陈武元.从设置现状到实施效果:对我国高校通识课程质量的反思[J].中国高教研究,2023(7):82-88.

李曼丽.通识教育——一种大学教育观[M].北京:清华大学出版社,1999.

李楠.中美大学通识教育课程考核之比较研究[J].学校党建与思想教育,2011(17):40-42.

李岩松.新文科背景下关键土著语言人才培养的探索[J].外语界,2022(1):2-7.

李艳红.美国关键语言教育政策的国家安全诉求[J].语言政策与规划研究,2015(2):1-10.

李宇明."一带一路"需要语言铺路[N].人民日报,2015-09-22(007).

梁晓波.边境语言文化能力发展战略研究[J].外语学刊,2022(5):1-7.

凌毅华.教育生态理论下名师工作室主持人的身份认同及培养路径[J].教育观察,2022(23):46-49.

刘爱楼,周秋莲.高校辅导员队伍建设与职业发展的教育生态学检视[J].江西师范大学学报(哲学社会科学版),2017(4):111-116.

刘美兰.美国"关键语言"战略研究[M].上海:复旦大学出版社,2016.

刘汝山,刘金侠.澳大利亚语言政策与语言规划研究[J].中国海洋大学学报(社会科学版),2003(6):62-66.

刘曙雄.与"一带一路"同行的"非通人才"培养[J].神州学人,2016(1):12-13.

刘小芬."一带一路"背景下"外语+"多元化人才培养的思考[J].考试与评价(大学英语教研版),2017(3):109-112.

鲁子问,张荣干.中国外语能力需求调查与战略建议[M].北京:北京大学出版社,2012.

陆一."通识教育"在教育实践中的名实互动[J].清华大学教育研究,2018(2):93-91.

罗丽君,王皇星.从"道德人"到"道德教育者":教师道德性的意蕴演进与实现路径[J].教师教育研究,2022(5):40-45.

吕健.共建"一带一路"让中泰亲上加亲[N].人民日报,2018-10-05(003).

马佳妮,牟童瑶,程乐.通识课程落实可持续发展目标现状研究——基于20所"双一流"建设高校本科生通识课程的文本分析[J].中国高教研究,2023(1):101-108.

马之成,马武林.需求分析视阈下的地方应用型高校大学英语学习环境建构[J].外国语文,2019(6):142-149.

毛延生,田野."一带一路"背景下面向东盟的语言发展体系构建研究[J].广西社会科学,2023(3):54-60.

聂丹."一带一路"亟需语言资源的互联互通[J].人民论坛·学术前沿,2015(22):66-71.

宁本涛."五育融合"与中国基础教育生态重建[J].中国电化教育,2020(5):1-5.

裴正薇,邢艳红,徐黎.不同认知层级问题驱动下的小组讨论与思辨能力培养[J].外语与外语教学,2018(5):118-128.

彭龙.提升文化自信推动中国文化走出去[N].学习时报,2016-06-20(008).

彭湃.国内外外语需求分析研究的发展历程[J].江西师范大学学报(哲学社会科学

版),2018(5):140-144.

澎湃网.已造成中国公民 9 人死亡！这里发生针对中资民营企业武装袭击事件！外交
部呼吁[EB/OL].< https://www.thepaper.cn/newsDetail_forward_22386017.
Accessed 2023-08-30.>

乔晶,王灵乐,王华.中国对"一带一路"沿线语种人才的需求分析[J].外语研究,2023
(4):105-111.

秦晓晴.外语教学问卷调查法[M].北京:外语教学与研究出版社,2009.

覃炜斐.浅谈土著语言及传统知识的现代价值[D].中南民族大学,2008.

人民网.印尼经济社会发展报告:能源合作是两国经贸合作重点[EB/OL].[2018-
12-18].< http://world.people.com.cn/n1/2018/1218/c1002-30474321.html.
Accessed 2023-08-30.>

申霄.丝路核心区外语多语种语言服务及策略研究[J].外语研究,2023(4):99-104.

沈骑.中国国家外语能力建设 40 年回顾与前瞻(1978—2018)[J].中国外语,2019(4):
43-49.

师丹慧.教育生态学视野下薄弱学校的变革:现状与展望[J].当代教育科学,2020
(2):52-58.

施良方.课程理论——课程的基础、原理与问题[M].北京:教育科学出版社,1996.

束定芳.个性化大学英语教学大纲设计中的需求与条件分析[M].上海:上海外语教
育出版社,2004a.

束定芳.外语教学改革:问题与对策[M].上海:上海外语教育出版社,2004b.

束定芳.构建外语教育教学的新生态[J].现代外语,2021(4):456-461.

束定芳.教育生态理论视角下的中国外语教材理论体系构建[J].外国语,2023(6):
20-32.

苏莹莹,董希骁.我国高校非通用语种专业教材建设的问题与对策[J].外语教育研究
前沿,2021(4):77-83.

孙琪,刘宝存."一带一路"倡议下非通用语人才培养现状与发展路径研究[J].中国高
教研究,2018(8):41-46.

泰勒.黄炳煌译.课程与教学的基本原理[M].台北:桂冠图书有限公司,1981.

泰勒等著.王伟廉等译.课程研究导论[M].北京:春秋出版社,1991.

佟加蒙.高校非通用语数字教育资源建设研究[J].中国电化教育,2017(2):
128-131.

王晨佳."一带一路"概念下的文化传播与译介[J].人文杂志,2016(1):29-34.

王聪聪,肖远飞,陈宇等.高校学分学费"统一定价"分成制的可行性探索——基于博
弈论的学分制改革收费策略研究[J].昆明理工大学学报(自然科学版),2021,46
(1):162-167.

王海啸.个性化大学英语教学大纲设计中的需求与条件分析[J].中国外语,2004(1):
21-26.

王厚红,陆卓涛,赵晓雨.高质量课程教材建设:价值追问、现实路径与未来展望——
第四届全国课程与教学青年学术论坛述评[J].全球教育展望,2023,52(5):
119-128.

王辉,王亚蓝."一带一路"沿线国家语言状况[J].语言战略研究,2016(2):13-19.

王辉,曾晨刚.非通用外语教育对国际贸易的促进作用——基于长三角地区的实证研究[J].语言文字应用,2022(3):2-11.

王会花,杨露萍.关键土著语言文化通识课程建设:内涵、框架与策略[J].外语电化教学,2022(3):82-87.

王鉴.论我国基础教育课程设计的理论逻辑[J].课程.教材.教法,2022(11):51-57.

王世凯,葛东雷,刘晨笛.新形势下高校语言类课程群及教学资源体系化建设刍议[J].中国大学教学,2016(8):61-64.

王馨.高校研究生课程建设的教育生态学视域[J].学术交流,2013(2):223-225.

王雪梅.关键土著语言通识课程视域下的外语教师课程力发展[J].山东外语教学,2021(6):42-53.

王雪梅.教育高质量发展背景下的外语课程设计:内涵、流程与模型[J].外语界,2023(6):15-22.

王雪梅,邓世平.一带一路沿线关键土著语言规划:内涵、原则与框架[J].外语界,2020(6):63-69.

王雪梅,何艳华.外语专业课程思政:学科特色与实践路径——王雪梅教授访谈录[J].语言教育,2021(2):2-7.

王雪梅,赵双花."一带一路"背景下我国高校非通用语种专业建设:现状、问题与对策[J].外语电化教学,2017(2):91-96.

文君,蒋先玲.用系统思维创新高校"一带一路"国际化人才培养路径[J].国际商务,2015(5):153-160.

文秋芳."高校语言政策"多人谈:非通用语专业人才培养面临挑战[J].语言战略研究,2021(2):67-68.

吴鼎福,诸文蔚.教育生态学[M].南京:江苏教育出版社,1990.

吴杰伟,霍然.外语专业学生国际视野培养的探索——北京大学外语非通用语学生国际体验效果调查[J].解放军外国语学院学报,2013(6):81-86.

吴晓玲.课程领导研究的本土化建构:类型、过程与话语[J].南京师大学报(社会科学版),2023(1):48-60.

吴岩.新使命大格局新文科大外语[J].外语教育研究前沿,2019(2):3-7.

武勇杰,赵公民,高艳阳.遵循专业认证OBE理念的课程评估研究与实践——以中北大学为例[J].教育理论与实践,2021,41(27):53-55.

夏纪梅.现代外语课程设计理论与实践[M].上海:上海外语教育出版社,2003.

夏纪梅,孔宪煇.外语课程设计的科学性初探[J].外语界,1999(1):3-5.

邢欣,梁云."一带一路"背景下的中亚国家语言需求[J].语言战略研究,2016(2):39-46.

邢欣,张全生."一带一路"倡议下的语言需求与语言服务[J].中国语文,2016(6):761-765.

徐飞,马之成.国内英语教学需求分析研究:回顾与启示[J].外语电化教学,2017(4):85-90.

绪可望,王洪亮.欧盟多语教育政策及其基础教育阶段的实践[J].外国教育研究,2014

（6）：32－41.

闫广芬,杜剑涛.“双一流”背景下的“强基计划”：功能定位、现实困境与优化路径[J].高教探索,2022(6)：26－33.

颜奕.国外教育机构对中国学生英语能力及相关测试的需求分析[J].外语学刊,2022(6)：97－102.

杨彬,蒋璐.课程思政视阈下中东欧非通用语教学模式的探索与实践——以“中东欧国家报刊阅读”为例[J].当代外语研究,2022(3)：20－27.

杨丹.以“101工程”非通用语振兴计划服务国家语言能力建设[J].外语界,2022(1)：8－13.

杨明全.课程论[M].北京：中国人民大学出版社,2016.

杨明全.课程知识的谱系建构及其学术取向的演变：现代课程论百年发展的钩沉与展望[J].全球教育展望,2020(4)：31－45.

杨四耕.学校课程管理的生成性过程与方法论定位——过程哲学视角[J].教育学术月刊,2023(6)：3－11.

杨旸.“一带一路”建设中语言的经济价值研究[J].西安财经大学学报,2022,35(5)：108－115.

杨亦鸣,赵晓群.“一带一路”沿线国家语言国情手册[M].北京：商务印书馆,2016.

余江英.试论“一带一路”背景下的云南关键语言选择[J].吉首大学学报(社会科学版),2016(S2)：137－141.

余卫华.需求分析在外语教学中的作用[J].外语与外语教学,2002(8),20－23.

于志刚.推动大学通识教育课程体系的培育与完善[J].中国高等教育,2016(11)：37－40.

臧玲玲,梅伟惠.高校创业教育课程生态系统的生成逻辑与建设路径[J].华东师范大学学报(教育科学版),2019(1)：23－29.

张彪.“一带一路”背景下面向东南亚的微观外语教育规划研究[J].民族教育研究,2017(4)：63－68.

张岱.夜航船(上)[M].何三坡译.杭州：浙江文艺出版社,2018.

张丹,王鹃,袁金平等.技术赋能教学模式变革与实践[J].中国电化教育,2021(4)：125－138.

张华.课程与教学论[M].上海：上海教育出版社,2000.

张立明.波斯语、达里语和塔吉克语的历史溯源[J].东方文化论丛,2009(28)：241－257.

张亮,汪琳玥.新时代文科基层教学组织的构建与运行——以南京大学哲学素质教育虚拟教研室为例[J].社会科学家,2023(6)：148－154.

张敏,席猛.阿富汗达里语基础教程[M].北京：人民出版社,2010.

张宁.基于教育生态视角的地方本科院校青年教师成长环境研究[J].江苏高教,2018(1)：57－60.

张日培.服务于“一带一路”的语言规划构想[J].云南师范大学学报(哲学社会科学版),2015(4)：48－53.

张天伟.我国关键语言战略研究[J].中国社会科学院研究生院学报,2015(3)：92－96.

参考文献

张天伟.国家语言能力视角下的我国非通用语教育：问题与对策[J].外语界,2017 (2)：44－52.

张天伟.我国外语教育政策的主要问题和思考[J].外语与外语教学,2021(1)：13－20.

张天伟,陈练文.关键语言的理论思考及其关键度比较[J].昆明学院学报,2023,45 (5)：14－22.

张文丽,董一诺,孙莉等.基于学习者视角的外语在线课程质量评价指标研究[J].外语 与外语教学,2022(4)：111－121.

张杨,和学新.高质量发展视域下的大学课程质量：内涵、特征与实现路径[J].黑龙江 高教研究,2023,41(4)：39－44.

张志泉,陈振华.论教师的知识转化力[J].中国教育学刊,2023(3)：79－84.

张昕.高校通识教育及其课程改革[J].高教探索,2016(12)：86－89.

张雨晨,李勉.高校学生评教的理想和现实：基于利益相关者的视角[J].中国考试, 2022(9)：29－38.

张治国.中国的关键外语探讨[J].外语教学与研究,2011(1)：66－74+159.

张治国.南亚邻国不丹的语言生态及语言政策研究[J].语言战略研究,2016a(3)： 76－82.

张治国."一带一路"建设中的语言问题[J].语言文字应用,2016b(4)：2－9.

张治国.中亚五国语言生态及政策的共性研究[J].北华大学学报(社会科学版),2022a (1)：9－18.

张治国.全球治理视域下我国外语语种规划研究[J].外语教学,2022b(4)：1－7.

赵炬明.什么是好的课程设计[J].高等教育研究,2020(9)：84－87.

赵华威.历史文化学视角下的语言变体现象[J].辽东学院学报(社会科学版),2020 (5)：79－82.

赵世举."一带一路"建设的语言需求及服务对策[J].云南师范大学学报(哲学社会科 学版),2015(4)：36－42.

赵世举,黄南津.语言服务与"一带一路"[J].全国新书目,2016(5)：13.

郑秀英等.TQM理念多维立体课程质量评价体系构建——以北京化工大学为例[J]. 高等工程教育研究,2023(2)：178－182.

中国新闻网.孟加拉国发生有组织暴力抢劫事件中使馆提醒防范[EB/OL].[2020－ 03－09].<http://www.chinanews.com/hr/2020/03－09/9118926.shtml. Accessed 2023－08－30.>

钟秉林.人才培养模式改革是高等学校内涵建设的核心[J].高等教育研究,2013(11)： 71－76.

钟启泉.课程论[M].北京：教育科学出版社,2007.

钟启泉.现代课程论(新版)[M].上海：上海教育出版社,2015.

仲伟合,张清达."一带一路"视域下的中国特色大国外语教育战略的思考[J].中国外 语,2017(5)：4－9.

周庆生."一带一路"与语言沟通[J].新疆师范大学学报(哲学社会科学版),2018(2)： 52－59.

周玉忠.美国语言政策研究[M].北京：外语教学与研究出版社,2011.

驻伊朗经商参处.伊朗议长称伊朗准备与中国加强一带一路合作[EB/OL].[2019 -
02 - 24].<http://ir.mofcom.gov.cn/article/jmxw/201902/20190202837333.shtml,
2019 - 02 - 24.Accessed 2023 - 08 - 30.>

附 录

附录1 "一带一路"关键土著语言文化通识教育教学需求企业调查问卷

尊敬的受访者：

您好！为了解参与"一带一路"建设相关企业对国际化人才的关键土著语知识、能力、素质等方面的需求，助力企业相关国际业务的开展，我们特邀请您参与本次调查。

您在填写时不用署名，本问卷所得资料仅供研究使用，我们将对您提供的信息严格保密，请根据您的实际情况或真实想法填写。本问卷的问题，除特别注明的以外，均只能选择一个选项。

本问卷共25题，填写本问卷大概需要5分钟，非常感谢您在百忙之中对我们工作给予的支持！

以下是一份"一带一路"沿线关键土著语清单，供您参考：马来语、罗马尼亚语、印尼语、克罗地亚语、塞尔维亚语、匈牙利语、土耳其语、乌兹别克语、僧伽罗语、泰米尔语、印地语、乌尔都语、孟加拉语、泰语、爪哇语、巽他语、越南语、波斯语、波兰语、捷克语、俾路支语、库尔德语、达里语、普什图语、菲律宾语、阿拉伯语的重要地方变体（美索不达米亚阿拉伯语、海湾阿拉伯语、纳杰迪阿拉伯语）、梵语、拉丁语、使用楔形文字的语言等。

一、基本信息

1. 您学过哪种关键土著语言？［填空题］*

　　——————————

2. 上题中的关键土著语言,您学过多长时间? [单选题]*

　　○没有学过

　　○1 年以下

　　○1—2 年

　　○3—4 年

　　○5—6 年

　　○7 年以上

3. 关键土著语言对于您顺利开展工作的重要性[矩阵量表题]*

　　1 颗星代表　很不重要

　　2 颗星代表　不太重要

　　3 颗星代表　重要性一般

　　4 颗星代表　比较重要

　　5 颗星代表　非常重要

　　☆　　☆　　☆　　☆　　☆

4. 您所在企业的性质是[单选题]*

　　○国有企业

　　○民营企业

　　○合资企业

　　○其他

5. 您的企业属于下列哪种情况[单选题]*

　　○较少涉及"一带一路"沿线业务

　　○涉及一些"一带一路"沿线业务

　　○以"一带一路"沿线业务为主

　　○全部为"一带一路"沿线业务

6. 您所在企业的业务所涉及的主要范围是[多选题]*

　　□中东欧

　　□中亚

　　□西亚和埃及

　　□南亚

　　□东南亚

□俄罗斯

7. 您所在的企业在招聘员工时对关键土著语言能力提出了要求[矩阵量表题]*

1 颗星代表　不符合

2 颗星代表　不太符合

3 颗星代表　基本符合

4 颗星代表　比较符合

5 颗星代表　非常符合

☆　☆　☆　☆　☆

8. 您所在企业对员工开展关键土著语言培训的频率[矩阵量表题]*

1 颗星代表　从不

2 颗星代表　较少

3 颗星代表　有时

4 颗星代表　经常

5 颗星代表　总是

☆　☆　☆　☆　☆

9. 公司业务需要关键土著语言翻译时,聘用专门译员的频率[矩阵量表题]*

1 颗星代表　从不

2 颗星代表　较少

3 颗星代表　有时

4 颗星代表　经常

5 颗星代表　总是

☆　☆　☆　☆　☆

二、关键土著语言能力需求

请根据您自己使用外语的真实情况,从给定选项中选择一项。(第 20 题为多选题,有专门的填写提示)

10. 在对象国开展商务合作时,您通常使用[单选题]*

○英语+汉语

○英语+关键土著语言

○汉语+关键土著语言

○英语

○关键土著语言

○不确定

11. 总体而言,您在当前工作中使用关键土著语言的频率[矩阵量表题]*

1 颗星代表　从不

2 颗星代表　较少

3 颗星代表　有时

4 颗星代表　经常

5 颗星代表　总是

☆　☆　☆　☆　☆

12. 您使用关键土著语言进行(与工作内容无太大关联的)日常交际的频率[矩阵量表题]*

1 颗星代表　从不

2 颗星代表　较少

3 颗星代表　有时

4 颗星代表　经常

5 颗星代表　总是

☆　☆　☆　☆　☆

13. 您使用关键土著语言进行工作交际的频率[矩阵量表题]*

1 颗星代表　从不

2 颗星代表　较少

3 颗星代表　有时

4 颗星代表　经常

5 颗星代表　总是

☆　☆　☆　☆　☆

14. 您运用关键土著语言进行阅读,如浏览对象国网站、报纸、获取动态信息等的频率[矩阵量表题]*

1 颗星代表　从不

2 颗星代表　较少

3 颗星代表　有时

4 颗星代表　经常

5 颗星代表　总是

☆　☆　☆　☆　☆

15. 您运用关键土著语言进行写作,如工作相关的商务函件或其他文件 (工作计划、会议记录、日程安排等)的频率［矩阵量表题］*

　　1 颗星代表　从不

　　2 颗星代表　较少

　　3 颗星代表　有时

　　4 颗星代表　经常

　　5 颗星代表　总是

　　☆　☆　☆　☆　☆

16. 您在工作中进行汉语与关键土著语言转换的频率(如把关键土著语言 资料翻译成汉语,或把汉语翻译成关键土著语言)［矩阵量表题］*

　　1 颗星代表　从不

　　2 颗星代表　较少

　　3 颗星代表　有时

　　4 颗星代表　经常

　　5 颗星代表　总是

　　☆　☆　☆　☆　☆

17. 您在工作中用到关键土著语言相关文件时,需要查找该文件对应的英 语版本,或请人将其翻译为英语的频率［矩阵量表题］*

　　1 颗星代表　从不

　　2 颗星代表　较少

　　3 颗星代表　有时

　　4 颗星代表　经常

　　5 颗星代表　总是

　　☆　☆　☆　☆　☆

18. 您觉得关键土著语言技能(听、说、读、写、译)在促进中外双方理解与

互信方面的重要性［矩阵量表题］*

1 颗星代表　很不重要

2 颗星代表　不太重要

3 颗星代表　重要性一般

4 颗星代表　比较重要

5 颗星代表　非常重要

☆　☆　☆　☆　☆

19. 您认为了解对象国知识(如对象国的国情、民情、社会情况等)在促进
中外双方理解与互信方面的重要性［矩阵量表题］*

1 颗星代表　很不重要

2 颗星代表　不太重要

3 颗星代表　重要性一般

4 颗星代表　比较重要

5 颗星代表　非常重要

☆　☆　☆　☆　☆

20. 结合您当前工作的需要,您觉得以下哪种(哪些)关键土著语言技能
或知识较为重要?［多选题］*(最多选三项)

□听

□说

□读

□写

□译

□了解对象国的经济、社会、文化、习俗等知识

21. 您认为在关键土著语言听力方面,应该掌握到什么程度才能满足需
求?［单选题］*

○听懂发音清晰、语速缓慢、词汇常见的话语,获得基本信息

○听懂发音清晰、语速较慢的简短口头表达,获取关键信息

○听懂语速正常、与个人兴趣相关的口头表达,理解主要内容

○听懂信息量大、与个人专业领域相关的口头表达,概括主要内容

○听懂各种话题及各种形式的口头表达,掌握要点和细节,理解言外

之意

22. 您认为在关键土著语言口语方面,应该达到什么程度才能满足需求? [单选题]*

○能用简单的语言进行基本的日常交流,发音清楚,语调基本正确、自然

○能就熟悉的话题与他人进行简单交流,语音、语调和时态基本正确

○能表达个人需求和意愿,并根据交际对象选择适当的表达方式

○能就日常生活话题或熟悉的社会热点问题发表意见或与他人交流

○能就各种熟悉的话题与他人进行对话或讨论,并保持发言权

23. 您认为在关键土著语言阅读方面,应该掌握到什么程度才能满足需求? [单选题]*

○能读懂语言简单、话题熟悉的简短材料,理解主要内容

○能读懂简单的应用文,提取关键信息

○能读懂语言简单、不同类型的材料,提取细节信息

○在读语言较复杂、话题丰富的材料时,能理解主题思想,领会文化内涵

○在读语言复杂、专业性较强的材料时,能整合相关内容,分析作者观点立场

24. 您认为在关键土著语言写作方面,应该达到什么程度才能满足需求? [单选题]*

○能根据提示,简单描述身边的人或物的主要特征,用词基本正确

○能简单说明身边所发生事件的起因、过程、结果等,用词基本准确

○能就熟悉的话题表达自己的观点,语句通顺

○能撰写与自身专业领域相关的报告,或常见的应用文(如感谢信、会议纪要)

○能进行各种常见文体的写作,语言表达得体

25. 开放题:您认为关键土著语言在您的工作和生活中还起到哪些作用? [填空题]*

附录2 "一带一路"关键土著语言文化通识教育
教学需求学生调查问卷

亲爱的同学：

　　您好！为了解学生对关键土著语课程的需求，我们特邀您参加此次调查。您在填写本问卷时不用署名，本问卷所得资料仅供研究使用。本问卷共15题，填写本问卷大概需要3分钟，非常感谢您的支持！

　　以下是一份"一带一路"沿线关键土著语言的清单，供您参考：马来语、罗马尼亚语、印尼语、克罗地亚语、塞尔维亚语、匈牙利语、土耳其语、乌兹别克语、僧伽罗语、泰米尔语、印地语、乌尔都语、孟加拉语、泰语、爪哇语、巽他语、越南语、波斯语、波兰语、捷克语、俾路支语、库尔德语、达里语、普什图语、菲律宾语、阿拉伯语的重要地方变体（美索不达米亚阿拉伯语、海湾阿拉伯语、纳杰迪阿拉伯语）、梵语、拉丁语、使用楔形文字的语言等。

一、基本信息

1. 您所在的学校是[填空题]*

　　_____

2. 您的性别是[单选题]*
　　○A. 男
　　○B. 女

3. 您的专业是[填空题]*

　　_____

4. 您所在的年级是[单选题]*
　　○A. 大一
　　○B. 大二
　　○C. 大三
　　○D. 大四
　　○E. 研一
　　○F. 研二

○G. 研三

○H. 博士生

5. 您学习关键土著语言的时间是［单选题］*

　　○A. 1 年以下

　　○B. 1—2 年

　　○C. 2 年以上

二、关键土著语言文化学习需求

6. 我修读这门课程主要是因为［矩阵量表题］*

　　1 颗星代表　不同意

　　2 颗星代表　不太同意

　　3 颗星代表　同意

　　4 颗星代表　比较同意

　　5 颗星代表　完全同意

1）通过课程考试	☆	☆	☆	☆	☆
2）出国学习	☆	☆	☆	☆	☆
3）出国旅游	☆	☆	☆	☆	☆
4）工作需求	☆	☆	☆	☆	☆
5）运用该语言进行日常交际	☆	☆	☆	☆	☆
6）了解该国的国情、社情、民情	☆	☆	☆	☆	☆
7）满足对该语言的好奇心	☆	☆	☆	☆	☆
8）觉得再学一门语言很厉害	☆	☆	☆	☆	☆

7. 通过学习该课程，我希望可以［矩阵量表题］*

　　1 颗星代表　不同意

　　2 颗星代表　不太同意

　　3 颗星代表　同意

　　4 颗星代表　比较同意

　　5 颗星代表　完全同意

1）提高听、说、读、写、译技能	☆	☆	☆	☆	☆
2）丰富目标语国家的社会与文化知识	☆	☆	☆	☆	☆

3）提高跨文化交际能力   ☆ ☆ ☆ ☆ ☆

8. 我希望该课程是［矩阵量表题］*

  1 颗星代表　不同意

  2 颗星代表　不太同意

  3 颗星代表　同意

  4 颗星代表　比较同意

  5 颗星代表　完全同意

  1）由中国教师主讲   ☆ ☆ ☆ ☆ ☆

  2）由外国教师主讲   ☆ ☆ ☆ ☆ ☆

  3）由中外教师共同授课   ☆ ☆ ☆ ☆ ☆

9. 我喜欢的关键土著语言学习资源是［矩阵量表题］*

  1 颗星代表　不同意

  2 颗星代表　不太同意

  3 颗星代表　同意

  4 颗星代表　比较同意

  5 颗星代表　完全同意

  1）已出版教材（纸质/电子）   ☆ ☆ ☆ ☆ ☆

  2）自编讲义（如 PPT）   ☆ ☆ ☆ ☆ ☆

  3）网络公开资源（如网上搜到的慕课、课件等） ☆ ☆ ☆ ☆ ☆

  4）校内网络平台资源（如学校内部建设的云盘资源等）

      ☆ ☆ ☆ ☆ ☆

  5）软件资源（如学习软件、社交软件资源等） ☆ ☆ ☆ ☆ ☆

10. 当记忆关键土著语词汇有困难时,我通常［矩阵量表题］*

  1 颗星代表　不同意

  2 颗星代表　不太同意

  3 颗星代表　同意

  4 颗星代表　比较同意

  5 颗星代表　完全同意

  1）通过复述来记忆词汇   ☆ ☆ ☆ ☆ ☆

  2）会及时调整记忆方式   ☆ ☆ ☆ ☆ ☆

附　录

3）觉得这种学习困难每个人都会遇到   ☆ ☆ ☆ ☆ ☆

4）和同学一起讨论   ☆ ☆ ☆ ☆ ☆

11. 在教师讲解关键土著语言时，我喜欢教师［矩阵量表题］*

1 颗星代表　不同意

2 颗星代表　不太同意

3 颗星代表　同意

4 颗星代表　比较同意

5 颗星代表　完全同意

1）发放相关阅读材料让我们来看   ☆ ☆ ☆ ☆ ☆

2）播放相关音频、视频让我们来听、来看   ☆ ☆ ☆ ☆ ☆

3）安排制作课件、音视频等任务让我们实操练习

  ☆ ☆ ☆ ☆ ☆

4）布置角色扮演或做游戏的任务让我们参与   ☆ ☆ ☆ ☆ ☆

5）从背景知识入手，来讲解这一知识点   ☆ ☆ ☆ ☆ ☆

6）带我们分析讲解知识点的具体细节   ☆ ☆ ☆ ☆ ☆

7）安排分组讨论这一知识点   ☆ ☆ ☆ ☆ ☆

8）给我们独立思考时间进行自我总结和分析   ☆ ☆ ☆ ☆ ☆

12. 在学习关键土著语言时，我希望教师［矩阵量表题］*

1 颗星代表　不同意

2 颗星代表　不太同意

3 颗星代表　同意

4 颗星代表　比较同意

5 颗星代表　完全同意

1）通过语法教学来帮助提升阅读和翻译能力   ☆ ☆ ☆ ☆ ☆

2）重视口语和语音教学，注重对语言的练习和应用

  ☆ ☆ ☆ ☆ ☆

3）通过课上反复进行句型结构训练，培养我们的听说能力

  ☆ ☆ ☆ ☆ ☆

4）通过创设情境、对话教学来丰富我们的关键土著语知识

  ☆ ☆ ☆ ☆ ☆

5）在课上多提供让我们互动交流的机会　☆　☆　☆　☆　☆

6）设计各种学习任务来引导我们学习关键土著语

☆　☆　☆　☆　☆

13. 我希望该课程采用的考核方式是［矩阵量表题］*

　　1 颗星代表　不同意

　　2 颗星代表　不太同意

　　3 颗星代表　同意

　　4 颗星代表　比较同意

　　5 颗星代表　完全同意

　　1）考试　　　　　　　　　　　　　☆　☆　☆　☆　☆

　　2）考查　　　　　　　　　　　　　☆　☆　☆　☆　☆

　　3）考试+考查　　　　　　　　　　☆　☆　☆　☆　☆

14. 我觉得该课程适合采取的测试方式是［矩阵量表题］*

　　1 颗星代表　不同意

　　2 颗星代表　不太同意

　　3 颗星代表　同意

　　4 颗星代表　比较同意

　　5 颗星代表　完全同意

　　1）听力测试　　　　　　　　　　　☆　☆　☆　☆　☆

　　2）口语测试　　　　　　　　　　　☆　☆　☆　☆　☆

　　3）阅读测试　　　　　　　　　　　☆　☆　☆　☆　☆

　　4）写作测试　　　　　　　　　　　☆　☆　☆　☆　☆

　　5）翻译测试　　　　　　　　　　　☆　☆　☆　☆　☆

　　6）文化常识测试　　　　　　　　　☆　☆　☆　☆　☆

　　7）综合测试　　　　　　　　　　　☆　☆　☆　☆　☆

15. 我希望该考试结果的呈现方式是［单选题］*

　　○A. 等级制(A　B　C　D)

　　○B. 百分制

　　○C. 其他形式＿＿＿＿＿＿＿＿

16. 我希望教师使用的授课语言是［单选题］*

○A. 关键土著语言

○B. 关键土著语言+英语

○C. 关键土著语言+汉语

○D. 关键土著语言+英语+汉语

17. 我希望该课程的课程安排是[单选题]*

○A. 平时每周一次

○B. 每周末一次

○C. 平时隔周一次

○D. 假期集中上两周

○E. 其他_____

18. 我希望该课程设置的时长是[单选题]*

○A. 8—9 周

○B. 16—18 周

○C. 两学期

○D. 三学期

○E. 其他_____

19. 我觉得该课程适合采用的授课方式是[单选题]*

○A. 以教师讲解为主,学生听讲

○B. 以学生讲解为主,学生讲评

○C. 其他_____

20. 我觉得该课程适合采用的教学模式是[单选题]*

○A. 线下课堂

○B. 线上课堂

○C. 线上+线下混合课堂

开放性问题:

你对关键土著语言课程教学有没有什么建议? 如果有的话,请写在下面。

[填空题]

_____

附录3 "一带一路"关键土著语言文化通识教育教学 需求教师调查问卷

亲爱的教师：

您好！为了解参与关键土著语言文化通识课程建设的教师需求，我们特邀您参加此次调查(若您未教授过关键土著语言文化通识课程，您也可以根据您对此类通识课程的设想帮助我们填写本问卷)。您在填写本问卷时不用署名，本问卷所得资料仅供研究使用。本问卷共15题，填写本问卷大概需要3分钟，非常感谢您的支持！

以下是一份"一带一路"沿线关键土著语言的清单，供您参考：马来语、罗马尼亚语、印尼语、克罗地亚语、塞尔维亚语、匈牙利语、土耳其语、乌兹别克语、僧伽罗语、泰米尔语、印地语、乌尔都语、孟加拉语、泰语、爪哇语、巽他语、越南语、波斯语、波兰语、捷克语、俾路支语、库尔德语、达里语、普什图语、菲律宾语、阿拉伯语的重要地方变体(美索不达米亚阿拉伯语、海湾阿拉伯语、纳杰迪阿拉伯语)、梵语、拉丁语、使用楔形文字的语言等。

一、基本信息

1. 您的性别是[单选题]*

   ○男　○女

2. 您的年龄是[单选题]*

   ○A. 20—29 岁

   ○B. 30—39 岁

   ○C. 40—49 岁

   ○D. 50—60 岁

3. 您的职称是[单选题]*

   ○A. 助教

   ○B. 讲师

   ○C. 副教授

○D. 教授

4. 您的教龄是 [单选题] *

　　○A. 5 年以下

　　○B. 6—10 年

　　○C. 11—20 年

　　○D. 21 年以上

5. 您的学校是 [填空题] *

　　——————————————

6. 您教授的关键土著语言通识教育课程（或者请填写您所在的语种专业）：[填空题] *

　　——————————————

二、关键土著语言通识教育教学需求

7. 我认为开设这门课程很有意义 [矩阵量表题] *

　　1 颗星代表　不同意

　　2 颗星代表　不太同意

　　3 颗星代表　同意

　　4 颗星代表　比较同意

　　5 颗星代表　完全同意

　　☆　　☆　　☆　　☆　　☆

8. 我认为这门课程更有助于 [单选题] *

　　○A. 提高学生的关键土著语言能力及学习意识。

　　○B. 学生了解关键土著语言的国情、社情和民情。

9. 我觉得这门课程的适宜学分为 [单选题] *

　　○A. 0 学分

　　○B. 1 学分

　　○C. 2 学分

　　○D. 3 学分

10. 我觉得这门课程当前的课时安排可以满足我的教学需求 [矩阵量表题] *

1 颗星代表　不同意

2 颗星代表　不太同意

3 颗星代表　同意

4 颗星代表　比较同意

5 颗星代表　完全同意

☆　☆　☆　☆　☆

11. 我希望这门课程的课程安排是[单选题]*

　　○A. 平时每周一次

　　○B. 周末每周一次

　　○C. 平时隔周一次

　　○D. 假期集中上课

　　○E. 其他_____

12. 我希望这门课程使用的教材是[单选题]*

　　○A. 原著

　　○B. 原著+国内教材

　　○C. 原著+自编讲义

　　○D. 国内教材+自编讲义

　　○E. 国内教材

　　○F. 自编讲义

　　○G. 原著+国内教材+自编讲义

13. 我认为这门课程配置的教学资源可以满足我的教学需求[矩阵量表题]*

　　1 颗星代表　不同意

　　2 颗星代表　不太同意

　　3 颗星代表　同意

　　4 颗星代表　比较同意

　　5 颗星代表　完全同意

　　☆　☆　☆　☆　☆

14. 我觉得该课程适合采用的授课方式是[单选题]*

　　○A. 以教师讲解为主,学生听讲

○B. 以学生讲解为主,教师讲评

○C. 其他_____

15. 我觉得该课程适合采用的教学模式是[单选题]*

　　○A. 线下课堂

　　○B. 线上课堂

　　○C. 线上+线下混合课堂

16. 我觉得这门课程适合采用的考核方式是[单选题]*

　　○A. 考试

　　○B. 考查

　　○C. 考试+考查

17. 如果是考试,我觉得合适的考试内容是[矩阵量表题]*

　　1 颗星代表　　不同意

　　2 颗星代表　　不太同意

　　3 颗星代表　　同意

　　4 颗星代表　　比较同意

　　5 颗星代表　　完全同意

　　1) 关键土著语言的听、说、读、写、译技能 ☆　☆　☆　☆　☆

　　2) 关键土著语言国家的国情、社情、民情 ☆　☆　☆　☆　☆

18. 我觉得对学生学习评估的合适比例分配是[单选题]*

　　○A. 过程性评估 20%+终结性评估 80%

　　○B. 过程性评估 30%+终结性评估 70%

　　○C. 过程性评估 40%+终结性评估 60%

　　○D. 过程性评估 50%+终结性评估 50%

　　○E. 过程性评估 60%+终结性评估 40%

　　○F. 过程性评估 70%+终结性评估 30%

　　○G. 过程性评估 80%+终结性评估 20%

19. 我觉得学校应该制定相关的关键土著语言文化通识课程管理规定[矩阵量表题]*

　　1 颗星代表　　不同意

　　2 颗星代表　　不太同意

3 颗星代表　同意

4 颗星代表　比较同意

5 颗星代表　完全同意

☆　　☆　　☆　　☆　　☆

20. 我认为影响这门课教学效果的主要因素有[多选题]*（最多选三项）

　　□A. 师资队伍

　　□B. 教学资源

　　□C. 课程设置

　　□D. 教学方法

　　□E. 评估方式

　　□F. 配套教学设施

　　□G. 其他＿＿＿＿＿＿＿＿

21. 我希望学校提供的支持有[多选题]*（最多选三项）

　　□A. 信息技术方面培训

　　□B. 教材引进支持

　　□C. 教材编写支持

　　□D. 教材使用方面的培训

　　□E. 教学方法方面的培训

　　□F. 教学测试方面的培训

　　□G. 教学建设项目支持（如课程、教改项目）

　　□H. 同等条件下,绩效考核有倾斜政策

　　□I. 其他＿＿＿＿＿＿＿＿

开放性问题

您对未来关键土著语言文化通识课程中教师、教材、教法有哪些期待和建议?
[填空题]

＿＿＿＿＿＿＿＿＿＿＿

您是否愿意接受后续的有偿访谈? 如果愿意,请留下您的联系方式。[填空题]

＿＿＿＿＿＿＿＿＿＿＿

附录4 中国高校关键土著语言专业/课程教学建设状况调研

尊敬的外语院校教务处:

　　为保质保量开展相关研究,现需了解中国高校关键土著语言专业/课程(不含英语、俄语、德语、法语、阿拉伯语、西班牙语、日语)教学建设基本状况,希望能得到贵校的支持,烦请您抽出宝贵的时间,帮忙完成以下问卷。调查结果仅作研究之用,请放心作答。万分感谢!

1. 贵校在开设关键土著语言专业之外,开设了哪些语言类课程或语言文化类课程(仅统计有课程但没有专业的)?

2. 贵校对开设关键土著语言专业或课程是否有一些支持性政策?

3. 贵校关键土著语言教学的师资来源有哪些? 贵校采取了哪些方法来推动关键土著语言师资建设?

4. 贵校关键土著语言教学的教材来源有哪些? 贵校采取了哪些方法来推动关键土著语言教材建设?

5. 除开设专业外,贵校开展关键土著语言教学的形式有哪些? 参与关键土著语言课程学习的学生来源有哪些?

6. 贵校关键土著语言学生的国际交流整体状况如何? 贵校采取了哪些方法来推动关键土著语言学生的国际交流?

7. 贵校关键土著语言学生的毕业去向整体状况如何? 贵校采取了哪些方法来推动关键土著语言学生的就业状况?

8. 贵校在推动关键土著语言专业或课程的建设过程中,主要的困难有哪些?

9. 您对推动关键土著语言专业或语言课程建设有何建议?

10. 可否提供贵校关键土著语言专业/课程教学建设的典型案例?

附录5　中国高校"一带一路"关键土著语言开设状况调查高校名单

（按照首字母拼音排序）
北京第二外国语学院
北京外国语大学
北京语言大学
大连外国语大学
对外经济贸易大学
广东外语外贸大学
国际关系学院
海南外国语学院
河北外国语学院
上海对外经贸大学
四川外国语大学
天津外国语大学
外交学院
西安外国语大学
浙江外国语学院
中国人民解放军战略支援部队信息工程大学洛阳校区

附录6 "一带一路"沿线中方企业关键土著语言文化需求 访谈提纲(企业管理人员)

女士/先生:

您好! 我们是全国教育科学规划办重点项目组成员。根据项目研究需要,现需了解您所在企业对关键土著语言文化的需求等相关情况,所有数据仅供研究需要。非常感谢您在百忙之中抽出时间参与本次访谈。

1. 请您介绍一下贵公司的基本情况可以吗?
2. 贵公司海外事务部门平常工作的时候主要用什么语言?
3. 贵公司里的员工在当地工作的时候,使用关键土著语言的频率如何?
4. 贵公司在当地开展工作的时候,有没有遇到过一些难以沟通的问题? 这些问题是如何得到解决的呢? 在这个过程中当地语言起到了什么作用?
5. 贵公司在工作语言方面有何规定? 处理公司内部日常事务和对外商务活动有不同吗?
6. 贵公司在招聘员工时希望应聘者掌握哪些语言?
7. 贵公司有哪些语言培训项目或培训计划?
8. 贵公司从国内高校招聘的语言专业出身的员工表现如何? 您觉得他们在哪些方面需要进一步提升?
9. 从贵公司的实际来看,您觉得语言技能和对象国社会文化知识在员工开展业务时分别发挥着什么作用?
10. 贵公司会因语言沟通问题招聘当地员工吗? 这方面是否存在什么问题?
11. 您觉得我们国内当前的关键土著语言教育能否满足贵公司在海外发展的需要?
12. 您对国内关键土著语言教育有哪些建议?

附录7 "一带一路"沿线中方企业关键土著语言文化需求访谈提纲(企业员工)

女士/先生:

您好! 我们是全国教育科学规划办重点项目组成员。根据项目研究需要,现需了解您及您所在企业对关键土著语言文化的需求等相关情况,所有数据仅供研究需要。非常感谢您在百忙之中抽出时间参与本次访谈。

1. 请您介绍一下您所在企业的基本情况可以吗?

2. 请您简要介绍一下您本人的工作情况可以吗?

3. 您在当地工作了多长时间? 在工作和生活中使用当地语言的频率如何?

4. 在当地的语言使用过程当中,您觉得哪方面的技能或知识比较重要? 您可以结合一些具体事例谈一下吗?

5. 您所在的公司内部的工作语言是什么? 公司在使用各种语言方面有何规定?

6. 您所在的公司有没有外语方面的规划? 公司对员工外语能力有哪些要求?

7. 您所在公司内部会针对员工进行关键土著语言文化方面的培训吗? 您能简单介绍一下培训的内容吗?

8. 公司会招当地的员工担任翻译吗? 在这方面需要注意些什么?

9. 您觉得我们国家高校的关键土著语言人才培养体系能够满足像您所在的这类企业的需要吗?

10. 请结合您在国外工作生活的经历,给国内高校外语教育,尤其是关键土著语言教育,提一些改进建议。

附录8 "一带一路"沿线关键土著语言文化通识课程
质量评估和教学概况访谈提纲(教师)

尊敬的老师:

您好! 我们是全国教育科学规划办重点项目组成员。根据项目研究需要,现需了解您所教授的关键土著语言文化通识课程的质量评估和教学工作的相关情况,所有数据仅供研究需要。非常感谢您在百忙之中抽出时间参与本次访谈。

1. 您教授何种关键土著语言文化通识课程(如波斯语、越南语,以下简称"通识课程")?

2. 您如何理解和定义通识课程质量(譬如教材、教学方式、教学效果等)? 在评估通识课程质量时,您特别关注哪些关键因素(如政策、规定、领导、同事、学生等)?

3. 在评估通识课程质量的过程中,谁负责和参与评估呢? 您认为他们分别发挥了何种作用?

4. 在评估通识课程质量时,您所关注的指标有哪些? 比如教学效果、学生参与度、教材选择等。您认为哪些指标是最重要的?

5. 当您教授此类通识课程时,您具体如何开展课程质量评估工作? 请描述一下具体方法和步骤(如测试、项目、听说任务等)。

6. 您认为目前的通识课程评估方式对于课程目标、课程教学、学习效果等方面产生了哪些效果? 有哪些方面可以被优化? 一般由谁来优化或者改进呢?

7. 您所在学校或院系对于通识课程评估是否有具体要求? 是否有领导或者督导定期听课? 是否鼓励过程性评估,或者诊断性评估? 或线上+线下评估相结合? 学校或院系的相关规定是否有助于保障通识课程质量? 是否存在可以改进的地方? 如果有,主要是哪些方面?

8. 您一般会查阅学生的评教结果吗? 您如何评价学生评教? 对于如何保障通识课程质量,您还有何建议?

9. 您在选择和使用此类通识课程教材时的考虑因素是什么? 请分享一

些您在教材选择方面的经验和决策过程。

10. 在通识课程教学方面,您通常采用什么样的方法和策略来促进学生的学习? 与其他类型课程(如专业课)的教学模式是否有所区别,请举例说明。

11. 在您的通识课程教学中,您是否使用过现代教育技术? 如果有,请分享具体实例。

12. 在您参加过的师资培训中,有哪些方面让您感到特别有收获? 您期望学校或院系在师资培训方面提供哪些方面的支持和资源?

13. 您认为现有教学模式是否还存在可以改进的地方? 请分享您的建议。

附录9 "一带一路"沿线关键土著语言文化通识课程质量评估和教学概况访谈提纲(学生)

亲爱的同学:

您好! 为保质保量开展相关研究,现需了解您所参与的关键土著语言文化通识课程的质量评估的相关情况,非常感谢您参与本次访谈!

1. 您参与过哪些关键土著语言文化通识课程(如朝鲜语、波兰语、匈牙利语等,以下简称"课程")? 以何种形式参与的? 为何选择学习这类课程?

2. 在您所参与的课程中,一般谁会参与质量评估(教师还是学生,如助教)? 您是否参与过课程质量评估? 如果学生参与课程质量评估,您希望以什么形式参与? 您觉得自己可以发挥什么作用?

3. 在您所参与的课程中,您认为教师采用了哪些具体的评估手段来了解您的学习情况和课程效果? 除了期末测试,是否还有过程性评估方式(如课堂小测试等)? 您认为这些评估方式是否准确地反映了您对这门课程内容的理解和掌握程度? 您认为可否采用其他评估手段?

4. 在您所参与的课程中,哪些方面的内容被重点评估? 是语言知识及国别与区域知识的掌握、跨文化交际能力的培养还是其他方面? 是否有一些内容没有得到充分评估?

5. 当您填写评教表时,一般是在何时进行(考试后或考试前)? 您如何评价评教表(是否客观)? 您认为授课教师会重视评教结果吗? 教师有无调整教学评估方式? 可否具体阐述一下?

6. 您觉得此类课程(关键土著语言文化类)的评估方式与其他课程的评估方式在哪些方面相同或者不同?

7. 教师是否明确告知你们评估要求? 是否有领导或者督导定期听课? 是否鼓励过程性评估,或者诊断性评估? 或线上+线下评估相结合? 您觉得以上措施是否有助于保障课程质量? 是否存在可以改进的地方? 如果有,主要是哪方面?

8. 您期待如何评价此类课程? 请具体阐述。

9. 请问您将来有从事与该语种课程相关的工作计划吗？

10. 请问该课程使用的是何种形式的教材呢？

11. 请问您喜欢什么样风格的老师？

12. 您希望是由中国教师还是由外籍教师来主讲该课程呢？

13. 根据您的观察，目前助教主要起到了什么作用？

14. 请问当前老师的授课方式如何？

15. 您目前学习该课程有什么收获吗？

16. 您希望此类课程开设多长时间？

17. 您大概计划学习该课程多长时间呢？

18. 您是否希望今后根据内容的深度来设置不同等级的新课程呢？

19. 您今后还希望从课程中学习哪些内容？

附录 10　企业管理人员访谈节录

注：I 表示"访谈者"（Interviewer）；M 表示"管理者"（Manager）。

I：您好，非常感谢您支持我们的研究。请问贵公司员工在当地工作时是否使用波斯语，或者当地的其他语言，比如说库尔德语？

M：我们公司的工程涉及当地很多地区。当地有很多民族，各有自己的语言，但是据我观察波斯语的使用率较高。

I：贵公司海外事务部门平常的工作语言是什么？贵公司有没有招聘当地员工？

M：我们的工作语言主要是英语，像签合同、商务谈判，全部使用英语。我们在当地有常驻办事处，生活上需要掌握一些波斯语。

I：业务上什么时候会用到当地语言？

M：业务上用得少，主要涉及在当地的一些调研。比如说我们想了解当地某一行业的发展情况，我们收集的全都是波斯语的资料，因为很多本国商务信息都是使用当地语言呈现的，不会翻译成英语在网站上呈现。这就需要当地员工收到信息后把波斯语转换成英语，提供给中方员工阅读。

I：您刚才所提到的"当地员工"是招聘的当地人吗？

M：是的，我们招聘当地员工。目前我们在当地办事处的中方员工一般为 3 人，会轮换，我们销售部的人都会轮换到那里。我们招聘的当地员工目前有 2 人。

I：在当地招聘的员工一般负责什么工作？

M：一方面我们在当地的所有行政后勤工作，订机票、车辆处理、房屋租赁，这需要与当地人接触，是要用波斯语的，我们都交给当地的员工处理。另一方面，像调研文件搜集、翻译，也需要当地员工协助处理。
另外，在我们与客户的商务交流中，有一些客户，尤其是首都以外的，英语水平不好，需要当地员工把客户说的波斯语翻译成英语。就像国外企业在中国雇佣中方员工一样，我们雇佣当地员工也是很常见的。当然我们会做好授权，注意保密。我们各个部门之间会做好相应分工和授权。其实商务方面的工作基本上还是我们中方员工自己去处理，有时候请当地员工帮忙。

I： 您有没有考虑过从国内招波斯语专业的毕业生过去？您觉得有这方面的需要吗？

M： 毫无疑问，非常需要。我们公司有很多贵校毕业的同学，我们今年一共招聘了6位贵校的同学，不过不是波斯语专业的，是阿拉伯语专业的。我们还和贵校东方语学院建立了长期的合作关系。我们在人才招聘方面也倾注了很多精力。去年我到东方语学院做了一个国际工程的讲座。国际工程这个行业相对来说还是比较新的一个行业。我给同学们讲了一下，目的一方面是激发同学们对这个行业以及对我们公司的兴趣，另一方面也是增加和同学们接触的机会，多了解一下同学们。后来东方语学院组织了几十位同学，到我们公司来回访，也是实地考察，了解我们公司的运转、环境等等。我们一直在做这方面的工作，非常希望能够录用贵校波斯语专业的同学。

I： 在您看来，直接招聘国内的学生对公司发展有哪些帮助？

M： 首先，国内学校波斯语专业的同学，可以实现波斯语与汉语的直接转换，而不需要像当地员工一样要以英语作为媒介。第二，波斯语专业的同学，既了解波斯语和波斯文化，也对波斯文化与中国文化之间的沟通有深刻的理解。拿商务工作来说，我们的目标不仅仅是做成一单业务或者竞标中标一个工程，很多时候，交流过程中怎么能够把话说到对方心里去更重要。这不仅仅是语言问题，更是文化问题。我相信波斯语专业的同学，包括学习其他语言的同学，经过这四年的学习，在文化沟通方面增长的这些知识，对今后的工作都是有益的。

I： 也就是说，在您看来，比起来听说读写等基本的语言技能，可能文化方面更为重要，对吧？

M： 是的，文化沟通非常重要。有一个美国留学回来的同学，到我们公司求职，我跟他谈当地的历史，比如伊斯兰革命是怎么回事等等。听了半天，他突然问我，这些东西跟做业务有关系吗？我兴致盎然地讲了那么长时间，他听过之后对我说了这么一句话，像一盆冷水浇我头上。我当时就跟他说："你有没有发现你跟客户谈的时候，很多时候你只顾自己说,客户实际上一句都没听进去。为什么? 因为你说的话,不是客户想听到的话,没找到那个点。缺了什么呢? 是文化。"

遗憾的是,到目前为止,我们还没有招到波斯语专业的同学,一方面是由于波斯语专业不是每年都有毕业生,另一方面前几年毕业生的期望值比较高,当时因为伊核协议签订下来以后,国内对波斯语的需求一下子就增长了很多。很多同学被国家部委、央企、国企聘用了。这时候我们公司再去招波斯语的学生,就招不到了,或者说难以招到我们想要的各方面素质都比较好的学生。我们招到了阿拉伯语专业同学、商务英语专业的同学、(市场)营销专业的同学。希望后面可以招到波斯语专业的学生。

我们的一份商务项目合同可能几百页,都是英语。我们的技术沟通、商务交流也会用到专业英语,所以英语毫无疑问是最重要的。但这并不意味着小语种不重要,工作中一定要懂当地的文化,一个重要途径是通过当地语言这扇窗户去了解当地文化。文化一定是每时每刻地影响着一个人。外语专业同学通过四年学习,学习能力、学习方法、跨文化意识都得到了培养,这一定会潜移默化地影响他们今后的职业发展。

I: 您愿意招一些有语言或文化优势的同学,对吧?

M: 是的。与其他专业同学相比,学语言的同学再去学新的语言会更有优势,因为他掌握了学习语言的方法,也掌握了跨文化交流的方法。

I: 具体到当地语言的技能,您觉得哪方面比较重要?

M: 主要是"说"的技能,我们对"写"不做要求。

I: 谢谢。您公司内部的员工会接受语言能力方面的培训吗? 公司有这方面的计划或实践吗?

M: 我曾聘请上海某外语类高校波斯语专业的同学,到公司做过一段时间的波斯语普及培训,每周上一节到两节课。但是因为公司的工作量和时间不稳定,时间比较难安排,后来就停下来了。目前我们的英语必须要做培训。这个月我们有一堂课是讲 presentation,就是讲如何用英语去做推介。另外一堂课是英语商务函件的写作。同时我们鼓励员工自学其他的小语种语言。

I：您觉得我们国内高校当前的外语教育,是否符合企业在海外发展的这种需要?

M：总的来说,高校比较注重语言基础的教育,离公司的实践还有一定的距离。因此学生需要在工作以后,根据实际情况再去学习,也就是需要有个职业教育的过程。拿英语来说,新员工写英语商务函的时候,还是要重新进行梳理和培训。究竟如何写商务函,新员工需要经历一个学习过程。书本上学到的陈述方式和我们英语商务环境中的方式是不一样的。

I：您刚才提到了文化,提到了商务,您觉得外语专业的同学,尤其是波斯语这类小语种专业的同学,最需要提升的地方是什么?

M：外语,无论是大语种还是小语种,都是跨文化交流的工具。但是在实际运用过程中,还需要落实到某一个领域上去,落实到某一个行业中。所以,外语专业的学生在学习过程中如果能选择一些具体的行业,根据自己的兴趣和方向去多进行一些专业方向的学习,对于他们将来的职业道路肯定是有帮助的。不能只看书本,最好是和行业接触,真正了解在某个行业中如何用外语。学校可以做一个调查,了解一下学生喜欢或是最感兴趣的是哪些行业,或者未来更加有前景的是哪些行业,然后,可以与行业中一些有代表性的企业建立合作关系。企业其实对外语类的学生也有长期需求。企业可以把实践中一些语言上、跨文化交流上的经验,以讲义或者讲座的方式教授给学生,使这些接地气的东西早一点被学生看到、学到。

I：对,我觉得这很有必要。还想问一下,您的企业在当地进行沟通的时候,有没有遇到过一些难以沟通的情况,比如说有没有遇到过法律上的问题?

M：在沟通中,一定会有冲突。我们是做工程的,很多时候需要去现场,因为一个工程错综复杂的细节非常多,一定要在现场解决。有时,我们持我们的观点,对方持对方观点,我们的观点哪怕再合理,有时对方就是不接受。对方的文化和逻辑思维跟我们不一样。这时会有种有理讲不通的感觉。遇到这种情况,通常我们还是会按照国际通行的准则去协调。同时我们也要有一种本地意识,借助当地的一些习惯去解决问题。一定要了解当地的一些风俗习惯,并用这方面的知识指导自己的工作。比如我们的驻地是宗教氛围浓厚的地方,当地的伊斯兰教什叶派有一种协调人制度。有时候我们工作中遇到了问题,不一定先走法律程序,而是先找一些公认的协调人进行协调,寻求和平解决。

I: 从您的描述中可以看出语言文化知识的重要性。非常感谢您接受我们的访谈。

M: 不客气,我把我所了解的情况进行了一个真实呈现,希望对你们有所帮助。谢谢。

I: 谢谢您。

附录11 企业员工访谈节录

注：I 表示"访谈者"（Interviewer）；W 表示"员工"（Worker）。

I：您在老挝工作多长时间了？

W：如果是工作的话，已经4年了，但是我来老挝已经11年了。我先进修的大学预科，然后考试考进老挝国立大学经济管理专业。刚到老挝的时候，连吃饭都是问题，中午想吃饭也不知道怎么说，去市场也不知道吃什么。

I：能否请您介绍一下您所在公司的基本情况和您的主要工作内容？

W：我所在的公司是修铁路的，我的工作内容主要与征地拆迁有关。我虽然也负责翻译，但也负责好多其他工作，比如跟政府方面协调等等。

I：您在当地的语言使用过程中，发现哪方面的技能比较重要？

W：听和说。同时我觉得文化知识还是比较重要的。作为一个外国人，一定要了解当地的文化、习俗，比如说什么是让当地人反感的，当地人尊崇的东西是哪些，都要了解清楚，不然没有办法融入当地生活，没办法跟别人去交流，没办法开展工作。

I：您所在公司的内部工作语言是什么？

W：现在主要是汉语。

I：公司会招聘老挝当地的员工吗？

W：会招，之前会招一些当地人做翻译，现在这方面的工作少了。我们公司现在有既会讲汉语又会讲英语的老挝人。如果是承担一些相对重要的工作，公司就要求老挝员工会讲汉语。如果不会讲汉语的话，就做初级的工作，比如司机、保洁等。

I：公司在招聘中国员工的时候，对语言提出过什么要求？比如说公司在招您过去工作的时候，对您的语言能力，包括英语、老挝语等有没有提出过什么要求？

W：招聘我的时候，需要我用老挝语做自我介绍，还会用老挝语提问。对于公司来说，员工英语水平高的话就更好，因为员工接触的政府文件有英语的，平时跟当地人打交道，当地人也有会英语的。

I：老挝语在您所在的公司很重要对吧？当前招的语言人才能够满足公司需要吗？

W：语言对我们公司而言还是很重要的，仅我们这一个部门，就有 5 个人会讲老挝语。现在学老挝语的人挺多的，但是如果想找到工作，还是要有在老挝工作和生活的经历。我们公司也招一般的行政工作岗位，但工资相对比较低一点。要看企业发展需要多少人，需要做什么事。

I：您的这几位同事是国内的老挝语专业毕业的吗？

W：除了我，另外那 4 个都是云南民族大学毕业的。

I：您觉得您同事的语言能力如何？

W：能力有高有低。他们现在的工作不只是翻译。我们 5 个人中，我和另外一个人的工作以翻译为主。还有一个主要做生意，不擅长做翻译。另外一个翻译能力没有那么强。最后一个今年才毕业，进公司还不到一年，还在学习。学了语言后一定要多沟通、多交流，否则你就没有发展空间，没有上升空间。

I：公司内部会对员工进行老挝语培训吗？

W：有的。由我们来做培训工作。我们最近做了一个月的培训，收效还好，培训的目的主要是跟老挝当地人交流。

I：您培训的内容主要包括哪些方面？

W：文字、声母、韵母、会话。我们 4 个人负责教，分板块教。我负责教日常会话，包括去餐厅吃饭、去酒店、坐车，等等。培训的内容也涉及老挝当地的经济、社会、文化，与当地人沟通时需要注意的事项，目的是帮助员工了解和融入当地的文化。

I：对于员工的外语能力，您所在的公司有没有比较清晰的或者成文的要求？换句话说，公司有没有外语方面的规划？

W：没有成文的规定，但实际上是有要求的。公司实际上要求老挝员工会汉语、老挝语。对于中方员工，公司则希望每个人都能会点老挝语，满足日常生活的交流沟通，不用总是去找翻译。

I：公司的中方员工能利用老挝语开展业务吗？

W：不能。就是基本的日常交流。开展业务，还是需要我们这些精通老挝语的人去配合。

I: 您对国内的小语种教育了解吗？能不能谈一谈您的认识？

W: 前些年我观察到一个现象，国内的老挝语专业毕业生在跟当地人沟通的时候，当地人难以听懂这些毕业生的口语。不过国内现在也在慢慢引进外籍教师，给学生专门教授老挝口语，所以近两年这种情况有改观了。

I: 结合您的工作以及您在老挝的经历，您能给国内高校外语教育，比如说老挝语教育，提一些改进建议吗？

W: 第一，学老挝语，平时就要跟老挝人多交流，学校要为学生创造交流的环境。一般教授老挝语的学校，都有老挝留学生，学校要充分调动这些资源，适当组织联欢会、交流学习会等，让学生有机会与老挝人交流对话，提升老挝语水平。第二，实行交换生制度，让学生到老挝学习一年，学生的老挝语水平提升速度会比较快。学生在国内学的都是理论知识，实际日常交流跟书上学到的东西不完全一样。要想办法让学生将学到的东西与老挝的环境融合到一起。这样等学生毕业了，马上就可以用老挝语进行沟通。然后通过在老挝实习一年等方法，慢慢积累工作经验，这样在专业技能方面也能很快提升。另外，建议国内高校多开一点老挝当地文化方面的课程，这是必须要有的。老挝是小乘佛教国家，其风俗文化等对我们在当地顺利开展业务都是比较重要的。要融入当地，就需要非常了解那里的风土人情，这方面的课程要多开设。

I: 我觉得您讲得非常好。谢谢您给我们提供了非常有用的信息。

W: 不客气。

附录 12　教师访谈节录

注：I1、I2 表示"访谈者 1"和"访谈者 2"（Interviewers）；T 表示"某外语类院校捷克语讲师"（Teacher）。

I1：非常感谢您能接受访谈。首先想请您介绍一下您所在的院系以及具体教授的语种。

T：我教的是捷克语专业，这个专业 2018 年开始招生，第一届学生一共 15 人，已经毕业了。目前第二届学生已经完成了大一阶段的学习。学生在整个本科阶段，包括通识课程在内，大概需要修满 160 个学分。我们现在有两名中籍教师，一名外籍教师。2018 年和 2019 年，各换过一位外教，2020 年来了第三位外教，他一直任职到现在。

I1：除了教授专业课程外，您负责教授相应的通识课程吗？能向我们介绍一下吗？

T：我上的通识课程是基础捷克语，面向全校本科生开过三次课。每一期选课学生大概在 20 人到 30 人之间。班级规模比我们专业本科生的要大一些，教起来的感受其实不太一样，教学目标也不太一样。通识课程主要是让学生了解一下这门语言，让他们了解捷克语的语法框架是怎样的，捷克人说话的节奏和感觉到底如何等等。

I1：是入门级的课程对吗？

T：是的，都是零起点，他们各自有要学习的专业。

I1：谢谢。请您结合教学经历谈谈您如何理解和界定课程质量这一概念。

T：第一，教学效果肯定是课程质量的一个重要指标，即在学习结束之后学生能否达到预期的目标，这是我眼中一个很重要的指标。第二，教学材料配备也很重要。出教材是我们的一项任务，我们有些非通用语种教材已经很陈旧了，不太符合现在的教学需求，但是出教材也不是一个简单的事情。我们一直在努力推进这方面的工作。最后，我觉得最重要的是在课堂上，老师如何呈现这节课的教学内容，即课堂教学质量。具体而言，就是老师的教学方法、教学手段等，能否达成教学目标，能否符合学生目前的学习状况。

I1：您是否关注学校或者院系的政策、要求？

T：我们对每一届学生都制定专门的培养方案，但主要是针对本科生，而不是针对通识课程。通识课程就只有这一门课，是比较灵活的。

I1：刚才您特别强调了学生的学习效果和教师的课堂教学，您会采取何种方式或使用什么工具去测量或检验教学效果？

T：最常规的手段肯定是在课堂上，比如教师讲解了一个很重要的单词，希望学生能够用它造句，这肯定是一个非常典型的方式。教师通过及时反馈，看看学生到底掌握到什么程度。尤其是我们本科班级，人数比较少，老师就一个问题进行简单测试，通过学生的回答，老师就大概知道学生掌握到什么程度了。有时候也可以阶段性地进行半个小时左右的周测。对于通选课，因为每次上课时间不是很多，没有办法每周都去做这个测试。我们是一次三个课时，一共12周的课程。第12周的时候，我们进行期末考试，前面的话就是每三周测试一次，一个学期一共有三次。平时小测验的题就出得更少了，因为他们学习的频次不一样。一周一次课，学的内容肯定比捷克语专业的学生少很多。

I1：难易度也会有一定的调整吗？

T：会比较简单，会出很多可以自由发挥的题。

I1：请问您是按照什么比例换算成最后的总评成绩的？

T：期末考试学校有规定要占到40%到60%之间，我们一般都是按50%算，就是期末考试成绩占总成绩的50%，平时成绩占50%。捷克语专业这边，平时大概一学期可以考到十次以上。我们从十几次里边选最好的十次，算一个平均分，以此为基础，结合学生平时在课堂上的表现，还有作业，最后生成学生的平时成绩。通识课的话，平时成绩占50%，平时的三次测试各占10%，合起来是30%，还有10%是作业，10%是出勤。

I1：刚刚谈到对学生的评估，那请问谁来对您的课程质量进行评估？

T：在我刚入职的时候，院系领导会来听课，有负责教学的副院长，或者是我们系主任。书记有时候也会来。另外就是学生的评教结果。

I1：请问您觉得院系领导或教学督导听课，在课程质量保障过程中有什么作用？

T：肯定有正向督促作用，他们有时会提前半天告诉我接下来会听课，有时也会随机听课。虽然随着我工作年限的增加，他们可能不会频繁地出现在我的课堂上，但是说不定哪天就来听课了。我知道随时会有领导或督导来听课，这对我是一种督促。

I1：明白，就是时刻要绷着那根弦。

T：对。

I1：在评估自己承担的这门课程的质量时，您除了关注外界的一些声音外，还会关注哪些方面？比如说您如何衡量教学效果？

T：有比较客观的测评方式，譬如出的题学生能答对多少，犯了什么样的错误，这算是外部的一个衡量标准。其实每上完一节课，哪怕不用别人开口，自己也能感受到这节课上得怎么样。因为外语强调互动，教师在互动的时候，学生的反应热不热烈、参与度高不高、跟教师的预期有哪些偏差，以及教师推进课堂教学过程的顺畅程度，教师自己心里也是有数的。

I1：也就是说，是自己能够感知到的。

T：对的，能感受到这节课是否顺利。

I1：关于学生的参与度您是如何考评的？

T：主要就是看出勤。这个课客观上已经给学生提出了一定要求。学生不来上这节课，在测验或考试的时候就不会答。大多数学生没有特殊情况的话，肯定会来的。实在来不了，事假病假什么的，学生也会提前告诉我，没有无故翘课的。

I1：您刚刚提到了开展课程质量评估时采用的一些方法，比如小测验等，日常教学中您还有其他促进教学的方式吗？

T：通识课的方式会多一些，比如会带学生做一些游戏，旨在加强交际，培养学生使用这门语言的能力。在本科生到大二的时候，我会设计一些猜词的游戏。就是准备一些词，让学生一起来猜词，趣味性稍微强一点。词汇课有时候确实有点无聊，用这种方式可以调动一下他们的积极性。

I1：这些方式对于保障您这门课程的质量产生了哪些效果？有没有一些正向的反馈，能具体分享一下吗？

T：不管是上课提问,还是阶段性测试,正向效果其实很明显,教师能比较直观地了解学生到底掌握到什么程度了。作业情况只能说明学生听懂了,或者说笔记记对了,现在好多学生做作业喜欢用在线翻译,所以做作业不能完全反映学生的水平。但是考试的时候,能够借助的手段就比较少了,这个时候就能看出学生的实际水平。虽然学生对周测有抱怨,但我觉得它起到的积极作用更大。

I1：您刚刚提到有些学生在完成作业时可能会使用词典、电子设备,或者网上的一些资源来造句,您觉得这样的方式是否合理,如果需要改进,您觉得可以从哪些方面进行调整?

T：我不建议学生这样做。起步阶段学的东西还是比较基础的,老师不管是布置作业,还是测试,其实是想让学生用本节课,或者本周学过的内容去作答。如果学生用了电子词典等工具,会导致两种情况:一是没有巩固课上刚学过的内容,二是学习工具给出的答案很可能是我们课堂之外的知识。最终的结果是课内的没掌握好,课外的也没记住。

I1：是的。假如您发现学生在做作业时使用了这样一些方式,您会提醒他们吗?

T：会提醒的,我在上课的时候不会点名道姓,但是会用吐槽的方式告诉他们我好失望,我希望他们在学习中不找捷径。

I1：您目前所在的院系,比如说领导或者督导会鼓励老师们使用什么样的教学评估方式,比如过程性、诊断性、结果性,还是线上线下相结合的方式?

T：一般他们听课结束之后,会填一张听课表,但听课表好像不会直接给我们看,应该会交到院系里。如果有什么严重的问题,会有负责这方面的老师跟我们沟通。从我个人平时跟大家的交流来看,一些比较有经验的老师,比较希望我们适当地借助多媒体手段或者可视化手段,让自己更清楚地知道在教学过程中到底发生了什么,这样也能够更加明确采取哪些改进措施。

I1：您如何看待学生评教?

T：我其实可爱看[学生评教]了,现在的学生评教有两部分,一部分是打等级的,还有一部分是文字的,但是学生反馈的文字评价信息比较少。

当然,也不能只寄希望于期末的学生评教。因为一学期都结束了,下一学期老师可能会去调整,但总归这学期已经结束了,所以我更多的是平时利用课间或者课后的时间跟学生交流,隔三岔五见缝插针问他们,最近学习有没有觉得困难。

I1: 作为一线老师,您觉得在保障一门课的教学质量方面,还有哪些观点可以补充?

T: 我还是关注教材问题,因为总觉得教学中可以提升的地方很多,但是编写一本教材需要把好的材料收录进来,觉得这也不满意,那也不满意,有时候真的很头疼。我还是希望有一些向大咖们学习的机会,看看那些更优秀的老师们,他们到底是怎么完善一些细节的。在教学材料的整理过程中,有时候我自己的思路也不顺畅。像我们学校的语言研究院的老师也好,英语学院的老师也好,他们其实有更多的、直接的教学经验。虽然我们教不同的语种,但是教英语的老师比较多,集体智慧也会比较多一点,我更希望能多向他们学一学,但是平时接触不到他们。

I2: 您在承担关键土著语言文化通识课程时,是如何进行教学设计的? 您在课堂教学中,使用了哪些语言?

T: 首先是把握好难度。捷克语属于斯拉夫语系,跟俄语有点类似,它的语法体系比较繁芜,我只设计了动词的现在时和名词在单数的七个格的使用,动词的过去时和将来时肯定都是来不及讲的,复数也来不及。这样也算是让学生了解一下捷克语的复杂程度和它的语法体系。像德语、西班牙语专业的同学,能很快地进入学习状态,他们完全理解变格或者是变位到底是何种概念。对其他非语言专业的同学来说,他们接受这个概念就得一到两周的时间。在课堂上我使用了捷克语、英语和汉语,有一些语法,包括句子构成等,用英语讲就会稍微简洁一点,捷克语里边本来也有很多从英语借过去的词,学生把它拼出来之后,就大致能明白它的含义。因此英语也是我在课堂上使用频率很高的一种语言,特别是在解释语法时会借助英语。

I2: 您觉得对于捷克语通识课,大概开几个学期合适?

T: 两个学期,把捷克语(二)上完就差不多了。

I2：在上捷克语通识课的过程中，您会在教学中渗透一些捷克的国情、社情、民情等内容吗？

T：会的。在语料里边出现的相关内容我都会介绍一下，不然课程会很枯燥的。比如，学疑问代词"在哪里"，捷克的国歌里边就会用到这个词，国歌的汉语译名是"何处是我家"，我就会放一段给他们听听。捷克国歌是交响乐，我还会引申讲讲捷克以及相关国家著名的音乐家等。

I2：捷克语通识课程会给学生提供线上的教学资源吗？

T：暂时还没有线上的资源。

I2：未来有这方面的打算吗？

T：有这个打算，但我觉得受众面有点小，所以一直在犹豫。

I2：目前选择捷克语通识课的学生，大概一期有多少人？

T：我们定了上限的，因为担心如果选课学生太多，教学质量不会太好。有一学期定了 25 人，有一学期定了 20 人，选课人数一般都能满额。如果选课人数太多了，感觉没法教。

I2：您如何搜集通识课的教学资源？

T：中文版教材有点老了，是 20 世纪七八十年代出版的。现在捷克语专业学生用的教材是捷克引进的。他们有好几家出版机构，肯定有相似的地方，也有不同的地方。我们主选其中一本，以其他几家的材料作为辅助。也有面向初学者的教材，就是辅助的，语言是英语的。通选课的教材也是我从两三本教材里边自己整理出来的。也有学生想要其他原版书，我把电子版都发给他们，但是我课堂教学用到的主要是那两三本。

I2：也就是说，老师还要对教材进行二次开发。

T：对。

I2：您觉得要上好捷克语通识课，还需要学校和学院提供哪些帮助和支持？

T：我还没想到其他需要让学校或学院支持的地方，因为到目前为止，教材采购已经通过院系跟对象国的一些大学取得了联系，签了合约，建立了合作关系。他们通过使领馆已经给我们提供了很多资源，尤其是在我们专业建设之初的时候。我们也申请了教材项目，也有自己的出版社,我们要把材料全部汇总好后交给出版社。目前在借助网络寻找国外资源方面有一些技术问题,后面期待能有比较好的解决方案。学校已经提供了很多帮助。

I2: 如果让您来规划一下捷克语通识课程,您觉得怎么做? 是否有必要把它建成一个体系,比如说把课程分成一个个子板块,或者设置子课程?

T: 我的设想就是能把"基础捷克语(二)"开设起来,目前担心选课人数少,所以一直没有开。希望学校做一个调研,调研一下到底有多少学生想选修这样的关键土著语种课程,有多少人对这些关键土著语种的国家和地区感兴趣。课程体系建设方面,我们学院已经在尝试,目前的困难主要是师资不太够,所以大多数教师开课时都会选择设置选课人数上限。

I2: 好的,谢谢您!

附录 13　学生访谈节录

I 表示"访谈者"（Interviewer）；S 表示"受访学生"（Student）。

I：你参加过关键土著语言文化通识课程吗？

S：我参加了一个多语种的拓展课。课程是线下课，每周一次，由外教授课，两个助教进行协助。我本身是学法语的，知道拉丁语系或者说罗曼语系都是非常相似的，我对相同语系的语言比较感兴趣。

I：一般谁会参与课程评估？

S：一般是助教。

I：任课老师不参与吗？

S：老师以教学为主，因为我们有课堂作业，课堂作业是交给助教批改的。在我们期末考核的时候，据我了解，试卷也是助教批改。在口语课考试的时候，可以选择由助教考试或者由外教考试，所以我觉得在评估方面助教参与的更多一些。

I：学生自己会参与评估吗？ 比如说同学互评或自评？

S：没有。

I：如果说我们有这种方式，你希望以怎样的形式参与？

S：我希望评估有多种形式，比如说像交流会这样的评估方式，而不是纯粹的打分。

I：如果用交流会的方式，那由谁来评估？

S：我觉得大家分享交流一下自己这段学习中的一些体会，学到的一些东西，而不是以分数的形式。对于我个人而言，多语种拓展课的评估不是特别重要，因为拓展课对学分和评优来讲没有特别大的意义。我们是一周一节晚课，只上了 10 周左右的课，课程非常短，学习的内容也相对少。在这种情况下，评估的意义不是特别大。这个课是零门槛的，不管哪个年级，无论什么专业，都可以选课。我觉得这门课更大的作用在于激发我们对这门语言或者它所承载的文化的兴趣。

I：就这门课而言，教师采用了哪些具体的评估手段来了解学生的学习情况和上课的效果？

S：一是在课堂里会有即时问答,老师讲了一个知识点,会马上开始问答。同时,老师在课上会邀请同学进行对话,也会有互动式的活动,比如说大家写小纸条,然后互相交换纸条,再进行表达等。另外每节课课后都有作业,期末有结课考试。

I：结课考试采用什么形式进行?

S：分为笔试跟口试,笔试有听力题,有语法题,还有一道文化题。文化题考得比较简单,一般要求学生分享一下课程中比较感兴趣的文化点。口试是与外教或者助教进行基本的对话,首先是自我介绍,然后是看图说话,根据给出的图片造句子。

I：你认为这些评估方式能否准确地反映学生对课程内容的理解和掌握程度?

S：我觉得课堂的即时问答和课后作业方式比较好,可以反映学生是否听懂老师的知识点。但最后结课考试中考的题目也从我们的课堂作业里抽取出来,所以我觉得结课考试并不能真正地反映我们的理解跟掌握程度,只能说明我们对于作业里的题目非常熟悉。

I：那你觉得还可以采用哪些评估手段?

S：作为一个拓展课,可以少一些应试类的书面考试。我觉得口语会更加重要。口试也不应单纯跟助教或跟外教对话,而应该组成一个小组,两个人进行对话,表演一个情景。

I：更加注重实用性。

S：对。

I：在你所参与的课程中,重点评估哪些方面的内容?

S：主要是语言知识、语法和词汇等。课程对于国别与区域知识,主要是介绍性的,所以最后评估时也让学生谈论自己比较感兴趣的点,并不评估国别与区域知识。

I：跨文化交际方面是不是也比较重要?

S：说实话,我并没有觉得这门课上体现了很多跨文化交际的元素或内容。

I：主要还是语言知识?

S：对。从我们这个课来看,只有 10 个课时,在这种情况下课程确实侧重于语言知识。

I：如果能够突破课时限制，你觉得国别和区域知识、跨文化交际有没有必要作为重点来进行评估？

S：有必要。在语言知识积累到一定程度之后，可能这两者更重要。我觉得语言知识是为这两者服务的。

I：这类关键土著语言文化类通识课程的评估方式与其他课程是否相同？

S：关键土著语言文化类通识课程的评估方式相对来说比较简单，判断题目的对错很明显，结果很直观，它不是让你阐述一个特别的观点。学生不需要写一篇文章阐述自己的思路或观点。它的评估其实挺简单，可能跟高中学英语差不多，只是换了一门语言而已。这门课的评估弱化了阅读部分的内容，主要还是针对简单的语法结构。对话也非常生活化、口语化。我们对于书面语体接触的非常少。

I：教师是否明确告诉你们评估的要求？

S：在刚开课的时候，助教就把这个学期的安排告诉我们了，最后期末的评估方式也是一开始就告诉我们的。

I：有没有领导或者督导进行定期听课？

S：没有。

I：教师上课过程中，注重过程性或诊断性的评估吗？

S：我觉得不太注重过程性的评估，虽然有作业，但是作业主要是由助教批改并直接反馈，在课上也不会抽时间来讲我们的作业。

I：有无在开课之前做一个小测试来看一下学生的水平？

S：没有。大家都是零起点。

I：评估是线上还是线下进行的？

S：是线上线下相结合的，我们的平时作业是线上，最后一次结课考试是线下。

I：平时线上作业怎么提交？

S：老师发了一个作业文档给我们。我们填好后发给助教，然后由助教批改。

I：通过微信发？

S：对。

I：这种评估方式,能否保证课程质量或大家的学习效果?

S：我觉得有一定程度的保证,因为写作业的过程其实是逼着我们去复习上一节课学习的内容。我们每星期才一节课,如果没有作业的话,很有可能到下一节课,学生已经忘了上个星期的内容。

I：有没有需要改进的地方?

S：老师一开始确定了每星期的答疑时间,但实际情况是我们的答疑并没有真正启动,就是虽然安排了答疑时间,并没有多少人参与答疑。

I：答疑是线上的吗?

S：对,线上答疑,而且答疑也是助教答疑。我们跟外教的交流非常少。

I：你觉得外教有没有必要参与进来?

S：我觉得既然是外教给我们上课,当然希望能跟外教有更多的交流,而不是只在上课的时候才能见到外教。

I：你如何评价多语种拓展课程?

S：我觉得拓展课程作为一个激发兴趣的课,是非常有意义的。它确实让我们接触到了一门新的语言。但是,从提升语言水平的角度来说,它的意义并不显著。外教也说,我们最好也只能达到 A1 水平。这只是非常基本的入门课,我们其实学到的还非常少。

I：你觉得我们该怎样保证课程质量?

S：我觉得可能是课程目的不一样。如果课程以激发兴趣为主,它的评估可能在于大家分享收获跟经验感受。如果课程目的是让我们学到一些语言知识,现在这样的考试形式也未尝不可。

I：你还有没有其他方面需要补充的?

S：我想补充一点。拓展课结课后会直接发一个结课证明,证明我们学了这门课。但我觉得最后的结课考试有点形式主义,因为我们并不知道考试成绩,其结果也不影响我们结课。我想强调的是,外教参与度很重要,而且评估应更多地考虑国别与区域知识,以及跨文化交际。

I：你将来有从事与该语种课程相关的工作计划吗?

S：嗯,工作是我考虑的一个方面,后面也可能会再深入学习。另外出国旅行的话可能会用到。

I：该课程使用的是何种形式的教材?

S：老师发给我们的是纸质教案，目前还没有推荐什么教材，但是推荐了词典之类的学习资料。

I：你喜欢什么样风格的老师呢？

S：多元的风格，我一般都能接受。

I：你希望由中国教师还是由外籍教师来主讲该课程呢？

S：我觉得可能都需要，因为外教发音比较标准一些，外教帮助入门，然后中国教师的解答可能更容易理解。因此我觉得可以安排中国助教，为外教提供辅助，帮大家解决一些问题。总之我觉得［双方］共同教授比较好。

I：根据你的观察，目前助教主要起到了什么作用？

S：助教一般会在微信群里发布一些答疑的内容，包括一些课程文件，比如说发音规则，以及相关教学内容的 PPT、视频等。目前助教主要活跃在微信群里。

I：当前老师的授课方式如何？

S：讲课配有 PPT，然后还有各种补充练习。

I：你如何评价这种授课方式？

S：还好。我们毕竟刚入门，目前是先进行发音教学，再跟着视频朗读，然后通过小组讨论加深对发音的印象。

I：你目前学习该课程有什么收获？

S：可以了解发音、字母，还有一些日常的对话规则，增强了我对语言对象国家的兴趣，包括文化方面、社会方面等等。

I：你希望继续学习该语种吗？

S：先把这个学期的课程学完，然后再继续学习吧，可能到时候自己买书或者通过一些线上课程来学习。

I：当前的课程频次可以满足你的需要吗？

S：可以，一周一次，不花费太多时间，而且接触的内容循序渐进，基本没什么问题。

I：你是否希望今后根据内容的深度来设置不同等级的新课程呢？

S：当然希望可以这样做，我们毕竟跟以这门语言为专业的同学不一样，虽然都是零起点，但他们还有很多其他课程，而我们就学这一门。我

　　希望学校在课外拓展课方面进行更多探索,给我们做出相应的安排。

I：你今后还希望从课程中学习哪些内容?

S：我希望多了解语言背后的文化,通过学习语言去感受这个国家或地区的文化,还希望了解语言对象国的国情、民情等,我想这对我将来从事相关工作也是有用的。

I：好的。谢谢。